Uni-Taschenbücher 483

UTB
FÜR WISSEN
SCHAFT

Eine Arbeitsgemeinschaft der Verlage

Wilhelm Fink Verlag München
Gustav Fischer Verlag Jena und Stuttgart
A. Francke Verlag Tübingen und Basel
Paul Haupt Verlag Bern · Stuttgart · Wien
Hüthig Fachverlage Heidelberg
Leske Verlag + Budrich GmbH Opladen
Lucius & Lucius Verlagsgesellschaft Stuttgart
J. C. B. Mohr (Paul Siebeck) Tübingen
Quelle & Meyer Verlag · Wiesbaden
Ernst Reinhardt Verlag München und Basel
Schäffer-Poeschel Verlag · Stuttgart
Ferdinand Schöningh Verlag Paderborn · München · Wien · Zürich
Eugen Ulmer Verlag Stuttgart
Vandenhoeck & Ruprecht in Göttingen und Zürich

Hans-Rüdiger Fluck

Fachsprachen

Einführung und Bibliographie

Fünfte, überarbeitete und erweiterte Auflage

A. Francke Verlag Tübingen und Basel

Für Y. D. und H. M. P.

Die Deutsche Bibliothek – CIP-Einheitsaufnahme

Fluck, Hans-Rüdiger:
Fachsprachen : Einführung und Bibliographie / Hans-Rüdiger
Fluck. – 5., überarb. und erw. Aufl. – Tübingen ; Basel :
Francke, 1996
  (UTB für Wissenschaft : Uni-Taschenbücher ; 483)
  ISBN 3-8252-0483-9 (UTB)
  ISBN 3-7720-1294-9 (Francke)
NE: UTB für Wissenschaft / Uni-Taschenbücher

5., überarbeitete und erweiterte Auflage 1996
4., unveränderte Auflage 1991
3., aktualisierte u. erweiterte Auflage 1985
2., durchgesehene u. erweiterte Auflage 1980
1. Auflage 1976

© 1996 · A. Francke Verlag Tübingen und Basel
Dischingerweg 5 · D-72070 Tübingen
ISBN 3-7720-1294-9

Einbandgestaltung: Alfred Krugmann, Stuttgart
Gesamtherstellung: Pustet, Regensburg
Printed in Germany
ISBN 3-8252-0483-9 (UTB Bestellnummer)

Inhalt

Vorwort zur fünften, aktualisierten und erweiterten Auflage

Es freut mich, daß dieses Bändchen – als Wegbereiter und Wegbegleiter einer anwendungsorientierten Fachsprachenforschung, die sich in den letzten 20 Jahren zu einer wichtigen und anerkannten linguistischen (Teil)Disziplin entwickelt hat – in einer wiederum mit Blick auf den Forschungsstand und die bibliographischen Angaben aktualisierten und erweiterten Auflage erscheinen kann. Hervorzuheben ist die Einarbeitung der bibliographischen Ergänzungen in die Form einer Gesamtbibliographie, so daß dem Leser nun ein bequemer Zugang zu der für ihn relevanten Literatur möglich ist. Auf den neuesten Stand gebracht wurden auch das Autoren- und Sachregister. Durch einen Nachtrag, der zentrale Aspekte der Fachsprachenforschung und -vermittlung in den 90er Jahren skizziert und auch Perspektiven für die Zeit nach dem Jahr 2000 aufzeigt, bleibt die Darstellung weiterhin einerseits, insbesondere im Rahmen eines anwendungsbezogenen Linguistik-Studiums, als einführende Lektüre von Interesse und dokumentiert andererseits auch ein Stück Wissenschaftsgeschichte. Zugleich verdeutlicht diese Neuauflage, daß die Fachsprachenthematik in Wissenschaft und Gesellschaft weiterhin von erheblicher Relevanz für die immer enger zusammenwachsende Kommunikationsgesellschaft ist und – u. a. mit Blick auf die wachsenden Kapazitäten im Bereich Information und Kommunikation durch die ‹Neuen Medien› – auch bleiben wird.

Wie mit den früheren Auflagen hoffe ich auch mit dieser Neuauflage, die besondere Bedeutung – nun aber weitgehend befreit vom Legitimationsdruck früherer Jahre – der Angewandten Linguistik verdeutlichen sowie weiterhin Interesse für die Analyse, Beschreibung und Überwindung von fachbezogenen Kommunikationsproblemen wecken bzw. bestärken zu können.

Ulan Bator/Mongolei, im März 1996

H.-R. Fluck

1. Gegenstände, Definitionen und innere Differenzierung der Fachsprache

1.1. Bezeichnungsvielfalt und Besonderheiten des Gegenstandes

Der Terminus Fachsprache ist, so einfach er gebildet und so verständlich er zu sein scheint, bis heute nicht gültig definiert. Diese Schwierigkeit der Festlegung des Begriffes Fachsprache resultiert vorwiegend aus der Tatsache, daß er kontrastierend zu einem ebensowenig definierten Begriff Gemeinsprache gebraucht wird[1] und so unterschiedliche Bereiche wie handwerkliche, technische oder wissenschaftliche Sprache und ihre Übergangsformen abdeckt. Deshalb besteht heute weitgehende Einigkeit in der Verwendung der Pluralform der Begriffsbenennung, die besagt, daß der Gemein- oder Standardsprache eine größere, bislang nicht fixierbare Zahl von primär sachgebundenen Sprachen als Subsysteme angehören.

Diese als Fachsprachen oder Technolekte (engl. ‹special› oder ‹technical languages›, franz. ‹langues de spécialité›) bezeichneten Gebilde erschienen – und erscheinen teilweise noch – in der deutschen sprachwissenschaftlichen Forschung unter Benennungen wie Arbeitssprache, Berufssprache, Gruppensprache, Handwerkersprache, Sekundärsprache, Sondersprache, Standessprache oder Teilsprache[2]. Allen diesen Bezeichnungen eignet die Vorstellung, daß die bezeichnete Sache auf bestimmte Sprachgruppen beschränkt, von der Gemeinsprache isoliert oder einfach ausgesondert sei und ein eigenes Sprachsystem bilde. Zu kritisieren und auch kritisiert worden ist vor allem der Terminus Sondersprache, da er leicht den Blick auf die vorhandenen Zusammenhänge zwischen Fach- und Gemeinsprache versperren kann und Sprachformen wie die Jägersprache oder die Studentensprache einbezieht, die – im Gegensatz zu der auf Klarheit und Eindeutigkeit ausgerichteten Fachsprache – auf Verrätselung zielen und damit den Geheimsprachen nahekommen[3]. Der Terminus Gruppensprache wurde kritisiert, weil ihm die – irrige – Vorstellung zugrunde liegt, Fachsprache sei nur innerhalb einer bestimmten Trägergruppe vorhanden und nicht auf die Allgemeinheit hin durchlässig[4].

Die Besonderheit der Fachsprachen hingegen – auch darüber herrscht weitgehende Einigkeit – liegt einmal in ihrem speziellen, auf die Bedürfnisse des jeweiligen Faches abgestimmten Wortschatz, dessen Übergänge zur Gemeinsprache fließend sind und der auch gemeinsprachliche und allgemeinverständliche Wörter enthält. Zum anderen liegt ihre Besonderheit in der Gebrauchsfrequenz bestimmter (gemeinsprachlicher) grammatischer (morphologischer, syntaktischer) Mittel.

Die Bedeutung der Fachwörter, die Sachverhalte möglichst exakt und eindeutig benennen, wurde allerdings lange Zeit gegenüber der Bedeutung der Syntax überschätzt. Zwar ist es richtig, «daß das *Wesentliche* der fachlichen Aussage in den *Fachworten, nicht* in der *Syntax* liegt»[5]; es ist jedoch ebenso wesentlich für das Strukturbild und die Charakterisierung der Fachsprachen, daß ihre syntaktischen Eigenheiten berücksichtigt werden. Außerdem wären Fachsprachen ohne – wie es häufig geschieht[6] – Einbeziehung der Syntax keine Sprachen, sondern nur eine Ansammlung von Fachwörtern, deren Gesamtheit Terminologie genannt wird[7]. Solche Terminologien finden sich in der ständig wachsenden Zahl von Fachwörterbüchern und Fachlexika, die den Wortschatz einzelner Fächer registrieren und in immer kürzeren Zeitabständen ergänzen und korrigieren. Neuere, im Rahmen der wissenschaftlich-technischen Sprachausbildung von Ausländern entstandene Untersuchungen haben indes gezeigt, daß es bei der Vermittlung von Fachsprachen nicht genügt, allein die Lexik zu behandeln, sondern daß auch die Vermittlung von Kenntnissen der spezialsprachlichen Syntax hinzukommen muß[8]. Damit wurde die strukturbildende Bedeutung fachsprachlicher Syntax nachgewiesen[9]. Strukturbildend heißt indessen nicht, daß die Fachsprachen eine eigene Grammatik besitzen, sondern bedeutet, daß Fachsprachen bestimmte, in der Gemeinsprache vorgegebene Mittel bevorzugt und teilweise in spezieller Bedeutung verwenden[10].

1.2. Fachsprache als Funktionalstil – Definitionsprobleme

Die – allgemein anerkannte – Aufgabe der Fachsprachen ist die Bereitstellung eines Zeichenvorrats zur Verständigung über bestimmte Gegenstands- und Sachbereiche, die möglichst präzise und ökonomisch erfolgen soll. Fachsprachen können demnach als sprachliche Zeichensysteme mit instrumentalem Charakter betrachtet werden. Diese Anschauung vertritt seit langem die Prager linguistische Schule[11].

Ausgehend von B. Havráneks Theorie der Schriftsprache[12], die Sprache als «polyfunktionales System mit mehreren Stil-schichten»[13] versteht, sehen die Vertreter der Prager linguisti-schen Schule in den Fachsprachen einen besonderen Stiltyp, den funktionalen Sprachstil[14]. Stil meint dabei das der Textge-staltung zugrunde liegende Prinzip der Auswahl, Anpassung und des Gebrauchs sprachlicher Mittel, das heißt – komprimier-ter und abstrakter gesagt – «Stile sind die Prinzipien der Orga-nisation von Realisationen des Sprachsystems»[15].

B. Havráneks Theorie der Schriftsprache unterscheidet im ge-sellschaftlichen Kommunikationsprozeß vier funktionale, das heißt den gesellschaftlich differenzierten Bedürfnissen angemes-sene Stile im System der Schriftsprache:

1. vorwiegend kommunikativer Stil — im Alltag (Umgangssprache, Sprechsprache)
2. fachlich-praktischer Stil — u. a. im öffentlichen Ver-kehr (Arbeits-, Sachsprache)
3. wissenschaftlich-theoretischer Stil — in den Wissenschaften (Wissenschaftssprache)
4. ästhetischer Stil — in der Literatur (Sprache der Dichtung)[16]

Fachsprache ist in diesem Entwurf in zwei funktionellen Schichten vertreten. Sie umfaßt den fachlich-praktischen und den wissenschaftlich-theoretischen Stil und wäre demnach als Funktionsträger beider Stile zu definieren.

Die Theorie B. Havráneks hatte jedoch wegen ihrer einseiti-gen Ausrichtung auf die (tschechische) Schriftsprache nur eine geringe Reichweite. Sie wurde deshalb mehrfach kritisiert und modifiziert. J. Vachek zeigte, daß «geschriebene Sprache und die gesprochene Sprache nicht nur verschiedene Funktionen und Normen haben, sondern auch verschiedene Realisationen des Sprachsystems sind und beide funktionalstilistische Diffe-renzierungen aufweisen»[17]. Daraus ergab sich für ihn die Zwei-teilung der Stile in den funktionalen Stil der Schriftsprache und den funktionalen Redestil der gesprochenen Sprache.

Da Fachsprachen nicht nur in schriftlicher, sondern auch in mündlicher Form existieren (dies gilt u. a. für die traditionsreichen Fachsprachen des Handwerks, wie etwa die Fischer- oder Zimmermannssprache), müssen für eine Definition der Fachsprache unter funktionalstilistischem Aspekt beide Theorievorstellungen vereint werden. Eine solche Vereinigung sehen wir in E. Barths Entwurf einer Theorie der Fachsprache als typische Realisation des Sprachsystems. Diese typische Realisation, die in sich funktional differenziert ist, wird indes nicht von lingualen, sondern – darin weicht E. Barth von den tschechischen Theoretikern ab – von sozialen Regeln sprachlichen Verhaltens gesteuert. Fachsprache wird damit als «funktionaler Typ des Sprachgebrauchs»[18] definiert. Die einzelnen Fachsprachen definiert E. Barth dann mit Hilfe einer Mengenrelation als «Teilmenge der Fachsprache»[19].

Diese Definition setzt Prioritäten, indem sie den sozialen Charakter der Sprachauswahl *vor* die satzkonstituierende linguale Organisation der sprachlichen Kommunikation stellt, erklärt aber nicht, wie die erkannte «rekurrente Auswahl lexikalischer und syntaktischer Mittel»[20], insbesondere die lexikalische Selektion, unabhängig vom jeweiligen Kommunikationsgegenstand getroffen werden soll. Außerdem muß an dieser Definition mit W. Schmidt/J. Scherzberg kritisiert werden, daß der charakteristische fachsprachliche Wortschatz, die Terminologie, keine bzw. nur ungenügende Berücksichtigung findet[21]. Denn beim Fachwortschatz erfolgt nicht generell eine «Auswahl aus gemeinsprachlichen Mitteln, sondern es wird ein im sprachlichen System außerhalb des gemeinsprachlichen Wortschatzes angeordneter Fundus von Fachwörtern genutzt»[22].

W. Schmidt selbst hat in einem Aufsatz über «Charakter und gesellschaftliche Bedeutung der Fachsprachen» die nach seiner Auffassung wichtigsten Bestimmungsstücke für die Diskussion um eine gültige Definition der Fachsprachen zusammengetragen. Fachsprache erscheint ihm als

«das Mittel einer optimalen Verständigung über ein Fachgebiet unter Fachleuten;
sie ist gekennzeichnet durch einen spezifischen Fachwortschatz und spezielle Normen für die Auswahl, Verwendung und Frequenz gemeinsprachlicher lexikalischer und grammatischer Mittel;

sie existiert nicht als selbständige Erscheinungsform
der Sprache, sondern wird in Fachtexten aktualisiert,
die außer der fachsprachlichen Schicht immer gemeinsprachliche Elemente enthalten»[23].

Ergänzend ist anzufügen, daß zu den Fachtexten die fachsprachliche Rede zählt und zu den gemeinsprachlichen Elementen alle Mittel aus natürlichen Teilsystemen der Sprache wie
Hochsprache, Umgangssprache oder Dialekt zu rechnen sind.

Die Auffassung, daß Fachsprache sowohl den schriftlichen
wie den mündlichen Sprachgebrauch umfassen soll, ist heftig
umstritten. Vor allem jene Forscher, die dazu neigen, den Terminus Fachsprache auf die Wissenschaftssprache einzuengen,
betonen den Schriftcharakter der Sprache[24]. Außerdem wird im
Zusammenhang mit einer Definition der Fachsprache diskutiert,
inwieweit diese auch das Moment der institutionalisierten
Sprachlenkung (Terminologienormung) zu berücksichtigen
habe. Schließlich bleibt zu bedenken, ob mit Fachsprache ein
übergeordneter Begriff für fachbedingte sprachliche Erscheinungsformen, also eine «funktionale (kommunikative)
Schicht»[25] bezeichnet werden soll, oder ob Fachsprache die Gesamtheit aller dieser, in sich differenzierten Erscheinungsformen
erfassen soll.

Eine wichtige Voraussetzung für eine solche Definition ist die
Lösung der Frage nach auch quantitativ anwendbaren Kriterien
für die Unterscheidung von Fach- und Gemeinsprache sowie den
weiteren Funktionssprachen im Sinne der Prager Schule. Kon-
kret gefragt kann das etwa heißen: wie hoch muß der fachsprachliche Anteil (Lexik und/oder Syntax) in einem Text oder
in einer Rede sein, um diese als fachsprachlich charakterisieren
und einer bestimmten Fachsprache, einem bestimmten Funktionalstil zuordnen zu können?

Einige quantitative Kenndaten für die deutsche Fachprosa
haben L. Hoffmann und H. Erk ermittelt[26]. Sie reichen für eine
sprachstatistische Typologie der Fachsprache zwar noch keineswegs aus, lassen aber schon jetzt die Inhomogenität dieser Textgattung erkennen und bieten mit ihren Daten über den Gesamtumfang konkreter Fachtexte und die darin vorhandenen Wortfrequenzen wichtige Einsichten in den Aufbau spezifischer
Textsorten. Über den Gegenstand Fachsprache kann allerdings
erst dann Klarheit gewonnen und eine umfassende Definition

gegeben werden, wenn in einer größeren Zahl von Einzeluntersuchungen die für die Forschung nötige Grundlage geschaffen
wird[27].

1.3. Schichtung und Differenzierung der Fachsprachen

1.3.1. Horizontale Schichtung

Ob man nun Sprache unter kommunikativen oder stilistischen
Aspekten betrachtet, immer wird man bei fachsprachlichen
Teilsystemen zu dem Ergebnis kommen, daß mehrere Fachsprachen nebeneinander existieren. Über die Zahl der Fachsprachen
insgesamt gibt es keine Angaben. Wir dürfen aber annehmen,
daß es etwa ebensoviele Fachsprachen wie Fachbereiche gibt.
Ihre Zahl wird auf ungefähr 300 geschätzt[28]. Unter Fachbereich wäre hier nicht ein Komplex wie Wirtschaft oder Medizin
zu verstehen, sondern deren Teilbereiche wie Betriebswirtschaft,
Volkswirtschaft, Geldwesen usw. oder – wie zum Beispiel
E. Wüster für die Medizin unterteilt – Anatomie, Pathologie
und Pharmazie[29].

Die Frage, ob es eine ‹technische› oder ‹wissenschaftliche›
Fachsprache gibt, muß so lange verneint werden, bis der Beweis
erbracht ist, daß es Stilzüge oder andere Kriterien gibt, die auf
jeweils *eine* gemeinsame, signifikante fachsprachliche Basis in
den Bereichen Technik oder Wissenschaft hinweisen. Das Problem, ob es zum Beispiel «‹eine allgemeine Sprache der Wissenschaft›, die Mathematik (oder Sprache der Mathematik) gibt
und daneben vielleicht besondere Sprachen der Einzelwissenschaften, etwa der Chemie, Physik und anderer, oder ob die
Sprachen der Einzelwissenschaften gleichberechtigt nebeneinander stehen»[30], stellt sich im Bereich der handwerklichen Fachsprachen nicht in dem Maße. Hier ist erwiesen, daß jedes Handwerk eine eigene Sprache mit fest zugeordnetem Wortschatz besaß und – teilweise – noch besitzt, zumal viele dieser Fachsprachen dialektal gefärbt und von daher regional stark differenziert
wurden. Zwar gibt es innerhalb einer Region zahlreiche formalsprachliche Übereinstimmungen, etwa die häufig verwendeten
Tier- und Körperteilmetaphern (*Bär, Fuchs; Arm, Nase* usw.),
gegenüber der semantischen und dialektalen Differenzierung

aber reichen solche Merkmale nicht aus, um daraus auf *eine* handwerkliche Fachsprache zu schließen.

1.3.2. Vertikale Schichtung

Die vertikale Schichtung der Fachsprachen in der Literatur ist uneinheitlich. Je nach dem eingenommenen Forschungsstandpunkt werden hauptsächlich zwei- und dreischichtige Gliederungen angeboten.

Zweischichtige Modelle entwarfen die Anhänger der Prager Schule für den Fachstil der Fachprosa, der – je nach seiner kommunikativen Funktion – «in den praktischen Sachstil (Stil des öffentlichen Verkehrs, Gebrauchsstil) und den theoretischen, wissenschaftlichen Fachstil»[31] untergliedert ist. Diese Zweiteilung wird allerdings nicht als starres Schema verstanden. Vielmehr sind sich die Vertreter der Prager Schule der praktischen Unzulänglichkeit ihres Modells, das Übergänge und Mischformen vernachlässigt, bewußt[32]. Denn wie J. Filipec zeigte, ist der Sachstil in sich stark differenziert, überschneidet sich vielfach und vermischt sich mit anderen Stilformen[33]. E. Beneš hat versucht, das zentrale Gebiet der wissenschaftlichen Sachprosa und deren Rand- und Übergangszone schematisch darzustellen und die relative Nähe des Fachstils zum künstlerischen Stil und zum Konversationsstil zu veranschaulichen. Dieses Schema ist jedoch nicht nur dadurch irreführend, daß es – wie E. Beneš selbst einräumt – «für einzelne Stilbereiche eine räumliche Ausdehnung und Nachbarbeziehung vortäuscht»[34], sondern auch dadurch, daß es den künstlerischen Stil über anstatt neben den Fachstil stellt.

Innerhalb des theoretisch-fachlichen Stiles unterscheidet E. Beneš den Forscherstil (wissenschaftlicher Stil in Werken, die neue Erkenntnisse vermitteln, etwa in Monographien oder Zeitschriftenaufsätzen), den belehrenden Stil, der in Lehrbüchern und Kompendien anzutreffen ist, und den Lexikonstil. Übergangsformen zum praktisch-fachlichen Stil sieht er in Nachschlagewerken und Repetitorien, in Handbüchern und Anleitungen zur Umsetzung wissenschaftlicher Erkenntnisse in die Praxis[35]. Als Sonder- und Übergangsformen sind nach seiner Meinung[36] der Stil der Publizistik, der populär-wissenschaftliche und der essayistische Stil aufzufassen. Aus seinen Ausführungen geht aber nicht hervor, welche Kriterien neben der kommunikativen Funktion für die Zuordnung von Texten zu einem dieser Stile gelten. Und über die gesprochene Fachsprache teilt E. Beneš lediglich mit, daß Äußerungen mit wissenschaftlichem und fachlichem Inhalt «wohl eine Übergangsform zwischen dem Sachstil und dem Konversationsstil»[37] bilden.

Abweichend von der strengen Zweiteilung des Prager Linguistenkreises mit weitgehender Ausklammerung des Schichtenproblems, unterscheidet E. Riesel[38] im fachsprachlichen Bereich, neben den Termini verschiedener Wissensgebiete (*Kernspaltung, Alliteration* usw.) und verschiedener Berufssphären (*abteufen* usw.), neben Professionalismen und funktional-stilistischer Lexik ohne terminologischen Charakter (in der Verwaltungssprache zum Beispiel *behufs, zwecks* usw.), noch sogenannte Berufsjargonismen. Diese stehen an der Grenze zwischen fachlich und sozial bestimmter Lexik, wie zum Beispiel das von Journalisten geprägte Wort *Revolverblatt* ‹schlechte Zeitung› oder die im Freizeitbereich entstandenen Wörter *Segelsäugling* oder *Kielschwein* ‹Neuling im Segelsport›[39]: «wie die Professionalismen dienen sie zur Verständigung innerhalb eines Berufskreises; sie unterscheiden sich aber von ihnen dadurch, daß sie nicht, wie diese, die objektiv-neutrale Bezeichnung eines Produktionsvorganges, sondern ein stilistisches Synonym dazu darstellen: einen scherzhaften oder satirischen Ausdruck von umgangssprachlicher Färbung»[40].

Es stellt sich jedoch die Frage, ob diese der Verlebendigung dienenden Wörter durch häufigen Gebrauch nicht zu stilistisch neutralen Synonymen für fachsprachliche Ausdrücke und später auch zu eigentlichen Fachtermini werden können. Deshalb ist K. Heller zuzustimmen, der den beruflichen Aspekt solcher Ausdrücke betont und sie einem «Sonderbereich der fachbezogenen Lexik»[41] zuschlägt, um im lexikalischen Bereich die funktionale Zweiteilung in einen theoretisch-fachlichen und einen praktisch-fachlichen Stil beibehalten zu können.

Davon ausgehend, daß ein großer Teil der fachsprachlichen Lexik genormt, das heißt «mit einer festen kontextfreien Definition versehen ist»[42], kommt K. Heller für die fachsprachliche Lexik zu einer sechspoligen Differenzierung[43]: allgemeinverständlich – nicht allgemeinverständlich; theoretisch-fachlich (wissenschaftlich) – praktisch-fachlich; genormt (terminologisch) – nicht genormt (nichtterminologisch). Auf die fachsprachliche Schichtung angewendet, bedeutet diese Differenzierung, daß jede Schicht einen für sie typischen Anteil an einem dieser lexikalischen Bereiche besitzen muß. Über konkrete fachsprachliche Schichtung gibt sie keine Auskunft.

Die Leistungsfähigkeit von K. Hellers Modell zur inneren Differenzierung der Fachsprache zeigt sich in der Konfrontation mit jenem Modell, das E. Reinhardt für die technischen Fachsprachen entworfen hat:

Reinhardt[44]:

19

Heller[45]:

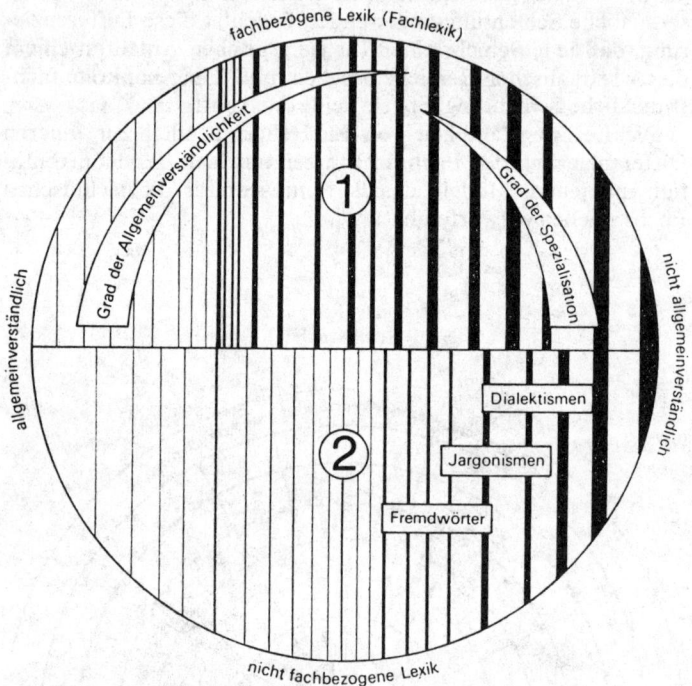

Auch L. Mackensen[46] geht von Untersuchungen zu technischen Fachsprachen aus. Sie führen ihn zu der Vorstellung, daß die Träger der technischen Fachsprachen in einem Kraftfeld oder Stromkreis stehen, der von Muttersprache – Fachsprache – Werkstättensprache – Verbrauchersprache gebildet wird.

Dieser Einteilung hat H. Ischreyt die Schichtung in Werkstattsprache, wissenschaftliche Fachsprache und Verkäufersprache gegenübergestellt, die er aus seiner Vorstellung von der dreifachen Leistung der fachsprachlichen Lexik – einer wissenschaftlichen, wirtschaftlichen und sozialen Leistung – entwickkelte[47]. Unter Werkstattsprache versteht H. Ischreyt jene sprachliche Schicht, die im Bereich der technischen Produktion unmittelbar hervorgebracht wird und durch ihre Metaphorik[48] gekennzeichnet ist. Historisch ist die werkstattsprachliche Schicht durch die Übernahme zahlreicher Wörter aus den Sprachen des Handwerks gekennzeichnet, die in Bezeichnungen wie *bördeln, hobeln* oder *zwirnen* hervortreten[49]. Verkäufersprache bezeichnet jene Sprachschicht, die beim Verkauf technischer Produkte anzutreffen ist. Ihr lexikalischer Bestand deckt sich gewöhnlich mit der sogenannten Verbrauchersprache[50]. Die wissenschaftliche Sprachschicht zeichnet sich gegenüber den beiden anderen Schichten durch ihre Abstraktion und Objektivität sowie durch ihre Exaktheit und Präzision aus[51].

Mit der Wirklichkeit stimmt dieses Schema nicht überein. H. Ischreyt ist sich darüber im klaren, daß die verschiedenen Berufsgruppen im technischen Bereich (Ingenieure, Laboranten, Facharbeiter, Verkäufer) sich jeweils nur eines Ausschnittes der Fachsprache bedienen. In diesen Ausschnitten sind lexikalische Bestände aus allen Schichten enthalten, das aber bedeutet, daß innerhalb der drei angesetzten Schichten zahlreiche Mischformen angenommen werden müssen[52].

Gleichfalls drei Schichten, aber mit anderen Benennungen, unterscheidet W. v. Hahn[53]:

1. Theoriesprache (auch: Wissenschaftssprache)
Sie bildet die strengste Form der Fachsprache, die vor allem in Wissenschaft und Forschung benutzt wird und vorwiegend in schriftlicher Form existiert.

2. Die fachliche Umgangssprache
Sie dient der direkten Kommunikation unter Fachleuten bei ihrer Arbeit. Charakterisiert wird sie vor allem durch persönlichen Sprechkontakt und durch gemeinsame situative Kontexte ihrer Benutzer. Meist ist diese Umgangssprache gemischt mit gruppen- oder sondersprachlichen Zügen, die sich in den Betriebseinheiten zwischen den verschiedenen Abteilungen herausbilden.

3. Die Verteilersprache
Diese Schicht setzt W. v. Hahn, in Übereinstimmung mit H. Ischreyt, vorwiegend für den technisch-industriellen Bereich an. Dort ist die mit ihr verbundene Sprache Kommunikationsinstrument «in den Bereichen Lagerhaltung, Vertrieb und Verkauf»[54]. Sie steht teilweise in enger Beziehung zur Werbesprache, indem sie zum Beispiel Produktnamen nach werbesprachlichen Gesichtspunkten auswählt.

Alle bisher vorgestellten Einteilungen machen den Fachwortschatz zum Hauptkriterium einer schichtenspezifischen Differenzierung. Die Frage, ob nicht vielleicht auch die syntaktische Komponente der Fachsprachen als Unterscheidungskriterium verschiedener Schichten anwendbar wäre, wurde – wohl aufgrund mangelnder Untersuchungen fachsprachlicher Syntax – noch nicht diskutiert.

Auch W. Schmidt[55] geht bei seiner vertikalen Gliederung der Fachsprache vom Fachwortschatz aus. Zunächst unterteilt er den fachsprachlichen Wortschatz in (standardisierte und nichtstandardisierte) Termini und Halbtermini. Als Terminus gilt für ihn ein Fachwort, dessen Inhalt – wie bei *Glühlampe, Mehrwert* oder *Umlaut* – durch Definition festgelegt ist; die Spezifikation ‹standardisiert› bezieht sich auf die Fachsprachen der Technik und gibt an, ob ein Terminus genormt oder nicht genormt erscheint. Halbtermini sind nicht durch Festsetzung bestimmte Fachausdrücke, die jedoch zur eindeutigen Beschreibung der Denotate ausreichen. Zu ihnen gehören Wörter aus der Berufslexik, auch Professionalismen genannt, wie zum Beispiel die Fachwörter *Bandsäge, Beißzange, Staubsauger* und Markennamen wie *Chlorodont, Nordstern, Trabant* usw. Neben den Termini und Halbtermini stehen die Fachjargonismen, die – ohne Anspruch auf Genauigkeit oder Eindeutigkeit zu erheben – Gegenstände und Erscheinungen eines Fachbereichs bezeichnen und oft bildhaften Charakter und stark emotionale Bedeutung tragen: *Schießbude* ‹Schlagzeug bei Jazzkapellen›; *Schnappschuß* ‹ungestellte, besonders charakteristische Photoaufnahme›; *Hexe* ‹Materialaufzug auf der Baustelle›[56].

Menge und Relation dieser Wortarten sollen dann die fachsprachlichen Schichten kennzeichnen. Dabei unterscheidet W. Schmidt im Anschluß an L. Drozd[57] eine wissenschaftliche, theoretisch-fachliche und eine halb- oder populärwissenschaftliche, praktisch-fachliche Schicht. Die erstgenannte zeichnet sich vor allem durch ihren Schriftcharakter und den relativ hohen Anteil an standardisierten und nichtstandardisierten Termini aus. Die zweite Schicht enthält gleichfalls standardisierte und nichtstandardisierte Termini, jedoch überwiegen halbterminologische, also nichtdefinierte Fachwörter und Fachjargonismen. Diese werden sowohl in schriftlicher wie mündlicher Form angewendet und dienen hauptsächlich der Kommunikation in der Produktionssphäre und zwischen Fachleuten und Laien[58].

Gegenüber der Terminologie H. Ischreyts und teilweise auch W. v. Hahns besitzt das Schmidtsche terminologische System den Vorteil, daß in der Bezeichnung von den verschiedenen Trägergruppen abstrahiert und dafür der jeweilige Anwendungsbereich, Theorie oder Praxis, klar herausgestellt wird, – ein Gesichtspunkt, der etwa bei der Lexikographie wichtig werden könnte.

Den neuesten Beitrag zum Problem der Schichtung von Fachsprachen hat L. Hoffmann geliefert. Er versucht, mit Hilfe von Formalisierungen eine schichtenspezifische Typologie zu erstellen. Als Kriterien für die vertikale Gliederung einer Fachsprache dienen ihm dabei «die Abstraktionsstufe, die äußere Sprachform, das Milieu und die Teilnehmer an der Kommunikation»[59].

Es wäre nun zur Klärung erforderlich, die verschiedenen Theorien zur Schichtung der Fachsprachen zu überprüfen, indem man sie beispielsweise auf das Gebiet der Medizin oder der Physik anwendet. Denn schichtenspezifisch relevante Ergebnisse sind am ehesten dort zu erwarten, wo die Untersuchungsgebiete – wie die beiden genannten – sich relativ streng in theoretische und praktische Abteilungen gliedern lassen.

Anmerkungen zu 1

1 Vgl. zur Problematik der Polarität Fachsprache / Gemeinsprache bzw. Fachwort / gemeinsprachliches Wort K. Heller, Der Wortschatz unter dem Aspekt des Fachwortes – Versuch einer Systematik. (54), S. 531 u. passim. Zu den Begriffen Gemein- und Standardsprache siehe u. a. H. Moser, ‹Umgangssprache›. Überlegungen zu ihren Formen und ihrer Stellung im Sprachganzen. In: Zeitschr. f. Mundartforschung 27. 1959/60, S. 215–232; P. L. Garvin, The standard language problem – concepts and methods. In: Language and culture. New York 1964, S. 521–526; S. Jäger, Standardsprache. In: Lexikon der Germanistischen Linguistik. Tübingen 1973, S. 271–275.

2 Eine Sammlung dieser Bezeichnungen mit Einzelnachweisen und kritischer Diskussion bieten: C. Köhler, Satzgründende Verben und verbale Elemente in technisch-fachsprachlichen Texten. (104), S. 11; I. Rahnenführer, Untersuchungen zur Entstehung des Fachwortschatzes des deutschen Eisenbahnwesens. (27), S. 42 ff.

3 Vgl. zu dieser Kritik die Ausführungen von P. Ott, Zur Sprache

der Jäger in der deutschen Schweiz. Frauenfeld 1970 (= Beitr. z. schweiz.-dt. Mundartforschung, Bd. 18), S. 4 ff. und D. Möhn, Sondersprachen. In: Lexikon der Germanistischen Linguistik. Tübingen 1973, S. 279–283.

4 Diese Kritik geht von Fachsprachen als funktionellen Sprachen aus, eine Ausgangsposition, die z. B. L. Drozd (45) einnimmt.

5 R. W. Jumpelt. Die Übersetzung naturwissenschaftlicher und technischer Literatur. (326), S. 3.

6 Z. B. F. Stroh, Handbuch der germanischen Philologie. Berlin 1952, S. 335 ff.; W. Porzig, Das Wunder der Sprache. München ⁵1971, S. 259.

7 Zum Problem Fachwortschatz oder Fachsprache vgl. W. Schmidt/ J. Scherzberg, Fachsprachen und Gemeinsprache. (453), S. 66 f., W. Fleischer, Terminologie und Fachsprache im Bereich der Politik. (166), Abschnitt: Zum Begriff ‹Fachsprache›.

8 So u. a. L. Drozd, Die Fachsprache als Gegenstand des Fremdsprachenunterrichts. In: Deutsch als Fremdsprache 1966, H.2, S. 23 ff.

9 Einige im Hinblick auf fachsprachlichen Unterricht angelegte Arbeiten zur Syntax verzeichnet die Bibliographie, Abschn. IV, 2.

10 Beispiele dazu bei E. Beneš, Syntaktische Besonderheiten der deutschen wissenschaftlichen Fachsprache. (97).

11 Einen Einblick in die Arbeiten dieses Forscherkreises bieten die Sammelbände: A Prague School reader on esthetics, literary structure and style. Selected and translated by Paul L. Garvin. Washington 1964; Stilistik und Soziolinguistik. Beiträge der Prager Schule zur strukturellen Sprachbetrachtung und Spracherziehung. Zusammengestellt u. eingeleitet von Eduard Beneš u. Josef Vachék. Berlin/München 1971.
Zur Rezeption dieser Theorien in der UdSSR siehe u. a. Volkmar Lehmann, Das Konzept der funktionalen Stile in der sowjetischen Sprachwissenschaft. In: Kongreßbericht der 4. Jahrestagung d. Gesellschaft f. angewandte Linguistik GAL e. V. (vom 12.–13. Okt. in Stuttgart). Hrsg. von Gerhard Nickel u. Albert Raasch. Heidelberg 1974, S. 205–212.

12 B. Havránek, The functional differentiation of the standard language. (53); ders., Zum Problem der Norm in der heutigen Sprachwissenschaft und Sprachkultur. In: Actes du quatrième congrès international de linguistes. Copenhague 1938, S. 151–156. [Nachdruck in: A Prague School reader in linguistics. Bloomington 1964, S. 413–420].

13 E. Barth, Fachsprache. (1), S. 210.

14 Vgl. E. Beneš, Syntaktische Besonderheiten der deutschen wissenschaftlichen Fachsprache. (97), S. 26.

15 E. Barth, Fachsprache. (1), S. 210.
16 B. Havránek (Anm. 12). Dargestellt wird diese Prager Theorie der Schriftsprache u. a. bei E. Barth, Fachsprache. (1), S. 210 f. und L. Drozd, Die Fachsprache als Gegenstand des Fremdsprachenunterrichts. In: Deutsch als Fremdsprache 1966, H.2, S. 23 ff., hier S. 25.
17 E. Barth, Fachsprache. (1), S. 211.
18 Ebd., S. 212.
19 Ebd.
20 Ebd.
21 W. Schmidt / J. Scherzberg, Fachsprachen und Gemeinsprache. (453), S. 67.
22 Ebd.
23 W. Schmidt, Charakter und gesellschaftliche Bedeutung der Fachsprachen. (71), S. 17.
24 In diese Richtung tendiert auch E. Wüsters Terminologielehre (siehe Kap. 6), die von wissenschaftlichen Begriffen ausgeht.
25 W. Schmidt, Charakter und gesellschaftliche Bedeutung der Fachsprachen. (71), S. 18.
26 L. Hoffmann, Zur quantitativen Charakteristik der Sprache wissenschaftlicher Texte. In: Linguistische und methodologische Probleme einer spezialsprachlichen Ausbildung. Halle/Saale 1967, S. 128–140; ders. (199; 200; 358); H. Erk, Zur Lexik wissenschaftlicher Fachtexte... (351; 352).
27 Vgl. u. a. W. Reinhardt, Zum Wesen der Fachsprache. (67).
28 Siehe E. Wüster [Vorwort]. In: L. Drozd / W. Seibicke, Deutsche Fach- und Wissenschaftssprache. (45), S. IX.
29 E. Wüster, Internationale Sprachnormung in der Technik, besonders in der Elektrotechnik. Bonn ³1970, S. 255.
30 S. Czichoki [u. a.], Die Erscheinungsformen der Sprache. (44), S. 122.
31 E. Beneš, Fachtext, Fachstil und Fachsprache. (43), S. 120.
32 Vgl. E. Beneš, Zur Typologie der Stilgattungen der wissenschaftlichen Prosa. (138), S. 226.
33 J. Filipec, Zur Spezifik des spezialsprachlichen Wortschatzes gegenüber dem allgemeinen Wortschatz. (80).
34 E. Beneš, Zur Typologie der Stilgattungen der wissenschaftlichen Prosa. (138), S. 227.
35 Siehe ebd. S. 228.
36 Ebd.
37 Ebd. S. 229.
38 E. Riesel, Stilistik der deutschen Sprache. Moskau ²1963, S. 104.
39 Beispiele nach E. Riesel, ebd., S. 109 f.
40 Ebd., S. 109.

41 K. Heller, der Wortschatz unter dem Aspekt des Fachwortes –
Versuch einer Systematik. (54), S. 542.
42 Ebd., Anm. 30.
43 Ebd., S. 543.
44 W. Reinhardt, Produktive verbale Wortbildungstypen in der
Fachsprache der Technik. (121), S. 185.
45 K. Heller, Der Wortschatz unter dem Aspekt des Fachwortes –
Versuch einer Systematik. (54), S. 533.
46 L. Mackensen, Muttersprachliche Leistungen der Technik. (425),
S. 294.
47 H. Ischreyt, Studien zum Verhältnis von Sprache und Technik.
(422), S. 41 ff.
48 So ist es etwa unter den Arbeitern bestimmter Produktionsabtei-
lungen des Volkswagenwerkes in Wolfsburg «für jeden verständlich, wenn ihn ein Kollege bittet: ‹Gib mir mal den Hundeknochen rüber›. Ohne lang zu überlegen, weiß man, daß damit nur
der Anlenkhebel für den Stabilisator an der Hinterachse des
VW-Käfers gemeint sein kann» (Bildunterschrift zu einem auto-
press-Foto, das Abbildungen von Autoeinzelteilen und die von
den Arbeitern des Volkswagenswerks dafür verwendeten, durch-
weg formbestimmten Bezeichnungen zeigt [Segelflieger, Klodek-
kel, Ochsenkopf, Napoleonshut, Trompete, Kinderschi, Hok-
keyschläger, Pfeil, Armbrust, Jägerzaun, Schmetterling, Kuh-
glocke, Hundeknochen, Seppelhose, Pistolentasche] In: ADAC-
Motorwelt 1/75, S. 20).
49 Siehe H. Ischreyt, Studien zum Verhältnis von Sprache und
Technik. (422), S. 210.
50 Ebd., S. 42.
51 Ebd., S. 46.
52 Vgl. ebd., S. 41.
53 W. v. Hahn, Fachsprachen. (50), S. 283 f.
54 Ebd., S. 284.
55 W. Schmidt, Charakter und gesellschaftliche Bedeutung der
Fachsprachen. (71), S. 19 f.
56 Vgl. ebd., S. 20.
57 L. Drozd, Die Fachsprache als Gegenstand des Fremdsprachenunterrichts. In: Deutsch als Fremdsprache 1966, H.2, S. 24.
58 Siehe W. Schmidt, Charakter und gesellschaftliche Bedeutung
der Fachsprachen. (71), S. 19 ff.
59 L. Hoffmann in einem auf dem Kolloquium über Stil und Kultur der Fachsprache an der Landwirtschaftshochschule Prag
(14.–15. 11. 1973) gehaltenen Vortrag: K vertikálnímu rozvrst-
vení odborných jazyku (Zur vertikalen Schichtung der Fachsprache). (55), S. 111 [Résumé].

2. Entstehung und Entwicklung der Fachsprachen im Überblick

2.1. Von den Anfängen bis ins 14. Jahrhundert

Der Ursprung der Fachsprachen ist ohne Zweifel in der Arbeitsteilung zu suchen. Diese entwickelte sich bereits in den einfach strukturierten Gesellschaften, in denen nicht mehr alle Arbeiten gemeinsam verrichtet wurden, sondern – aufgrund der unterschiedlichen natürlichen Begabung – eine erste Spezialisierung, zum Beispiel beim Bau von Waffen, in der Heilkunde oder im Jagdwesen, stattfand.

Als die ältesten Fachsprachen dieser Art werden die Sprache des Bauern und des Fischers angesehen[1]. Beide haben sich bis heute auf lokaler oder regionaler Ebene in ihren zum Teil ungebrochenen Formen erhalten, die uns im Deutschen bruchstückhaft in der mittelalterlichen Fachliteratur (Bauernpraktiken, Lehrgedichte, Rechtsdenkmäler, Zunftverordnungen) tradiert wurden[2]. Aus dem Vergleich zwischen der Überlieferung und der heutigen Sprache läßt sich indes erkennen, daß die – oft romantischen Vorstellungen entsprungene – Annahme einer sachlichen und sprachlichen Konstanz in diesen und ähnlichen Berufen der Wirklichkeit nicht entspricht[3].

Über die Entstehung der deutschen Fachsprachen in der älteren Zeit (9.–14. Jahrhundert) kann man beinahe nur Vermutungen anstellen. Zwar gehört zu den Bedingungen der Herausbildung dieser Fachsprachen zweifellos die Arbeitsteilung, teilweise auch die Trennung von Wohnung und Arbeitsstätte, doch «muß die historische Forschung zunächst einmal die Fachgebiete und fachlichen Zusammenhänge vergangener Zeiten zu ermitteln versuchen, bevor sie den entsprechenden fachsprachlichen Erscheinungen, ihrer Entstehung und Veränderung nachgehen kann»[4].

Sollten diese Voraussetzungen einmal erfüllt sein, kann man die Fachsprachen immer noch nicht beschreiben. Es fehlt einfach an den dazu nötigen, ausführlichen Quellen. Denn außer einigen Zaubersprüchen, Rezepten, Gebeten und Rätseln, die fachsprachliche Terminologie enthalten oder denen man fachsprachliche Eigenschaften zuschreiben könnte, ist fachsprachliches Schrifttum in deutscher Sprache für diesen Zeitraum nicht überliefert worden. Zwar wäre es möglich, mit Hilfe der konservativen Mundarten einzelne Fachsprachen wie die des Winzers oder Fischers teilweise zu rekonstruieren, doch blieben auch diese Rekonstruktionen aufgrund des Sach- und Sprachwandels weitgehend hypothetisch.

Eine wichtige Hilfe bei der Erforschung des frühesten Zustandes der deutschen Fachsprachen können die Entlehnungen aus dem Lateinischen bieten, vor allem auf den Gebieten des Wein- und Gartenbaues und des Bauwesens. Doch wird die Forschung auch mit ihrer Hilfe nicht über lückenhafte Erkenntnisse hinauskommen[5]. Ungeklärt wird die Struktur der Fachsprachen in vorschriftlicher Zeit bleiben, wie zum Beispiel die Sprache des Seefahrers oder des Schmiedes. Ihre Existenz wird aber nicht bezweifelt[6]. Ob man in diesem vorschriftlichen Stadium jedoch überhaupt von Fachsprachen im heutigen Sinne sprechen darf oder ob eher Gruppensprachen anzusetzen sind, läßt sich aus den eingangs genannten Gründen nicht beantworten.

2.2. Vom Mittelalter bis zur Zeit der «industriellen Revolution»

Greifbar werden die deutschen Fachsprachen erst seit der Mitte des 14. Jahrhunderts, das uns zahlreiche schriftliche Zeugnisse überliefert hat. Zu ihnen zählen die Ordnungen und Protokolle der Handwerkerzünfte und die Übersetzungen von Werken der Freien Künste aus dem Lateinischen[7]. Die Überlieferung innerhalb der einzelnen Fachgebiete ist unterschiedlich. So hat etwa im 14. und 15. Jahrhundert die damals schon weitentwickelte deutsche Baukunst erstaunlicherweise nur wenig Fachschrifttum hervorgebracht[8]. Dagegen war die Jagdliteratur bereits reich entwickelt[9].

Vollständige Fachsprachen lassen sich anhand dieser überlieferten Schriften, trotz der oft reichlich vorhandenen Sonderlexik, auch hier noch nicht rekonstruieren. Immerhin erkennen wir aufgrund der Darstellung, der Schreibanweisungen und des Wortschatzes wesentliche Strukturmerkmale einzelner Fach-

sprachen und können Vor- und Übergangsstufen zu den Fachsprachen der Gegenwart ermitteln.

2.2.1. Einige Kennzeichen mittelalterlicher Fachsprachen des Handwerks

Gegenüber den heutigen Fachsprachen in Handwerk und Industrie sind die historischen handwerklichen Fachsprachen durch
das weitgehende Fehlen einer Theoriesprache, den auf der zünf-
tigen Verfassung beruhenden engeren Kommunikationsradius
sowie – wirtschaftsgeschichtlich gesehen – durch die Existenz
einer einheitlichen Arbeitswelt bestimmt, die insgesamt eine
weitaus individuellere Kommunikation zuließ als in der indu-
striell bestimmten Produktion[10]. Die wichtigsten Kennzeichen
dieser altüberlieferten Fachsprachen waren ihre Mundartlich-
keit, ihre Lexik mit starker metaphorischer und affektischer
Komponente und – entsprechend der Sachwelt – ihre geringe
innere und äußere Differenzierung[11].

2.2.2. Die «Aufhebung» der handwerklichen Fachsprachen

Heute unterliegen diese alten Fachsprachen einem starken
Wandel, da die Technik das handwerkliche Berufsbild entscheidend verändert hat und der Handwerker mit Beginn der industriellen Fertigung auf seinem Sektor meist nur noch Teilarbei-
ten ökonomisch sinnvoll durchführen kann. Die deutschen Berufsfischer beispielsweise stellen nicht mehr, wie in früheren
Jahrhunderten, ihre Arbeitsgeräte selbst her und erzeugen auch
nicht mehr die Rohstoffe dazu (Anbau von Hanf, Flachs usw.),
sondern sie bedienen sich der industriellen Produktion der
Netzfabriken und des Schiffbaues, um ihr Arbeitsgerät herstellen zu lassen oder zu vervollständigen[12].
    Diese Reduktion der traditionellen Arbeitswelt führte in ein-
zelnen Berufszweigen bis hin zur Aufgabe der handwerklichen
Produktion (Schmied, Weber usw.) und damit auch zum Unter-
gang einzelner Fachsprachen. Viele von ihnen sind allerdings im
Hegelschen Sinne «aufgehoben» in den neugebildeten Sprachen
der Facharbeiter des betreffenden Berufszweiges, etwa die Spra-

che des Webers in der Fachsprache des Textilarbeiters oder die des Schmiedes in der Fachsprache des Betriebsschlossers.

2.2.3. Die Ausbildung der wissenschaftlichen Fachsprachen

Fachsprachen aus theoretisch-fachlichen Bereichen sind ebenfalls seit dem Mittelalter in zahlreichen Texten überliefert, zum Beispiel in Texten aus dem Gebiet der Chemie, der Medizin, der Philosophie, der Rechtskunde und der «Kriegskunst». Auch sie erheben – wie die Sprachen im praktisch-fachlichen Stil – keinen Anspruch auf ästhetische Bewertung, sondern zielen auf «Klarheit, Eindeutigkeit und Genauigkeit der Aussage»[13]. Mit ihrer in dieser Hinsicht zuchtvollen Durchbildung der Sprache schufen die Fachleute des Mittelalters die Voraussetzungen dafür, «daß das Deutsche in der Neuzeit zu einer Sprache der Wissenschaft werden konnte»[14]. Und auch bei der Herausbildung der Schriftsprache besaß das Fachschrifttum auf Grund seiner gegenüber literarischen Werken erheblich größeren Verbreitung und Nutzung in allen Ständen einen Einfluß, dessen Bedeutung für die Entwicklung der deutschen Sprache lange Zeit verkannt wurde[15].

Bis zum 18. Jahrhundert sind in den vom Lateinischen geprägten Fachbereichen und Wissenschaftszweigen interessante Bemühungen um eine Aus- oder Neubildung der Fachsprachen auf nationalsprachlicher Grundlage zu beobachten. Das Ringen um eine nationale Fachsprache und die Einführung und Vereinheitlichung neuer Fachtermini bildete für viele Wissenschaftler eine wichtige Aufgabe bei ihren Forschungen.

Einen Einblick in das Ringen um eine nationalsprachliche (deutsche) Terminologie vermittelt die Sprache der Mathematik, die ursprünglich lateinisch, später französisch war[16]. Ihre nationalsprachliche Ausbildung ist das Werk einzelner Wissenschaftler. Zu ihnen gehört Johannes Kepler, der eigene, lateinisch geschriebene Werke verdeutschte (u. a. *Nova Stereometria doliorum,* Linz 1615), weil er auch Nichtwissenschaftler an seinen Kenntnissen teilnehmen lassen und außerdem die deutsche Sprache aufwerten wollte[17]. Als reichste Quelle seiner Verdeutschungsversuche nutzte er – wie andere Autoren – Bilder aus Natur und Umwelt. Für das Segment nahm er zum Beispiel den Terminus *Schnitz* als Grundwort und bezeichnete, auf seine

Setzung aufbauend, einen Kreisabschnitt als *Zirkelschnitz,* das Segment einer ebenen Figur als *flachen Schnitz* und das räumliche Segment als *Kegel-* oder *Kugelschnitz*[18]. Für Ellipse setzte Kepler *Ovallinie* und – häufiger – *Eilinie,* die auch Albrecht Dürer verwendete, während im 17. und 18. Jahrhundert die Verdeutschungen *ablange runde Linie* und *Langrundung* in Gebrauch kamen[19].

Die Übertragungen einzelner Werke aus dem Lateinischen und die Schaffung selbständiger deutscher Fachschriften, vor allem im Bereich der Naturwissenschaften, führte im 17. und 18. Jahrhundert zu umfassenden Sammelwerken, deren Autoren versuchten, das Wissen ihrer Zeit – wobei oft Altes und Neues vermischt wurde – systematisch zu erfassen und darzulegen[20]. Einen wesentlichen Schritt in der Entwicklung der Fachsprachen bilden dann die im 18. Jahrhundert entstehenden wissenschaftlichen Einzeldisziplinen an den Universitäten und die endgültige Ablösung vom Latein in den Fach- und Wissenschaftssprachen.

Für die historische Fachsprachenforschung steht im 17. und 18. Jahrhundert eine solche Fülle an Material und Aufgaben bereit, daß sie mit den traditionellen Arbeitsmethoden kaum angegangen werden können. Doch gerade dieser Zeitraum muß – wie neuere Arbeiten zeigen[21] – als besonders ertragreich für fachsprachliche Forschungen betrachtet werden, da in ihm das Bestehende zusammengefaßt und zugleich neue Entwicklungen eingeleitet werden.

2.3. Vom 18./19. Jahrhundert bis zur Gegenwart

Im Mittelalter und in der anschließenden Zeit waren die Fachgebiete für den einzelnen noch überschaubar, ihr Zusammenhang erkenntlich. Universale Bildung und universale Kenntnisse zu erwerben, wurde jedoch im 17. und 18. Jahrhundert zunehmend schwieriger und schließlich – nach W. v. Humboldt – unmöglich. Mit den technischen Neuerungen und den immer rapider sich entwickelnden Naturwissenschaften, die im 18./19. Jahrhundert die «industrielle Revolution» auslösten, begann eine Auflösung der bis dahin weitgehend einheitlichen Arbeitswelt und eine Spezialisierung innerhalb verschiedener Wissenschaftsgebiete, die dem einzelnen den Überblick verwehrten.

Die Einrichtung von neuen Fächern und Disziplinen führte zu einer Flut von praktischen und theoretischen Fachschriften und einem starken Wachstums- und Differenzierungsprozeß unter den Fachsprachen.

Im 20. Jahrhundert erfolgte dann eine explosionsartige Zersplitterung und Erweiterung, vornehmlich der wissenschaftlichtechnischen Fachsprachen. Nie zuvor mußte so viel Neues in kurzer Zeit benannt und über so viel Neues gesprochen werden. In der Chemie – Gesamtwortschatz über 100 000 – wird allein bei Handels- und Industriebezeichnungen ein monatlicher Zuwachs von etwa 100 Bezeichnungen veranschlagt[22]. Den Linguisten gelang es in wenigen Jahren, Material für Dutzende umfangreicher Fachwörterbücher zu ‹generieren›. Auf den Gebieten Datenverarbeitung und Informatik mußten neue technische Felder sprachlich erschlossen werden. Die Fachwortschätze zählt man nach Millionen[23].

Über den Einfluß dieser bisher unbekannten Größe auf die Gemeinsprache gibt es keine gesicherten Daten. Erwiesen ist, daß dieser Wortschatz weit schneller umgeschlagen wird als früher und deshalb in immer kürzerer Zeit veraltet. Außerdem werden die Fachsprachen in immer stärkerem Maße internationalisiert, komprimiert und kompliziert. Ihr Ausmaß und ihr Einfluß auf unser Denken und Sprechen nimmt ständig zu. Aus dieser Tatsache resultiert die im Vorwort angesprochene gesellschaftliche Bedeutung der Fachsprachen, die sich mit den Stichworten Sprach- und Informationsbarriere, Handlungsbarriere und Technokratisierung umreißen läßt.

Die Forschung richtet deshalb heute mit Recht ihr Interesse primär auf die Fachsprachen der Gegenwart, um – neben der Abklärung theoretischer Positionen – den Bedürfnissen der Praktiker entgegenzukommen und für die Vermittlung fachsprachlicher Kenntnisse und für die Kommunikation zwischen Fachleuten und Laien die notwendigen Voraussetzungen zu schaffen (Fachwörterbücher, Sprachstatistiken usw.).

Anmerkungen zu 2

1 Siehe u. a. S. Czichocki [u. a.], Die Erscheinungsformen der Sprache. (44), S. 122.

2 Vgl. G. Eis, Mittelalterliche Fachliteratur. (14), S. 25 f. u. S. 30.
3 Siehe dazu H.-R. Fluck, Arbeit und Gerät im Wortschatz der Fischer des Badischen Hanauerlandes. (168), S. 482.
4 L. Drozd / W. Seibicke, Deutsche Fach- und Wissenschaftssprache. (45), S. 3.
5 Vgl. ebd., S. 14. Ansätze in dieser Richtung bieten u. a. die materialreichen Arbeiten von Th. Frings, Germania Romana. Halle 1932 (= Teuthonista. Beih. 4) und Th. Frings / G. Müller, Germania Romana II. Halle / Saale 1968 (= Mitteldt. Studien 19/2), die jedoch in erster Linie Fragen der Interferenz behandeln.
6 Vgl. Hans Eggers, Deutsche Sprachgeschichte. Bd. 1. Reinbek b. Hamburg 1963, S. 22.
7 Siehe dazu detailliert G. Eis, Mittelalterliche Fachliteratur. (14), S. 6 ff.
8 G. Eis, Mittelalterliche Fachliteratur. (14), S. 16.
9 Ebd., S. 30.
10 Vgl. W. v. Hahn, Fachsprachen. (50), S. 204.
11 Siehe Fr. Maurer, Zur deutschen Handwerkersprache. (64), bes. S. 43 ff.
12 Vgl. hierzu Reinhard Peesch, Zur Tradierung von Gerät und Arbeitserfahrung. In: Arbeit und Volksleben. Göttingen 1967, S. 146–153 und Hans-Rüdiger Fluck, Fischen mit der Reuse in Weisweil. In: Publikationen zu wissenschaftlichen Filmen, Sektion Völkerkunde. Volkskunde 4. 1974, H. 4, S. 350–362, bes. S. 358 f.
13 G. Eis, Mittelalterliche Fachliteratur. (14), S. 53.
14 Ebd.
15 In diesem Sinne ebd., S. 56 f.
16 Vgl. W. Busch, Die deutsche Fachsprache der Mathematik. (11), S. 6.
17 Ebd., S. 18 f.
18 Ebd., S. 8 f.
19 Ebd., S. 11.
20 Vgl. L. Drozd / W. Seibicke, Deutsche Fach- und Wissenschaftssprache. (45), S. 16.
21 Etwa W. v. Hahn, Die Fachsprache der Textilindustrie im 17. und 18. Jahrhundert (19); H. R. Spiegel, Zum Fachwortschatz des Eisenhüttenwesens im 18. Jahrhundert in Deutschland. (32).
22 So W. Haynes, Chemical trade names and commercial synonyms. New York ²1955, [Vorwort].
23 W. Seibicke, Fachsprache und Gemeinsprache. (455), S. 71; E. Wüster, [Vorwort]. In: L. Drozd / W. Seibicke, Deutsche Fach- und Wissenschaftssprache. (45), S. IX; E. Beneš, Fachtext, Fachstil und Fachsprache. (43), S. 131.

3. Bedeutung der Fachsprachen in der Gegenwart

3.1. Erkenntnis-und Verständigungsinstrument

Als Erkenntnisinstrument spielt die Fachsprache in den Wissenschaften eine wichtige Rolle. Sie dient der Fixierung von Beobachtungen, der Aufstellung von Hypothesen und der Theoriebildung. Auch in der Technik nimmt die Fachsprache als Instrument der Erkenntnis einen wichtigen Platz ein. Gegenüber den Wissenschaften wird allerdings hier der Werkzeugcharakter der Sprache stärker betont[1].

Ausgehend von seiner Vorstellung der Sprache als Mittel zu einem Zweck, erfaßt den Ingenieur öfter als den Wissenschaftler ein tiefes Unbehagen an der mit historischem «Ballast» überfrachteten Sprache, die Denken und Tun mitformt, den an sie gestellten Ansprüchen auf Exaktheit jedoch nicht entspricht. Damit wird das bislang ungelöste Problem von Sprache und Denken als Fachproblem angesprochen. Dieses Problem der Spannung zwischen einer natürlichen, historisch befrachteten Sprache und dem Aufdecken neuer Erkenntnisse und Techniken beschäftigte bereits Leibniz. Er klagte wiederholt, daß sich die Worte so zwischen Denken und Wirklichkeit einschieben, und er verglich sie mit dem Medium, «durch welches die Strahlen, die von den sichtbaren Gegenständen herkommen, hindurchgehen und das oft Nebel vor unseren Augen verbreitet»[2]. Deshalb schlug er in seinen *Neuen Abhandlungen über den menschlichen Verstand* eine Kunstsprache vor, deren Wörter im Sinne heutiger Terminologienormung festgelegt sein und die Erkenntniskraft der Sprache erhöhen sollten[3].

Neben ihrer Beteiligung am Erkenntnisprozeß hat die Fachsprache für den Wissenschaftler und Techniker die Aufgabe, Erkenntnisse festzuhalten und zu übermitteln. Ihre Bewertung als Kommunikationsmittel erfolgt deshalb nach dem Verhältnis von Leistung und Energieverbrauch[4]. Vor allem für den Techniker ist die Sprache grundsätzlich Zwecksprache, – ein Gegenstand, den man nach seinen Bedürfnissen bearbeiten muß und der eigentlich nur in der Form einer Kunstsprache alle erforderlichen Eigenschaften als Kommunikationsmittel besitzt, «weil man bei ihrer Schaffung frei ist und ihr die gewünschten Eigenschaften erteilen kann»[5].

Die von Ingenieuren und Technikern, aber auch von Wissenschaftlern gewünschten Eigenschaften einer solchen Sprache sind Exaktheit und Präzision, Ökonomie und leichte Handhabbarkeit (Schreibung, Aussprache). Je nach der Schicht der jeweiligen Fachsprache werden diese Eigenschaften, vor allem im technischen Bereich, nicht in gleichem Maße wünschenswert erscheinen. So wird zum Beispiel bei einem Verkaufsgespräch im technischen Bereich oft ein bildhafter Terminus einem zwar präzisen, aber wenig appellativen vorgezogen, da dieser fachsprachlichen Schicht eine völlig andere Funktion und soziale Bedeutung zukommt als etwa der sogenannten Werkstattsprache.

3.1.1. Präzision und notwendiger Verlust an Allgemeinheit

Der Gewinn einer so verstandenen Fachsprache an Präzision muß stets durch einen erheblichen Verlust an Allgemeinheit erkauft werden[6]. Wachsender Umfang und zunehmende Differenzierung von Sprache und Wirklichkeit drängen allerdings auf immer höhere Präzision. In den Wissenschaften kam es aufgrund der Erweiterung der Arbeits- und Aufgabenbereiche – man denke nur an die neueingeführten Fachbereiche wie Politik, Soziologie, Betriebs- und Volkswirtschaft, Umweltschutz usw. – bereits zu einer ‹verbalen Explosion›. Diese Explosion resultiert aus dem Spannungsverhältnis zwischen dem Streben nach Intersubjektivität und der Wahrung subjektiven Denkens und Sprechens bei zunehmender Differenzierung und Präzisierung. Hieraus ergibt sich die Gefahr, daß unter vielen Wissenschaftlern «sprachbedingte Scheinprobleme»[7] diskussionswürdig und diskussionsbestimmend werden.

Die Notwendigkeit und das Ausmaß des Bemühens, Gegenstände und Erscheinungen der Wirklichkeit möglichst exakt und differenziert zu bezeichnen, läßt sich am Beispiel der Benennungen für Benzin zeigen, die A. Kutzelnigg für verschiedene Sprachschichten zusammengestellt hat[8]:

Sprachschicht	Benennung
1. Gemeinsprache	Benzin (Fahrbenzin, Wundbenzin usw.)
2. Alltagssprache	Sprit (= Fahrbenzin!)
3. Slang	Saft, Suppe, Klingelwasser usw.
4. Chemische Fachsprache	(Mischung von Kohlenwasserstoffen)
5. Apotheker-Fachsprache	Benzinum petrolei (Wundbenzin)
6. Sprache des Handels	a) Tankstelle: erübrigt sich meist (‹10 l› oder ‹vollmachen›) b) Normal/Super (‹SB›) c) Markenbenzin/markenfreies Benzin d) Markenname e) Großhandel: Mineralöl f) ‹Ware›
7. Sprache der Erdöltechnik	z. B. Straight-run Benzin/Krackbenzin Reformat, Polymerisat, Alkylat usw. Breitschnitt
8. Sprache der Kraftfahrtechnik	Kraftstoff (Otto-Kraftstoff/Dieselkraftstoff; Vergaser-Kraftstoff, abgekürzt VK)
9. Verwaltungssprache a) Besteuerung, Verzollung	Mineralöl, Leichtöl
b) Statistik	‹Benzine› (Pl.) (Rohbenzin, Motoren- und Flugbenzin)
c) Lebensmittelgesetz	Bedarfsgegenstand
d) Polizei-VO über den Verkehr mit brennbaren Flüssigkeiten vom 1. 4. 1960	‹brennbare Flüssigkeit›
e) Bundeswehr	(Als ‹Versorgungsartikel›): z. B.: Kraftstoff, Ottoflug F 12 (F 12 = Nato-Symbol) (gesprochen: Kraftstoff Komma Ottoflug)

Die Aufstellung zeigt, daß in der Sprache verschiedener Fachbereiche jeweils ein Aspekt des Gegenstandes hervorgehoben wird, der für den betreffenden Fachbereich wichtig ist. Die Gemeinsprache hingegen faßt *Benzin* als Oberbegriff für alle Arten von Benzin auf, während in der Alltags- bzw. Umgangssprache das Wort *Benzin* oft durch Ausdrücke mit stark konnotativen und metaphorischen Komponenten ersetzt wird und anstelle fachsprachlicher Differenzierungen nur verbale Doubletten treten.

3.2. Fachsprachen als Barriere

Die Existenz und das permanente Anwachsen der Fachsprachen ist heute zu einem Kommunikationsproblem ersten Ranges geworden. Immer wieder liest und hört man, daß es zunehmend schwieriger oder oft unmöglich wird, zwischen den verschiedenen Bevölkerungsschichten, zwischen Fachleuten und Laien und zwischen den Fachleuten untereinander sich zu verständigen. Diese Sprachnot kennt der Wissenschaftler ebenso wie der Techniker, der Übersetzer oder der Journalist. Sie hat inzwischen ebenfalls zu einer Informationsbarriere geführt, die sich beispielsweise auf dem Gebiet der Wissenschaftspublizistik deutlich abzeichnet. Obwohl nach einer EMNID-Umfrage unter allen Bevölkerungsschichten ein großes Interesse an Wissenschaftsberichterstattung besteht, können nur wenige an den verbreiteten Informationen teilhaben. Denn über die Hälfte der Befragten hatte aufgrund der Sprache Verständnisschwierigkeiten, unter ihnen vor allem die ganz Alten, Arbeiter, Rentner und Personen mit Volksschulabschluß[9]. Für sie ist der «Fachwort-Dschungel» (SWF-Moderator) undurchdringlich.

3.2.1. Informationsbarriere

Nicht nur für den Laien, auch für die Wissenschaftler selbst erweisen sich die herausgebildeten, differenzierten Fachsprachen oft als unüberwindbares Hindernis. Ein Biologe wird einen Juristen, ein Chemiker einen Soziologen kaum mehr verstehen können. Und das Aneinandervorbeireden ist heute selbst unter Wissenschaftlern eines einzigen Faches keine Seltenheit mehr.

Die Fachsprachen der Wissenschaft bilden jedoch vor allem dann eine ernstzunehmende Barriere, wenn sie – wie im Bereich der Hochschulpolitik – dazu führen, daß «die Bedeutung reformatorischer Entwicklungen in Hochschulsystemen von der außeruniversitären Umwelt mißverstanden oder gar nicht begriffen wird»[10]. Wie es in dem genannten Fall zu dieser Entwicklung kam und welche Gefahren sie in sich birgt, beschreibt U. Lohmar, Professor für Politische Wissenschaften und Bundestagsabgeordneter, wie folgt: «Aus einer Kombination von Wissenschaftschinesisch der Politologen, der Soziologen, der Pädagogen und der Ökonomen entstand ein Reformsuaheli, das außer den Beteiligten kein Mensch mehr begreift und deshalb auch in seiner möglichen sachlichen Tragfähigkeit für andere Bereiche der Gesellschaft außerhalb der Hochschule nicht abschätzen kann. Diejenigen, die auf der staatlichen Ebene Wissenschaft und Politik betreiben, kennen dieses Dilemma und können ihm zugleich nicht entgehen. Wollen sie sich gegenüber den ‹Hochschulchinesen› verständlich machen, müssen sie deren Sprache sprechen, denn sonst fehlt ihnen dort jede Chance einer Überzeugungsmöglichkeit. Andererseits versteht die Mehrheit der Parlamentarier in den Ländern und im Bund aber eben diese Sprache nicht mehr, so daß die Wissenschaftspolitiker dort in die Gefahr geraten, ihren Kollegen etwas von böhmischen Dörfern zu erzählen. Kompromisse in der Sprache sind dabei kaum möglich, wenngleich sie in der Sache oft zu verwirklichen wären. Die Handlungsfähigkeit der Wissenschaftspolitiker reduziert sich deshalb in der Politik auf das Maß an allgemeinem politischem Vertrauen, das sie in ihren Fraktionen und Administrationen genießen, und sofern dieses Vertrauen vorhanden ist, fehlt doch wiederum die sachliche Verbindung zu ihrem speziellen politischen Arbeitsfeld»[11].

Um diesem Dilemma zu begegnen, müssen nach U. Lohmar «neue gesellschaftliche Service-Gruppen»[12] entstehen, die die Übersetzung der verschiedenen Fachsprachen in eine allgemeinverständliche oder zumindest leichter verständliche Sprache zu leisten hätten. Dazu wäre «das Berufsbild eines wissenschaftspolitischen Dolmetschers und eines Kommunikationsingenieurs zu entwickeln und in der Praxis zu erproben[...]»[13].

3.2.2. Kommunikative Barriere

Die von U. Lohmar beschriebene Zwiespältigkeit des Experten und seiner Sprache – er besitzt zwar die genaueste Kenntnis eines Spezialgebietes, kann sich aber nicht oder nur unzureichend mitteilen – sieht auch H. Bausinger, der sich in seinem Buch mit dem bezeichnenden Titel *Deutsch für Deutsche* selbst darum bemüht, breiten Bevölkerungskreisen Einblick in ihre Sprache und deren Problematik zu bieten: «Nicht zuletzt durch ihre besondere Sprache setzen sich die Experten von den anderen, den Nicht-Eingeweihten, ab. In der Expertensprache liegt ihre Macht; sie sitzen an Schalthebeln, die nur sie bedienen können, in dieser Sprache und dank dieser Sprache können sie über andere verfügen. Gleichzeitig aber liegt darin auch ihre Ohnmacht. Je ausschließlicher sie sich der Expertensprache verschreiben, um so weiter entfernen sie sich von der allgemeinen Sprache, von der für alle möglichen und für alle verbindlichen Kommunikation»[14].

Kommunikationsstörungen ergeben sich unter diesen Aspekten immer dann, wenn Fachsprachen in die gesamtgesellschaftliche Diskussion einfließen, ihr Wissen aber nicht allgemein vermitteln. Sie verhindern dadurch die Auseinandersetzung mit Laien und werden somit zur elitären, demokratiefeindlichen Herrschaftssprache. Diese Dimension sollte auch im Lernziel ‹Kommunikationsfähigkeit› berücksichtigt werden, wenn mit ihm mehr Chancengleichheit angestrebt wird.

3.2.3. Sprach- und Handlungsbarriere

Die Problematik einer Fachsprache als Barriere rückt also dann in das öffentliche Interesse, wenn die Fachsprache das Leben der Allgemeinheit tangiert. Das ist u. a. bei der Verwaltungssprache und der Rechtssprache der Fall. Während die Sprachkritiker an der Verwaltungssprache vor allem die Verplanung des Menschen und seine Reduzierung auf eine abstrakte, rechnerische Größe herausstellten[15], also eine überwiegend kulturkritische Haltung einnahmen, sind die Kritiker der juristischen Fachsprache eher Gesellschaftskritiker.

Von ihnen wird, außer dem Verwaltungsstil der Rechtssprache, die Tatsache kritisiert, daß der Gesetzeskodex und seine Auslegungen in einer derart abstrakten Sprache gefaßt sind, daß sie den Adressaten, dazu sind alle Mitglieder eines Staatswesens zu zählen, nicht mehr verständlich sind. Zwar ist die Rechtssprache, stärker als andere Fachsprachen, darauf angelegt, verständlich zu sein[16], doch stimmen Anspruch und Wirklichkeit selten überein.

So ist es einem Kläger oder Beklagten in einem Rechtsstreit, wenn er einmal unversehens in die ‹Mühle der Justiz› gerät, im allgemeinen nur möglich, mit Hilfe eines Rechtsanwaltes als Interpreten, der die Gesetze kennt, sie zu verstehen und auszulegen gelernt hat, erfolgreich seine Meinung vorzutragen. Das aber kann dazu führen, daß nur diejenigen zu ihrem Recht kommen, die sich die besten Interpreten – oder Interpreten überhaupt – leisten können.

Außerdem kritisieren die Gegner der herrschenden Rechtssprache deren Ideologie, die – zum Beispiel im Arbeitsrecht mit Begriffspaaren wie *Sozial- / Tarifpartner* oder *Arbeitgeber / Arbeitnehmer* – zur Verschleierung und Entpolitisierung von Interessengegensätzen beiträgt[17]. Auch meinen sie, daß viele Wörter der Gesetzessprache keine genaue Bedeutung hätten und manchen sogar jegliche Bedeutung abgehe. Deshalb fordern sie eine «Tatsachensprache», die abstrakte Termini durch konkrete Ausdrücke ersetzt und die Rechtsprechung ‹im Namen des Volkes› nicht mehr durch eine sprachliche Barriere von eben diesem Volke trennt[18].

Der abstrakte Charakter der Rechtssprache in einzelnen Sprachschichten ergibt sich aus dem Bemühen um allgemeine Bezeichnungen für konkrete Sachverhalte. Das zeigen zum Beispiel die Personifizierungen bestimmter Rechtsstellungen wie *Arbeitgeber, Erblasser, Gesamtschuldner* oder *Widerbeklagter*. Mit ihrer Einführung in die Sprache hängt wiederum die Bevorzugung von Nominalisierungen zusammen, die der Jurist selbst vermeintlich zur Vermeidung von Mißverständnissen gebraucht: «er spricht daher stets von der *Abgabe einer Willenserklärung,* nicht davon, daß jemand seinen Willen erklärt habe»[19]. Besonders deutlich wird dieser abstrakte, im Fachschrifttum gegenüber der Gesetzes- und Urteilssprache noch durch eine vermehrte Verwendung rechtswissenschaftlicher Terminologie geprägte Stil in der parodistischen Umsetzung des Märchens vom Rotkäppchen in die juristische Fachsprache des Strafprozesses: «Im Kinderanfall unserer Stadtgemeinde ist eine hierorts wohnhafte, noch unbeschulte Minderjährige aktenkundig, welche durch ihre übliche Kopfbekleidung gewohnheitsrechtlich Rotkäppchen genannt zu werden pflegt. Der Mutter besagter R. wurde seitens deren Mutter ein Schreiben zugestellt, in welcher dieselbe Mitteilung ihrer Krankheit und Pflegebedürftigkeit machte, worauf die Mutter der R. dieser die Auflage machte, der Großmutter eine Sendung von Nahrungs- und Genußmitteln zu Genesungszwecken zuzustellen [...]

Da wolfseits Verknappungen auf dem Ernährungssektor vorherrschend waren, faßte er den Beschluß, bei der Großmutter der R. unter Vorlage falscher Papiere vorsprachig zu werden. Weil dieselbe wegen Augenleidens krank geschrieben war, gelang dem in Freßvorbereitung befindlichen Untier die desfallsige Täuschungsabsicht, worauf es unter Verschlingen der Bettlägerigen einen strafbaren Mundraub zur Durchführung brachte [...]»[20]

Es darf allerdings nicht übersehen werden, daß die hier parodierten Sprachform aus dem (notwendigen) Bemühen entstehen, vom Gesetz erfaßte Sachverhalte unzweideutig zu benennen, – also im Grunde aus dem Bemühen, Klarheit zu schaffen[21]. Die Rechtssprache befindet sich damit in der paradoxen Situation, eine allgemeinverständliche Fachsprache entwickeln und den steten Bezug zur Primärsprache, das heißt den Transfer zwischen Fach- und Gemeinsprache, gewährleisten zu müssen[22].

Daß eine Lösung den Juristen bisher noch nicht gelungen ist, hat vermutlich mit zu der in einer Repräsentativbefragung (1 100 Interviews) festgestellten Distanz der Bevölkerung zur Rechtspflege und der Einengung ihrer rechtlichen Handlungsfähigkeit beigetragen. Denn sicher waren auch sprachliche Gründe maßgeblich dafür, daß 50% der Befragten die Ansicht für zutreffend hielten, «daß Juristen eine Angelegenheit nur noch schwieriger machen als sie ist»[23], und 45% sich lieber mit der ihnen von einer Versicherung zugesprochenen Hälfte eines ihnen voll zustehenden Schadenersatzes von 250.– DM zufrieden geben würden als ihren Anspruch einzuklagen. Von den (sprachversierteren) Angehörigen der Oberschicht würden jedoch nur 37% diesem Angebot zustimmen[24].

3.3. Gefahren zunehmender fachsprachlicher Differenzierung

Die Gefahren, die durch eine immer fortschreitende Spezialisierung der Wissenschafts- und Berufszweige hervorgerufen wird, liegt – sprachlich gesehen – in einem ungeheueren Anwachsen der Spezialvokabulare. Sie stellen den einzelnen, nur begrenzt aufnahmefähigen Menschen vor bisher nicht dagewesene, denkökonomische Aufgaben[25].

3.3.1. Einschränkung der Sprachkompetenz

In wenigen Jahren haben sich mit der Ausdifferenzierung einzelner Fachbereiche deren Terminologien verdoppelt und verdreifacht[26]. Will der einzelne nun an diesem fortschreitenden Erkenntnisprozeß teilhaben und über seine Richtung mitbestimmen, wird er «immer mehr neue Wörter, Begriffe und Termini beherrschen müssen»[27]. Dabei wird es nicht allein darum gehen, den passiven Wortschatz zu bereichern, also eine möglichst große Anzahl von Wörtern zu kennen und vielleicht auch zu verstehen, sondern es wird nötig sein, solche Kenntnisse anwenden und anbringen zu können. Die auch gesellschaftspolitische Bedeutung dieses Transfers zeigt sich u. a. bei der Bildung von Bürgeraktionen für die verschiedensten Ziele, – gegen den Bau von Atomkraftwerken, für die Unterstützung privater Suchthilfeeinrichtungen usw. Ihr Erfolg oder Mißerfolg hängt in vielen Fällen letztlich davon ab, ob sich die betreffenden Bürger eine ausreichende Sach- und Sprachkompetenz verschaffen, das heißt sich artikulieren und mit Fachleuten und Laien auseinandersetzen können.

Durch die Massenkommunikationsmittel werden zahlreiche Fachwörter aus den verschiedenen Wissensgebieten, wie zum Beispiel *Kernenergie, nukleare Reaktion, Psychoanalyse, Preisindex* oder *Stagflation*, bis in das entlegenste Haus verbreitet. Diese Konfrontation des einzelnen mit einer Fülle von neuen Benennungen kann schließlich zu einer Übersättigung des passiven Wortschatzes führen: die Verfügbarkeit über den Ausdruck ist dann nicht mehr gegeben, das heißt, das nur passiv rezipierte Wort wird ungenau und falsch gebraucht oder kann nicht zum gewünschten Zeitpunkt aktiviert werden. Hieraus erwächst die Gefahr, «daß die Sprachkompetenz der einzelnen Sprecher zugunsten der bloßen Reproduzierung der Gebrauchsnormen eingeschränkt wird»[28].

3.3.2. Kluft zwischen gemein- und fachsprachlichem Weltbild

Die Entwicklung der Fachsprachen führt teilweise zu einer erheblichen Entfernung von ihrer Ausgangsbasis, den natürlichen Sprachen. Dadurch kann eine Kluft zwischen muttersprachlichem und wissenschaftlichem Weltbild entstehen, die bedenklich werden könnte[29]. Deshalb fordert H. Gipper energisch die «Rückbindung der Fachsprachen an den Verstehenshorizont der natürlichen Sprachen, aus denen sie hervorgegangen sind»[30].

Diese Forderung findet ihre Berechtigung in der Tatsache, daß Fachsprachen eben nicht allein «Mittel einer optimalen Verständigung über ein Fachgebiet unter Fachleuten»[31] sind, sondern auch als ein Mittel zur Steuerung gesamtgesellschaftlicher Prozesse fungieren. Das gilt natürlich nicht für alle Fachgebiete. Im gesellschaftswissenschaftlich-politischen Bereich aber ist es «geradezu der Sinn eines großen Teils der [...] Terminologie, massenwirksam, also allgemeinverständlich zu werden»[32].

3.3.3. Manipulationsgefahren

Wo es keine Allgemeinverständlichkeit in der fachsprachlichen Aussage gibt (teilweise auch nicht geben kann), besteht die Gefahr der Manipulation. Sie setzt dort ein, wo Fachsprache bewußt verwendet wird, um Sachverhalte zu verschleiern, um nicht vorhandene Sachkompetenz vorzutäuschen, um mißliebige Argumente auszuschalten oder um das dem Fach entgegengebrachte Vertrauen für ein ungewisses Projekt auszunutzen. Wann im Einzelfall von Manipulation zu sprechen ist – letztlich kann nahezu jedes Sprechen als Manipulation, als Lenkung gedeutet werden –, soll an dieser Stelle nicht dikutiert werden. Im Verlauf der Arbeit finden sich aber einige Hinweise[33].

3.4. Notwendigkeit kommunikativer Kontakte zwischen Fachleuten und Laien

Die vorstehenden Überlegungen, in denen die Fachsprachen als Barriere und Mittel der Einflußnahme dargestellt wurden, wollen keineswegs den Fachsprachen ihre Existenzberechtigung absprechen oder einer falsch verstandenen Popularisierungstendenz (im Sinne einer Nivellierung) Vorschub leisten. Vielmehr sollte auf die immer dringender werdende Aufgabe einer Vermittlung zwischen Fach- und Gemeinsprache, das heißt auch zwischen Fachleuten und Laien, hingewiesen werden[34]. Ohne sie kann ein Demokratisierungsprozeß letzten Endes nicht erfolgen, wenn wirklich die breite Öffentlichkeit an politischen Entscheidungen beteiligt werden soll.

Diese Vermittlung wird nicht einseitig von der fachsprachlichen Seite ausgehen dürfen, sondern der kommunikative Kontakt muß grundsätzlich durch Anhebung des allgemeinen Bildungsniveaus erreicht werden. Einen Beitrag zum Abbau der Sprach- und Informationsbarrieren werden vielleicht einmal programmierte Einführungslehrgänge in bestimmte Terminologien leisten, die zusammen mit fachsprachlichen Kenntnissen auch das für die jeweiligen Fachbereiche notwendige Grundwissen vermitteln. Außerdem sind die Massenmedien für einen effektiven Informationsaustausch zwischen den verschiedenen Gruppen der Gesellschaft wichtige Transportmittel; allerdings sind diese von ihrem optimalen Einsatz bisher weit entfernt[35].

Anmerkungen zu 3

1 Vgl. H. Ischreyt, Studien zum Verhältnis von Sprache und Technik. (422), S. 26.
2 G. W. Leibniz, Neue Abhandlungen über den menschlichen Verstand. 3. Buch, 9. Kap., § 21.
3 Ebd.
4 E. Wüster, Internationale Sprachnormung in der Technik, bes. in der Elektrotechnik. (317), S. 85 f.
5 Wilh. v. Ostwald, Sprache und Verkehr. Leipzig 1911, S. 21.
6 Siehe zu diesem Aspekt vor allem G. Klaus, Semiotik und Erkenntnistheorie. (59), S. 41.
7 W. Kroeber-Riel, Die verbale Explosion wissenschaftlicher Sprache und einige semantische Probleme der Sprachpräzisierung und Sprachnormung. (302), S. 145.
8 A. Kutzelnigg, Benzin. Zur sprachlichen Bewältigung eines technischen Stoffbereichs. In: Lebende Sprachen 12. 1967, H.3, S. 65–71, Tabelle S. 67.

9 Die Befragungsergebnisse referiert die Zeitschr. Hochschul-Magazin, Ausg. Mai 1973, S. 13 [Hrsg. Arb.gemeinschaft deutscher Hochschulpressestellen]. – Vgl. zur angesprochenen Problematik öffentlicher Kommunikation allg. Hugo Steger, Kommunikationsbedürfnisse und Kommunikationsschwierigkeiten in den heutigen Großgesellschaften. Analysen und Modelle. In: Acta IV. Congresso Latino-Americano de Estudos Germanisticos. SãoPaulo 1974, S. 83–101.

10 Ulrich Lohmar, Die Produktivkraft Wissenschaft als publizistisches Problem. In: Aus Politik und Zeitgeschichte. Beilage zur Wochenzeitung «Das Parlament» 21/1972, S. 3–15, hier S. 11.

11 Ebd.

12 Ebd.

13 Ebd.

14 H. Bausinger, Deutsch für Deutsche. Dialekte, Sprachbarrieren, Sondersprachen. (41), S. 76.

15 Vgl. u. a. Karl Korn, Sprache in der verwalteten Welt. Olten und Freiburg/Br. ²1959, S. 34 f.

16 H. Müller-Tochtermann, Struktur der deutschen Rechtssprache. (448), S. 84.

17 Vgl. zu diesem Vorwurf E. Oksaar, Sprache als Problem und Werkzeug des Juristen. (236), S. 125.

18 Siehe D. Horn, Rechtssprache und Kommunikation. (202), S. 22.

19 H. Müller-Tochtermann, Struktur der deutschen Rechtssprache. (448), S. 85.

20 Diese Umformung stammt von Hans Bayer [Ps. Thaddäus Troll] und ist neben Parodien in anderen Berufssprachen abgedruckt bei Lutz Röhrich, Gebärde. Metapher, Parodie. Studien zur Sprache und Volksdichtung. Düsseldorf 1967, S. 139–141, Zitat S. 139 f.

21 Vgl. zu dieser allgemeinen Forderung an die Rechtssprache D. Horn, Rechtssprache und Kommunikation. (202), S. 22.

22 Hierzu E. Oksaar, Sprache als Problem und Werkzeug des Juristen. (236), bes. S. 94 ff.

23 Wolfgang Kaupen, Das Verhältnis der Bevölkerung zur Rechtspflege. Empirische Materialien zur Frage der Effektivität von Recht. In: Jahrb. f. Rechtssoziologie und Rechtstheorie. Bd. 3, Düsseldorf 1972, S. 555–563, hier S. 559.

24 Ebd., S. 558.

25 Vgl. H. Gipper, Zur Problematik der Fachsprachen. (48), S. 110.

26 Ebd., S. 109.

27 Ebd., S. 121.

28 Peter v. Polenz, Geschichte der deutschen Sprache. Berlin ⁸1972, S. 137.

29 Vgl. H. Gipper, Die Kluft zwischen muttersprachlichem und wissenschaftlichem Weltbild. In: Physikalische Blätter 12, 1956, S. 97–105.

30 H. Gipper, Zur Problematik der Fachsprachen. (48), S. 117.

31 W. Schmidt, Charakter und gesellschaftliche Bedeutung der Fachsprachen. (71), S. 17.

32 K. Heller, Der Wortschatz unter dem Aspekt des Fachwortes – Versuch einer Systematik. (54), S. 537.

33 Probleme der Manipulation behandeln u. a. Lutz Mackensen, Verführung durch Sprache. München 1973, S. 95 ff., 146 ff. u. passim; Uwe Pörksen, Vom pseudowissenschaftlichen Jargon. In: Neue Rundschau 85. 1974, H.2, S. 214–222.

34 Über sprachliche Probleme der Popularisierung wissenschaftlicher Erkenntnisse vgl. u. a.: W. E. Flood, The problem of vocabulary in the popularization of science. (438); Walter D. Wetzel, Versuch einer Beschreibung populärwissenschaftlicher Prosa in den Naturwissenschaften. In: Jahrb. f. Internat. Germanistik 3. 1971, H.1, S. 76–95; Walter Schatzberg, Gottsched as a popularizer of science. In: Modern Language Notes 83. 1968, S. 752–770.

35 Vgl. hierzu grundsätzlich Horst Holzer, Massenkommunikation und Demokratie in der Bundesrepublik Deutschland. Opladen 1969, der systemimmanente Gründe nennt. Zur Behinderung massenmedialer Kommunikation durch Sprache vgl. u. a. Horst Albrecht, Sprachbarrieren vor dem Bildschirm. Schichtenspezifische Hindernisse am Beispiel der Tagesschau. In: Rundfunk und Fernsehen 20. 1970, H.3, S. 286–305; Erich Straßner, Die TV-Nachrichtensendung ‹Heute›. Kritik und Anregung aus sozio- und psycholinguistischer Sicht. In: Rundfunk und Fernsehen 22. 1974, H.2, S. 264–275.

4. Sprachliche Charakteristika der Fachsprachen

4.1. Kennzeichen innerhalb der Lexik

Von besonderer Wichtigkeit in den Fachsprache sind nach allgemeiner Anschauung die Fachwörter[1]. Sie tragen die Aussage und konstituieren eigentlich die Fachsprachen. Gegenüber den Wörtern der Gemeinsprache zeichnen sich die Fachwörter dadurch aus, daß sie präziser und kontextautonomer sind. Diese semantische Eigenart tritt nicht in jeder Fachsprache im gleichen Maße hervor. Seine höchste Präzision erreicht das Fachwort gewöhnlich im theoretischen Bereich, wo es zumeist Terminuscharakter besitzt, das heißt, definiert und konventionalisiert ist.

4.1.1. Fachwort und Terminus

Fachwörter begegnen in allen Sprachschichten. Ihre formale Seite, die Ausdrucksseite, deckt sich oft mit der Formseite gemeinsprachlicher Wörter. Der Unterschied zwischen Fachwort und gemeinsprachlichem Wort liegt auf der Bedeutungsebene der Inhaltsseite; dort wird für das systemgebundene Fachwort ein Bedeutungsinhalt realisiert, der von der gemeinsprachlichen Bedeutung grundsätzlich verschieden ist[2].

Von Termini spricht man heute in einem engeren und weiteren Sinne. Als Termini in weiterem Sinne können «Fachausdrücke oder spezialisierte Bezeichnungen aufgefaßt [werden], insofern sie in einem Sachgebiet eindeutig bestimmbare (konkrete) Dinge bezeichnen...»[3]. Mit dieser Auslegung werden praktisch alle Fachwörter zu Termini erklärt. Dem entspricht der lange Zeit synonyme Gebrauch der Bezeichnungen Fachwort, Fachausdruck, Kunstwort, terminus technicus und Terminus[4].

Der Terminus im engeren Sinne hat nach E. Beneš dagegen die Aufgabe, «einen im betreffenden Fach exakt definierten Begriff oder Gegenstand eindeutig und einnamig zu bezeichnen»[5]. Dieses Ideal ist aber durch die Polysemie vieler Fachausdrücke nicht in jedem Fall zu erreichen. Deshalb wird in vielen Fachbereichen versucht, durch Normung (Standardisierung) eigene Terminologien aufzubauen und weiterzuentwickeln. Dabei werden regelrechte terminologische Systeme gebildet, bei denen die Bezeichnungsstruktur der (logischen) Begriffssystematik entspricht, zum Beispiel[6]:

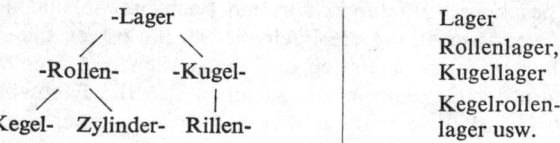

	Lager
	Rollenlager, Kugellager
	Kegelrollenlager usw.

Bei diesen terminologischen Feldern oder Begriffsleitern schränkt, entsprechend den Gesetzen der Logik, jeder weiter unten stehende Begriff (Unterbegriff) den darüberstehenden (Oberbegriff) ein.

Der Praktiker sieht jedoch – zumindest in den technischen Fachsprachen – oft zuerst auf Ausdrucksökonomie, bevor er die Systemgebundenheit betrachtet. Für ihn heißt beispielsweise – entgegen der theoretischen Begriffssystematik – «die Verbindung mittels Widerstandspunktschweißen eben kurz *Verpunkten,* und das Wort *Verpunkten* findet auch Eingang in Fachzeitschriften»[7].

Neben den gewünschten systembezogenen Fachwörtern gibt es demnach eine große Anzahl unsystematischer Fachwörter, neben exakt definierten Termini existieren zahlreiche Halbtermini oder teminologisierte und nicht terminologisierte Fachwörter[8].

4.1.2. Wortarten

Die wichtigste Wortart unter den spezialsprachlichen lexikalischen Einheiten bilden die Substantive. Daneben treten Adjektive mit Differenzierungsfunktion in Erscheinung, zum Beispiel *explizite, implizite, rekursive* und *genetische* Definition[9]. Eine wesentlich niedrigere Frequenz weisen nach J. Filipec[10] Verben und Adverbien auf. Außer den genannten Wortarten treten auch Pronomina wie *jeder, alle* oder *viele* in quantifizierender Funktion auf, ferner Zahlen und Vorwörter als Glieder der Termini.

In der Funktion als logische Konstante spielen noch die Konjunktionen *wenn – so, einerseits – andererseits* usw. eine Rolle. Ihre Verwendung weicht darin vom alltäglichen Gebrauch ab, daß sie in spezifischen Kontexten vorkommen und ihre semantische Funktion genau definiert ist. Sie bilden bereits den Übergang zu den Symbolen, die nach J. Filipec «eine Art Übersetzung eines Textes einer natürlichen Sprache in die Zahlensprache oder die Sprache der Algebra»[11] darstellen. Diesen künstlichen Elementen (Symbole oder logische Operatoren) fehlt – im Gegensatz zu den natursprachlichen Termini – die wortbildende Potenz[12].

4.1.3. Differenzierung und Neubildung von Fachwörtern

Durch die Differenzierung innerhalb der einzelnen Fachbereiche kam es in den Fachsprachen zu einer erheblichen Erweiterung des Wortschatzes. Dabei werden häufiger als in der Gemeinsprache mehrgliedrige Zusammensetzungen verwendet, die allerdings oft auf den schriftlichen Gebrauch beschränkt sind. In den gesprochenen Fachsprachen rekurriert man bei eindeutigem Situationshintergrund auf Kurzformen:

Trapezgewindeschleifmaschine   *– Schleifmaschine*
Rotationskolbenmotor   *– Kolbenmotor*
Lohnsteuerjahresausgleichsantragsverfahren – Jahresausgleich

Überraschenderweise haben statistische Untersuchungen[13] sogar ergeben, daß zweigliedrige Termini im fachsprachlichen Bereich vorherrschen und Abkürzungen, die ihrerseits wieder Neubildungen erlauben, – mit dem Ergebnis zunehmender Kondensierung:

Europäische Gemeinschaft   *– EG*
         EG-Kommission (Kommision der
         Europäischen Gemeinschaft)
Audiovision   *– AV*
         AV-Medien
         AV-Praxis (Zeitschrift für den
         Einsatz audiovisueller Medien)

Die notwendige Erweiterung des Wortschatzes verlangt nach immer neuen Fachwörtern. An dieser ständigen Neubildung, die von Praktikern und Theoretikern gleichermaßen geleistet wird, lassen sich die wesentlichen Merkmale fachsprachlicher Wortbildung, Morphologie und Semantik aufzeigen.

4.1.3.1. Terminologisierung

Terminologisiert, das heißt mit einer Begriffsbedeutung versehen werden, kann jedes Wort der Gemeinsprache. So wird in der Sprachwissenschaft mit dem Gemeinwort *Wurzel* ein ganz bestimmter Teil eines Wortkörpers, in der Zahnmedizin die Verankerung des Zahnes bezeichnet. Die Wortform ändert sich bei der Teminologisierung nicht, nur die semantische Seite des Lexems wird neu festgelegt. Diese mit der Beilegung einer neuen Begriffsbedeutung bewirkte semantische Veränderung kann allerdings auch zu grammatischen Veränderungen führen, zum Beispiel zu der vielbeachteten funktionellen Pluralbildung, die wohl ursprünglich im technischen Sprachbereich stattfand: *Sände, Öle, Fette, Dorne* (anstatt: Dörner), *Stähle, Wässer, Schäume, Drücke, Biere, Komposte, Milche, Blute* usw.[14].

Mit der Terminologisierung in Zusammenhang steht das weitgehende Fehlen von Konnotationen, also von affektischen oder etymologisch motivierten Wortkomponenten, das immer wieder als Kennzeichen fachsprachlicher Lexik genannt wird. Diese Gefühlsneutralität gilt indes vorwiegend für die Theoriesprache. In spontan gesprochenen Fachsprachen dagegen, die keine oder nur gelegentliche schriftliche Fixierung kennen und nur einen geringen Abstraktionsgrad verlangen, ist auch das Fachwort häufig mit Konnotationen versehen: *Arsch* ‹abgestumpfter Teil des Maurerhammers› (Bauwesen), *Dreckfisch* ‹wertloser Fisch› (Fischerei), *Faulenzer* ‹grobe, gefräste Feile, die große Wirkung bei wenig Arbeitsaufwand zeigt› (Elektrotechnik)[15].

4.1.3.2. Wortzusammensetzung

Auf dem Gebiet der Wortbildung ist die Wortzusammensetzung besonders produktiv. Als wichtigstes Element solcher Zusammensetzungen gilt das Substantiv. Seine Fähigkeit, «im Grund-

wort den Grundbegriff und im Bestimmungwort die Merkmals-
einschränkung des Unterbegriffs darzustellen, wird in sämtli-
chen FWS [= Fach- und Wissenschaftssprachen] reichlich genutzt, da sie den gnoseologisch-logischen Ansprüchen an die
parallel auftretende oder zu bildende onomasiologische Struktur
Rechnung trägt»[16].

Bei der Zusammensetzung zweier Substantive kann dabei, je
nach Endung und Geschlecht, das Bestimmungswort unverän-
dert bleiben *(Konjunkturbarometer)* oder in erweiterter Form –
im Genetiv, im Plural oder mit Fugungs- s – verwendet werden
*(Jahresplan; Kälbermast; Gesellschaftsstruktur; Pflanzenphy-
siologie)*.

Bei Kompositionen mit Verben verdienen die sogenannten
Zwillingsverben besondere Beachtung. Es sind Zusammensetzungen aus Verbstamm + Infinitiv, zum Beispiel: *trennschlei-
fen, spritzgießen, streckziehen*[17]. Produktiv ist auch die Struktur Verbstamm + Substantiv, die sogenannte Univerbierungen
ermöglicht:

Mischanlage > Mischer
Rechenanlage > Rechner
Bohrmaschine > Bohrer

Die univerbierten Formen sind allerdings mehrdeutig. *Rechner*
kann sich zum Beispiel auf eine Rechenanlage, eine Rechenma-
schine, den Operator usw. beziehen.

Typisch für den fachsprachlichen Bereich ist auch die Zusammensetzung eines Verbs mit einem Substantiv oder Adjektiv als
Bestimmungswort wie *sandstrahlen, tiefkühlen, naßschleifen*.
Solche Zusammensetzungen kommen meist nur in Infinitiven
oder in Partizipialformen vor, da im allgemeinen keine persönlichen Flexionsformen gebildet werden können:

buntweben ≠ ich buntwebe,
aber: *sandstrahlen – ich sandstrahle;*
*farbabweisend, feuerhemmend, faserverstärkt, kugelge-
lagert*[18]

Als dritte typische Bildungsweise der Fachsprachen sind Zusammensetzungen mit einem Adjektiv (Adverb) als Bestimmungwort zu nennen. Ihre semantische Leistung liegt vor allem
in der Fähigkeit, terminologische Oppositionen bilden zu können:

51

Dünndarm : *Dickdarm*
Leichtöl : *Schweröl*
Spätgemüse : *Frühgemüse*

Hierher gehören auch weitere durch Antonyme gebildete Oppositionen wie

phosphor*reich* : phosphor*arm*
*Halb*leinen : *Ganz*leinen
*fein*gemahlen : *grob*gemahlen[19]

Zahlwörter erscheinen in der Wortform oder Zifferform *(Einmannsäge, Vitamin-B 12 Gruppe)* oder in zusammengesetzten terminologischen Einheiten *(Faktor 1, F 1)*.

Produktiv ist ferner der bereits erwähnte Kompositionstyp mit einer Abkürzung als Bestimmungswort: *U-Bahn, AV-Medien, NATO-Ministerrat.* Typen wie *EG-Minister, DDR-Staatsrat* oder DLG-*prämiert* ermöglichen durch die Abkürzung eine neue Verknüpfbarkeit, die eine umständliche Beschreibung ersetzt: *SPD-Abgeordneter,* ‹Abgeordneter der Sozialdemokratischen Partei Deutschlands›[20].

4.1.3.3. Wortableitung

Die Wortableitung, das heißt die Ableitung von neuen Wörtern aus bereits bestehenden, weist in den Fachsprachen gleichfalls eine hohe Produktivität auf[21]. Hierbei ist vor allem die starke Ausnutzung der peripheren Bereiche des Wortbildungssystems als fachsprachliche Eigenheit zu werten.

Produktiv, aus Gründen der Ausdrucksökonomie, sind deverbative Ableitungen zur Personen- und Gerätebezeichnung mit Hilfe des -er Suffixes. Sie erfolgen von starken oder schwachen Verben, die einfach *(drehen/Dreher)* oder präfigiert *(erzeugen/Erzeuger)* sein können:

Personen	Geräte
Schweißer	*Sender*
Lackierer	*Verstärker*
Schreiber	*Mähdrescher*
	Kugelschreiber

52

Durch englische Muster erhielt diese Bildungsweise einen nicht unwesentlichen Auftrieb, durch den *Absorber*, den *Videorecorder*, den *Reader* usw.[22]. Eingespart werden dabei häufig die Grundwörter *-gerät*, *-maschine*, *-apparat*, die auch in der Gemeinsprache oft entfallen und Anlaß zu «guten, eingängigen Bildungen (*Müllschlucker, Rasenmäher, Kugelschreiber*)»[23] geben.

Fachsprachlich kann bei diesem Bildungstyp störend wirken, daß das Suffix *-er* polyfunktionell ist. Es kann auf Geräte und Personen bezogen werden. Diese Mehrdeutigkeit wird allerdings meist durch Kontext oder Situationsbezogenheit aufgehoben:

> *gib mir den Bohrer*
> *Wochenlohn eines Bohrers*

Auf die Produktivität der *-er* Derivate im Bereich der Biologie haben L. Drozd/W. Seibicke hingewiesen. Sie dienen dort zur Bezeichnung von Pflanzen und Tieren: *Tiefwurzler, Glasflügler, Nacktsamer* usw.[24]. Denominalen Ableitungen mit *-er* (*Dampfer, Tanker, Laster* usw.) kommt fachsprachlich dagegen nur geringe Bedeutung zu.

Als weitere Suffixe, die fachsprachlich produktiv sind, führen die oben genannten Autoren folgende an: *-ung* (*Bohrung, Formung, Kreuzung* usw.), *-heit* und *-keit* (*Trennbarkeit, Feinheit* usw.), *-bar* (*brennbar, entflammbar, unfaulbar* usw.) sowie Suffixe zur Bezeichnung der Negation oder der Gegensätzlichkeit wie *Miß-* (*Wirtschaft/Mißwirtschaft*), *un-* (*produktiv/unproduktiv*) und *nicht-* (*nichtproduktiv, nichtnegativ*)[25].

4.1.3.4. Konversion, Entlehnung, Kürzung

Produktiv sind weiter sogenannte Konversionen. Darunter versteht man den Übertritt von Wörtern aus einer Wortklasse in eine andere. Am bekanntesten und zugleich am produktivsten ist hier die Substantivierung, die neue terminologische Einheiten schafft: das *Schmelzen*, das *Flachschrägwalzen* usw. Neben den Infinitiven ist die Konversion noch bei Namen produktiv. Konvertierte Namen begegnen häufig in den naturwissenschaftlichen Bereichen Chemie und Physik, treten aber auch in anderen Fächern auf: *Celsius, Hertz, Röntgen; Baedeker, Duden, Zep-*

pelin. Solche Namen können weiter zu Adjektiven und Verben konvertiert *(galvanisch, voltaisch; dieseln, mendeln, röntgen, pasteurisieren)* und mit Suffixen versehen werden: *Dahlie* (nach A. Dahl), *Einsteinium* (chemisches Element), *Zeppeliner* (Mitarbeiter Zeppelins).

Diese Art der Benennung widerspricht oft der Forderung nach Systemhaftigkeit, Eindeutigkeit und Selbstdeutigkeit: *Blaugas* (farbloses, von Blau und Riedinger entwickeltes Gas), *Halleffekt* (magnetoelektrischer Effekt, nach E. Hall)[26]. Der Versuch, sie zu unterbinden, scheiterte bislang an der Beliebtheit dieser Bildungsweise unter den Forschern[27].

Bedeutsam im fachsprachlichen Bereich sind auch die Entlehnungen. Von Entlehnung kann man dann sprechen, wenn ein Terminus aus einer fremden Sprache unter Anpassung an das morphologisch-phonologische System in die Empfängersprache übernommen wurde: *Computer, Feuilleton Input, Kybernetik, Radar* (als Abkürzungswort), *Software* usw.

Entlehnungen größeren Ausmaßes werden dann vorgenommen, wenn technische Neuerungen oder wissenschaftliche Erkenntnisse aus einem fremden Land übernommen werden (Datenverarbeitung, Kommunikationswissenschaft u. a.). Unter den verschiedenen Formen der Entlehnung nimmt die Lehnübersetzung einen wichtigen Platz ein. Sie orientiert sich direkt am Original, das wortwörtlich übersetzt wird. Übersetzungslehnwörter wie *Luftbild* (aus air photo), *Fernlicht* (aus long-range light) oder *Überschallgeschwindigkeit* (aus supersonic velocity) erinnern in keiner Weise mehr an ihre Herkunft. Dagegen zeigen Übertragungen wie *Bord-Bord-Verkehr* oder *Ein-Aus-Tastung* mehr oder minder deutlich ihre ausländische Abstammung[28].

Wesentliches Kennzeichen fachsprachlicher Kommunikation ist schließlich auch die Abkürzung. Mit ihrer Hilfe werden einmal mehrgliedrige Wörter am Anfang, in der Mitte oder am Ende gekürzt (*Lok* aus Lokomotive; *Bus* aus Autobus; *Krad* aus Kraftfahrrad), zusammengezogen (*HAPAG* aus Hamburg-Amerikanische Paketfahrt-Actien-Gesellschaft) oder durch Buchstabenwörter (*NATO, EWG, Pkw*) ersetzt. E. Wüster unterscheidet hier Lesekürzungen (*Auto, Radar*) und Buchstabierkürzungen (*Lkw, Tbc*)[29]. Diesen insgesamt mechanischen Kürzungen, die durch ihre neue Verknüpfbarkeit produktiv werden (*HD-Öl, Kfz-Steuer, NATO-Tagung*), steht die semantische

Kürzung gegenüber. Bei ihr wird «der semantische Schwerpunkt der Benennung auf Teile der Benennung verlagert, die ursprünglich als einschränkende Merkmalsbezeichnungen funktionierten»[30]. Als Beispiele nennen L. Drozd/W. Seibicke unter anderen[31]:

Neue Dresdner Hühner > *Dresdner Hühner* > *Dresdner*
Rübenvollerntemaschine > *Rübenernter*

Solche Kürzungen erfolgen im allgemeinen innerhalb der fachlich-praktischen Sprachschicht, da durch diese Kürzungen oft alogische oder mehrdeutige Bezeichnungen entstehen. Dennoch schafft der Praktiker aus ökonomischen Gründen ständig derartige Wortkürzungen. Durch die ‹virtuelle Existenz› des Terminus, das heißt durch seine permanente Verfügbarkeit[32], verursachen diese Kurzbezeichnungen jedoch kaum Störungen bei der fachlichen Kommunikation.

Für die heutigen Fachsprachen sind Abkürzungen unentbehrlich. Ihre Leistungen sind höchstmögliche Kürze bei weitgehender Eindeutigkeit innerhalb eines Faches. Für den Außenstehenden mag diese «Akü-Sprache» oft die Kommunikation behindern, die Fachsprachen aber haben sich mit der Wortkürzung eine Quelle für sprachliche Neubildungen erschlossen, «die in diesem Jahrhundert für die Fachsprachen ebenso ergiebig geworden ist wie die beiden klassischen Wortstammquellen Entlehnung und Bedeutungsübertragung»[33].

4.2. Syntaktische Kennzeichen

Zur Syntax spezialsprachlicher Texte liegen bisher nur vereinzelte Untersuchungen vor[34], die aber immerhin Umrisse fachsprachlicher Syntax erkennen lassen.

Der fachsprachliche Satzbau kann sich vom ‹Normalhochdeutschen› durch eine Bevorzugung von Funktionsverbgefügen, verbunden mit einer Sinnentleerung der Verben, unterscheiden: *in Rechnung stellen, zur Durchführung bringen, eine Untersuchung durchführen.* Außerdem hat man einen bevorzugten Gebrauch von unpersönlichen, passivischen Sätzen festgestellt[35], wenigstens in den Wissenschaftssprachen. In den technischen Fachsprachen wird das einfache Objekt häufig durch präpositionale Fügung ersetzt. Insgesamt läßt sich ein Zurücktreten des Verbs hinter nominalen Fügungen beobachten, eine Erscheinung, die heute unsere Schriftsprache bestimmt[36] und die ohne Zweifel von den technischen und wissenschaftlichen Fachsprachen ausgegangen ist. Damit wurde für die Schriftsprache auch jenes Ziel wichtig, das den fachsprachlichen Stil seit langem bestimmt: Mitteilung von «möglichst viel Information in möglichst wenig Worten»[37]. Und hierzu bietet das Funktionsverbgefüge, das anstelle von semantischen überwiegend nur noch satzkonstituierende Funktionen übernimmt, die beste Voraussetzung[38].

Zu der sprachlichen Kondensation dienen nach E. Beneš in den Wissenschaftssprachen ferner Sätze mit einem vervielfältigten Satzglied, elliptische, weiterführende Relativsätze und kontrastbezeichnende Nebensätze mit *während;* außerdem Infinitivkonstruktionen, Partizipialfügungen anstelle von Nebensätzen, Appositionen, die Attribuierung und die Bevorzugung von Präpositionalgruppen[39].

Die Verwendung und der Ausbau dieser syntaktischen Mittel in fachsprachlichen Texten sind funktional bedingt: sie entsprechen der geforderten Ausdrucksökonomie und dem Bestreben nach klarer und eindeutiger Fixierung von Sachverhalten und Denkbeziehungen. Beispiele für den Bau eines elliptischen Satzes, den Gebrauch von Passivformen und die nominale Transformation mittels Präpositionalgruppe mögen diese Feststellung verdeutlichen:

«Der größte Teil der besprochenen Impfschädigungen ist vermeidbar, die Enzephalomyelitis jedoch nicht»[40] (Ellipse);

«Das gepreßte Papier wird auf Maß geschnitten, sorgfältig von den restlichen Quellmitteln gereinigt, getrocknet und geglättet»[41] (Passiv);

«Die Abberufung erfolgt nach Einholung des Gutachtens eines... Justizausschusses»[42] (nominale Transformation).

Im mündlich konstituierten Fachstil sind diese Kondensationsformen, entsprechend der gemeinsprachlichen Syntax, sicher nicht so stark ausgeprägt. Untersuchungen darüber fehlen. Sie werden auch erst dann sinnvoll, wenn für die Gemeinsprache vergleichbares Material vorliegt[43].

1 Vgl. u. a. J. Filipec, Zur Spezifik des spezialsprachlichen Wortschatzes gegenüber dem allgemeinen Wortschatz. (80), S. 407; W. v. Hahn, Fachsprachen. (50), S. 284; W. Schmidt / J. Scherzberg, Fachsprachen und Gemeinsprache. (453), S. 67.

2 Vgl. W. Fleischer, Zur linguistischen Charakterisierung des Terminus in Natur- und Gesellschaftswissenschaften. (81).

3 J. Filipec, Zur Spezifik des spezialsprachlichen Wortschatzes gegenüber dem allgemeinen Wortschatz. (80), S. 408.

4 Vgl. L. Drozd / W. Seibicke, Deutsche Fach- und Wissenschaftssprache. (45), S. 22 f. u. 25 f. Unterschiedlich wird heute vor allem der Ausdruck *Terminus* verwendet, dazu: H. Gipper, Zur Problematik der Fachsprachen. (48), S. 116.

5 E. Beneš, Fachtext, Fachstil und Fachsprache. (43), S. 130.

6 Beispiel aus W. v. Hahn, Fachsprachen. (50), S. 284. Zur Anwendung logischer Begriffssysteme in der Terminologie siehe E. Wüster, Die Allgemeine Terminologielehre – ein Grenzgebiet zwischen Sprachwissenschaft, Logik, Ontologie, Informatik und den Sachwissenschaften. (315), S. 86 ff.

7 W. Reinhardt, Zum Wesen der Fachsprache. (67), S. 96.

8 Vgl. zur Terminologisierung u. a. L. Drozd / W. Seibicke, Deutsche Fach- und Wissenschaftssprache S. 147 und die Kap. 1 u. 6 unserer Arbeit.

9 Zur Erläuterung dieser Begriffe siehe G. Klaus, Semiotik und Erkenntnistheorie. (59).

10 J. Filipec, Zur Spezifik des spezialsprachlichen Wortschatzes gegenüber dem allgemeinen Wortschatz. (80), S. 410.

11 Ebd., S. 411. Vgl. dazu L. Drozd / W. Seibicke, Deutsche Fach- und Wissenschaftssprache. (45), S. 110 f.

12 Ebd.

13 Vgl. L. Drozd / W. Seibicke, Deutsche Fach- und Wissenschaftssprache. (45), S. 142 Anm. 10. u. S. 163.

14 Beispiele nach L. Mackensen, Die deutsche Sprache in unserer Zeit. (424), S. 75 und L. Drozd / W. Seibicke, Deutsche Fach- und Wissenschaftssprache. (45), S. 147.

15 Weitere Beispiele in den Belegarbeiten: F. Maurer, Zur deutschen Handwerkersprache. (64), S. 47; H.-R. Fluck, Arbeit und Gerät im Wortschatz der Fischer des Badischen Hanauerlandes. (168), S. 543; Jargon-Ausdrücke aus dem Wörterbuch des Funklateins, zit. nach G. Feidel, Technische Texte richtig übersetzen. (323), S. 166 f.

16 L. Drozd / W. Seibicke, Deutsche Fach- und Wissenschaftssprache. (45), S. 147.

17 Beispiele aus L. Drozd / W. Seibicke, Deutsche Fach- und Wissenschaftssprache. (45), S. 148.

18 Beispiele teilweise nach L. Drozd / W. Seibicke, Deutsche Fach- und Wissenschaftssprache. (45), S. 149.

19 Vgl. L. Drozd / W. Seibicke, Deutsche Fach- und Wissenschaftssprache. (45), S. 149 f.

20 Vgl. ebd., S. 151.

21 Ebd.

22 Vgl. L. Mackensen, Die deutsche Sprache in unserer Zeit. (424), S. 74.

23 Ebd., S. 75.

24 L. Drozd / W. Seibicke, Deutsche Fach- und Wissenschaftssprache. (45), S. 153.

25 Vgl. ebd., S. 153 ff.

26 Beispiele nach L. Drozd / W. Seibicke, Deutsche Fach- und Wissenschaftssprache. (45), S. 158.

27 Vgl. zur Beliebtheit der Verwendung konvertierter Namen u. a. R. Wolff, Die Sprache der Chemie. (281), S. 120 ff und W. Gerlach, Die Sprache der Physik. (176), S. 24 ff.

28 Vgl. zu diesen Übersetzungslehnwörtern L. Mackensen, Die deutsche Sprache in unserer Zeit. (424), S. 250, dem auch die Beispiele entnommen sind.

29 E. Wüster, Die Allgemeine Terminologielehre – ein Grenzgebiet zwischen Sprachwissenschaft, Logik, Ontologie, Informatik und den Sachwissenschaften. (315), S. 72. Über die Leistungen der Abkürzung unterrichtet generell: L. Tarnoczi, Zur Frage der Abkürzungszeichen. (91).

30 L. Drozd / W. Seibicke, Deutsche Fach- und Wissenschaftssprache. (45), S. 163.

31 Ebd.

32 Die ständige Verfügbarkeit des Fachausdrucks in der terminologischen Sprachbetrachtung betont L. Drozd, Grundfragen der Terminologie in der Landwirtschaft. (290), S. 311.

33 E. Wüster, Die Allgemeine Terminologielehre – ein Grenzgebiet zwischen Sprachwissenschaft, Logik, Ontologie, Informatik und den Sachwissenschaften. (315), S. 72.

34 Einige wichtige Werke nennt unsere Bibliographie. Zum Forschungsinteresse vgl. Abschnitt 7.3.2.

35 Vgl. W. v. Hahn, Fachsprachen. (50), S. 285.

36 Siehe H. Eggers, Zur Syntax der deutschen Sprache der Gegenwart. In: Studium Generale 15. 1962, S. 49–59; ders., Deutsche Sprache im 20. Jahrhundert. München 1973, S. 74, 90 ff. u. 105.

37 H. Eggers, Deutsche Sprache im 20. Jahrhundert, a.a.O., S. 47.

38 Vgl. ebd., S. 66 ff.

39 E. Beneš, Die sprachliche Kondensation im heutigen deutschen Fachstil. (95), S. 41 ff.

40 Ebd., S. 41.

41 Ebd., S. 30.

42 Ebd., S. 44.

43 Untersuchungen zur gesprochenen Sprache sind im Gange u. a. am Institut für deutsche Sprache, Mannheim/Freiburg, das Teilergebnisse in den «Veröffentlichungen des Instituts für deutsche Sprache» (IDS) bekannt macht.

5. Darstellung einzelner Fachsprachen aus den Bereichen Wirtschaft, Technik, Handwerk, Verwaltung, Gesellschaft, Wissenschaft und Kunst

Die vorausgehenden Ausführungen haben gezeigt, daß es – mit Ausnahme der spezialsprachlichen Lexik – keine für alle Fachsprachen gültigen sprachlichen Merkmale gibt.

Zwar ließe sich aus einzelnen fachsprachlichen Bereichen wie ‹Technik› oder ‹Wissenschaft› eine Art technisches oder wissenschaftliches Basisdeutsch herausdestillieren, darüberhinaus aber besitzt jedes Fachgebiet seine sprachlichen Besonderheiten. Große Unterschiede im fachsprachlichen Bereich lassen sich auch für die verschiedenen Sprachschichten feststellen, in denen – im einzelnen bisher unerforschte – Mischformen und Übergänge bestehen. Auch der Unterschied zwischen spontan gesprochener und schriftlich konstituierter Fachsprache[1] harrt noch einer ausführlichen Untersuchung.

Im folgenden sollen aus verschiedenartigen Fachbereichen mit unterschiedlicher Sprachstruktur einige Beispiele gegeben werden, um die Vielfalt fachsprachlicher Erscheinungen zu verdeutlichen. Dabei geht es nicht um Vollständigkeit, die fachsprachlichen Monographien vorbehalten ist, sondern darum, Kontraste und Gemeinsamkeiten aufzuzeigen und das bisher Gesagte am Objekt zu veranschaulichen.

5.1. Fachsprache der Börse

Bei der Fachsprache des Börsenwesens handelt es sich um einen Mischtyp aus mündlich und schriftlich konstituierter Sprache. Sie hat eine lange Tradition, die sich am Wort *Börse* selbst darstellen läßt. Es leitet sich nach F. Kluge[2] von der Brügger Patrizierfamilie *van der Burse* ab, deren Haus seit dem 14./15. Jahrhundert als Umschlagplatz für Waren und Informationen ein wichtiger Treffpunkt für Kaufleute vieler Länder war.

An den Geld- oder Warenbörsen werden die Geschäfte zunächst mündlich geschlossen, anschließend wird dann über die

Vereinbarungen eine Schlußnote ausgestellt. Im Mittelpunkt des Börsengeschäftes steht dabei der Börsenkurs und seine Notierung. In den Kursen spiegelt sich die aktuelle Marktlage. Deshalb kommt ihnen bis heute eine besondere Bedeutung zu. Sie werden in den Börsenberichten der Fachzeitschriften und auf den Wirtschaftsseiten der Tageszeitungen, vollständig oder in Auszügen, abgedruckt und von Fachleuten kommentiert:

Diskontsatz 7% seit 1. 1. 73 FRANKFURTER BÖRSE Kassakurse
Lombardsatz 9% seit 1. 6. 1973

	27.11.73	23.11.73		27.11.73	23.11.73
Öffentl. Anleihen			**Industrieanleihen**		
4% Bund.-Abl. Anl v 57	99 b	99 b	8% AEG Anl. v 1962	92,50 b	93,50 G
5% Bundesanl. v 61 E	94,20 b	94,30 b	7% Badenwerk v 1966	93,20 b	93,20 b
6% Bundesanl. v 63 II	85,90 b	86 b G	7% BASF v 1962	T 97,50	97,75 b
Pfandbriefe			**Industrieaktien**		
6% Bakola Pfbr.	68,50	68,50	Aesculap-Werke	295 b	306 G
6,5% Bakola Pfbr.	72	72,—	AG f. Ind. u. Verkehr	277 b	228 b
			AEG	98 b	99,70 b
Verkehr			**Versicherungen**		
Lufthansa	50 b	50 b	Allianz Leben	580 b	590 G
Hapag-Lloyd	T 110	119 b	Allianz Versich.	458 b	462 b
			Mannh. Versichg.	513 b	519 b
			Freiverkehr		
			Brauerei Moninger	575 b	575 b
			Aurbach Kali	93 M	T 97 b

b = bezahlt   B = Brief   T = Taxe   G = Geld   M = Mittelkurse

Frankfurt (VWD). Die Notierungen an den deutschen Aktienmärkten schwächten sich nach widerstandsfähiger Eröffnung weiter ab. Das Tempo der Abwärtsbewegung hat sich gegenüber den Vortagen allerdings deutlich verlangsamt...[3]

Die Börsensprache erweist sich in diesen Veröffentlichungen als eine Kombination von Firmennamen, Kurszahlen, Abkürzungen und Fachtermini. Die Sprache ist so hochverdichtet, daß sie fast nur für Eingeweihte, die Börsianer, zu verstehen ist. Die Anhäufung von Fachtermini wie *Aktie, Brief, Industrieanleihe, Kassakurse* oder *Lombardsatz* setzt weitreichende Sachkenntnisse voraus. Für den Außenstehenden verdecken in den Kommentaren kollektive Substantive die Urheber des Geschehens und deren Interessen. Zu diesem ideologiekritisch als Verschleierung der ökonomischen und gesellschaftlichen Herrschaftsverhältnisse beschreibbaren Sprachgebrauch treten ergänzend metaphorische Bezeichnungen, die diesen Eindruck

verstärken. Sie kommen überwiegend aus den zwischenmensch-
lichen Bereichen wie körperliche Verfassung *(gut erholt, sich
bessern, beruhigen, schwach liegen), aus d*em Bereich des
Kampfes *(sich durchsetzen, nachgeben, sich behaupten)* oder
des Sports *(zu den Spitzenreitern zählen, Favorit sein)* und aus
dem Bereich der Bewegung *(fallen, anziehen, zurückgehen).* Typisch sind außerdem die stark affektiven, aus dem Bereich
menschlicher Stimmung zur Charakterisierung der Börsenlage
übrtragenen Bezeichnungen wie *freundlich, lustlos, ruhig, ver-
stimmt.*

Die meisten dieser metaphorischen Termini vermitteln den
Eindruck von Bewegung und Dynamik, der durch den Gebrauch von Tätigkeits- und Vorgangsverben noch erhöht wird.
Die Ursachen dieser Bewegung, dem Börsianer wohlbekannt,
vermittelt die Sprache jedoch nicht; nach ihr geschieht gewissermaßen alles von selbst. Zu dieser Vorstellung trägt der häufige
Gebrauch reflexiver Verben *(sich abschwächen, sich behaupten,
sich bessern, sich zeigen, sich halten, sich durchsetzen),* unbe-
stimmter Subjekte *(erwartet man, es kam)* und von Passivkon-
struktionen weitere Elemente bei.

Neben diesen Eigenheiten ist für die massenmedial vermittel-
te Börsensprache die Vertauschung von Subjekt und Objekt,
also die Personifizierung der Objekte, charakteristisch: *die
Märkte schlossen lustlos und leichter; Bank- und Chemietitel
erhöhten sich; Öffentliche Anleihen konnten sich befestigen.*
An ihr wird das Phänomen der Verdinglichung unmittelbar evi-
dent: «Was normalerweise Objekt, Ergebnis menschlichen Handelns oder zusammenfassendes Abstraktum von Handlungszusammenhängen ist, erscheint hier als handelndes Subjekt»[4].

Fachspezifisch ist ferner die häufige Verwendung von prädi-
kativem modalem Adjektiv bzw. modaler Adverbialbestimmung
*(Stahlaktien tendierten schwächer; Autoaktien tendierten unre-
gelmäßig... fest... notierten leichter).* Zusammenfassend läßt sich
damit die Börsensprache, neben ihren lexikalischen Einheiten
aus dem Bankwesen und der Betriebswirtschaft, mit V. Arnold
durch folgende Merkmale bestimmen:

«1. durch nahezu vollständige Zurückdrängung des Agens,
also der Kapitalbesitzer und Aneigner;

2. durch Personifikation der Objekte, der Ergebnisse oder der
Abstrakta menschlichen Handelns, die als Subjekte erscheinen;

3. durch den Gegensatz von Raffung und Informationsdichte und Abstraktion einerseits und verlebendiger Metaphorik andererseits;

4. durch nahezu gänzliche Stereotypisierung des Sprachgebrauchs, d. h. durch ausschließliche Verwendung tradierter Formeln«[5].

Der Ideologiekritik V. Arnolds, die er aus diesen Merkmalen ableitet, können wir uns allerdings nur mit Einschränkung anschließen. Zwar werden in der Börsensprache ohne Zweifel Herrschaftsverhältnisse ausgeblendet und Kapitalinteressen verschleiert, es bleibt jedoch – fachsprachlich gesehen – eine unbewiesene Behauptung, daß die Sprachverwendung bewußt im Dienste des Kapitals geschieht. Diese Behauptung trifft jedoch dann zu, wenn man die Kritik an die Gestaltung des Wirtschaftsteils der Tageszeitungen weiterreicht. Die Fachsprache geht dort eine eigenartige Mischung aus Abstraktion und Metaphorik ein. Einerseits nutzen die Wirtschaftsjournalisten jede Möglichkeit zur Informationsverdichtung und Kürze, andererseits veranschaulichen und konkretisieren sie wirtschaftliche Sachverhalte, ohne dadurch das Verständnis zu erleichtern. Denn der Großteil der Bevölkerung kann die gegebenen Informationen nicht dekodieren und überschlägt deshalb die Wirtschaftsseite der Zeitung[6]. Sprache wird so zur Herrschaftssprache, wobei die Herrschaftssicherung primär nicht durch irgendwelche inhaltlichen Manipulationen, sondern durch die sprachliche Informationsgestaltung erfolgt[7].

5.2. Fachsprache der Metallverarbeitung

Die Fachsprache der Metallverarbeitung gehört zu den technischen Fachsprachen im Bereich der Produktion. Ihre gesellschaftliche Bedeutung ist durch die Zahl ihrer Sprecher, durch ihren Einfluß auf die Gemeinsprache und ihre «sprachschöpfende Funktion»[8] sowie aufgrund einer enormen technologischen Entwicklung längst nicht mehr zu übersehen (vgl. hierzu Kap. 8). Dennoch hat die Sprachwissenschaft bisher auf diesem Gebiet nur relativ wenig erforscht. Zwar gibt es eine Reihe von Abhandlungen, die sich mit dem grundsätzlichen Verhältnis von Sprache und Technik sowie mit dem Problem der Sprachnormung befassen[9], neuere, empirisch angelegte Untersuchungen aus technischen Bereichen aber sind bisher kaum vorhanden. Auf die Notwendigkeit, die Fachsprachen ‹vor Ort› zu erforschen, dort wo die Sprache erarbeitet und geformt wird, wurde allerdings jahrzehntelang immer wieder hingewiesen[10].

Einen der wenigen aus praktischer Anschauung entstandenen Beiträge, der einen differenzierten Einblick in die «Sprache der Technik» ermöglicht, bietet Roland Pelka mit seiner Untersuchung über *Werkstückbenennungen in der Metallverarbeitung* (Göppingen 1971). Er zeigt am Beispiel eines industriellen Großbetriebes die Fragwürdigkeit der Begriffe «Sprache der Technik» oder «technische Fachsprache», die – ohne ausreichende empirische Basis – oft verwendet werden, wenn von Fachsprachen im Bereich der Technik die Rede ist. Inwieweit innerhalb dieser technischen Fachsprachen durchgehende Gemeinsamkeiten, etwa bei der Produktivität bestimmter Wortbildungen oder der Gebrauchsfrequenz syntaktischer Mittel bestehen, kann indes erst aufgrund umfassender, auch schichtenspezifisch orientierter Einzeluntersuchungen entschieden werden.

Dagegen ist erwiesen, «daß in der Technik zahlreiche Fachsprachen – mehr oder weniger isoliert – nebeneinander existieren»[11]. Aufgrund des Forschungsstandes ist es deshalb realitätsnäher, vorerst nur von «technischen Fachsprachen» zu reden. Diese sind – wie etwa die medizinische Fachsprache – horizontal und vertikal geschichtet. Eine klare Abgrenzung dieser Schichten aufgrund von Einzelbeobachtungen ist wohl generell nicht möglich, vielmehr sind zahlreiche Übergänge und Mischformen anzunehmen.

R. Pelka unterscheidet grob mit H. Ischreyt drei Sprachschichten: Wissenschaftssprache, Verkäufersprache und Betriebssprache (bei Ischreyt ‹Werkstattsprache›). Das eigentliche Kommunikationsmittel zwischen den zahlreichen innerbetrieblichen Abteilungen ist die Fach-Betriebs-Sprache. Sie ermöglicht, «daß das Gemeinte allgemein verstanden wird, vom Ingenieur ebenso wie vom ungelernten Fließbandarbeiter»[12]. Doch auch diese intersubjektive Sprache stellt kein einheitliches Gebilde dar und wird nicht von jedem Sprecher/Hörer in gleichem Maße verstanden: «so wird z. B. ein Maschinenbau-Dipl.-Ingenieur den mit ‹Gelenkwelle› bezeichneten Gegenstand umfassender, zumindest aber in anderer Weise begreifen als der Facharbeiter an der Drehbank, der die ‹Gelenkwelle› bearbeitet»[13]. Zu diesen qualitativen Rezeptionsunterschieden, die für die innerbetriebliche Kommunikation aufgrund der verschiedenen Aufgabenverteilung indes bedeutungslos bleiben, treten quantitative Unterschiede zwischen den verschiedenen Abteilungen eines Betriebes. Zu ihnen rechnet R. Pelka vor allem «bestimmte werkstattsprachliche Ausdrücke, die kaum in die vertikal ‹höchsten› Schichten aufsteigen, die aber für die werkstattinterne Kommunikation nicht weggedacht werden können»[14].

Wie andere Fachsprachen läßt sich auch die fertigungstechnische Fachsprache – ihr galt Pelkas Untersuchung – in erster Linie durch ihren Wortschatz und seine Bildungsweise von der Gemeinsprache unterscheiden. Die Bezeichnung der Gegenstände und Erscheinungen erfolgt am häufigsten durch die Verbindung eines Grundwortes mit einem Determinationsglied, etwa *Frässpindel, Lagerauge, Dichtlippe, Schmiertasche*. Als charakteristisches Kennzeichen der fertigungstechnischen Fachsprache bei der Bezeichnung neuer Vorgänge und Tätigkeiten ermittelte R. Pelka «die Verbalisierung substantivischer Einheiten»[15], mit und ohne Präfix- und Partikelbildung, so etwa: *bauchen, erden, dübeln, halsen, körnen, sanden, warzen* (Bleche mit einer ‹Warze›, das heißt einem runden Durchbruch mit hochgezogenem Rand, zur Nietung versehen)[16]; *verachsen* ‹schräg bohren›, *ausbauchen* (einen Hohlkörper durch Drücken oder Spreizen partiell aufweiten), *eindocken* (einen dünnen Stempel zum Schutz gegen Bruch mit einer Hülse-Docke versehen), *ausbüchsen* (ein verbohrtes Gewindeloch aufbohren und mit einer Gewindebüchse versehen), *anfunken* (eine Schleifscheibe langsam an das Werkstück heranfahren, bis sie Funken schlägt), *abmanteln* (etwa einen Schaltdraht, seine Isolierung abmachen), *bewarten* (etwa eine Maschine auf ihre Funktionsbereitschaft hin überwachen)[17].

Mit Hilfe von Präfixen und Partikeln ist neben dieser Differenzierung und Präzisierung genereller Verbalvorstellungen ferner eine fachsprachlich bedeutsame semantische Auffächerung möglich, die R. Pelka anhand des Verbs *schleifen* vorführt:

abschleifen
anschleifen
aufschleifen

ausschleifen
einschleifen
zuschleifen[18]

Insgesamt zeigt die morphematische Benennungsstruktur bei
den von R. Pelka erfaßten Bezeichnungen folgende Ergebnisse:
von 2 694 Bezeichnungen stellen 2 502 Morphemkombinationen
dar. Unter ihnen sind 2 400 Komposita, davon 2 397 Determi-
nativkompsita. 84,7% von ihnen sind zweigliedrig, 15,3% drei-
und mehrgliedrig (330 drei-, 37 vier-, 1 fünfgliedrig). Am produktivsten erweisen sich die Kompositionen Verb + Substantivlexem (27,2%), Substantiv + Substantivlexem (20,1%) und
Verbalsubstantiv + Substantivlexem (12,5%). Eine relativ kleine Zahl dieser Substantivlexeme wirkt dabei am Aufbau des
fachsprachlichen Wortschatzes entscheidend mit: von 2 026
Benennungen mit Basis-Lexem sind 1 030 auf der Basis von 23
Lexemen (bei 227 insgesamt) gebildet[19].

Innerhalb dieser Lexik finden sich sowohl gemeinsprachliche
lexikalische Einheiten wie *Büchse, Lager, Wanne,* Einheiten aus
dem handwerklich-technischen Wortschatz wie *Achse, Düse,
Welle,* fachlexikalische Einheiten aus dem benachbarten
Wortschatz wie *Balg, Tülle* (Apparatebau) oder *Spindel,
Spule* (Textiltechnik), Metaphern wie *Anker, Bett, Kissen,
Zunge,* sowie fremdsprachige Einheiten wie *Chassis, La-
melle, Schablone, Traverse* usw. Entsprechend ihrem Fachbereich sind dabei die lexikalischen Grundeinheiten «entweder
‹überwiegend formbestimmt› (z. B. Platte, Scheibe, Ring) oder
‹überwiegend funktionsbestimmt› (z. B. Welle, Spindel, Muf-
fe)»[20].

Wenn man die Werkstückbenennungen in Syntagmaten
transformiert, erweisen sich nach R. Pelka folgende Transfor-
mationsmuster als produktiv:

1 Achsstange — Stange als Achse, in der Funktion einer
Achse
2 Lagerschale — Schale des Lagers, in der z. B. eine Welle
gelagert wird
3 Ölwanne — Wanne für das Öl
4 Flachstecker — flacher Stecker im Unterschied zu einem
normalen Stecker[21].

Für den adjektivischen Wortschatz der metallverarbeitenden Industrie charakteristisch sind vor allem Determinativkomposita wie *abreibfest, paßgenau, montagefreudig, kriechstromfest, feuchtfrei, gradhaltig, verzugsarm,* deren Bildungsmuster teilweise durch die Wirtschaftswerbung aufgenommen und weiterverbreitet wurden. Ferner begegnen im adjektivischen Wortschatz Partizipien und Partizipialkomposita wie *aufgepreßt, dichtgenietet, flammgehärtet, gerippt, korrosionsschützend, preßgeschweißt, selbstklebend, ziehgeschliffen*[22].

Während R. Pelka sein Hauptaugenmerk auf die Bezeichnung der Werkzeug-Maschinen und Geräte richtete und zeigt, wie dem Bedarf an neuen Benennungen durch die rasch fortschreitende Entwicklung entsprochen wird, zielen die Arbeiten der Fremdsprachenlehrer zu fachsprachlichen Problemen mehr auf die Beschreibung der verbalen, syntaktischen Merkmale der technischen Fachsprachen. Und hier zeigen sich – entgegen der lange verbreiteten Meinung, daß fachsprachliche Texte durch ihren nominalen Charakter bestimmt seien – neue Einsichten: die technische Aussage wird als grundsätzlich verbal charakterisiert[23]. Die These von der «grundsätzlichen Verbalität der technischen Aussage» (L. Mackensen)[24] beruht auf einer Erweiterung des Begriffes ‹Verb›, unter dem nicht nur die finiten und infiniten Verben in den Prädikaten, sondern auch verbalisierte Einheiten, substantivische und partizipiale Formen verstanden werden (etwa *Schnellschleifen, Schleifspindel, Werkzeugabschliff*)[25].

Hierher gehört auch der in den technischen Fachsprachen weit verbreitete Wortbildungstyp «*Außenrund-Schnelleinstechschleifen, Außenfeinhonen* oder *Kaltpreßschweißen. Bei d*iesen Kompositionen handelt es sich um Scheinsubstantivierungen, aus denen der Techniker nur selten Verben bildet[26]. Im einzelnen hat W. Reinhardt anhand von Texten und Wörterbüchern folgende verbale Wortbildungstypen als produktiv feststellen können:

1. Bildungen mit Suffixen (Verbalisierungen von Substantiven und Adjektiv ohne Zuhilfenahme von Partikeln)
   nieten, härten usw.
2. Bildungen mit Präfixen
   erhärten, vernieten

3. Bildungen mit Halbpräfixen
   aushärten, aufnieten, abschleifen
4. Bildungen mit Adjektiven und Adverbien
   festschrauben, kaltnieten, Innenschleifen, naßgleitschleifen
5. Bildungen mit Substantiven
   Gewindeschleifen, Oberflächenhärten
6. Bildungen mit Verben
   tauchhärten, sprengnieten, schwingschleifen[27].

Zur Erläuterung des Katalogs gibt W. Reinhardt einige Hinweise: «Es fällt zunächst auf, daß die eigentlichen Verbalsuffixe und auch der Umlaut keine wesentliche Rolle spielen. Neben den partikellosen Verbalisierungen mit Hilfe von -en und -ier/en handelt es sich vor allem um Bildungen mit Präfixen, Halbpräfixen, Adverbien, Adjektiven, Substantiven und Verben. Kompliziertere Formen ergeben sich dadurch, daß die genannten Bildungen gelegentlich als Ganzes ein Substantiv, Adjektiv oder Adverb als Bestimmungswort zu sich nehmen. Daneben treten einige ‹Mehrwortbezeichnungen› mit selbständigem adjektivischem oder präpositionalem Glied auf»[28].

Die beschriebenen fachsprachlichen Verben dienen jedoch nur selten der Satzgründung. Für die technisch-fachsprachliche Syntax gilt nach C. Köhler vielmehr, «daß eine bestimmte Anzahl bedeutungsarmer Verben in fast formelhafter Verwendung die substantivierten Verben bzw. die Substantive mit verbalen Elementen verbinden»[29]. In den von C. Köhler untersuchten Texten begründen etwa ein Viertel der finiten Vollverben (*sein, bleiben, werden, sich ergeben, liegen, erfolgen, sich zeigen usw.*) mehr als drei Viertel der mit finiten Vollverben gebildeten Sätze. Mengenmäßig treten sie in Fachtexten ungefähr doppelt so häufig auf als in gemeinsprachlichen Texten[30]. Diese Häufung bildet mit einen Grund dafür, daß der technisch-fachsprachliche Stil mehrfach als ‹trocken› und ‹ärmlich› kritisiert wurde[31]. Diese Kritik berücksichtigt jedoch nicht, daß es in der Technik vorrangig wichtig ist, möglichst exakt und ökonomisch Gegenstände, Zustände und Vorgänge zu beschreiben; literarische Maßstäbe sind deshalb fehl am Platze. Auch der gegenüber der Gemeinsprache in technischen Texten häufigere Passivgebrauch (bei C. Köhler ca. 20% : 6%) ist unter funktionalstilistischem, nicht sprachstilistischem Aspekt zu sehen: er erklärt sich aus dem Bestreben zu sachlicher, unpersönlicher Aussage[32], die – außer in technischen Texten – auch in wissenschaftlichen Texten durch vermehrten Passivgebrauch realisiert wird[33].

Neben diesen verbalen Besonderheiten gelten nach L. Makkensen[34] als weitere Kennzeichen technischer Sprache u. a. die Produktivität der Nomina instrumenti auf – er wie *Absorber, Kaltformer, Regler,* neue Pluralbildungen wie *Bronzen, Erden, Hübe, Muttern, Stähle, Wässer* und die sogenannte technische Graduation wie *Einfach-/Mehrfachfräsmaschine, Druck/Hochdruck, Schlitten/Hauptschlitten.* Zur Ausgliederung fachsprachlicher technischer Texte reichen diese Kriterien allerdings nicht aus. Denn die erwähnten Pluralbildungen sind zwar auffällig, aber sie begegnen so selten, daß sie als Kriterium technischer Fachsprache ausscheiden. Dagegen scheint das Vorkommen der verbalen Partikelkompositionen wie *an*funken, *ein*schleifen, *ver*formen ein geeigneteres Kriterium für die Abgrenzung technisch-fachsprachlicher von gemein- und wissenschaftssprachlichen Texten zu sein[36].

5.3. Fischersprache

Im Gegensatz zu den bisher behandelten Fachsprachen zeigt die Sprache des Berufsfischers (Binnen- u. Küstenfischerei) vor allem zwei Merkmale: sie wird weitgehend mündlich konstituiert und ist dialektgebunden. Diese Kennzeichen gelten in mehr oder weniger starker Ausprägung für viele Fachsprachen in handwerklichen Berufen. Bei den Fischern ist die dialektale Komponente besonders stark, da für den Berufsfischer nie – wie bei anderen Handwerkern – Wanderzwang bestand. Die Feststellung von W. Mitzka, die Fischerprache entspräche dem Dialekt rings eines Ortes oder längs eines Gewässers[37], trifft heute jedoch nicht mehr in diesem Maße zu wie früher. Auch in diesem altüberlieferten Beruf haben sich in den letzten 20 bis 30 Jahren sprachliche Verschiebungen ergeben, auch hier besteht die Tendenz zur Anlehnung an die Gemeinsprache. Gründe dafür liegen zum einen in der Reduktion und Umorganisation der Binnenfischerei, bedingt durch veränderte Gewässerverhältnisse, zum anderen Teil in der weitgehend zentralisierten Ausbildung des Fischernachwuchses. Die zentrale Ausbildung bestärkt Ausgleichstendenzen und fördert den Gebrauch und die Verbreitung überregionaler, genormter Termini.

Die von diesen Erscheinungen noch nicht berührte Fachsprache der älteren Fischer wird dagegen nahezu ausschließlich vom Dialekt bestimmt. Auf dialektaler Grundlage bilden sie die Bezeichnungen für das Boot und seine Teile, für die Fischereigeräte, die Fangtechniken, die für die Fischerei wichtigen Naturbedingungen und vor allem für das Fangobjekt, die Fische:

(alemannisch) *Waidli* ‹Fischerkahn›, *Schuepf* ‹Wasserschöpfer›, *Sterkel* ‹Schiebehamen›, *bernle, bährle* ‹mit dem Senkhamen fischen›, *Hierli* ‹junger Hecht›, *Rottel* ‹Rotauge›, *Rettele* ‹kleines Rotauge›, *Soome, Suume* (hd. Samen) ‹Fischbrut›.

Auffallendstes Kennzeichen dieser dialektalen Fachsprache ist ihr Zug zur Anschaulichkeit und Konkretheit. Er zeigt sich in zahreichen metaphorischen Benennungen der Geräte, die oft als eine «Beseelung des Geräts»[38] aufgefaßt werden können. Hierzu gehören die vielen Körperteilnamen und Tiernamen, die zur Bezeichnung von Geräten oder Geräteteilen dienen: so heißt in der alemannischen Fischersprache ein Setz- oder Schiebehamen, mit dem der Fischer am Ufer entlang streift oder Vertiefungen ausfischt, verbildlicht *Störchlein*[39]. Ganz vermenschlicht wird im Pommerschen die Nadel zum Knüpfen der Netze; sie besitzt «eine Nääs oder Schnuut, ein Ooch ‹Auge›, eine Tungen ‹Zunge› und twei Fäut ‹zwei Füße›»[40].

Zu solchen Verbildlichungen treten Bezeichnungen hinzu, die aus Vergleichen mit Gegenständen des täglichen Lebens entstanden sind. Ein zusammengerolltes Netz wird fachsprachlich zur *Wurst*[41], Stützpfähle bei der Reuse bilden eine *Krück*[42] und die Scheuchstange wird – im Vergleich ihrer Funktion mit der Stange beim Buttern mit dem Stoßbutterfaß zum *Botterfatt*[43].

Entsprechend der relativ geringen Differenzierung innerhalb des Sachbereichs ist die Anzahl der mehrgliedrigen Termini – im Gegensatz etwa zu technischen Fachsprachen – gering. Wenn es gilt, sehr differenzierte Sachverhalte zu bezeichnen, zum Beispiel die Wasserverhältnisse, werden mehrere Einzelbezeichnungen nebeneinander gestellt. Sie zeigen dem Laien die besondere Sicht des Fachmanns, der dort Unterscheidungen trifft, wo sie für ihn relevant sind. Bei den Fischbezeichnungen unterscheidet der Fischer etwa nach Laichgewohnheiten *(Kieslaicher, Krautlaicher)*, Lebensraum *(Weiherhecht, Bachforelle)*, Größe oder Alter[44]. Den Zoologen interessieren dagegen Differenzierungen des Alters nicht, und er sieht dort eine vorstellungsmäßige Einheit, wo der Fischer aufgrund seiner fachspezifischen Sicht der Sache eine Vielheit wahrnimmt: Lachs/Salm – *Wintersalm, Sommersalm, Jacobssalm*[45].

Schließlich ist für die Fischersprache noch der affektische Reichtum bei den Fischbezeichnungen zu erwähnen, der aus der besonders intensiven Beziehung des Fischers zum Fangobjekt zu erklären ist[46].

Bei den Fischersprachen lassen sich zwar einzelne lokalgebundene morphologische und lexikalische Eigenheiten feststellen[47], für die Syntax wurden jedoch bisher keine vom jeweiligen Dialektraum abweichenden Besonderheiten festgestellt. Im Gegensatz zu den modernen technischen Fachsprachen, bei denen sich auf syntaktischem Gebiet zumindest abweichende Gebrauchsfrequenzen gegenüber der Gemeinsprache nachweisen lassen, scheint die fischersprachliche Syntax in völliger Übereinstimmung mit der Syntax des jeweiligen Dialektraumes zu stehen.

Wenngleich die dialektale Fachsprache keine fest definierten Termini kennt, wie etwa die Wissenschaftssprachen, so hat der einzelne Fachausdruck doch terminologischen Charakter. So verbindet der Oberrheinfischer mit der Bezeichnung *Bull* die Vorstellung eines ganz bestimmten Fischbehälters; die Gerätevorstellung orientiert sich an der lokalen Form, dem verwendeten Material und der Größe. Diese Bedeutungsvorstellung ist jedoch nicht starr, sondern anpassungsfähig, das heißt der Fischer kann auch abweichende Geräteausführungen unter die Bezeichnung subsumieren[48]. Der definitorische Charakter eines solchen fachsprachlichen Terminus geht allerdings nicht soweit, daß er als Typusbezeichnung gelten könnte, wie das in der fischereiwissenschaftlichen Fachsprache der Fall ist. Deren systematische Terminologie erfaßt zum Beispiel mit dem Terminus *Reuse* alle reusenartigen Geräte, die dann begriffssystematisch weiter unterteilt werden können in Netzreusen, Holzreusen, Doppelreusen usw., während der oberrheinische Fischer hier keinen Kollektivbegriff kennt, sondern von *Warzluffen* ‹Garnreusen› und *Körben* ‹Holz-, Kunststoffreusen› spricht[49].

5.4. Verwaltungssprache

In den bisher beschriebenen Fachsprachen bildete das Spezial-
vokabular jeweils ein primäres Merkmal der betreffenden Fachsprache. Die deutsche Verwaltungssprache hingegen benutzt in
ihren Äußerungen weitgehend den allgemeinsprachlichen Wortschatz. Zwar besitzt auch sie eine große Zahl von Fachwörtern
– teils eigene Bildungen, teils Entlehnungen aus der juristischen
Sprache –, doch sind nach den Beobachtungen von H. Wagner
«die Grenzen zu den allgemeinen Benennungen durchaus fließend»[50]. Diese Feststellung bezieht sich indes primär auf die
Formseite des sprachlichen Zeichens, denn die inhaltliche Seite
zeigt oft eine begriffliche Festlegung – sei es durch Konvention
oder Definition –, die gemeinsprachlich nicht üblich ist. So wird
verwaltungsintern «nicht nur eine kurze Notiz, sondern allgemein jede Aufzeichnung *Vermerk* genannt. Die Bedeutung von
Bescheid ist verengt auf einen Verwaltungsakt, in dem Tatbe-
stände gewürdigt und daraus die Konsequenzen gezogen werden. *Vorgang* bezeichnet nicht einen Ablauf, sondern einen Einzelfall, eine Akte und ist so in seiner Bedeutung verdinglicht»[51].
Zu typischen Verwaltungswörtern gehören nach H. Wagner
auch Termini wie *Aufsichtsbehörde* (Verwaltungsinstitution
und -organisation), *Verwaltungsakt* (Verwaltungshandeln),
*Rechtsmittelbeleh*rung (Verwaltungsverfahren) und *Umlauf-
mappe* (Verwaltungshilfsmittel), die den Aufbau einer Verwaltung ins Blickfeld rücken. Ferner zählen mehrgliedrige Zusammensetzungen zu den typischen Verwaltungswörtern, jene über-
langen, oft kritisierten Gebilde, die dem damit konfrontierten
Bürger immer wieder Rätsel aufgeben. Diese Wörter entstehen
allerdings nicht der Verrätselung von Verwaltungsvorgängen
zuliebe, sondern vielfach dadurch, daß versucht werden muß,
«juristische Eindeutigkeit mit Allgemeinverständlichkeit zu verbinden»[52]. Das aber bedeutet oft eine Übernahme juristischer
Begriffe, die mit Fachbegriffen der Verwaltungssprache kombiniert werden:

Lastenausgleichs

         – *gesetz*
         – *bewilligung*
         – *antrag*

– *abgaben*
– *forderungen*
– *leistungen*

Solche Wortzusammensetzungen bieten zwar die Möglichkeit zur inhaltlichen Konzentration durch Umgehung syntaktischer Fügungen, sie beinhalten aber damit die Gefahr, den Grad der inhaltlichen und formalen Verdichtung bis zur Unverständlichkeit zu treiben:

Eheunbedenklichkeitsbescheinigung (Bescheinigung über die Unbedenklichkeit der Ehe)

Lohnsteuerjahresausgleichsantragsverfahren

H. Wagner bewertet solche Bildungen allerdings positiv, da sie ihrer Meinung nach eine Begriffseinheit sichtbar machen, die in der Auflösung der zusammenhängenden Wortgestalt durch Genetivverbindungen, präpositionale Fügungen oder Nebensätze verloren gehen würde[53].

Eine weitere typische Erscheinung der Verwaltungssprache ist die Verwendung formelhafter Wendungen wie *zur Unterschrift, zur Vorlage, im Auftrage, Vorbehalt der Zeichnung, unter Bezugnahme auf* oder *im Nachgang zu*[54]. Sie dienen zur Bezeichnung von immer wiederkehrenden Aussagen in der täglichen Verwaltungsarbeit und tragen zu einem einheitlichen Verwaltungsstil bei. Durch diese Formelhaftigkeit erreicht die Fachsprache, zusammen mit den bereits genannten und weiteren Eigenheiten, ihren «offiziellen, unpersönlichen und funktionalen Charakter»[55].

Dieser Charakter wird nicht durch die Satzlänge bestimmt – H. Wagner hat überraschend festgestellt, daß in der Verwaltungssprache weitaus mehr kürzere Sätze als in der Gemeinsprache vorkommen –, sondern hängt mit der Syntax verwaltungssprachlicher Texte zusammen. Das Verwaltungsdeutsch kennt in größerem Umfange als die Gemeinsprache echte oder unechte Passivformen (*abzugebende Vorgänge sind stets über die Registratur zu leiten*), attributive Partizipien (*zusammenfassender Aktenvermerk; ergänzende Bestimmungen*) und Partizipialkonstruktionen überhaupt (*bezugnehmend auf die von ihnen gemachten Einwendungen...*) sowie Funktionsverben (*zur Durchführung bringen; Klage erheben; zu Protokoll nehmen*). Letztere bieten zwar durch ihre Vielfalt an Verknüpfungsmöglichkeiten ein «handliches Instrument bei der Formulierung der verschiedensten Zusammenhänge»[56], erzeugen jedoch zugleich eine Schematisierung der Sprache und führen zu einem Verlust an Anschaulichkeit. Diese für die Verwaltungssprache typische Entkonkretisierung ist ihrer Intention nach zunächst kein Akt der Willkür oder der Verschleierung, sondern entspricht den abstrakten abgeleiteten Verwaltungsvorgängen.

Es dürfte allerdings zu weit führen, wenn H. Wagner im Schlußteil ihrer Untersuchung die Behauptung aufstellt, die der Verwaltungssprache eigene «Abstraktion vergleichbarer Einzelfälle und die begriffliche formelhafte Erfassung von Zusammenhängen entspreche dem modernen Menschen und seiner Weltansicht mehr als unmittelbar konkrete Anschauung»[57]. Denn der von der Verwaltung betroffene einzelne Bürger will sich eben nicht – das beweist u. a. die Diskussion um die Einführung der Personenkennziffern – als abstrakte Größe erfaßt wissen, sondern geht von seiner unmittelbaren, konkreten Situation aus. Und gerade am – oft extrem gelagerten – Einzelfall zeigt sich dann für die Verwaltungssprache, daß der nominale und unpersönliche Stil, das Streben nach Genauigkeit und Objektvität der Aussage, der Verzicht auf Ausschmückungen und der Gebrauch formelhafter Wendungen zu allzu leichtem Rückzug auf Abstrakta und zu Behördenwillkür führen kann.

H. Wagner hat allerdings recht, wenn sie – unter funktionalstilistischem Aspekt – die Fachsprache der Verwaltung als höchst wirkungsvolles und handliches Kommunikationsinstrument beschreibt. Sie übersieht dabei jedoch die zwei Seiten der Verwaltung, die verwaltungsinterne und die öffentliche Seite. Und von der öffentlichen Seite her sind sprachkritische Äußerungen berechtigt, ja, sogar notwendig. Denn ohne sie wären etwa viele Formulare oder Verordnungen heute immer noch so unverständlich oder vieldeutig, wie sie es für den Bürger in früheren Jahren waren und teilweise noch sind[58]:

«Rechtsbehelfsbelehrung

Sie können gegen diesen Bescheid Einspruch einlegen. Der Einspruch ist bei dem umseitig bezeichneten Finanzamt schriftlich einzureichen oder zur Niederschrift zu erklären.

Die Frist für die Einlegung des Rechtsbehelfs beträgt einen Monat. Sie beginnt mit dem Ablauf des Tages, an dem Ihnen dieser Bescheid bekanntgegeben worden ist (§ 236 Abs. 1 der

Reichsabgabenordnung). Als Tag der Bekanntgabe gilt bei der Zustellung mit Postzustellungsurkunde der Tag der Zustellung (§ 3 des Verwaltungszustellungsgesetzes). Bei Zustellung durch eingeschriebenen oder bei Zusendung durch einfachen Brief gilt die Bekanntgabe mit dem dritten Tag nach Aufgabe zur Post als bewirkt, es sei denn, daß der Bescheid nicht oder zu einem späteren Zeitpunkt zugegangen ist (§§ 4 und 17 des Verwaltungszustellungsgesetzes).»

(aus einem Bescheid über Lohnsteuer 1974)

Die funktionalstilistischen Eigenheiten der Verwaltungssprache im Rahmen der Lexik, der Wortbildung und der Syntax sind – das schränkt die Kritik teilweise ein – nur im schriftlichen Sprachgebrauch besonders ausgeprägt. Hingegen werden nach H. Wagner «im mündlichen Verkehr allgemeine Formen der Gegenwartssprache gebraucht [...]»[59], – eine zwar wahrscheinliche, aber bisher unbewiesene Behauptung.

Ungeklärt bleibt die Gliederung und der Umfang der Verwaltungssprache. Sie reicht von Organisationsentwürfen bei Regierungsämtern über Dienstanweisungen einzelner Behörden, Verordnungen, Formulare bis hin zum Schriftverkehr mit dem einzelnen Bürger. Stadtverwaltungen, Bahn, Post, Polizei und Justiz, Finanzämter und Ministerien werden alle von der Verwaltungssprache berührt, sie haben alle möglicherweise eigene Perspektiven. Andererseits ist bei der Verflechtung der Ämter und ihren allen gemeinsamen Verwaltungsaufgaben eine gemeinsame sprachliche Basis mit hoher Wahrscheinlichkeit vorhanden; dennoch sollte man nicht – wie es H. Wagner wenig reflektiert unternimmt – von *der* deutschen Verwaltungssprache schreiben, wenn vorrangig linguistische Aspekte behandelt werden[60].

5.5. Politische Fachsprache

Der Fachbereich ‹Politik› umfaßt so viele Teilgebiete und ist so vielfältig in sich geschichtet, daß von der Existenz einer einheitlichen politischen Fachsprache nicht gesprochen werden kann. Zwar gibt es zahlreiche Untersuchungen, die das Thema Sprache und Politik behandeln, Abgrenzungskriterien für eine politische Fachsprache gegenüber anderen Fachsprachen oder gegenüber der Gemeinsprache bieten sie jedoch nicht. Erschwerend für Abgrenzungsversuche wirkt sich vor allem die Tatsache aus, daß die politische Terminologie und ihre Verwendungsweise – wie Arbeiten zur politischen Sprache im geteilten Deutschland beweisen – vom jeweiligen Gesellschaftssystem und damit vom Standort des Beobachters abhängig sind:

DUDEN WEST (1961)   DUDEN OST (1957)

Überbau

| vorragender Oberbau, Schutzdach, Rechtspr.: Bau über die Grenze | ... Mz. (selten) ... baue (Polit. die aus einer bestimmten, ökonomischen Basis sich ergebenden polit., jurist., religiösen, künstlerischen und philosophischen Ansichten der Gesellschaft einer Epoche und die ihnen entsprechenden Institutionen). |

Bourgeoisie

| (Wohlhabender) Bürgerstand; (Auch: durch Wohlleben entartetes) Bürgertum | die herrschende Klasse in der kapitalistischen Gesellschaft[61] |

Auch wird der Begriff Sprache im Zusammenhang mit der Politik im allgemeinen zu unreflektiert auf die bloße «Anwendung der Sprache in der Politik»[62] bezogen. Für W. Dieckmann richtet sich die Entscheidung über die Zugehörigkeit eines Fachwortes zur politischen Sprache danach, «ob das Bezeichnete in den Sachbereich der Politik fällt»[63]. Dieses vage semantische Kriterium allein reicht indessen zur Ausgliederung eines politischen Wortschatzes nicht aus. Da Politik nahezu alle Bereiche des menschlichen Lebens erfassen kann, würden hiermit auch so allgemeine Wörter wie *Familie, Mensch, Schule* usw. als politische Termini eingestuft[64].

Um dieser Verallgemeinerung zu entgehen, versucht H. Ischreyt[65] neue Kriterien für die Abgrenzung einer politischen Fachsprache zu finden. Er geht davon aus, daß die politische Fachsprache über den eigentlichen Benutzerkreis, das heißt den Kreis von Fachleuten, weit hinaus wirkt und bis in den Kreis der Betroffenen reicht. Wesentliches Abgrenzungskriterium ist indes für ihn weder der Benutzerkreis noch der semantische Inhalt. Die Auswahl der sprachlichen Mittel hängt vielmehr von der Funktion der Sprache, vom Ziel der Aussage ab. Tatsächlich besteht ein erheblicher Unterschied, ob zum Beispiel eine politische Kommunikation unter Fachleuten des Finanzministeriums, innerhalb einer Partei oder zwischen einem Politiker und seinen Wählern stattfindet.

Will man die politische Sprache «grob» einteilen, erhält man nach W. Dieckmann eine Dreiteilung in eine Ideologiesprache, eine Institutionssprache und eine Verwaltungssprache: «die Ideologiesprache besteht aus den Bezeichnungen für die politische Doktrin und die Miranda; die Institutionssprache aus den Bezeichnungen für die einzelnen Institutionen und Organisationen eines Gremienwesens, ihre interne Gliederung, die Aufgaben, die sie erfüllen, und die Prozesse, in denen sie funktionieren; die Fachsprache des verwalteten Sachgebietes aus den politikeigenen Sprachformen, die sich mit der staatlichen Verwaltung der verschiedenen Sachgebiete ergeben»[66].

Zu den Termini dieser Sprachen kämen nach Thea Schippan noch eine «Schicht der Termini der politischen Wissenschaften»[67], für deren Einbeziehung in die politische Sprache sich auch H. Ischreyt ausspricht[68]. Er schlägt für die politische Sprache, in teilweiser Übereinstimmung mit der beschriebenen Einteilung von W. Dieckmann, zur Systematisierung vier Funktionsbereiche vor: Verwaltung und Organisation, Gesetzgebung und Verträge, Propaganda, Politikwissenschaft. Zwischen ihnen gibt es Verbindungen und Übergänge (Diplomatensprache, Sprache des internationalen Verkehrs usw.). Auf der Grundlage von B. Havráneks Klassifizierung der Schriftsprache in vier funktionale Stile (vgl. Abschnitt 1.2.) entwickelt H. Ischreyt dann daraus zur Abgrenzung politischer Fachsprache folgendes Schema:

Funktionelle Sprachen

Funktionsbereich	Funktion	funktionelle Sprache
Verwaltung und Organisation	praktisch-speziell (und kommunikativ)	Geschäftssprache (und Umgangssprache)
Gesetzgebung und Verträge (internationaler Verkehr)	praktisch-speziell	Geschäftssprache
Propaganda (polit. Meinungsbildung)	kommunikativ	Umgangssprache
Politikwissenschaft	theoretisch-speziell	Wissenschaftssprache

Zur Systematisierung von Untersuchungen einzelner Texte und sprachlicher Ausdrücke im Bereich der Politik sei in Anlehnung an Havráneks Schema für die Klassifizierung der Funktionsstile folgende Übersicht gegeben:

Funktionsstile

1. in Abhängigkeit von konkreten Aussagezielen

Funktionsbereich	Aussageziel	Funktionsstil
Verwaltung und Organisation	glatter Ablauf von Kommunikationsprozessen	kodifizierende Formel und allgemeine Darlegung
Gesetzgebung und Verträge (internationaler Verkehr)	Festlegung von Inhalten	kodifizierende Formel
Propaganda (polit. Meinungsbildung)	Beeinflussung	Appell, Überredung allgemeine Darlegung
Politikwissenschaft	Betrachtung	Erklärung, Beweis

2. in Abhängigkeit von der Ausdrucksart

Funktionsbereich	schriftlich		mündlich	
	intim	öffentlich	intim	öffentlich
Verwaltung und Organisation	Aktenvermerk	Erlasse etc.	Verhandlung	–
Gesetzgebung und Verträge (intern. Verkehr)	–	normative Texte	–	–
	–	–	Verhandlung	–
Propaganda (polit. Meinungsbildung)	–	Publizistik etc.	–	Rede, Diskussion
Politikwissenschaft	–	Texte	–	Lehre (Rede u. Diskussion)[69]

In den Blickpunkt der Forschung rückt vor allem der dritte Funktionsbereich, die Propaganda. Diese öffentliche Sprache der Politik wird durch ihren rhetorischen Charakter bestimmt[70]. Denn ein Redner, der im Bundestag, auf einer Wahlversammlung oder in einem Fernsehinterview zu Wort kommt, muß versuchen, seine Vorstellungen und Meinungen als die richtigen, einzig gültigen darzulegen. Dazu bedient er sich der Mittel der Rhetorik: er spielt mit verschiedenen Bedeutungen (*Freiheit, Gleichheit* usw.), benutzt Wörter, deren Bedeutung inhaltlich unbestimmt oder vage ist (*Demokratie, Gemeinwohl*), gebraucht appellative Wendungen (*Wir Europäer, Sie wissen...*). In der politischen Auseinandersetzung werden Einwände der Gegenseite vorweggenommen, wird der Gegner abgewertet, werden die eigenen Vorzüge herausgehoben[71]. Die Information der einen Seite wird der anderen zur Propaganda, je nachdem, auf welcher Seite der Meinungsträger steht. In jedem Fall aber ist diese politische Sprache auf die Zustimmung der öffentlichen Meinung gerichtet; sie soll beeinflußt, soll für die eigenen Ansichten und Ziele erhalten oder neu gewonnen werden.

In der Bundesrepublik Deutschland macht es die Existenz mehrerer Parteien dabei notwendig – vor allem bei Wahlen –, eine möglichst breite Zustimmung zu finden. Das aber führt dazu, daß anstellte von präzisen Aussagen mit allgemeinen geworben wird, die möglichst vielen Wählern eine Identifikation erlauben sollen[72]. Kondensiert werden die Parteiprogramme in den Schlagwörtern, die zu einem Charakteristikum politischer Rede zählen: «sie erheben Relatives zu Absolutem, reduzieren das Komplizierte auf das Typische, Überschaubare, Einfach-Gegensätzliche und bilden dadurch bipolare Wortschatzstrukturen aus; sie bringen das Abstrakt-Ferne sprachlich nahe und geben der Meinungssprache ihre emotionellen Obertöne»[73].

Zu dieser Art Ansprache eines inhomogenen Publikums gehören auch die Wahl-Slogans, die aus lexikalischen Einheiten von größtmöglicher Allgemeinheit bestehen und außerdem eine stark affektive Komponente besitzen (*Vorfahrt für Vernunft; Sicher in die 70er Jahre* usw.). Sie verdeutlichen die Funktion der Sprache als Instrument politischer Propaganda und politischen Handelns. Diese gefährliche Doppelfunktion vor allem hat Linguisten, Sprach- und Ideologiekritiker dazu veranlaßt, sich verstärkt dem rhetorischen Charakter und Fragen der Wirksamkeit politischer Sprache zuzuwenden sowie – im schulischen Bereich – Manipulationstendenzen in der Sprache der Politik aufklärend entgegenzuwirken[74].

5.6. Linguistische Fachsprache

Die Sprache in der Linguistik ist eine wissenschaftliche Fachsprache. Sie ermöglicht es, über Sprache zu sprechen. Eine solche Sprache, die Kommunikation über eine Objektsprache erlaubt, heißt Metasprache. Das Spezifikum dieser Sprache liegt zunächst in ihrer Terminologie. Daneben werden für die linguistische Fachsprache auch jene syntaktischen Besonderheiten und Tendenzen der ‹allgemeinen› Wissenschaftssprache zutreffen, die E. Beneš für das Deutsche mehrfach beschrieben hat[75]: Einschübe und Hinweise, die auf einer anderen Mitteilungsebene liegen; überreiche Auffüllung des Einfachsatzes; Vorliebe für das Passiv und verschiedene Typen nominaler Ausdrucksweise wie die Aufspaltung der verbalen Prädikation in eine nominal-verbale Fügung (*er führte eine Untersuchung durch; er trat als Rufer im Kampf auf*), ihre Transformation in eine infinite Verbform (*Um Reizwirkungen zu vermeiden, zieht man Zinkpaste vor*) oder ihre Unterbringung in einer Apposition; möglichst enge Verbindung der Satzelemente, klare Gliederung der Sätze auf der Sinnebene und ihre dichte, explizite Verflechtung.

Unverkennbar ist eine Internationalisierung der linguistischen Fachsprache, die vor allem in der Terminologie zum Ausdruck kommt. Diese internationale, aus mehreren Sprachen zusammengesetzte und mit zahllosen Neubildungen und Fremdwörtern versehene Terminologie ist mit ausschlaggebend dafür, daß zwischen Sprachinteressierten und Linguisten eine oft unüberwindliche Sprachbarriere besteht. Außer zur Parodie[76] gibt sie immer wieder Anlaß zu Klagen, deren Tenor die folgende, auf ein Tagungsgespräch zu aktuellen Problemen der Kommunikation zwischen Linguisten und Sprachpraktikern bezogene Notiz widerspiegelt: «Dieses Gespräch mißlang. Es konnte auch gar nicht, noch nicht gelingen. Denn selbst dort, wo seitens der Linguisten grundsätzliche und durchaus erfreuliche Gesprächsbereitschaft bestand, verhinderten linguistische Diktion, die universitär gängige Fachsprache und die in Plenumsreferaten stillschweigend vorausgesetzten theoretischen Grundlagen eine fruchtbare und effektivierende Kommunikation mit den anwesenden Pädagogen»[77].

Zu diesen Kommunikationsschwierigkeiten trägt auch die

Tendenz zu individueller Terminologie und zur Um- und Neudefinition bereits bestehender Termini bei. Als Grund für die wuchernde Bildung neuer Termini werden die Untauglichkeit der alten, ihre mangelnde Präzision oder ihr irreführendes Assoziationsgeflecht genannt. Diese Behauptung wird vor allem gegenüber den älteren, aus der antiken Grammatik übernommenen Termini vorgebracht, sie richtet sich aber auch gegen moderne Termini wie *Morphem* oder *Semantem*. K.-H. Körner hat gezeigt, daß solche Behauptungen teilweise von falschen Voraussetzungen ausgehen und nicht immer zutreffen[78]. Die «verbale Explosion» der linguistischen Fachsprache wird dadurch nicht vermindert.

Gab es noch vor ca. 1950 einen gemeinsamen terminologischen Besitz unter den Fachwissenschaftlern, der sich auf so allgemeine Begriffe wie Sprachwandel, Ausstrahlung oder Lautverschiebung erstreckte, und gab man seinen Vorstellungen vom ‹Kampf in der Sprache› durch Verben wie *beherrschen, besiegen* oder *verdrängen* bildhaften Ausdruck, so zeigt sich heute eine mehr spezialisierte, wertneutralere und präzisere Terminologie. Durch das individuelle Ringen um diese Präzision aber verliert die Terminologie an Allgemeinverständlichkeit und behindert dadurch den Transfer der Erkenntnisse und Ergebnisse in die Gesellschaft. Wenn die semantischen Merkmale nebeneinander als *semantische Atome, Komponenten, Seme* oder *Bedeutungsprimitive* begegnen, wirkt diese gesuchte Vielheit nicht erhellend, sondern verwirrend. Auf der anderen Seite darf nicht übersehen werden, daß durch die zunehmende Verbindung der Sprachwissenschaft mit Nachbardisziplinen eine Entwicklung und Neuorientierung dieses Wissenschaftszweiges erfolgte, die ohne angemessenen sprachlichen Zuwachs nicht zustande gekommen wäre. In den Mischterminologien linguistischer Teilbereiche wie Sozio-, Psycho- oder Neurolinguistik ist dieser Weg nachgezeichnet.

Einen Ausweg aus der lästigen sprachlichen Unzulänglichkeit scheint die inzwischen in der linguistischen Forschung weitverbreitete Formalisierung zu bieten[79]. Doch kann auch die Formalisierung ungewollte Vorstellungen hervorrufen: «Die Gestalt einer Ziffernreihe kann eine Präzision über das Verhältnis der einzelnen Elemente eines Paradigmas zueinander evozieren, ohne daß eine solche Präzision, sei es objektiv, sei es in unseren

Vorstellungen, besteht oder auszudrücken beabsichtigt war»[80]. Außerdem können solche Formalisierungen, wenn sie zuviele formelhafte Elemente enthalten, deren Bedeutung unbekannt ist, «leicht zu einer größeren Behinderung der Kommunikation werden als die Möglichkeit der Irreführung durch die Bildlichkeit oder Metaphorik von Wörtern»[81].

Kritik an nur modischer Formalisierung hat auch J. Erben im Hinblick auf die ‹Konstituenten-Analyse› vorgebracht: «Man hat bei der Lektüre gewisser Publikationen der allgemeinen Sprachwissenschaft tatsächlich den Eindruck, als glaubten die Verfasser, es sei bereits ein Forschungsresultat und die Abstraktionsstufe und Präzision mathematischer Formeln erreicht, wenn man statt ‹Satz› das Symbol S einführt und von S zu N (‹Nominalphrase›) und P (‹Verbalphrase, Prädikat›) vordringt»[82]. Indes wird in solchen Formeln die Kenntnis dessen, was ein Nomen oder ein Verb ist, stillschweigend vorausgesetzt. Das aber bedeutet, daß auch Formalisierungen linguistischer Grundbegriffe oder Erscheinungen die Autoren nicht von der Mühe befreien können, ‹geeignete Benennungen in Wortgestalt zu tradieren»[83].

Gründe für diesen vielfach terminologischen Wirrwarr, der das intersubjektive Verstehen in hohem Grade erschwert, liegen zum einen in der Vielfalt der Forschungsrichtungen und sich widerstreitenden Schulen, zum anderen im Fehlen einer «genauer abgegrenzten und erkennbaren Gegenstandsordnung»[84], in zahllosen ‹privaten› Neuerungen oder gar im Aufbau von privaten Terminologien. Vor allem die beiden letztgenannten Gründe dürften mit dazu beigetragen haben, «daß ‹Linguistik treiben› heute mit ‹Bilden neuer sprachwissenschaftlicher Termini› identifiziert werden kann»[85].

Die Wortfülle der ‹neuen› Wissenschaft schlägt sich in zahlreichen Einführungen in die Linguistik und in einer ständig wachsenden Anzahl linguistischer Lexika nieder[86]. Einzelne Abschnitte in diesen Lexika geraten dabei (notwendigerweise) oft selbst zu kleinen Einführungen, wenn sie die für die Rezeption der Materie notwendigen Termini faßlich und umfassend darstellen. Die Ausführlichkeit der Darstellung aber kann zu einer solchen zahlenmäßigen Reduktion der Termini führen, daß für eine linguistisch vorgebildete Leserschaft durch das Fehlen einzelner Bereiche, etwa der Dependenzgrammatik, Mängel entstehen[87]. Als zukunftsträchtig scheint sich jener Lexikontyp zu erweisen, der in Großartikeln jeweils ein Hauptgebiet behandelt, deren Begriffsinventare dann mit einem alphabetischen Index aufgeschlüsselt werden. Auf diese Weise präsentiert sich das bisher umfangreichste deutschsprachige *Lexikon der Germanistischen Linguistik* (Tübingen 1973).

5.7. Chemische Fachsprache

Die Fachsprache der Chemie ist – wie viele andere Fachsprachen – heute überwiegend eine Mischterminologie, das heißt sie ist ein Konglomerat aus mehreren Terminologien. Auf diese Tatsache weisen Bezeichungen hin wie Physikalische Chemie, Bio- oder Geochemie. Außerdem ist die chemische Fachsprache in sich mehrfach geschichtet. Neben der strengen Wissenschaftssprache, die in wissenschaftlichen Abhandlungen vorkommt, gibt es Zwischenformen wie den Lehrbuchstil, den Unterrichtsstil und den Laborslang, die alle noch der Erforschung harren[88].

Während die Wissenschaftssprache internationalen Charakter besitzt, lehnt sich der Laborslang stark an die Umgangssprache an und verwendet häufig affektische und metaphorische Bezeichnungen sowie Kurzformen. R. Wolff gibt in seiner Einführung in die Sprache der Chemie als Beispiel den Satz eines Saalassistenten, der mit einem Praktikanten schimpft: «Da stehen wieder 3 Kipps (= Kippsche Apparate) im Stinkzimmer herum»[89]. Im Laborbereich sind metaphorische Bezeichnungen darüberhinaus auch bei der Beschreibung von Versuchen und der Benennung von Geräten üblich wie *Sumpf* ‹bräunlich bis schwarzer, breiartiger Destillationsrückstand› oder *Birne, Bombe, Schiffchen* ‹bestimmte Laborgeräte›[90]. Das führt oft zu Schwierigkeiten bei Übersetzungen, da «die den Metaphern zugrunde liegenden Bilder tief in der allgemeinsprachlichen Lexik verwurzelt sind»[91]. Auf der anderen Seite bestehen – wie W. Hornung an den deutsch-russischen chemisch-technischen Bezeichnungen feststellen konnte[92] – auch zahlreiche Übereinstimmungen, etwa bei den Bezeichnungen für Laborgeräte, in der fachlich genutzten Metaphorik verschiedener Nationalsprachen.

Die wissenschaftliche Schicht der chemischen Fachsprache läßt sich primär durch ihren hohen Anteil an Symbolen und Formeln charakterisieren. Die Nomenklatur der chemischen Elemente und ihrer Verbindungen, die – wie die botanischen oder zoologischen Nomenklaturen – begrifflich, inhaltlich und formal festgelegte Benennungen aufweist, besitzt weitgehend internationalen Charakter. Zu ihm tragen ferner zahlreiche Internationalismen bei, das heißt international gebräuchliche, bedeutungsmäßig übereinstimmende Fachwörter (Fremdwörter) wie *Polymerisation, Polarisation, Emulsion* usw. Die Internationalität im Sprachgebrauch hat jedoch ihre Grenzen, die teilweise auf unterschiedlichen sprachlichen Ausgangspositionen beruhen. So steht etwa «der ausgeprägten Tendenz des Russischen zur Affigierung [...] im Deutschen eine ausgesprochene Tendenz zur Wortkomposition gegenüber»[93].

Um zu einer möglichst einheitlichen Nomenklatur zu kommen, bedient man sich in der Chemie vor allem der Elemente der klassischen Sprachen Griechisch und Latein. Bei den Namen der chemischen Elemente handelt es sich neben Namen lateinischen Ursprungs wie *Plumbum* ‹Blei› um latinisierte Formen aus verschiedenen Sprachen wie schwed. *Erbium,* griech. *Beryllium* und latinisierte Eigennamen wie *Curium* (den Curies gewidmetes Element) oder *Fermium* (dem Italiener Fermi gewidmetes Element). Viele dieser Bezeichnungen – wie *Cadmium* und *Molybdän* – sind, wenigstens etymologisch betrachtet, irreführend; im heutigen internationalen Sprachgebrauch des Chemikers spielen allerdings Fragen der Entstehung einer Benennung keine Rolle, sofern die Bezeichnung zu keinen falschen Assoziationen Anlaß gibt[94].

Als Abkürzungen für die chemischen Elemente dienen Symbole, die – falls sich keine Doubletten ergeben – im allgemeinen aus den Buchstaben der Wort- und Silbenanfänge gebildet werden:

Ag	*A*rgentum	(Silber)
B	*B*oron	(Borax-Element)
Co	*C*obaltum	(Kobalt)
aber: Tm	*T*huliu*m*	(Elemente aus Schweden)

Wie die Element-Namen entstammen auch die Ableitungsmittel der chemischen Fachsprache, also Prä- und Suffixe, im allgemeinen nicht der Landessprache, sondern dem Lateinischen oder Griechischen. Sie werden – wie in der medizinischen Terminologie – systembildend verwendet:

-*ium*   für metallische Elemente

-*um*   für Nichtmetalle
-*on*   für Edelgase
-*id*   für sauerstofffreie Salze
-*it*   für sauerstoffarme Salze
-*at*   für sauerstoffreiche Salze
-*an-* *en*, -*in*   für organische Verbindungen

Das Präfix *Hypo-* zeigt einen extrem niedrigen, das Präfix *Per-* einen extrem hohen Sauerstoffanteil in Säuren an. *Cis-* und *Trans-* deuten in Verbindungen die räumliche Stellung von Atomen an. Einfache Zuckerverbindungen erhalten das Suffix -*ose* (Pentose, Hexose), zuckerabbauende Fermente (lat. fermatio) oder Enzyme (griech. ζύμη, zýme ‹Sauerteig›) werden mit dem Suffix -*ase* gebildet. Einfache Eiweißkörper tragen das Suffix – *in* (Protein, Albumin), zusammengesetzte die Endung – *id*.

Komplizierter sind die Benennungen der chemischen Verbindungen, die bestehende Zusammenhänge zwischen den Elementen aufzeigen. Bei binären Verbindungen, das heißt nur aus zwei Elementen bestehenden Verbindungen, wird auch die Verbindung aus den entsprechenden zwei sie bildenden Elementen bezeichnet, wobei das zweite Element die Endung -*id* erhält:

LiH Lithiumhydrid; AgBr Silberbromid

Tritt eines der Elemente in mehreren Wertigkeiten auf, so setzt man diese mit römischen Ziffern dazu oder gibt die Atomzahlen in griechischen Zahlwörtern an:

OsO_4 Osmium (VIII)-oxid, Osmiumtetroxid

Entscheidend für die Benennung chemischer Verbindungen ist das reaktive Verhalten der Elemente. Je nach dem Grad der Verbindung wächst die Zahl der für die Benennung benötigten Sprachmittel:

SF_5Cl Schwefel (VI) – pentafluoridchlorid.

Neben diesen exakten Benennungen gibt es in der Sprache der Chemie noch viele halbsystematische Namen und Trivialnamen. Die Verbindung N_2O erhielt ihren Namen *Lachgas* nach ihrer medizinischen Wirkung, HNO_3 *Scheidewasser* nach ihrer Fähigkeit, Gold und Silber durch Auflösung des Silber voneinander zu trennen, HCN *Blausäure* nach ihrer Eigenschaft, mit bestimmten Metallen Berliner Blau zu erzeugen. Hierher gehören auch die Trivial- und Handelsnamen wie *Aspirin*, das wissenschaftlich Acetylsalicylsäure und in der Apotheke *acetylosalicylicum* heißt, oder wie *Kochsalz*, das anstelle von Natriumchlorid (NaCl) verwendet wird.

Charakteristisch für die Sprache der Chemie sind neben ihren lateinisch-griechischen Elementen die zahlreichen Benennungen von Geräten und technischen Verfahren nach den Namen ihrer Erfinder oder Endecker. Zu den bekanntesten zählen der *Erlenmeyer-Kolben*, kurz *Erlenmeyer* genannt (deklinierbar), der *Bunsenbrenner* und das *Haber-Bosch-Verfahren* (Ammoniaksynthese). Hinzu kommen zahlreiche Umlagerungen, Synthesen und dergleichen, die nach Chemikern benannt wurden wie die *Bartsche Reduktion, die Schiffsche Base* oder die *Zerewitinow-Tschugajewsche Bestimmung aktiver H-Atome.*

Unterschiede innerhalb der chemischen Fachsprache bestehen zwischen schriftlichem und mündlichem Sprachgebrauch. Während der Chemiker sich schriftlich der Formelsprache bedient, drückt er sich mündlich lieber ausführlich aus. Er liest also nicht

$$HCl + NaOH \rightarrow NaCl + H_2O$$ (HCL plus NaOH zu NaCl plus HzweiO),

sondern formuliert:

Chlorwasserstoff und Natriumhydroxid ergeben Natriumchlorid und Wasser[95].

Abweichend davon werden die mit Großbuchstaben bezeichneten biochemisch bedeutenden Stoffe wie *LSD* (Lysergsäurediamid, Rauschgift) oder *PVC* (Polyvinchlorid) auch mündlich in der Abkürzungsform verwendet. Solche Abkürzungen spielen für den Chemiker eine bedeutende arbeitsökonomische Rolle. Neben Abkürzungen aus Großbuchstaben – ein Verfahren, das nach R. Wolff aus Amerika kam[96] – werden griechische Kleinbuchstaben zur Unterscheidung bestimmter Modifikationen (a, ß, y kristallin unterschiedenen Modifikationen im Bereich der elementaren Stoffe) oder Kontaminationsformen wie *Alnico* (dauerhafte Legierung aus *Al*uminium, *Ni*ckel und *Ko*balt) und *Siopal* (von Zahnärzten verwendete Legierung aus *Si*lber und *Pal*ladium) verwendet. Auch viele Kunstworte sind der Abkürzungssprache entnommen, wie *Aldehyd*, das einen dehydrogenisierten Alkohol-Abkömmling bezeichnet, oder *Ester,* das eine dem Essigäther verwandte Verbindung benennt[97].

Kunstworte und Formelhaftigkeit in der chemischen Fachsprache dürfen aber nicht darüber hinwegtäuschen, daß sich etwa «die Ableitung neuer Termini in der russischen (wie auch in der deutschen) chemischen und chemisch-technischen Terminologie grundsätzlich nach den Wortbildungsregeln der Allgemeinsprache [vollziehen]»[98]. Und auch bei Beschreibungen chemischer Experimente findet man zahlreiche Verben der Gemeinsprache, die allerdings im fachlichen Kontext terminologischen Charakter erhalten[99].

Abschließend noch ein Blick auf die chemische fachsprachliche Syntax: typisch für sie ist, nach F. Kempter, der hohe Anteil präpositionaler Wortgruppen, deren Kern meist ein Verbalsubstantiv bildet. Da solche Wortgruppen grammatisch wenig festgelegt sind, ergibt sich aus ihnen eine Vielzahl von Bildungsmöglichkeiten[100]. Hinsichtlich ihrer Gebrauchshäufigkeit kommen in den von F. Kempter herangezogenen Texten die präpositionalen Wortgruppen «dem Nebensatz, mit dem sie in zahlreichen Fällen konkurrieren, ziemlich nahe»[101].

5.8. Sprache der Physik

Die Sprache der Physik, die viele ihrer Strukturelemente mit der chemischen Fachsprache gemeinsam hat, ist seit der Formulierung der Relativitäts- und Quantentheorie und den ihnen vorausgehenden experimentellen Entdeckungen an nahezu unüberwindliche Grenzen gestoßen. Das liegt daran, daß die moderne Physik – im Gegensatz zur klassischen – in Bereiche der Natur vorgedrungen ist, die sich unserer sinnlichen Erfahrung und damit ihrer exakten oder auch nur annähernden Beschreibung mit den Mitteln der natürlichen Sprache entziehen.

Der Physiker besitzt zwar die Möglichkeit, mit Hilfe mathematischer Formeln sich exakt auszudrücken, dennoch bleibt für ihn die Sprache «ein vollkommen unvermeidliches Medium der Verständigung und der Erkenntnis»[102]. Denn erst durch die Sprache, das heißt durch die Bedeutungsangabe der sie bildenden Zeichen oder durch ihre Definition, gewinnt eine solche Formel ihren Sinn. Die Formel vermag zwar Erkenntnisse optisch zu erfassen, die mit der Sprache überhaupt nicht oder nicht in dieser Präzision darzustellen wären, doch kann in der mathematischen Zeichensprache nicht gedacht werden[103]. Ihre Anwendung ist deshalb begrenzt. Das bedeutet praktisch: «wenn eine mathematische Abhandlung zu mehr als einem Drittel aus Formeltext besteht, ist sie, selbst für den Fachmann, ungenießbar»[104].

Formel und Sprache bedingen sich also wechselseitig. Mit Formeln allein kann man kein Gespräch führen. Deshalb hat sich zum Beispiel unter den Atomphysikern – wie W. Heisenberg darlegt – in den letzten dreißig Jahren seit der mathematischen Formulierung der Quanten- und Wellenmechanik eine physikalische Fachsprache herausgebildet, «in der man zur Beschreibung der kleinsten Teile der Materie abwechselnd verschiedene, einander widersprechende anschauliche Bilder verwendet. Je nachdem, wie es sich bei dem betreffenden Experiment gerade als zweckmäßig erweist, spricht man von Wellen oder von Teilchen, von Elektronenbahnen oder von stationären Zuständen, aber man bleibt sich dabei stets bewußt, daß diese Bilder nur ungenaue Analogien sind, daß es sich gewissermaßen nur um Wortgemälde handelt, mit denen man dem wirklichen Geschehen nahezukommen sucht. Wenn man gezwungen wird, präzise Aussagen zu machen, muß man sich oft in die mathematische Kunstsprache zurückziehen«[105].

Diese Gleichnishaftigkeit und Ungenauigkeit in der Sprache der Atomphysiker zeigt sich in Begriffen wie *Atomkern* oder *Feld* (für etwas Abstraktes, das sich im Raum ausdehnt). Solche anschaulichen Begriffe können zwar keine präzise Vorstellung der Sachverhalte geben, doch vermögen sie das Denken in eine bestimmte Richtung zu lenken[106]. Mit Hilfe fachterminologischer, das heißt mit präzisierten und definitorisch festgelegten Wörtern der ‹Gemeinsprache› wird es dem Physiker dann erst möglich, über seinen Untersuchungsgegenstand zu sprechen. Trotz der anschaulichen Begriffsbezeichnungen wird es aber keinesfalls jedem Interessierten möglich sein, sich die wirklichen Sachverhalte und Zusammenhänge vorzustellen und klar zu machen. Man muß – wie es W. Gerlach im Hinblick auf philologische Analogiebetrachtungen ausdrückt – «schon Physik dazu können»[107]. Das Wort *Fluß* zum Beispiel hat in verschiedenen Gebieten der Physik eine jeweils einheitliche Begriffsbestimmung erhalten: «Man spricht vom Strahlungsfluß (auch der Lichtströmung oder dem Lichtstrom), dem Energiefluß, der Durchflutung. In der Elektrik, Magnetik und Elektrotechnik ist der Fluß die Zahl der (magnetischen oder elektrischen) Kraftlinien, welche senkrecht durch eine betrachtete Fläche hindurchtreten (‹Flußdichte› bedeutet pro Quadratzentimeter). In der Reaktorphysik ist der Neutronenfluß die Neutronendichte mal der Geschwindigkeit der Neutronen [...]»[108].

Die Problematik der Sprache der Physik liegt also in der Begriffsbildung. Sie erfolgt über Ähnlichkeitsoperationen, die zur Konstituierung eines natürlichen Ordnungssystems führen[109]. In diesem Zusammenhang erhebt sich die Frage, ob die Terminologisierung nichtfachsprachlicher Mittel zu wissenschaftlichen Explikationen ausreicht oder ob der von W. Heisenberg empfohlene Rekurs auf die ‹Stabilität der gewöhnlichen Sprache›[110] einer Neubildung der Sprache weichen sollte (Kunstsprache)[111].

Nach dieser Darlegung grundsätzlicher Probleme der physikalischen Fachsprache sind im folgenden die wichtigsten sprachlichen Elemente zu verzeichnen. Dabei muß kurz auf die sprachliche Schichtung der physikalischen Fachsprache eingegangen werden, da – je nach Schicht – sehr verschiedene Sprachelemente strukturbildend sind, wobei zwischen den Schichten Übergänge und Mischformen bestehen. H. Pausch unterscheidet im Gebrauch der Wissenschaftssprache drei typische Artikulationsweisen:

«1. den strengen wissenschaftlichen Bereich, charakterisiert durch seinen nomosemantischen Charakter,

2. den allgemein wissenschaftlichen Bereich, bestimmt durch seinen subsemantischen Charakter,

3. den populärwissenschaftlichen Bereich, bestimmt durch metaphorische und anthropomorphe Ausdrucksweise»[112].

Nach dieser Gliederung sind die Begriffe des streng wissenschaftlichen Bereichs als «Benennungen definierten Inhalte nomosemantisch», diejenigen des allgemeinen Bereichs subsemantisch und diejenigen des populärwissenschaftlichen Bereichs individuell verschieden auslegbar.

Der physikalische Wortschatz enthält, neben gemeinsprachlichen Ausdrücken wie *Kraft, Masse, Zeit,* zur Bezeichnung physikalischer Größen zahlreiche lateinische und griechische Formen wie *lux, lumen, stilb* (für photometrische Einheiten) oder *dyn* und *erg* (für Kraft und Energie). Daneben werden aus Elementen dieser Sprachen Fachwörter neu gebildet wie *Ion, nuklear, Positron, Elektron.* Ferner kennt die Sprache der Physiker zahlreiche Benennungen neuer Sachverhalte und Entdeckungen nach dem Namen ihrer Erforscher wie *Faraday-Effekt, Paschen-Backen-Effekt, Ampère, Volt, Ohm, Celsius, Fahrenheit* usw. Auch Apparate werden nach ihrem Erfinder benannt wie der *van de Graaf* (zur Erzeugung höherer Spannung) oder der *MacLeod* (zur Druckmessung). Der Erfindername kann auch mit einem gemeinsprachlichen Wort verbunden werden, dessen Verwendung dabei zuweilen seiner allgemeinen Bedeutung zuwiderläuft: so der «Faradaykäfig (in den man nichts einsperrt, sondern aus dem man elektrische Felder fernhält), [...], die Kerrzelle, (die nicht verschlossen ist)»[113].

Weiter werden Eigennamen zur Bezeichnung physikalischer Einheiten gekürzt wie das *Torr* für die Druckeinheit (aus: Torricelli), Fachwörter werden durch Buchstaben reduziert wie s = Zeitsekunde, cm = Zentimeter. Die Zahl solcher und verwandter Abkürzungen ist nach W. Gerlach stark im Zunehmen (etwa *rad* aus: *R*öntgen *a*bsorbierte *D*osis), doch besitzen viele dieser Abkürzungen nur nationale Gültigkeit[114].

Ist der wissenschaftliche Fachwortschatz der Physik «in der Hauptsache durch seine engen Beziehungen zum überkommenen humanistischen Wortschatz charakterisiert»[115], so geben im Bereich der Kerntechnik und der Laboratorien metaphorische amerikanische Wendungen den Ton an: *bubble chamber, deathtime, Geiger-Müller-counter, breeder, casket, heißer Brüter, Reaktor* (der sich gegenüber dem deutschen *Meiler* aus Gründen der Internationalität durchgesetzt hat)[116]. Das führt in der Praxis bei den Kerntechnikern zu einer englisch-deutschen Mischsprache – ähnlich dem Flieger-Slang auf deutschen Flugplätzen –, «weil das vorgeformte Sprachgut eben aus anglo-amerikanischen Wörtern besteht und eine Umformung die Möglichkeiten des Einzelnen übersteigt»[117].

Diese Feststellung H. Ischreyts trifft auch für die deutsche, französische und russische Fachliteratur zu, die weitgehend eine englisch-amerikanische Terminologie verwenden. Mögliche Übersetzungen der mit der Sache aus dem Ausland übernommenen Terminologien, deren Übernahme zuerst aus Notwendigkeit erfolgt, unterbleiben dann später oft aus Gründen der Bequemlichkeit[118]. Allerdings dürfen auch die erheblichen Schwierigkeiten, die der Übersetzung von Fachsprachen oder der Neubildung nationaler Terminologien entgegenstehen, sowie der Vorteil, sich international verständigen zu können, nicht übersehen werden (vgl. dazu Kap. 7).

5.9. Medizinische Fachsprache

Der heute verfügbare Gesamtwortschatz der Medizin, der erst in Teilbereichen erfaßte «Thesaurus linguae medicinae», wird – einschließlich der medizinischen Begriffe aus den Grenzgebieten wie Physik, Biochemie, Psychologie, Soziologie usw. – auf 500 000 Termini geschätzt[119]. Der engere medizinische Wortschatz umfaßt nach R. Porep und W. J. Steudel[120] etwa 80 000 Namen für Medikamente, 10 000 Namen zur Bezeichnung von Körperteilen, Organen und Organteilen, 20 000 Namen zur Bezeichnung von Organfunktionen und 60 000 Namen für Krankheitsbezeichnungen. Gegenüber diesem mit insgesamt etwa 170 000 Bezeichnungen immer noch recht erheblichen Wortschatz nimmt sich der von den beiden Autoren auf 6000–8000 Fachausdrücke geschätzte aktive Wortschatz eines Medizinstudenten relativ bescheiden aus. Im Vergleich mit dem umgangssprachlich verwendeten Wortschatz – er wird auf ca. 500 Begriffe und Benennungen veranschlagt[121] – handelt es sich jedoch auch hier um eine beachtliche Größe.

Den Grundlagenbereichen innerhalb der Medizin wie Anatomie, Physiologie, Chirurgie gemeinsam ist die lateinisch-griechische Fachterminologie, die historisch bedingt ist. Zwar wurden die lateinische und griechische Sprache, die – wie in anderen Wissenschaftszweigen – bis ins 18. Jahrhundert als alleiniges Verständigungsmittel der Mediziner galten, aufgegeben, der lateinisch-griechische Wortschatz aber konnte nicht einfach durch nationalsprachliche Termini ersetzt werden. Daraus ergeben sich einerseits heute für die Handhabung der Fachsprache Schwierigkeiten, da die Verbreitung und Kenntnis des Griechischen und Lateinischen ständig abnimmt; mit Hilfe von Einführungskursen in das medizinische Latein und teilprogrammierten Terminologiekursen versucht man, dieses Problem zu lösen[122].

Andererseits hat die Beibehaltung der lateinisch-griechischen Terminologie wesentliche Vorzüge gegenüber einer national-sprachlichen Terminologie: sie ist weitgehend international, sie ruft keine störenden Assoziationen hervor, ihr semantischer Inhalt bleibt konstant, sie besitzt die Möglichkeit zur Bildung nahezu beliebig vieler Wörter, das heißt, sie gleicht in vielem einer Kunstsprache:

> «[...] Die Oesophagusstenosen sind deutlich oberhalb der eigentliche Kardia lokalisiert. Fast regelmäßig ist eine kleine axiale Hiatushernie nachweisbar. Ob diese obligate Hernie nur Folge der Längsschrumpfung des Oesophagus und damit der Verlagerung der Kardia nach intrathorakal oder ob ihr eine kausale Bedeutung in der Pathogenese dieses Krankheitsbildes zukommt, ist noch umstritten. Auf Grund unserer Kenntnis über die selbständige Funktion des unteren Oesophagussphincters scheint diese Hiatushernie jedoch sekundär zu sein.
>
> In der Mehrzahl dieser peptischen Stenosen spielt ein gastrooesophagealer Reflux die entscheidende pathogenetische Rolle [...]»[123].

Der Anteil der beiden klassischen Sprachen an der jeweiligen Terminologie des Fachbereichs kann variieren. Nach M. Michler und J. Benedum[124] besitzt so etwa die klinische Fachsprache mehr griechische Termini als die Sprache im Fachbereich Anatomie:

| anatomisch | *vertebra* | ‹Wirbel› |
| klinisch | *Spondylarthrose* | ‹Wirbelkrankheit› |

Ihre weitgehende Präzision erreichen die Fachsprachen in der Medizin jedoch nicht in erster Linie durch die Verwendung griechisch-lateinischer Elemente, sondern mit Hilfe mehrerer Nomenklaturen. Diese Nomenklaturen, etwa die PNA (Pariser Nomina Anatomica, 1955) oder die Nomina Histologica (Leningrad 1970), sind international verbindlich. Je nach Bedarf erfolgen von Zeit zu Zeit Korrekturen, Änderungen oder Nachträge. Prinzip der Pariser anatomischen Nomenklatur (PNA) ist:

> «für jedes Organ nur eine, möglichst dem Lateinischen entnommene Benennung; Kürze, Einprägsamkeit und Beschreibbarkeit; Nutzung der Opposition bei Adjektiven wie major/minor; Verzicht auf Eigennamen»[125].

Durch den ständigen Fortschritt auf den verschiedenen Gebieten der Medizin kommt es dennoch immer wieder zu synonymen Bezeichnungen, zum Beispiel:

«Fallot-Syndrom; Fallotsche Tetralogie; ... Morbus caerleus; Corvisart-Komplex... Blue baby... Maladie de Fallot; Maladie bleue; Cyanose cardiaque; oder einfach ‹Fallot› im klinischen Jargon»[126];

«Intermedia, Melanophorenhormon, Chromatophorenhormon, melanozytenstimulierendes Hormon [= bestimmtes Hormon der Hirnanhangdrüse]»[127].

Trotz dieser wiederholt beklagten Erscheinung[128] ist es den Medizinern bisher immer noch gelungen, Sachverhalte und Untersuchungsergebnisse ihres Fachgebietes eindeutig zu beschreiben und mitzuteilen. Nicht zuletzt deshalb, da neben sprachlichen auch graphische Mittel zur Veranschaulichung und Präzisierung eingesetzt werden (Röntgenaufnahmen, Abbildungen, Skizzen, Tabellen usw.).

Die Nomenklaturen und die griechisch-lateinischen Elemente im medizinischen Wortschatz bedürfen der Ergänzung durch die Gemeinsprache (Nationalsprache). Ohne sie, die im Kontext oft terminologischen Charakter erreichen kann, ist die medizinische Fachsprache nicht denkbar. So kennt sie einheimische, teilweise volkstümliche Bezeichnungen und Trivialnamen. Bei den volkstümlichen Bezeichnungen handelt es sich etwa um Organbezeichnungen wie *Herz, Lunge, Leber,* bei den Trivialnamen um Eindeutschungen wie *Appendizitis* ‹akute Blinddarmreizung› anstelle des terminus technicus *appendicitis acuta*[129]. Der Charakter dieser Trivialnamen ist «schillernd, ihre äußere Form schwankt, ihr Begriffsinhalt ist häufig nicht einheitlich oder eindeutig definiert»[130].

Zahlenmäßig kommt diesen nationalsprachlichen oder nationalsprachlich beeinflußten Ausdrücken eine erhebliche Bedeutung zu:

«Im subaxialen Bereich liegt eine sicher pathologische Dislokation vor, wenn die Wirbelsäulenverschiebung (vorwärts oder rückwärts) mehr als 15% des Durchmessers der Deckplatte des unteren Wirbelkörpers ausmacht. Zur Beurteilung der Gefahr einer Rückenmarkskompression ist die Ausmessung des Spinalkanaldurchmessers geeigneter als die Bestimmung des Dislokationsgrades, da dieser nicht allein für die

Einengung des Rückenmarkes bestimmend ist, sondern auch die Stellung in der gesamten Wirbelsäule und zusätzliche anatomische Veränderungen wie Knochen- und Knorpelarrosionen»[131].

Der Text läßt zudem die Bedeutung gemeinsprachlicher Verben und weiterer syntaktischer Mittel zur Bildung von terminologischen Einheiten erkennen. Auch hier bestehen gewisse Unterschiede zwischen den einzelnen medizinischen Fachbereichen. Eine von R. Baumbach durchgeführte Untersuchung von jeweils drei Lehrbüchern der Anatomie und der Inneren Medizin ergab unter den 60 meistgebrauchten Vollverben (ohne «sein», «haben» und die Modalverben) folgende Rangliste:

	Anatomie	Innere Medizin
1.	liegen	bestehen
2.	bilden	auftreten
3.	ziehen	kommen
4.	bestehen	werden
5.	besitzen	führen
6.	entsprechen	zeigen
7.	verlaufen	geben
8.	entspringen	entstehen
9.	stehen	bleiben
10.	zeigen	s. entwickeln[132]

An weiteren Eigenheiten konnte H. Wüsteneck in einem deutsch-russischen Vergleich der medizinischen Wissenschaftssprache feststellen, daß die Fachsprachen beider Länder von der Möglichkeit Gebrauch machen, «die Merkmalhaftigkeit medizinischer Sachverhalte und des medizinischen Individuenbereichs mit Hilfe des Adverbs klassifikatorisch auszudrükken»[133]. Während die Nutzung dieser Möglichkeit in der russischen Fachsprache erst allmählich zunimmt, erfolgt sie in der deutschen bereits systematisch:

«Bei 666 Patienten gestaltete sich der postoperative Verlauf *komplikationslos.*

Der Schlauch wird *hautnah* unter den Bedingungen einer intravenösen Injektion punktiert.»

Wie in den meisten anderen Fachgebieten ist auch im Fach Medizin die Sprache vertikal geschichtet. Neben der reinen Wissenschaftssprache und dem Lehrbuchstil gibt es auch individuellere Sprachformen. In der ärztlichen Praxis scheint der Mediziner teilweise von der Sprache der Patienten infiziert zu sein. Er spricht von *Nervenzusammenbrüchen,* attestiert *nervöse Erschöpfung* oder verwendet anstelle von *Leberzirrhose* die umgangssprachlichen Bezeichnungen *Leberschaden* oder *Lebergeschichte*[134]. Diese sprachliche Mittlerstellung des praktischen Arztes zeigt sich in der P. Lüth entnommenen Tabelle[135] gebräuchlicher Bezeichnungen für ‹Diabetes mellitus› bei Patient, Kassenarzt und Klinik:

Patientenselbst-diagnosen	In der Kassenpraxis gebräuchliche Diagnosen	Klinische Diagnosen
Diabetes	*Diabetes*	*Diabetes mellitus*
Diabetiker		*Zuckerharnuhr*
Diabetes mellitus		*Zuckerkrankheit*
Zuckerkrankheit	*Diabetes mellitus*	*Altersdiabetes*
Zucker		*insulinrefraktär*
es hat sich		
Zucker eingestellt		*MAURIAC-Syndrom*
	Entgleisung der	
	Diabetes	*Azidose, diabetische*
		Ketose, diabetische
		Praecoma diabeticum
		Koma, diabeticum
		Koma, diabetisches
		Koma, hyperglykämisches
		Hypoglykämie, diabetische

Eine Fachumgangssprache mit individuellerer Note, eine Art medizinischer Slang, hat sich vor allem im klinischen Bereich ausgebildet. Er enthält jene aus der täglichen Praxis entstandenen, leicht handhabbaren Kurzformen, die der folgende, nach R. Porep/W. J. Steudel wiedergegebene Operationsplan zeigt:
«1. 12.00 Wurm (Fridolin) S. T.
2. 12.30 h T. E. (Mayer) A.
3. 14.00 h Halsnagel (Schmidt) K. M. O.
Beschreibung:
Punkt 1 sagt aus, daß um 12 Uhr eine Blinddarmoperation (Wurm) vorgenommen wird. Der Patient ist ein Kind; deshalb wird der Vorname angegeben (Fridolin). Der erste Ope-

rateur ist der Arzt mit dem Anfangsbuchstaben S. Der Arzt T. assistiert bei der Operation. Mit Punkt 2 ist gemeint, daß der Arzt Dr. Arnim (A) um 12.30 h eine Tonsillektomie (Mandeloperation) (T. E.) am Patienten Mayer vornimmt.

Mit Halsnagel ist unter Punkt 3 die Nagelung einer Oberschenkelhalsfraktur gemeint. Hierzu sind drei Operateure notwendig»[136].

Dem Lehrbuchstil angenähert sind dagegen die Operationsberichte. Der folgende, gleichfalls den vorgenannten Autoren entnommene Bericht, läßt die für den Wissenschaftsstil typische Nominalisierung und die Tendenz zum unpersönlichen Ausdruck erkennen und zeigt – seiner Funktion als Verlaufs-Stenogramm entsprechend – mit nahezu formelhaften Satzverkürzungen typischen Faktenstil (vergleichbar etwa dem Wetterbericht in Rundfunknachrichten):

«Operationsbericht:

Datum:	24. 3. 72
Klinik:	II
Name:	Schwarz, Otto
Alter:	22 Jahre
Diagnose:	Chronische Appendizitis
Art des Eingriffs:	Appendektomie
Operateur:	Dr. Stefan, Dr. Geiger, Dr. Friedrich
Narkose:	Intubation
Anästhesist:	Dr. Martin

Eröffnen des Abdomens durch Paraektalschnitt im rechten Unterbauch. An einem gut beweglichen Zäkum befindet sich eine etwa 7 cm lange Appendix, die chronisch entzündliche Veränderungen aufweist. Nach Skelettieren der Mesoappendix wird der Wurmfortsatz an der Basis ligiert und abgetragen. Stumpfversorgung durch Z-Naht, 3-Stich- und fortlaufende Naht. Einzelne Knopfnähte dienen zur Peritonealisierung der Mesenteriolumstümpfe. Nachschau des Divertikels negativ.

Schichtweiser Wundverschluß. Steriler Verband»[137].

Die Lektüre medizinischer Texte, der in den Arztpraxen vernehmbare, oft kurz angebundene Faktenstil, das rituelle Präsentieren bei den Krankenhaus-Visiten vermitteln dem Patienten mitunter das Gefühl, zum bloßen Objekt ärztlicher Bemühung degradiert und völlig uninformiert zu sein. Empirische Untersuchungen in den USA und der BRD haben erwiesen, daß das durch die Sprache – Ausdrucksweise der Ärzte, medizinische Fachausdrücke – bewirkte Kommunikationsdefizit den Heilerfolg beeinträchtigen kann. Anhand von Tonbandprotokollen mit Gesprächen zwischen Ärzten und Müttern akut kranker Kinder wurde zum Beispiel in den USA festgestellt, daß einige der Mütter durch die Sprache des Arztes derart gestört und verwirrt wurden, «daß sie überhaupt nicht mehr richtig zuhörten und beispielsweise erklärten, der Arzt habe ihnen nichts verordnet, was sich bei Nachfrage als falsch herausstellte»[138].

Und eine systematische empirische Untersuchung in einem Krankenhaus der BRD mit – ihrer Selbsteinschätzung nach – gegenüber psychosozialen Problemen besonders aufgeschlossenen Ärzten ergab u. a., daß während und am Ende ihres Klinikaufenthaltes «volle 60% der Kranken falsche oder nur teilweise richtige Kenntnisse von der eigenen Krankheit besaßen. Entsprechend waren auch die Informationen über die Behandlung schlecht: 35% hatten ganz falsche, 34% teilweise falsche oder lückenhafte Kenntnisse von der Therapie, insgesamt 69% wußten also nicht richtig, was mit ihnen in der Klinik gemacht worden war»[139].

Der Patient versteht also keineswegs immer, was der Arzt ihm sagt. Umgekehrt versteht auch der Arzt den Patienten nicht in wünschenswertem Maße: «er ist ebenfalls einer Sprachbarriere ausgeliefert, die dadurch nicht kleiner wird, daß er sie beharrlich nicht zur Kenntnis nimmt»[140]. Diese sprachliche Problematik gewinnt ihre soziale Bedeutung etwa bei der Beurteilung von Erkrankungen im Zusammenhang mit der Attestierung von Arbeitsunfähigkeit oder Frühberentung und der Feststellung von psychosomatischen Erkankungen. Hier läßt die derzeitige Praxis eine für den Patienten nachteilige Strukturierung des Patienten-Arzt-Verhältnisses erkennen[141]. Deshalb ist mit P. Lüth als vordringliche Aufgabe fachsprachlicher und medizinsoziologischer Forschung eine Beschreibung und Analyse der Sprache des Patienten und der ärztlichen Sprache, verstanden als technischer Dialekt und mittelständischer Sozialdialekt, zu fordern, um dieses Verhältnis umstrukturieren zu können.

Die Fachsprache des Theaters wirkt auf den Außenstehenden eigenartig: salopp, oft spielerisch, exklusiv, aber doch vertraulich – Ausdruck einer eigenen, den Betrachter faszinierenden Welt des Theaters. Dieser Eindruck hängt damit zusammen, daß im Alltag Arbeit und Spiel unvereinbar sind, beim Theater aber vielfach *arbeiten* mit spielen identisch ist: *unter ihm arbeiten, mit ihr arbeiten, an der Met arbeiten, an der Rolle arbeiten, an der Sprache arbeiten, auf Applaus arbeiten; Bewegungsarbeit, Regiearbeit, Theaterarbeit, gute Arbeit machen*[142].

Die Verbindung und Nähe zur Aufführung, der Hang, sich zu produzieren und wohl auch das Bewußtsein, etwas nicht Alltägliches zu leisten, wirkt sich auch auf andere Bereiche des Theaters aus. Denn Fachsprache des Theaters bedeutet mehr als die Sprache der Schauspieler und Regisseure. Sie umfaßt neben der Schauspielkunst (einschließlich Musiktheater und Ballett) die Bereiche Theaterorganisation (Verwaltung usw.) und Bühnentechnik (Bühnenbild, Beleuchtung, Kostüme, Requisiten, Schminkkunst) und berührt mehrere andere Gebiete. Dadurch wird die Fachsprache des Theaters – wie U. Mehlin an einer schematischen Darstellung der Einflußsphären veranschaulicht[143] – höchst komplex und vielschichtig.

Der Anteil der einzelnen Einflußgebiete am theaterfachsprachlichen Wortschatz ist unterschiedlich. Auffällig ist der ca. 20 prozentige Anteil von Fremd- und Lehnwörtern aus den Theatersprachen anderer Länder, vor allem aus dem Französischen (ca. 16%), dem Englischen (3,5%) und dem Italienischen (2%). Er läßt sich aus der Theatergeschichte erklären, die vor allem im 17. und 18. Jahrhundert durch die italienische Komödie und Oper und durch das französische Schauspiel und Ballett bestimmt wurde; außerdem ist der starke französische Einfluß seit jener Zeit auf die deutsche Sprache allgemein zu nennen (Politik, Literatur usw.), der erst in neuerer Zeit durch angloamerikanische Einflüsse abgelöst wurde. Beispiele für Fremd- und Lehnwörter bieten Bezeichnungen wie *Souffleur, Loge, Parkett, Regie, Ballett, Ensemble; Furore machen, da capo, Primaballerina, Solo; Allround-Begabung, Producer*[144].

Bestimmendes Merkmal theatralischen Ausdrucks aber ist nicht der Fremdwortgebrauch, sondern – wie U. Mehlin fest-

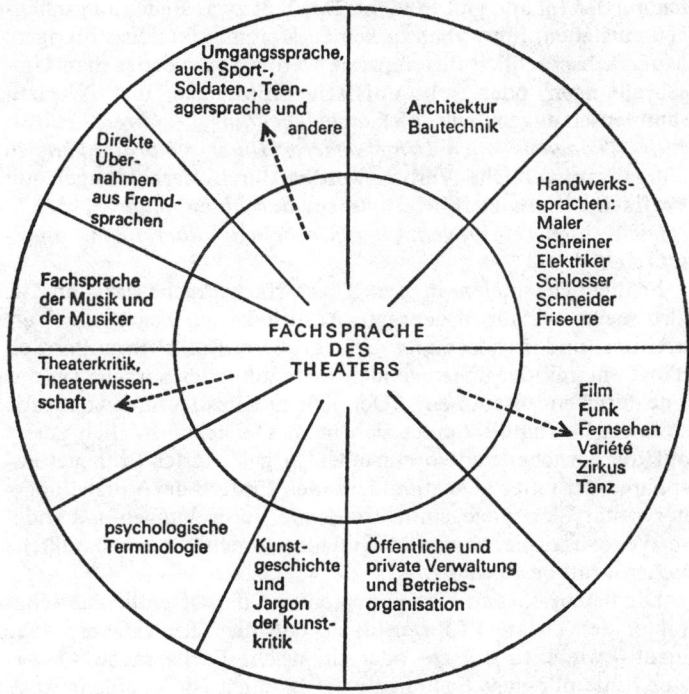

Umgangssprache,
auch Sport-,
Soldaten-, Teen-
agersprache und
andere

Architektur
Bautechnik

Direkte
Über-
nahmen
aus Fremd-
sprachen

Handwerks-
sprachen:
Maler
Schreiner
Elektriker
Schlosser
Schneider
Friseure

Fachsprache
der Musik und
der Musiker

FACHSPRACHE
DES
THEATERS

Theaterkritik,
Theaterwissen-
schaft

Film
Funk
Fernsehen
Variété
Zirkus
Tanz

psychologische
Terminologie

Kunst-
geschichte
und
Jargon
der Kunst-
kritik

Öffentliche und
private Verwaltung
und Betriebs-
organisation

stellte – «der Zug zu anschaulichem, möglichst konkretem Denken und Sprechen»[145]. Er ergibt sich aus der Natur des Theaters und zeigt sich in Ausdrücken wie *Striche machen* ‹Merkzei-
chen für Kulissen auf der Bühne markieren›, *Hüpftheater* ‹ge-
zwungene, unnatürliche Bewegung ergebende Spielweise›, *Text-
latte* ‹langer, monologischer Text›, *Sprache ausstellen* ‹sie her-
vorheben, sie bewußt machen›. Typisch ist ferner die Tendenz
zu spontanen Substantivierungen mit betont dynamischem Charakter wie *Hänger* ‹textlich bedingte Verzögerung im Auffüh-
rungsablauf› oder *Durchspieler* ‹Stück mit nur einer Dekora-
tion›[146].

Viele dieser Fachtermini des Theaters entstammen dem gemeinsprachlichen Wortschatz, werden jedoch in eingeschränk-
ter oder erweiterter Bedeutung verwendet. Eine definitive Fest-

legung der Inhalte gibt es nicht. Das läßt zwar Bedeutungsnuancen entstehen, führt aber zu keinen Kommunikationsstörungen. Muß fachsprachlich differenziert werden, verwendet man Umschreibungen oder substantivische Bildungen und Wortzusammensetzungen wie *Versatzbeleuchtung, -bohrer; Rück-, Luft-, Tapeten- oder Hintersetzer; Hinter-, Vorderbühne*[147]. Umgangssprachliche Verben werden durch Verbindungen mit Präfixen differenziert wie *anlesen, durchkomponieren, durchspielen, sich einspielen, herausarbeiten, überatmen, überschreien*[148].

Schließlich spielen in der Theaterfachsprache jargonhafte, also meist individuell geprägte Ausdrücke mit begrenzter Verbreitung und Lebensdauer eine größere Rolle. Ihre Position hängt eng mit der überragenden Bedeutung der Sprache für das Theaterleben zusammen: «Der jedem Künstler innewohnende spielerische Impuls richtet sich beim Darsteller folglich zuerst auf die Sprache; und so entstehen in gelockerter Probenatmosphäre oder unter dem stimulierenden Einfluß der Vorstellungsnervosität Wortspiele, sinnentstellende Verdrehungen und andere Wortwitze, die, einmal in Umlauf gebracht, eine erstaunliche Lebenskraft besitzen»[149].

Die beschriebenen Komponenten und der Öffentlichkeitscharakter des Theaters führten dazu, daß die Theaterfachsprache nicht – wie etwa Börsen- oder chemische Fachsprache – in erster Linie nur dem Fachmann verständlich ist. Vielmehr ist es nach den Beobachtungen von U. Mehlin aus dem Laien möglich, «einer fachlichen Diskussion zwischen Theaterleuten zu folgen, wenn er sich auch im einzelnen anders ausdrücken würde». Denn häufiger sind es «inhaltliche Schattierungen als frappierende Unterschiede»[150], die den theaterfachsprachlichen vom gemeinsprachlichen Ausdruck trennen.

Anmerkungen zu 5

1 Vgl. zu einigen Unterschieden beider Sprachrealisierungen allgemein etwa Hugo Steger, Gesprochene Sprache. Zu ihrer Typik und Terminologie. In: Satz und Wort im heutigen Deutsch. Düsseldorf 1967 (= Sprache der Gegenwart 1), S. 259–291; Barbara S. Wackernagel (Hrsg.), Aspekte der gesprochenen Sprache. Deskriptions- und Quantifizierungsprobleme. Eingel. von S. Grosse.

Göppingen 1973 (= Göppinger Arbeiten zur Germanistik 92).

2 Friedrich Kluge, Etymologisches Wörterbuch der deutschen Sprache. 20. Aufl. bearb. von W. Mitzka, Berlin 1967, S. 92 f.

3 Auszug aus dem Börsenbericht der «Badischen Zeitung», Freiburg/Br. (Nr. 275/28. 11. 1973, S. 6). Dieser Regionalzeitung wurden auch die folgenden Beispiele entnommen.

4 V. Arnold, Kritische Analyse des Sprachgebrauchs der Wirtschaftsjournalistik in Tageszeitungen – Vorschläge für eine Unterrichtseinheit der Sekundarstufe II. (366), S. 106.

5 Ebd., S. 107. Ähnliche Beobachtungen lassen sich auch für die englische und französische Börsensprache machen; Ph. Dominique, Vocabulaire boursier de la hausse et de la baisse. (155); Josef Pytelka, Die Metapher in der Sprache der englischen Börsenberichte. In: Lebende Sprachen 16. 1971, H.6, S. 161–164; Rudolf Sachs, Stock exchange report. In: Lebende Sprachen 17. 1972, H.4, S. 101–103.

6 Bei einer Untersuchung von mehr als 30 regionalen Tageszeitungen gaben «durchschnittlich 64% der Leser an, die Wirtschaftsseiten ungelesen überschlagen zu haben, bei einzelnen Zeitungen stieg dieser Prozentsatz sogar auf 77% bei den männlichen und 88% bei den weiblichen Lesern! In einer anderen, ähnlich angelegten Untersuchung, gaben durchschnittlich nur 2% bis höchstens 6% an, den Wirtschaftsteil ihrer Tageszeitung gründlich gelesen zu haben» (Peter Glotz / Wolfgang R. Langenbucher, Der mißachtete Leser. Zur Kritik der deutschen Presse. Köln/Berlin ³1970, S. 66).

7 Vgl. zu einer inhaltlichen und sprachlichen Kritik an der Wirtschaftsberichterstattung u. a. V. Arnold, Kritische Analyse des Sprachgebrauchs der Wirtschaftsjournalistik in Tageszeitungen. (366), S. 66 ff. und Klaus Peter Kisker, Public relations statt objektiver Berichterstattung. Wirtschaftsteil nur für Börsianer? In: Eckart Spoo (Hrsg.), Die Tabus der bundesdeutschen Presse. München ²1973, S. 47-63.

8 A. Zinsen, Sprache und Technik (433), S. 361

9 Etwa H. Ischreyt (422), L. Mackensen (425), E. Wüster (317).

10 Etwa von Jost Trier in seinem Aufsatz «Die Arbeit als Raum der Wortschöpfung», in: Festschr. d. Arb. gemeinschaft f. Forschung d. Landes Nordrhein-Westfalen. Köln u. Opladen 1955, S. 254–261, und L. Mackensen, Sprache und Technik. (427).

11 R. Pelka, Werkstückbenennungen in der Metallverarbeitung. (241), S. 11.

12 Ebd., S. 21.

13 Ebd.

14 Ebd., S. 21 f.

15 Ebd., S. 51.

16 Ebd., S. 13.

17 Ebd., S. 51 f.

18 Ebd., S. 53 f.

19 Vgl ebd., S. 110.

20 Ebd., S. 204.

21 Ebd., S. 118 f.

22 Ebd., S. 57.

23 C. Köhler, Zur Verwendung des Verbs in technischer Literatur – insbesondere bei der sprachlichen Realisierung von Zuordnungen. (105), S. 89. – Zur allgemeinen Charakteristik siehe auch Joachim Kappaun, Wesentliche Bestimmungsstücke der deutschen Fachsprache der Technik und ihre Berücksichtigung im Deutschunterricht für Ausländer. In: Glottodidactica 6. 1972, S. 113–123.

24 L. Mackensen, Technik in sprachlicher Funktion. In: Studium Generale 15. 1962, H1, S. 59–71, hier S. 64.

25 C. Köhler, Zur Verwendung des Verbs in technischer Literatur – insbesondere bei der sprachlichen Realisierung von Zuordnungen. (105), S. 89 f.

26 Vgl. R. Schütze, «Außenrund-Schnelleinstechschleifen» – Bemerkungen zu einem Wortbildungstyp in der Fachsprache der Technik. (122), S. 425.

27 W. Reinhardt, Produktive verbale Wortbildungstypen in der Fachsprache der Technik. (121), S. 186.

28 Ebd., S. 185.

29 C. Köhler, Satzgründende Verben und verbale Elemente in technisch-fachsprachlichen Texten. (104), S. 30.

30 Vgl. ebd., S. 34 f.

31 Vgl. O. Kienzle, Die Sprache in der Sicht des Ingenieurs. In: Muttersprache 1954, S. 324–343, hier S. 336.

32 Vgl. C. Köhler, Zur Verwendung des Verbs in technischer Literatur – insbesondere bei der sprachlichen Realisierung von Zuordnungen. (105), S. 90 f.

33 Siehe u. a. E. Beneš, Syntaktische Besonderheiten der deutschen wissenschaftlichen Fachsprache. (97).

34 L. Mackensen, Die deutsche Sprache in unserer Zeit. (424), S. 74 f.

35 Zur technischen Graduation siehe L. Mackensen, Muttersprachliche Leistungen der Technik. (425), S. 302–304.

36 Vgl. hierzu W. Reinhardt, Probleme der Wortbildung in der deutschen Fachsprache der Technik, dargestellt am Beispiel der sogenannten Partikelkompositionen. (120) und L. Mackensen, Die deutsche Sprache in unserer Zeit. (424), S. 75.

37 W. Mitzka, Deutsche Fischervolkskunde. Neumünster 1940, S. 2.
38 Vgl. zu dieser Auffassung Alfred Schirmer, Beseeltes Gerät. In: Muttersprache 1952, S. 158–162.
39 H.-R. Fluck, Arbeit und Gerät im Wortschatz der Fischer des Badischen Hanauerlandes. (168), S. 264.
40 Margarete Rassow, Fischersprache und Brauchtum im Lande zwischen dem Darss und der unteren Oder. Berlin 1958 (= Veröff. d. Inst. f. dt. Sprache u. Lit. d. Dt. Akademie d. Wissensch. zu Berlin, H.12), S. 187.
41 H.-R. Fluck, Arbeit und Gerät im Wortschatz der Fischer des Badischen Hanauerlandes. (168), S. 127.
42 Margarete Rassow, Fischersprache und Brauchtum im Lande zwischen dem Darss und der unteren Oder, a.a.O., S. 188.
43 Ebd.
44 Vgl. hierzu die wegweisende Arbeit von Adolf Hermann Ribi, Die Fischbenennungen des Unterseegebietes. Diss. Zürich. Rüschlikon 1942.
45 Th. H. v. Doorn, De Terminologie van Riviervissers in de twintigste Eeuw en de taalgeorgrafische Methode. In: F. M. Gelens/Th. H. van Doorn, Vaktalen. (173), S. 21 f. Ähnliche Unterscheidungen sind nach eigenen Erhebungen auch im Alemannischen üblich.
46 Vgl. u. a. Adolf Hermann Ribi, Die Fischbenennungen des Unterseegebietes, a.a.O.
47 Vgl. hierzu H.-R. Fluck, Arbeit und Gerät im Wortschatz der Fischer des Badischen Hanauerlandes. (168), bes. S. 484 ff. und die vorstehend genannten Arbeiten.
48 Vgl. zur Anpassungsfähigkeit des Terminus allgemein D. Möhn, Fach- und Gmeinsprache. (447), S. 335.
49 Vgl. H.-R. Fluck, Arbeit und Gerät im Wortschatz der Fischer des Badischen Hanauerlandes. (168), S. 284 ff. und 329 ff.
50 H. Wagner, Die deutsche Verwaltungssprache der Gegenwart. (275), S. 67.
51 Ebd., S. 68.
52 Ebd., S. 72.
53 Ebd., S. 76 f.
54 Beispiele nach H. Wagner, Die deutsche Verwaltungssprache der Gegenwart. (275), S. 94 ff.
55 Ebd., S. 97.
56 Ebd., S. 27.
57 Ebd., S. 115. Vgl. dagegen die differenzierte Darstellung bei L. Mackensen, Die deutsche Sprache in unserer Zeit. (424), S. 80 ff.
58 Die ungünstigen Auswirkungen solcher Texte auf Verhalten und Einstellung der Betroffenen gegenüber den Behörden sind inzwi-

schen auch von psychologischer Seite als Problem erkannt worden. Vgl. F. Schulz von Thun, Verständlichkeit von Informationstexten: Messung, Verbesserung, Validierung. In: Zeitschr. f. Sozialpsychologie 5. 1974, H.2, S. 124–132; ders. [u. a.], Überprüfung einer Theorie der Verständlichkeit anhand von Informationstexten des öffentlichen Lebens. In: Zeitschr. f. exp. u. angew. Psychologie 21. 1974, H.1, S. 162–179. – Auch die Beamten selbst sehen dieses Problem. Eine im Land Baden-Württemberg konstituierte Reformergruppe hat deshalb 1974 u. a. ein obligatorisches Sprachtraining für Verwaltungsangehörige vorgeschlagen, um eine bürgernahe, verständliche Amtssprache zu erreichen. Ihr Vorschlag enthält auch detaillierte Anregungen wie etwa den Gebrauch der «Ich»-Form in Behördenschreiben, wenn der Verfasser des Briefes die angesprochenen Vorgänge allein bearbeitet hat. Bestärkt in ihren Vorschlägen wurde die Arbeitsgruppe zur Reform der Verwaltung durch ein Schreiben der Niedersächsischen Gemeindeverwaltungsschule, in dem ein solches Sprachtraining gleichfalls für dringend notwendig erachtet wird (siehe den Bericht der Arbeitsgruppe «Innere Verwaltungsreform» über «Vorschläge für eine bürgerfreundliche und effektive Verwaltung», hrsg. vom Innenministerium Baden-Württemberg. Stuttgart 1974 [verv.]).

59 H. Wagner, Die deutsche Verwaltungssprache der Gegenwart. (275), S. 97.

60 Vgl. zu dieser Kritik die Rezension von Ernst-Günther Geyl, in: Muttersprache 84. 1974, H.1, S. 83 f.

61 Die Gegenüberstellung dieser und weiterer institutionalisierter Sprachbarrieren findet sich bei Bernhard Badura, Sprachbarrieren. Zur Soziologie der Kommunikation. Stuttgart-Bad Cannstatt 1971, S. 111 ff.

62 Walther Dieckmann, Sprache und Politik. Einführung in die Pragmatik und Semantik der politischen Sprache. Heidelberg 1969, S. 47.

63 Ebd.

64 Vgl. H. Ischreyt, Gibt es eine politische Fachsprache? (205), S. 250.

65 Ebd., S. 251 ff.

66 W. Dieckmann, Spache und Politik, a.a.O., S. 50.

67 Thea Schippan, Die Rolle der politischen und philosophischen Terminologie im Sprachgebrauch beider deutscher Staaten und ihre Beziehungen zum allgemeinen Wortschatz. In: Wiss. Zeitschr. d. Karl-Marx-Universität Leipzig. Ges.-Sprachw. Reihe 17. 1968, S. 177–183, hier S. 182.

68 H. Ischreyt, Gibt es eine politische Fachsprache? (205), S. 258.

69 Ebd., S. 259.

70 Deshalb werden von verschiedenen Institutionen für Parteimit-
glieder oder politisch tätige Personen Seminare zur Einführung
in Theorie und Praxis der politischen Rhetorik veranstaltet, z. B.
von der Theodor-Heuss-Akademie der Friedrich-Naumann-Stif-
tung, Gummersbach.

71 Vgl. hierzu die bereits mehrfach nachgedruckten Figuren politischer Rhetorik, die Hans D. Zimmermann, Die politische Rede.
Der Sprachgebrauch Bonner Politiker. Stuttgart 1969 (= Sprache und Literatur 59) zusammengestellt hat.

72 Vgl. W. Dieckmann, Sprache und Politik, a.a.O., S. 103 und die
Einzelstudie von Hans D. Zimmermann, Der allgemeine Barzel.
Zum politischen Sprachgebrauch. In: A. Rucktäschel (Hrsg.),
Sprache und Gesellschaft. München 1972, S. 115–138.

73 W. Dieckmann, Sprache und Politik, a.a.O., S. 103. Vgl. zu diesem Themenkomplex auch H. Abromeit, Das Politische in der
Werbung. Wahlwerbung und Wirtschaftswerbung in der Bundesrepublik. Opladen 1972 (= Schrift. z. polit. Wirtschafts- u. Ge-
sellschaftslehre, Bd. 3); K. J. Heller, Die Sprache der Parteienre-
klame. Die Sprache der Artikelwerbung. – Forschungsprojekte
für Schüler. In: Projekt Deutschunterricht. Bd. 2. Stuttgart 1972,
S. 60–80.

74 Den Diskussionsstand referiert Theodor Pelster, Sprache in der
Politik – Mittel der Täuschung oder Möglichkeit des Bewußt-
machens? In: Muttersprache 84. 1974, H. 1, S. 39–56; zur
schulischen Aufklärung siehe u. a. Hans Dieter Zimmermann,
Rede. In: E. Dingeldey / J. Vogt (Hrsg.), Kritische Stichwörter zum Deutschunterricht. München 1974, S. 302–311, bes. S.
308 ff.

75 E. Beneš, Nominalisierungstendenzen in der deutschen wissenschaftlichen Fachsprache. (96); Die sprachliche Kondensation
im heutigen deutschen Fachstil. (95); Syntaktische Besonderheiten der deutschen wissenschaftlichen Fachsprache. (97).

76 Etwa die «Nachrede» zu Hans Weigel, Die Leiden der jungen
Wörter. Zürich und München 1974, S. 176: «Das Buch institutio-
nalisiert die Prävalenz elitärer Sprachdynamik im Sinn pseudo-
antitotalitärer Konsumbedingtheit. Das dialektische Bezugssy-
stem marktimmanenten Fehlverhaltens wird auf Grund gesell-
schaftskonformer Relevanzlosigkeit in spätpluralistisch faschi-
stoide Scheingrammatik umfunktioniert. – Der Produzent des
Textes regrediert im Wirkfeld permissiver Modellmuster zur
repressiven Statusdiskrepanzverunheitlichung, thematisiert die
denkautonome Semantiklosigkeit wertneutraler Formanstöße,

klammert die formalisierbaren Strukturen postmanieristischer Bewußtseinskategorien aus und verteufelt die soziopsychischen Dominanzen reversibler Wortgewohnheiten. [...]»

77 Gegenwartssprache und Gesellschaft, hrsg. von U. Engel / O. Schwencke. Düsseldorf 1973, S. 7 [Vorwort].

78 K.-H. Körner, Das Problem der linguistischen Terminologie. (215), S. 36 ff.

79 Genannt sei nur eine neuere Arbeit: A. v. Stechow, $\varepsilon - \lambda$ – kontextfreie Sprachen. Ein Beitrag zu einer natürlichen formalen Semantik. In: Linguistische Berichte 34, 1974, S. 1–33.

80 K.-H. Körner, Das Problem der linguistischen Terminologie. (215), S. 40.

81 Ebd., S. 41.

82 Johannes Erben, Aufgaben der deutschen Philologie heute. In: Sprachkunst als Weltgestaltung. Festschrift f. H. Seidler. Salzburg/München 1966, S. 33.

83 K.-H. Körner, Das Problem der linguistischen Terminologie, (215), S. 41.

84 Ebd., S. 43.

85 Ebd., S. 44.

86 Genannt seien nur die zuletzt erschienenen Lexika von Werner Abraham, Terminologie zur neueren Linguistik. Tübingen 1974 (= Germanistische Arbeitshefte, Ergänzungsreihe 1) und Werner Welte, Moderne Linguistik: Terminologie/Bibliographie. 2 Bde. München 1974. – Eine Übersicht über zwei Jahrzehnte linguistischer Lexikographie geben E. F. K. Koerner, Glossaries of Linguistic Terminology, 1951–1971. In: Linguistische Berichte 18, 1972, S. 30–38 und, ergänzend dazu, R.R.K. Hartmann, More on Glossaries of Linguistic Terminology. In: Linguistische Berichte 21, 1972, S. 77–79. Vgl. auch H. Bußmann, Lexika der sprachwissenschaftlichen Terminologie. (347).

87 Über die Probleme der Auswahl und Anordnung linguistischer Wörterbücher, die bei der Herstellung anderer Fachwörterbücher in gleicher oder ähnlicher Weise bestehen, unterrichtet Dieter Kreuder, Lexika der modernen linguistischen Terminologie anläßlich des Erscheinens von W. Ulrichs ‹Wörterbuch – Linguistische Grundbegriffe›. In: Zeitschr. f. Dialektologie u. Linguistik 40. 1973, H.2, S. 175–184.

88 Vgl. W. Hornung, Die russische chemisch-technische Terminologie im Vergleich zur deutschen. (203), S. 3 f., 9 f. u. passim. Untersuchungen über die ‹technischen Register› der Sprache in Texten der Chemie werden zur Zeit in Nottingham (England) durchgeführt. Vgl. hierzu den Bericht des Projektleiters, in: Ger-

man Linguistics. Papers from the B.A.A.L. Seminar at Nottingham, March 1972. Hrsg. von R.R.K. Hartmann, Tübingen 1973, S. 219 ff.

89 R. Wolff, die Sprache der Chemie. (281), S. 123.

90 Siehe W. Hornung, Die russische chemisch-technische Terminologie im Vergleich zur deutschen. (203), S. 34 u. 68.

91 Ebd., S. 34.

92 Ebd., S. 68.

93 Ebd., S. 45; hier u. S. 36 f. auch grundsätzliche Ausführungen über die Grenzen der Internationalität.

94 Vgl. dazu u. a. R. Wolff, Die Sprache der Chemie. (281), S. 21. Für den Chemiker ist heute die «Genfer Nomenklatur» verbindlich, die von der Chemical Society entworfen wurde. Zur Klärung neu auftretender nomenklatorischer Fragen und zur weiteren Vereinheitlichung und Systematisierung hat die International Union of Pure and Applied Chemistry (IUPAC / Int. Union f. reine und angewandte Chemie) eine ständige Kommission eingerichtet. Vgl. D. Hellwinkel, Die systematische Nomenklatur der organischen Chemie. (297).

95 R. Wolff, Die Sprache der Chemie. (281), S. 139. Diesem Buch sind auch die voranstehenden Beispiele entnommen (S. 21 ff., 48 ff., 86, 133).

96 Ebd., S. 142.

97 Ebd., S. 143.

98 W. Hornung, Die russische chemisch-technische Terminologie im Vergleich zur deutschen. (203), S. 37.

99 Ebd., S. 9 f.

100 Vgl. Fritz Kempter, Untersuchungen zur präpositionalen Wortgruppe in der Sprache der Chemie und Physik (unter besonderer Berücksichtigung des Deutschunterrichts für Ausländer). Diss. Leipzig 1969 [Masch.], S. 19.

101 Ebd., S. 130.

102 C. F. von Weizsäcker, Die Sprache der Physik. In: Sprache und Wissenschaft. Vorträge gehalten auf der Tagung der Joachim-Jungius-Gesellschaft, Hamburg, am 29. u. 30. Okt. 1959, Göttingen 1960, S. 137–153, hier S. 138.

103 Vgl. H. Pausch, Anmerkungen zu Problemen und Strukturen der Wissenschaftssprache in der modernen Physik. (240), S. 420 und C. F. von Weizsäcker, Die Sprache der Physik, a.a.O., S. 144.

104 W. Rautenberg, Über den Sprachgebrauch in der Mathematik. (245), S. 732.

105 W. Heisenberg, Sprache und Wirklichkeit in der modernen Physik. In: Sprache und Wirklichkeit. München 1967, S. 20–43, hier S. 33 f.

106 Vgl. ebd., S. 42 und W. Gerlach, Die Sprache der Physik. (176), S. 64.

107 W. Gerlach, Die Sprache der Physik. (176), S. 21.

108 Ebd., S. 35.

109 Vgl. G. Terton, Zu Tendenzen in der wissenschaftlichen Begriffsbildung. (271), S. 1 u. 104.

110 Vgl. zu dieser Empfehlung und ihrer Begründung W. Heisenberg, Physik und Philosophie. Stuttgart 1959, S. 194 ff.

111 Vgl. zu dieser Problematik L. Drozd / W. Seibicke, Deutsche Fach- und Wissenschaftssprache. (45), S. 103.

112 H. Pausch, Anmerkungen zu Problemen und Strukturen der Wissenschaftssprache in der modernen Physik. (240), S. 422 f.

113 W. Gerlach, Die Sprache der Physik. (176), S. 27.

114 Ebd., S. 29.

115 H. Ischreyt, Die Sprache der Kernphysik und Kerntechnik. (206), S. 70.

116 Vgl. ebd., S. 72 und zum Laborslang W. Gerlach, Die Sprache der Physik. (176), S. 40.

117 H. Ischreyt, Die Sprache der Kernphysik und der Kerntechnik. (206), S. 65.

118 Vgl. hierzu auch C. Siefer, Die Sprache der Naturwissenschaft und der Technik im Unterricht der 10. Klasse. (412), S. 52.

119 So B. Leiber im Vorwort zu: R. Porep / W.-I. Steudel, Medizinische Terminologie. (403).

120 R. Porep / W.-I. Steudel, Medizinische Terminologie. (403), S. 59 f.

121 Vgl. Erich Theato, Sinn und Zweck terminologischer Arbeiten. (413), S. 161.

122 Vgl. zu dieser Entwicklung Gerhard Ahrens, Naturwissenschaftliches und medizinisches Latein. Leipzig ⁴1973, S. 5 ff. – U. a. liegen folgende Einführungen und programmierte Kurse vor: M. Michler / J. Benedum, Einführung in die medizinische Fachsprache. (401); R. Porep / W. – I. Steudel, Medizinische Terminologie Ein programmierter Kurs zur Einführung in die medizinische Fachsprache. (403); Werner Kümmel / Helmut Siefert, Kursus der medizinischen Terminoloie. Stuttgart/New York 1974; Le vocabulaire médical de base, hrsg. von Marie Bonvalot et l'equipe de programmation de l'O.I.P. 2 Bde., Paris 1972/74.

123 R. Siewert, Der Endobrachyoesophagus (Barett-Syndrom). In: Der Chirurg 45. 1974, H.6, S. 245–252, Zitat S. 247 f.

124 M. Michler / J. Benedum, Einführung in die medizinische Fachsprache. (401), S. 22.

125 Vgl. zu den verschiedenen Nomenklaturen Gerhard Ahrens, Naturwissenschaftliches und medizinisches Latein, a.a.O., S. 231 ff.

126 R. Porep / W.-I. Steudel, Medizinische Terminologie. (403), S. 16.
127 Ebd., S. 142.
128 Etwa Gerhard Ahrens, Naturwissenschaftliches und medizinisches Latein, a.a.O., S. 231 und DUDEN-Wörterbuch der medizinischen Fachausdrücke. Mannheim-Wien-Zürich-Stuttgart ²1973, S. X f.
129 Vgl. R. Porep / W.-I. Steudel, Medizinische Terminologie. (403), S. 20.
130 DUDEN-Wörterbuch der medizinischen Fachausdrücke, a.a.O., S. XIII.
131 H. Zeidler / A. Wittenborg, Die Wirbelsäule bei chronischer Polyarthritis. In: Der Internist 15. 1974, H.6, S. 297–303, Zitat S. 300.
132 R. Baumbach, Das Verb in deutschen medizinischen Lehrbüchern. (367), S. 15.
133 H. Wüsteneck, Bilinguale Äquivalenzbeziehungen im adverbalen Bereich der medizinischen Fachsprache. (111), S. 391. Beispiele S. 390.
134 Vgl. Paul Lüth, Sprechende und stumme Medizin. Über das Patienten-Arzt-Verhältnis. Frankfurt 1974, S. 31.
135 Ebd., S. 35 [nach L. v. Ferber].
136 R. Porep/W.–I. Steudel, Medizinische Terminologie. (403), S. 18.
137 Ebd., S. 6.
138 P. Lüth, Sprechende und stumme Medizin, a.a.O., S. 21.
139 Ebd., S. 23 f.
140 Ebd., S. 28.
141 Vgl. ebd., S. 78, 97 u. passim.
142 Beispiele aus U. H. Mehlin, Die Fachsprache des Theaters. (230), S. 252
143 Ebd., S. 12.
144 Vgl. hierzu und zu den Beispielen ebd., S. 479 ff.
145 Ebd., S. 494.
146 Vgl. zur spontanen Substantivierung ebd., S. 494, dessen Arbeit auch die hierhergehörenden Beispiele entnommen sind.
147 Vgl. ebd., S. 66 f.
148 Vgl. zur Präfigierung in der Theaterfachsprache, die auch in technischen Fachsprachen intensiv genutzt wird, ebd., S. 499.
149 Ebd., S. 11. Zu den Berufsjargonismen allgemein siehe u. a. E. Riesel, Stilistik der deutschen Sprache. Moskau ²1963, S. 109 f.
150 U. H. Mehlin, Die Fachsprache des Theaters. (230), S. 509.

6. Fachsprachliche Normung

In den vergangenen Jahrzehnten erwuchs auf vielen Gebieten, bedingt durch die zunehmende Anzahl von Arbeitstechniken, Arbeitsmaterialien, industriellen Erzeugnissen und der damit verbundenen Zunahme des fachsprachlichen Zeichenrepertoires, der Wunsch und die ökonomische Notwendigkeit, Normen zu setzen. Heute ist die Norm im technischen Bereich «Grundelement wirtschaftlichen Schaffens und Funktions-Element weltwirtschaftlichen Wirkens geworden»[1].

Normung bedeutet in diesem Sinne nicht allein und zuerst Sprachnormung, sondern vor allem Sach- und Verfahrensnormung wie sie uns in Güte-, Prüf- oder Abmessungsnormen täglich begegnen können: beim Kauf eines Tonbandgerätes oder Plattenspielers (HiFi-Norm), beim Erwerb von Schreibmaschinenpapier (DIN A 4 usw.), beim Auswechseln einer Glühbirne (Gewinde-Norm). Normen in allgemeinerem Sinne, verstanden als ordnende Prinzipien, sind allerdings nicht auf technische Bereiche beschränkt. Man spricht von Verhaltensnormen, Lebensnormen, Rechtsnormen, Normen des Denkens, um nur einige zu nennen[2]. In dieser Spannweite des Normenbegriffes findet die fachsprachliche Norm dort ihren Platz, wo es gilt, Begriffe einheitlich zu benennen, das heißt fachlich optimale, ökonomische Verständigung zu erreichen.

Mit Recht spricht man bei der Normung von Fachausdrücken deshalb heute nicht mehr von Sprachnormung, sondern – nach einem Vorschlag E. Wüsters, mit dessen Name die Normungsbewegung vor allem in technischen Fachsprachen verknüpft ist – von Terminologienormung[3]. Diese Bezeichnung schließt von vornherein aus, daß fachsprachliche Normung als allgemeine Sprachnormung, das heißt als willkürlicher Eingriff und Umorganisation der ‹natürlichen› Gemeinsprache im Hinblick auf eine künstliche, geplante Standardsprache oder auf eine Festlegung grammatischer Normen mißverstanden wird[4]. Eine solche Normung widerspricht nach H. Moser[5] dem Wesen natürlicher Sprache und ist deshalb – im Gegensatz zu einer zwischen Freiheit und Norm arbeitenden Sprachpflege – abzulehnen. Im fol-

genden meinen wir mit Normung der Sprache immer fachsprachliche Normung, Terminologienormung.

6.1. Bedeutung der Normung für die verschiedenen fachsprach-
lichen Bereiche

Fachsprachliche Normung im technischen Bereich ist im wesentlichen eine Erscheinung des 20. Jahrhunderts. Dagegen lassen sich im wissenschaftlichen Bereich sprachliche Normen, die
aus dem Bemühen um eindeutige Fixierung von Begriffsinhal-
ten geschaffen wurden, seit der Antike feststellen. Hier setzte
auch mit den Nomenklaturen-Vereinbarungen, etwa in der Medizin oder Chemie (vgl. Abschn. 5.7., 5.9.), früher als im technischen Bereich institutionelle Sprachlenkung ein.

In den Fachsprachen des Handwerks dagegen gibt es im allgemeinen keine institutionell gelenkte Normung; gewisse ver-
bindliche sprachliche Normen, aus arbeitsökonomischer Konvention entstanden, sind allerdings anzutreffen. Das Fehlen
normierender Benennungen dokumentieren für das Mittelalter
zum Beispiel die zahlreich vorhandenen Fischereiordnungen, in
denen anstelle normierter Benennungen von Geräten und Ar-
beitsweisen Haufenformeln eingesetzt wurden, um den gesetzli-
chen Bestimmungen Allgemeingültigkeit zu verleihen[6]. Die Not
des Gesetzgebers im Kampf mit Synonymen spielte innerhalb
der Fachsprachen des Handwerks selbst keine Rolle. Hier wurden und werden noch sprachliche Unregelmäßigkeiten ohne
Störungen des Kommunikations- und Arbeitsablaufes mitge-
führt. Wenn diese Fachsprachen dennoch voll funktionstüchtig
waren, so lag das in erster Linie daran, daß die fachsprachliche
Kommunikation im Bereich sinnlicher Wahrnehmung verblieb,
das jeweilige Fach sachlich begrenzt und das fachliche Zeichen-
repertoire nicht zu umfangreich war und keine räumliche Trennung zwischen Arbeitsplanung und Arbeitsausführung bestand[7]. Außerdem erfolgte die Erlernung des Berufs noch primär durch eigene Anschauung. Durch die veränderte Situation
in den Bereichen Produktion und Ausbildung ist heute in den
Fachsprachen des Handwerks die früher geringe Störanfällig-
keit nicht mehr gegeben und auch hier eine gewisse Kenntnis
und ein begrenzter Bestand sprachlicher Normen unabdingbar.

6.2. Aufgaben institutioneller Terminologienormung

Nach E. Wüster hat die Terminologienormung, deren Grundprobleme im Rahmen einer im Entstehen begriffenen und von E. Wüster proklamierten Grenzwissenschaft, der «Allgemeinen Terminologielehre»[8], gelöst werden sollen, zwei Aufgaben: «einerseits die Normung einzelner Benennungen und Terminologien, andererseits die Normung terminologischer Grundsätze»[9]. Diese Aufgaben gelten nicht nur im Bereich der Nationalsprachen, sondern auch im internationalen Bereich. Internationale Terminologienormung, die von beiden die wohl schwierigere darstellt, setzt nationale Terminologienormung voraus.

Während die erste von E. Wüster genannte Aufgabe seit Jahrhunderten – je nach Bedarf – von den verschiedensten Seiten in Angriff genommen wurde, ist die zweite Aufgabe der Terminologienormung, die Normung terminologischer Grundsätze, erst in den letzten Jahrzehnten in den Blickpunkt der Terminologen gerückt. Es wurde erkannt, daß es nicht genügt, störende Synonyme oder Homonyme aus den bestehenden Fachsprachen auszuschalten und die Bezeichnungen zu vereinheitlichen, sondern daß eine Terminologie nach Möglichkeit systematisch aufgebaut werden sollte. Zwar sind diesen terminologischen Grundsätzen verwandte Benennungsregeln seit Jahrzehnten bei Botanikern, Zoologen oder Chemikern üblich, in den technischen Fachsprachen – für die E. Wüster seinen Aufgabenkatalog in erster Linie schrieb – fehlten beide.

6.3. Stand der Terminologienormung

6.3.1. Nationale Normung

Nationale fachsprachliche Normung wird in allen Industrieländern betrieben. Bereits 1931 konnte E. Wüster in 29 Sprachgebieten der Erde zumindest Ansätze einer technischen Sprachnormung feststellen. Die unter Wüsters Leitung erarbeitete und 1955 veröffentlichte UNESCO-Bibliographie aller nationalen terminologischen Normen erfaßte ca. 1 500 Normen aus 36 Ländern, dazu 23 Veröffentlichungen über Terminologienormung[10].

Inzwischen ist die Entwicklung der Terminologienormung weiter fortgeschritten. Ihre Bedeutung dokumentiert sich in zahlreichen Fachwörterbüchern, die von den einzelnen nationalen Normungsträgern laufend veröffentlicht werden. Nationale Normungsträger sind staatliche Institute oder private Vereinigungen, die – je nach der Größe und dem technischen Entwicklungsstand der einzelnen Länder – umfangreiche Organisationsapparate bilden können. Allein die Geschäftsstelle der Britischen Normungsorganisation beschäftigt nach E. Wüster rund 300 Angestellte, die mit einer Vielzahl zumeist ehrenamtlich tätiger Sachverständiger zusammenarbeiten[11]. Und in der Sowjetunion besteht seit 1964 ein zentrales ‹Gesamtstaatliches Forschungsinstitut für technische Information, Klassifikation und Kodierung›, das für die Grundlegungs- und Normungsarbeit auf dem Gebiet der Dokumentation und Terminologie zuständig ist. Ihm sind über 300 Forschungsstellen angeschlossen[12].

6.3.2. Institutionelle Sprachnormung in Deutschland

6.3.2.1. Entwicklung und Geschichte

Die institutionelle Normung in Deutschland, die zunächst Sachnormung betrieb und sich dann auch fachsprachlicher Normung zuwandte, beginnt in Deutschland am 18. Mai 1917. An diesem Tag wurde der «Normalienausschuß für den allgemeinen Maschinenbau» begründet, in dem die damaligen technischen Behörden – unter Einschluß der Heeresverwaltung und des Reichsmarineamtes – sowie technische und privatwirtschaftliche Verbände repräsentiert waren. Die Patenschaft über den Normalienausschuß übernahm der Verein deutscher Ingenieure (VDI), der bis heute den Normungsinstitutionen freundschaftlich verbunden ist.

Der genannte Ausschuß wurde dann im Laufe der Zeit zum Normenausschuß der deutschen Industrie erweitert, der heute unter dem Namen «Deutscher Normenausschuß» (DNA) die nationale Normung betreibt. Ihm gehören 121 Fachnormenausschüsse und selbständige Arbeitsausschüsse mit etwa 2 000 Unterausschüssen und Arbeitskreisen an. Diese entwickeln auf ihren Fach- und Wissensgebieten DIN-Normen, nehmen an der internationalen Normungsarbeit teil und fördern die Einführung der Normen[23].

Einer von ihnen ist der Ausschuß «Terminologie», der erst seit 1953 besteht. In den Jahrzehnten zuvor wurde fachsprachliche, systematische Normung nicht in dem Maße betrieben wie heute. Der Wunsch nach einer Berücksichtigung der Sprache im Normungswesen bestand allerdings von Anfang an. Kurze Zeit nach der Gründung des DNA war ein «Ausschuß für Benennungen» eingesetzt worden, der eine vereinheitlichte und präzise Terminologie in den Normen schafen sollte.

6.3.2.2. Terminologiearbeit beim «Deutschen Normenausschuß»

Im heutigen Ausschuß «Terminologie» sind neben Fachleuten aus dem technisch-wissenschaftlichen Bereich vor allem Sprachwissenschaftler und Philosophen (Logiker) vertreten, auch aus Österreich und der Schweiz. Der Ausschuß hat im wissenschaftlich-theoretischen Bereich die Aufgabe, «zusätzlich zu den Benennungsgrundsätzen alle weiteren Regeln und Grundsätze [...], die man innerhalb und außerhalb des DNA benötigt, um die Terminologien der einzelnen Fach- und Wissensgebiete verbessern und lexikalisch richtig darstellen zu können [festzulegen]»[14]. Für die Praxis hat er die Aufgabe, die Begriffe für die innerdeutsche Normungsarbeit zu klären und die terminologische Arbeit der Fachausschüsse des DNA – der Ausschuß «Terminologie» bearbeitet selbst keine Fachterminologien – zu koordinieren.

Entsprechend diesem dreiteiligen Aufgabengebiet wurden drei Unterausschüsse eingerichtet: 1. Benennungsgrundsätze; 2. Lexikographische Grundsätze; 3. Normung und verwandte Begriffe[15].

6.3.2.3. Die Erarbeitung der Bennennungsgrundsätze DIN 2330

1960 konnte der DNA als erster unter den nationalen Normungsorganisationen die Normung terminologischer Grundsätze abschließen. Das Ergebnis der Zusammenarbeit aller interessierten Fachgebiete, einschließlich der Philosophie, wurde – selbst normativ – als DIN 2330 «Begriffe und Benennungen. Allgemeine Grundsätze» veröffentlicht.

Der Entwurf für diese Norm war im Jahr 1953 unter dem Titel «Normungstechnik; Begriffsbildung; Regeln» erstellt worden. Im Verlauf der Erarbeitung erwies sich jedoch die Materie als so schwierig, daß dieser Entwurf völlig umgestaltet und – unter seinem jetzigen Titel – 1957 zunächst als Vornorm erschien. Unter einer solchen Vornorm versteht man, nach den Vorbemerkungen dieser Veröffentlichung, «eine Norm, zu der noch Vorbehalte hinsichtlich der Anwendung bestehen oder die durch praktische Erfahrungen noch nicht genügend erhärtet scheint, um endgültig herausgegeben werden zu können. Sie wird aber zur Anwendung empfohlen, um weitere Erfahrungen sammeln zu können».

6.3.2.4. Bedeutung und Inhalt des Normblatts DIN 2330

Die Benennungsgrundsätze des Normblatts DIN 2330[16] basieren auf der Vorstellung, daß der Sprache als einem System von Benennungen ein System von Begriffen zugrundeliegt. Diesem Begriffssystem wird also ein Benennungssystem zugeordnet. Deshalb stehen der Begriff «Begriff», die Begriffsbildung und -ordnung sowie die Definition an erster Stelle der Grundsätze zur Terminologiearbeit.

Die Benennungsgrundsätze entsprechen damit weitgehend traditioneller wissenschaftlicher Denkweise und Methodik. Ihre grundlegenden Definitionen auf diesem Gebiet besitzen allerdings für die Wissenschaft keinen normativen Charakter, sondern sind nur als Orientierungshilfe für die praktische Terminologiearbeit vertretbar. Denn nur *eine* wissenschaftliche Methodologie, das heißt eine Blickrichtung, verhindert, daß die Welt universal erkannt werden kann[17].

Für die Autoren des Normblatts DIN 2330 ist der Begriff «eine Denkeinheit, in der Eigenschaften und Zusammenhänge von Gegenständen erfaßt sind»[18]. Ihr Inhalt wird durch Definition festgelegt. Der Begriff steht nicht für sich allein, «sondern immer in einem systematischen Zusammenhang mit anderen

Begriffen»[19]. Dabei sind Ober- und Unterbegriffe zu unterscheiden, die durch die Zahl ihrer relevanten Merkmale gekennzeichnet werden. Der Unterbegriff entsteht aus dem Oberbegriff und schränkt diesen durch zusätzliche Merkmale ein. DIN 2330 liefert dazu folgendes Beispiel (S. 2):

Stufe	Begriff	Einschränkendes Merkmal
Oberbegriff	Maschine	
1. Unterbegriff	*Werkzeug*maschine	Werkzeug (Wirkungsweise)
2. Unterbegriff	*Schleif*maschine	Schleifen (Bearbeitungsart)
3. Unterbegriff	*Gewinde*schleifmaschine	Gewinde (Form der Oberfläche)
4. Unterbegriff	*Trapez*gewindeschleifmaschine	Trapezgewinde (Form des Gewindes)

In diesem Beispiel wurden die Unterbegriffe durch eine Vermehrung der einschränkenden Merkmale gewonnen. Diese Begriffsbildung wird Begriffsleiter genannt.

Im Gegensatz zur Begriffsleiter, deren Aufbau durch die Subordination von Begriffsmerkmalen bestimmt ist, werden in der Begriffsreihe Variationen eines bestimmten Merkmales koordiniert. Zum Oberbegriff Werkzeugmaschine ergibt sich dann zum Beispiel folgende Begriffsreihe:

Schleifmaschine, Bohrmaschine, Fräsmaschine, Hobelmaschine, Sägemaschine[20].

Die vertikal angeordnete Begriffsleiter und die horizontal angelegte Begriffsreihe bilden die Grundlage für das Begriffssystem: «Begriffssysteme ergeben sich aus Begriffsleitern, in denen jede Stufe je nach dem Zusammenhang zu einer Begriffsreihe erweitert ist»[21]. Ein solches Begriffssystem läßt sich graphisch in Form eines Stammbaumes veranschaulichen. Diese Möglichkeit wird vor allem bei umfangreichen Begriffssystemen in technisch-wissenschaftlichen Veröffentlichungen genutzt:

Schaubild des Begriffssystems «Schalter» (nach A. Warner)[22]

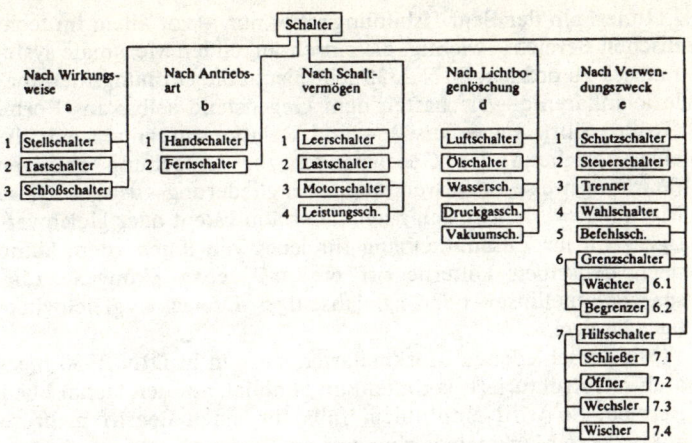

Um neue Begriffe zu bilden, bieten sich drei Möglichkeiten an:

1. Determination (der Ausgangsbegriff wird durch einen zweiten Begriff als zusätzliches Merkmal eingeschränkt)
   elektrisches Gerät
   Schaltgerät
   Schalter
   Grenzschalter

2. Konjunktion (hier werden die Inhalte der Gliedbegriffe in einem neuen Begriff vereinigt, der nächster gemeinsamer Unterbegriff ist).
   Ingenieur   *Übersetzer*
   Ingenieur-Übersetzer (Übersetzer-Ing.)

3. Disjunktion (dieses Verfahren vereinigt die Umfänge der Ausgangsbegriffe und bildet den nächsten gemeinsamen Oberbegriff. Es wird angewendet, um – wie etwa in den folgenden Beispielen – zu gleichgeordneten Ausgangsbegriffen einen neuen Oberbegriff zu finden).
           Rundfunk
   Ton-Rundfunk   *Fernseh-Rundfunk*[23]

117

Innerhalb der Begriffsbildung ist es nun – vor allem im technischen Bereich – wichtig, die einschränkenden Merkmale systematisch zu ordnen. DIN 2330 teilt hierzu die Ordnungsmerkmale in inhärente – sie haften dem Gegenstand selbst an (Form, Größe, Stoff, Farbe usw.) – und Relationsmerkmale ein, die eine Beziehung des Gegenstandes zur Umgebung anzeigen (Wirkungsweise, Verwendung, Eingliederung usw.). Diese Merkmale verhalten sich zueinander äquivalent oder gleichwertig, wenn ihr Zusammenhang für jedes von ihnen «dem Sinne nach denselben Unterbegriff ergibt»[24], etwa «konvexe Linse»/«Sammellinse» oder «gleichseitiges Dreieck»/«gleichwinkliges Dreieck».

Die verschiedenen Merkmalarten wurden in DIN 2330 hierarchisch strukturiert, vor allem im Hinblick auf den technischen Bereich. So wird empfohlen, falls für einen Begriff mehrere äquivalente Merkmale vorhanden sind, die inhärenten zu bevorzugen: «es ist zweckmäßiger, ein Kreissägeblatt zum Spalten von Holz durch das inhärente Merkmal ‹konisch› zu kennzeichnen (‹konisches Kreissägeblatt›) als durch das Anwendungsmerkmal ‹zum Spalten› (‹Spaltkreissägeblatt›). Denn den kegelförmigen Dünnschliff kann auch der erkennen, der gar nicht weiß, wozu er dient»[25].

Mit diesen in der beschriebenen Weise gebildeten und verwendeten Begriffen werden Gegenstände und Sachverhalte definiert, das heißt inhaltlich festgelegt. Diese definitorische Festlegung erfolgt mit Hilfe der Sprache, sie muß in Worte gefaßt werden. Da es jedoch zu unökonomisch und umständlich wäre, sich mit Hilfe von Definitionen zu verständigen, müssen die Definitionen oder Begriffsbestimmungen verkürzt ausgedrückt werden. Dazu kann die aus mindestens einem Wort oder einer Wortverbindung bestehende Benennung, also die Begriffsbezeichnung, oder das Zeichen (etwa in mathematischen Formeln oder chemischer Nomenklatur) dienen.

Benennungen stehen also für Begriffe von Gegenständen und Sachverhalten, die durch Merkmalskombinationen umfassend definiert sind. Die Definition eines Begriffes wird dabei nicht einfach zur Benennung gekürzt, – die Benennung ist keine Kurzdefinition von Begriffen, sondern sie kann – theoretisch – grundsätzlich beliebig benannt werden. In der Realität rekurriert man jedoch im allgemeinen auf den vorhandenen Begriffszusammenhang, um neue Benennungen abzuleiten. Das darf aber nicht dazu führen, daß Benennung und Begriff – wie A. Warner an Beispielen belegt[26] – identisch gesetzt werden. Denn die Bezeichnungsbeziehungen sind keine direkten Entsprechungen begrifflicher Zuordnungsbeziehungen, sondern sie ermöglichen nur deren Realisierung.

Hinweise für diese Realisierung geben die Benennungsregeln des Normblatts DIN 2330, die auf linguistischer Ebene nur die Lexik der Fachsprache berühren. Dabei werden folgende allgemeine Anforderungen an den fachsprachlichen Terminus gestellt: «Benennungen sollen sich nach Form und Inhalt zwanglos in das bestehende Gefüge der Sprache einordnen. Beim Bilden von Benennungen soll auch auf die internationale Angleichung der Begriffe und Benennungen Bedacht genommen werden.

Die Benennungen sollen sein:

klar

einfach

einprägsam

leicht aussprechbar

geeignet zum Bilden von Ableitungen»[27]

Um zu zeigen, wie solche Termini gebildet werden, beschreibt das Normblatt DIN 2330 mehrere, in der Praxis unterschiedlich genutzte Verfahren:

1. Ableitung *(Hobler, großstädtisch)*
2. Wortgruppenbildung *(Maschine zum Hobeln)*
3. Übernahme eines Wortes aus fremden Sprachen (z. B. *kracken*, aus engl. to crack ‹Verfahren zum Aufspalten von Kohlenwasserstoffen›)
4. Begriffsübertragung (*Knie* ‹Bezeichnung für ein Rohrleitungsstück, in dem sich die Strömungsrichtung ändert›)
5. Bildung von Kurzwörtern *(Pkw, Bus)*
6. Wortzusammensetzungen *(Glühlampe, Großstadt)*[28]

H. Ischreyt stellte für den technischen Spachbereich fest, daß unter diesen terminologischen Bildungsweisen nominale Komposita vorherrschen und Ableitungen weitgehend zur Nominalisierung von Verben benutzt werden. Metaphern sind als selbständige Termini nur wenig vertreten, spielen aber als Grundwörter in Zusammensetzungen eine bedeutende Rolle. Zahlreich sind Fremdwörter, deren Anteil jedoch fachspezifisch stark unterschiedlich ist. Abkürzungen sind dagegen in der genormten Terminologie, gemessen am Gesamtbestand, nur spärlich vertreten[29].

Um die Einheitlichkeit der Benennungen im Bereich der deutschen Sprache zu sichern, werden schließlich von DIN 2330 noch Empfehlungen zum Sprachgebrauch vorgelegt. In diesen Empfehlungen zeigt sich, daß das Normblatt nicht allein logische oder sprachwissenschaftliche Forderungen an die Fachleute richtet, sondern daß sich die Terminologiearbeit an praktischen Bedürfnissen orientiert hat[30]:

«Ein einmal einer Benennung zugeordneter Begriffsinhalt sollte nicht geändert werden»;

«Gebräuchliche Benennungen für Begriffe dürfen nicht in einem neuen Sinne für ein Teilgebiet in Anspruch genommen und so für den bisherigen Geltungsbereich in Frage gestellt werden»;

«Benennungen für Begriffe, die in einem Wissensgebiet genau definiert sind, denen also ein bestimmter Begriffsinhalt zugeordnet ist, dürfen auch in anderen Wissensgebieten nur in dem festgelegten Sinne benutzt werden»;

«Regionale Benennungsabweichungen zwischen verschiedenen Landesteilen oder Ländern gleicher Sprache sind möglichst zu vermeiden»;

«Benennungen, deren Verwendung in Gesetzen oder anderen *behördlichen* Vorschriften besonders geregelt sind, dürfen nicht in einem anderen als dem behördlich festgelegten Sinne verwendet werden, wenn beide Bedeutungen miteinander verwechselt werden könenn»;

«Benennungen, die für eine Firma als *Warenzeichen* oder für einen Verband als Verbandszeichen nach den Bestimmungen des Warenzeichengesetzes rechtlich geschützt sind, dürfen ohne Einwilligung der Schutzrechtinhaber nicht verwendet werden, soweit das Zeichen sich nicht bereits zu einer allgemein angewendeten Warenbezeichnung entwickelt hat und damit zu einem sogenannten Freizeichen geworden ist»[31].

Aus semantischer Sicht ist an den dargelegten Benennungsprinzipien der Gegensatz von Form- und Inhaltsseite bemerkenswert. Entsprechend der Begriffsbildung durch Begriffsreihen, Begriffsleitern usw. soll auch in der Sprache ein adäquates Zuordnungsprinzip durchgehalten werden. Das bedeutet, daß die Benennungen unter dem Primat der Motiviertheit gebildet werden. Diese kann in der wirtschaftlichen Praxis eine Rolle spielen, wenn ein Fachterminus etwa gegenüber Kunden verwendet wird, die die begriffliche Vorstellung nicht oder nicht genügend kennen (*Büroleuchte* usw.). Auf der anderen Seite lassen sich nicht alle Termini in einer natürlichen Sprache derart motivieren, daß sie formalsprachlichen Charakter erhalten und selbstdeutig werden. Denn eine Wortzusammensetzung zum Beispiel ist mehr als die Summe der Wortglieder. Diese Schwierigkeiten hängen mit der Einbettung der Fachsprachen in die Semantik der natürlichen Sprache zusammen, ein Aspekt, der bei der Beurteilung der Benennungsgrundsätze nicht unberücksichtigt bleiben sollte.

6.4. Praxis sprachlicher Normung

Nachdem wir auf Wesenselemente terminologischer Grundsätze – Begriffe, Definitionen und Benennungen – eingegangen sind, soll im folgenden Abschnitt von der lexikographischen Normungsarbeit berichtet und die Praxis sprachlicher Normung gezeigt werden.

Das Normblatt DIN 2330 enthält allgemeine Grundsätze der Benennung von Begriffen. In der praktischen Terminologiearbeit ist es außerdem wichtig, daß man für die einzelnen Wortbildungsweisen konkrete Angaben über ihre Verwendungsmöglichkeit besitzt, um die Bearbeitung einer Terminologie effizient in Angriff nehmen zu können. Dieser Notwendigkeit tragen die VDI-Richtlinien Rechnung, die innnerhalb der Hauptgruppe ‹Mensch und Technik› im Verein Deutscher Ingenieure (VDI) vom Ausschuß ‹Sprache und Technik› erarbeitet und herausgeben werden.

Neben einer jeweils kurzen Darstellung des gemeinsprachlichen Wort- oder Wortbildungsgebrauchs geben diese Richtlinien allgemeine Empfehlungen für die Fachsprachen des technischen Bereichs und Hinweise auf besondere Anwendungsmöglichkeiten terminologischer Mittel innerhalb der technischen Fachsprachen. Dabei steht eine fachsprachliche Präzisierung durch konventionale semantische Fixierung der Wortbildungsmittel im Vordergrund, das heißt unter weitgehendem Ausschluß gemeinsprachlich oft vorhandener Nebenbedeutungen werden fachsprachliche Verwendungsweisen festgelegt. Die VDI-Richtlinie 2270 «Adjektivbildungen mit ... los und ... frei» empfiehlt etwa die Verwendung von Adjektivbildungen mit -los aus einem Substantiv dann, wenn die Abwesenheit von Gegenständen oder Stoffen «ohne Wertung sachlich festgestellt» werden soll:

drahtlos, fettlos, nietlos, spanlos usw.
Die Kraft wird riemenlos übertragen[32].

Soll die Abwesenheit von Stoffen oder Gegenständen hingegen nicht wertneutral ausgedrückt werden, sondern als wünschenswert erscheinen, ist nach den VDI-Richtlinien Adjektivbildungen mit -*frei* der Vorzug zu geben: *arsenfrei, chromfrei, säurefrei, spritznebelfrei* usw.

Kann die 100% Abwesenheit nicht eindeutig festgestellt werden oder soll sie betont werden, empfehlen die Richtlinien Zusätze wie *praktisch eisenfrei* (statt: eisenfrei) oder *völlig säurefrei* (statt: säurefrei). Wenn entgegen dem Wortsinn der Suffixbildungen mit -*los* und -*frei* keine völlige, sondern nur eine teilweise Abwesenheit von Gegenständen (Stoffen) vorliegt, wird empfohlen, das Suffix -*arm* einzusetzen: *eisenarm* (statt: eisenfrei), *wasserarm* (statt: wasserfrei, etwa bei Lebensmitteln).

Bei der Betonung des Gegensatzes in bezug auf die Abwesenheit von Gegenständen, Stoffen oder Eigenschaften wird zu Verbindungen mit *un-* und *nicht-* geraten: *unbiegsam, undicht, unrund; nichtleitend, nichtkenternd, nichtoxydierend*. Gewarnt wird in der VDI-Richtlinie 2270 vor Ableitungen eines Adjektivs mit -*los* oder -*frei* von Verben, da diese Wortbildungen durch ihre multivalenten Bezugsmöglichkeiten mehrdeutig sind: «Bei der Bildung ‹störfrei› im technischen Bezug bleibt unklar, ob das so bezeichnete Gerät ohne Störungen arbeitet oder ob es im Nachbarbereich seines Standortes nicht stört. Im ersten Falle ist eine substantivische Bildung vorzuziehen: störungsfrei = frei von Störungen. Um hingegen anzugeben, daß das Gerät nicht stört, ist eine Verbindung mit ‹nicht› zu empfehlen: nicht störend = keine Störung bewirkend»[33].

An diesen Beispielen zeigt sich noch einmal deutlich die Bedeutung der Systemhaftigkeit innerhalb einer Terminologie. Sie kann allerdings nur dann zur Präzision beitragen, wenn sie konsequent beachtet wird.

Weitere Richtlinien des VDI behandeln «Wörter auf -ung»,

«Adjektivbildungen mit -bar, -haft, -lich und -sam», «Der Bindestrich», «Verben auf -ieren, -isieren und -fizieren», «Wörter auf -er», «Vorsilben mit be-, ent-, er-, ge-, miß-, ver- und zer-» sowie «Erweiterte Verben». Die letzten beiden Richtlinen sind besonders beachtenswert. Die darin enthaltenen Empfehlungen weichen – im Hinblick auf die fachsprachliche Syntax – am weitesten von der gemeinsprachlichen Norm ab und weisen außerdem auf als typisch erkannte, auffällige fachsprachliche Wortbildungsmittel hin wie zum Beispiel auf die Tendenz zur Konjugation von Verben mit Substantiven als Bestimmungswörter (*flammspritzen – ich flammspritze; funksteuern – er funksteuert; sandstrahlen – er sandstrahlt* usw.), auf die Tendenz zur Zusammensetzung von Verben mit Verben (*durchlaufglühen, spritzgießen, stülpziehen, wirbelsintern* usw.) oder auf den eigenartigen Gebrauch von Vorsilben. Ihre Bedeutungen werden in der VDI-Richtlinie 2276 «Zuordnung von Vorsilben und ihren Bedeutungen»[34] tabellarisch folgendermaßen festgelegt:

Tafel 1. Zuordnung von Vorsilben und ihren Bedeutungen

Bedeutung der Vorsilben	Vorsilbe						
	be-	ent-	er-	ge-	miß-	ver-	zer-
1. ein Vorgang beginnt oder verläuft		x	x				
2. ein Vorgang oder Zustand wird vermieden oder aufgehoben		x					
3. etwas wird verbraucht oder zerstört oder verschwindet				•		x	x
4. ein Zustand wird geändert				x		x	
5. etwas wird verbunden oder verschlossen						x	
6. etwas wird mit etwas versehen oder überzogen	x					x	
7. etwas wird getrennt, gesondert oder ersetzt		x				x	x
8. etwas wird oder ist vollständig getan oder vollendet	x	x	x			x	
9. eine Aussage wird verstärkt oder auf eine andere Sache bezogen	x					x	
10. etwas ist oder wird fehlerhaft ausgeführt					x	x	

6.5. Zur Entstehung einer Norm und ihrer Verbindlichkeitserklärung

Die Erarbeitung einer Norm erfolgt durch den jeweils zuständigen Fachausschuß der Normenorganisation in Verbindung mit den interessierten und betroffenen Kreisen. Zuerst erarbeitet der Ausschuß einen Entwurf, der durch eine Innere Prüfstelle des DNA vorgeprüft wird. Dann wird dieser Entwurf an die Normblattbezieher zur Stellungsnahme übersandt. Nach Ablauf einer Einspruchsfrist erhält der Entwurf, unter Berücksichtigung der Einsprüche und Verbesserungsvorschläge, seine endgültige Fassung und wird der Normenprüfstelle zugleitet. Diese Stelle trägt die Verantwortung, «daß alle DIN-Normen die Grenzen einer sinnvollen Normung einhalten, daß die Abhängigkeit der Normen untereinander berücksichtigt wird und daß die DIN-Normen in ihrem inneren Aufbau und ihrer äußeren Form einwandfrei, eindeutig, einheitlich und verständlich sind»[35].

Mit ihrer Veröffentlichung durch den DNA erhält die Norm empfehlenden Charakter, besitzt aber keine juristische Verbindlichkeit. Es sind die einzelnen Betriebe und Institutionen, die dann der Empfehlung in ihrem Bereich durch Erlaß Gültigkeit verschaffen. Durch das Ineinandergreifen der Normung auf vielen Gebieten und ihre ökonomischen Vorteile schließt sich von der Verbindlichkeitserklärung im allgemeinen niemand aus. Bei besonders wichtigen Normen können diese auch durch staatliche Anordnung oder durch Gesetz für allgemeinverbindlich erklärt werden, – ein Verfahren, das im deutschen Normenwesen in den Jahren 1933–1945 die Regel bildete[36].

DIN-Normen besitzen auch über den nationalen Rahmen hinaus Bedeutung. Internationalen Angeboten und Lieferverträgen liegen diese Normen zugrunde. Deshalb hat der DNA Übersetzungen wichtiger Normen ins Englische, Französische und Spanische anfertigen lassen, um die internationale Verständigung zu erleichtern und Mißverständnisse auszuschließen. Ein Blick auf die Normblatt-Titel in den verschiedenen Sprachen genügt, um die Notwendigkeit solcher Übersetzungen einzusehen:

»DIN 462   Machine tools; internal tab washers for slotted round nuts for hook spanner according to DIN 1804 (Werkzeugmaschinen; Sicherungsbleche mit Innennase, für Nutmuttern nach DIN 1804).

DIN 661   Remaches de cabeza gota de sebo, díametro 1,7 hasta 8 mm (Linsenniete, 1,7 bis 8 mm Durchmesser)«[37].

Von Zeit zu Zeit werden die Normen entsprechend den theoretischen Erkenntnissen und praktischen Bedürfnissen neubearbeitet, geändert oder ergänzt. Verfahren wird dabei meist wie bei der grundsätzlichen Erarbeitung einer Norm.

6.6. Internationale Sprachnormung

Die Notwendigkeit internationaler Sprachnormung, erwachsen aus der zunehmenden internationalen Verflechtung von Wissenschaft, Wirtschaft und Technik, ist heute unbestritten. Deshalb haben sich zahlreiche Länder in Organisationen zusammengeschlossen, die sich um die internationale Angleichung fachsprachlicher Terminologien bemühen.

6.6.1. Geschichte und Entwicklung

Zu den ersten Arbeiten auf dem Gebiet der internationalen Sprachnormung zählt die Festlegung der medizinischen und chemischen Nomenklaturen. Bei beiden bilden griechische und lateinische Wortelemente die terminologiesprachliche Basis. In vieler Hinsicht handelt es sich bei diesen Nomenklaturen um Teile einer Kunst- oder Plansprache, die gewisse (lexikalische, morphologische) Kenntnisse der zugrundeliegenden Sprachen voraussetzen. Ihre Entstehung reicht ins 18./19. Jahrhundert zurück (vgl. Kap. 5.7; 5.9).

Von der Erstellung der Nomenklaturen war der Schritt nicht weit zur Forderung, anstelle internationaler Angleichungen der Terminologien auf lateinisch-griechischer Grundlage dieser Aufgabe eine Hilfssprache wie Esperanto dienlich zu machen[38]. Denn gegen die allgemeine Verwendung einer Nationalsprache auf fachlichem Gebiet wie Deutsch, Englisch oder Russisch bestanden zu starke, teilweise linguistisch begründete Ressentiments. Heute hat man sich daraufhin geeinigt, daß die internationale fachliche Verständigung durch gemeinsame Benennungsprinzipien und Angleichung der nationalen Terminologien sowie durch die Erstellung von Begriffswörterbüchern gewährleistet werden soll.

Über einen beachtlichen Vorschlag zur einheitlichen Benennung physikalischer Größen mit Hilfe griechischer Wortstämme für die Sprachen Englisch, International (Esperanto, Ido), Französisch, Italienisch, Spanisch, Portugiesisch, Deutsch und Russisch hat A. Warner berichtet[39]. Entsprechend dem medizinischen Sprachgebrauch systematisieren die Autoren dieses Vorschlages dabei die semantische Fixierung der Suffixe zur Kennzeichnung bezogener physikalischer Größen nach folgendem Schema:

-*ent* : auf die Länge bezogen
-*age* : auf die Fläche bezogen
-*um* : auf den Rauminhalt bezogen
-*ity* : passive Eigenschaft eines Stoffes (Stoffkonstante)
-*ance* : passive Eigenschaft eines Gegenstandes

Die folgenden Beispiele für die einzelnen Ableitungssilben und ihren Gebrauch in den Sprachen deutsch, englisch und italienisch haben wir die Darstellung dieses Vorschlages bei A. Warner entnommen[40]. Sie zeigen Möglichkeiten bei der Benennung bezogener physikalischer Größen und weisen auf die beginnende internationale Angleichung hin.

Jetzige Benennung	Vorgeschlagene Benennung			Griech. Wortherkunft
	Deutsch	Englisch	Italienisch	
Linienladung	Elektrosent	electrosent	elettrosento	⎫
Oberflächenladungsdichte	Elektrosag	electrosage	elettrosaggio	[élektros] ‹Bernstein›
Raumladungsdichte	Elektrosum	electrosum	elettrosumo	⎭
spezifische Wärmekapazität	Thermitivität	thermitivity	termitività	[thermós] ‹Hitze›
Ausstrahlungsvermögen	Thalpanz	thalpance	talpanza	[thálpos] ‹Wärme›

6.6.1.1. Nationalsprachen als internationales Verständigungsmittel

Die Verwendung einer bestimmten Nationalsprache als internationales Verständigungsmittel wird heute generell abgelehnt. Zum einen aus politischen Erwägungen und Prestigegründen, zum anderen aus der Einsicht in die Notwendigkeit der Rückbindung einer Fachsprache an die Muttersprache.

Eine Ausnahme bildet die Fliegersprache, die sich vor allem im Verkehr zwischen Kontrollturm (engl. *tower*) und Pilot standardisierter englischer Fachtermini und Fachwendungen bedient. Bei der Auswahl der gängigen Phraseologie wurde jedoch darauf Rücksicht genommen, daß auch Angehörige entfernter Nationalsprachen wie Japaner oder Siamesen diese leicht aussprechen können. Hauptgrund für die Einigung auf eine Fachsprache mit nationalsprachlicher Basis im Luftverkehr waren die Bedürfnisse nach Sicherheit und Leistungsfähigkeit. Denn ohne eine wirklich internationale Fachsprache wäre Luftverkehr im heutigen Ausmaß nicht zu gewährleisten. Deshalb kommt auch der offiziell eingeräumten Möglichkeit, Nationalsprachen im Luftverkehr zu verwenden, nur formelle Bedeutung zu[41].

Zu den fachsprachlichen Grundsätzen der Internationalen Ziviluftfahrt, die in den International Standards/Annex 10 festgelegt sind, zählen neben dem Faktum der englischen Sprachbasis noch die Forderungen nach einwandfreier Übertragbarkeit (Redundanz), klarer Unterscheidung zwischen bejahenden und verneinenden Mitteilungen (eigener Wortkörper), Beibehaltung eingebürgerter, phonetisch geeigneter Termini und Wendungen aus anderen Nationalsprachen und schließlich die Forderung nach Kürze, die jedoch nicht auf Kosten der Präzision gehen darf.

Zwei Beispiele sollen die Intention dieser Grundsätze verdeutlichen. Die lautschwachen Partikel engl. *yes* und *no* wurden für die Fachsprache abgelehnt und durch die Opposition *affirmative/negative* ersetzt. Ferner wurde die ‹natürliche› Opposition von engl. *ascend/descend* zur Opposition *climb* [klaim]*/descend* verändert. Ob derartige Mängel der natürlichen Sprache eine generelle Umstellung der Fliegersprache auf eine Plansprache, wie sie A. Warner in Erwägung zieht[42], rechtfertigen, kann hier nicht erörtert werden. Denn bevor eine Umstellung diskussionswürdig ist, müßte zunächst einmal die bessere Alternative vorliegen. Sie ist aber noch nicht in Sicht.

6.6.2. Internationale Normungsorganisationen und ihre Arbeit

Die Förderung und Entwicklung der internationalen Sprachnormung, vor allem im technischen Bereich, betreibt heute die Internationale Normungsorganisation ISO (International Organization for Standardization), in der sich die nationalen Normungsorganisationen zusammengeschlossen haben. Für die Terminologienormung zuständig ist das ‹Technische Komitee› der ISO: ISO/TC 37 ‹Terminologie (Grundsätze und Koordination)›. Ihm gehören (1972) 43 Länder und 35 internationale Organisationen an. Das Sekretariat führt der Österreichische Normenausschuß (ÖNA) unter Leitung von Eugen Wüster.

Das ‹Technische Komitee› der ISO hat inzwischen mehrere Empfehlungen veröffentlicht, darunter als eine der ersten die ISO-Empfehlung zur Terminologiebearbeitung (ISO-Recommendation R 704 – Naming Principles. 1 ed. 1968). Wie die Benennungsgrundsätze des DNA bauen diese ISO-Empfehlungen auf der Wüsterschen Terminologielehre auf, das heißt sie basieren auf der Zuordnung von Benennungen zu festen Begriffssystemen. Als grundlegendes Wortbildungsprinzip gilt die regelmäßige morphologische Motivation. Mit ihrer Hilfe werden Benennungsstrukturen aufgebaut, die den zugrundeliegenden Begriffsbeziehungen optimal entsprechen und alogische Termini möglichst ausschließen sollen[43].

Außer dieser ISO-Empfehlung (Benennungsgrundsätze allgemein und Internationale Angleichung von Fachbegriffen und Benennungen) hat die Internationale Normenorganisation Empfehlungen für die Ausarbeitung und Gestaltung von Fachwörterbüchern als Definitions- und Begriffswörterbücher veröffentlicht[44]. Neu hinzugekommen ist in den letzten Jahren die Ausweitung des Arbeitsbereiches auf Phraseologien[45].

Im Vordergrund des Aufgabenbereiches der ISO steht jedoch nicht die internationale Normung schlechthin, sondern es geht in der Terminologiearbeit der ISO – weil Fachtermini nicht gleichzeitig in mehreren Sprachen fixiert werden können – zunächst vorwiegend um die Koordination nationalsprachlicher Normungswerke und Normungsprojekte. Eine nahezu 100prozentige Internationalisierung könnte heute allenfalls auf dem Gebiet der Zeichen erreicht werden (mathematische Zeichen, Hör-, Sicht-, Tastzeichen usw.). Zur Erreichung dieses Zieles sollte bei der Aufstellung eines Zeichenkataloges aus den bereits vorhandenen nationalen und internationalen Zeichen jeweils dasjenige ausgewählt werden, «das die größte internationale Merkhilfe aufweist»[46].

Neben der Angleichung der Begriffe und Begriffssysteme

richtet sich die Arbeit der ISO in erster Linie auf die internationale Angleichung der Benennungen, also auf die semantische Seite des Wortes. Daneben wird auch die formalsprachliche Seite, das heißt Lautung und Schreibung, in die Bemühungen um eine internationale Angleichung der Benennungen einbezogen. Die Aufgabe der internationalen Terminologienormung läßt sich demnach mit E. Wüster als «Angleichung der nationalen Begriffe, Sinnformen und Schreibformen»[47] konkretisieren. Sinnfälligen Ausdruck finden die Bestrebungen um eine solche Angleichung in den neueren Fachwörterbüchern, zum Beispiel im Definitions- und Bildwörterbuch über Werkzeugmaschinen (Hrsg. ECE/UNESCO). Aus seinem Manuskript bringt E. Wüster ein Beispiel, das vor allem die Berücksichtigung nationalsprachlicher Normen in diesem Wörterbuch zeigt[48]:

```
ECE  VT  1. 762                    UDC 621.886.6  f3
=2 hollow saddle key BS: A taper key (775) fitting a
   keyway (771) in the hub (221), the bottom of the
   key being formed to fit the cylindrical surface of
   the shaft (268) BS. - (BS 46:Part 1:1929 no.9 /
   idem)
=4 clavette inclinée creuse sans talon NBN, clavette
   creuse à serrage VSM: Clavette inclinée (775)
   qui s'introduit sans une rainure (voir 771) du
   moyeu, la face inférieure de la clavette étant
   formée creuse pour s'ajuster sur la surface
   cylindrique de l'arbre (268) ≅BS. - (NBN 66, 1951
   p.1; VSM 15 110a F.1, 1939 / i≅2)
```

NBN

7. 5. 52
WJ/Kom +

(NBN 66, 1951
p 1)

Die in dieser Wortstelle vorkommenden Normensymbole haben folgende Bedeutung:

BS	=	British Standard
NBN	=	Norme belge
VSM	=	Vereinigung Schweizerischer Maschinenindustrieller, d. h. Schweizerische Norm.

Außer der ISO fördert die UNESCO die Auseinandersetzung mit fachsprachlichen Problemen auf internationaler Ebene. Ergebnisse dieser Förderung sind zum Beispiel neuartige, mehrsprachige Wörterbücher – wie das oben genannte – oder die Veröffentlichung *Scientific and technical translating and other aspects of the language problem*. Paris 1957. Beim Österreichischen Normungsinstitut, Wien, hat die UNESCO 1971 das «International Information Centre for Terminology» (Infoterm) errichtet.

Neben ISO und UNESCO arbeiten ferner Organisationen der einzelnen Weltwirtschaftsblöcke wie EWG oder COMECON an einer Vereinheitlichung und Angleichung der jeweiligen Fachterminologien, insbesondere auf dem von der ISO vernachlässigten Gebiet der Wirtschaft und des Rechtswesens[49]. Eine ‹Kommission› für Terminologie und Lexikographie› hat 1970 auch die Internationale Vereinigung für Angewandte Sprachwissenschaft (AILA / Association Internationale de Linguistique Appliquée) eingesetzt[50] und damit die Bedeutung terminologischer Arbeit im fachsprachlichen Rahmen unterstrichen.

Mit der Schaffung eines internationalen normativ-linguistischen Instrumentariums werden die kommunikativen Möglichkeiten für die Experten erweitert und die internationale fachliche Verständigung wesentlich erleichtert. Und dem Außenstehenden kann durch eine Internationalisierung der Terminologie der Zugang zu einzelnen Fachgebieten erleichtert werden. Nicht absehen läßt sich zur Zeit, ob über die Einführung und den Gebrauch ‹wissenschaftlicher Weltwörter›[51] hinaus einmal regelrechte Plansprachen die internationale Verständigung auf wissenschaftlich-technischem Gebiet bestimmen können. Immerhin deutet die Beschäftigung zahlreicher Forscher mit diesem neu entdeckten Arbeitsgebiet darauf hin, daß auch für die Fachsprachen praxisrelevante Ergebnisse zu erwarten sind[52].

Anmerkungen zu 6

1 Fünfzig Jahre Deutscher Normenausschuß. Hrsg. vom DNA. Berlin 1967, [Vorwort] S. 5.
2 Vgl. zum Wesen der Normung H. Ischreyt, Studien zum Verhältnis von Sprache und Technik. (422), S. 14 ff.
3 Siehe E. Wüster, Technische Sprachnormung. Aufgaben und Stand. (319), S. 51.
4 Vgl. zu diesem Begriff der Sprachnormung Hugo Steger, Sprachnorm, Grammatik und technische Welt. In: Sprache im technischen Zeitalter 3, 1962, S. 183–198. Zur Sprachplanung siehe

u. a. V. Tauli, The Theory of Language Planning. In: Advances in Language Planning, ed. by J. A. Fishman. The Hague 1973, und Joan Rubin / Bjorn Jernudd (Hrsg.), Can Language be Planned? Honolulu 1971.

5 Vgl. H. Moser, Sprache – Freiheit oder Lenkung. (307).

6 Vgl. hierzu u. a. Peter Dalcher, Die Fischereiterminologie im Urkundenbuch von Stadt und Amt Zug 1352 bis 1528. Frauenfeld 1957 (= Beitr. z. schweizerdt. Mundartforschung, Bd. 7), S. 179 f.

7 Dieser Aspekt wird u. a. von Ulrich Ammon, Probleme der Soziolinguistik. Tübingen 1973 (= Germanistische Arbeitshefte 15), S. 84 hervorgehoben.

8 Vgl. hierzu Wüsters grundlegenden Aufsatz: Die Allgemeine Terminologielehre – ein Grenzgebiet zwischen Sprachwissenschaft, Logik, Ontologie, Informatik und den Sachwissenschaften. (315). Mit dieser neuen Wissenschaft beschäftigt sich ferner Lubomir Drozd, Zum Gegenstand und zur Methode der Terminologielehre. (291).

9 E. Wüster, Technische Sprachnormung. Aufgaben und Stand. (319), S. 51.

10 Vgl. ebd., S. 52.

11 Ebd., S. 51.

12 Vgl. E. Wüster, Internationale Sprachnormung in der Technik. Besonders in der Elektrotechnik. (317) [3]1970, S. 435 f.

13 Vgl. hierzu und zur Entwicklung der Normungsarbeit allgemein: Fünfzig Jahre Deutscher Normenausschuß, a.a.O., bes. S. 23 ff.

14 Ebd., S. 105.

15 Vgl. zur Aufteilung des Arbeitsgebietes E. Wüster, Wie die ISO-Empfehlung ‹Benennungsgrundsätze› entstanden ist. (318), S. 177 f. und Fünfzig Jahre Deutscher Normenausschuß, a.a.O., S. 105.

16 DIN 2330 – Begriffe und Benennungen. Allgemeine Grundsätze. Berlin-Köln: Beuth-Vertrieb Juli 1971. Eine Neubearbeitung wurde im April 1973 als Norm-Entwurf vorgelegt.

17 Vgl. zur Pluralität wissenschaftlicher Methodologie H. Ischreyt, Studien zum Verhältnis von Sprache und Technik. (422), S. 158.

18 DIN 2330, a.a.O., S. 2.

19 Ebd.

20 Ebd.

21 Ebd., S. 3. Ferner unterscheidet DIN 2330 Bestandsleitern und Bestandsreihen, die durch Unterteilen bzw. Zergliedern eines Ganzen in immer kleinere, untereinander gleichartige Teile (Bestandsleiter) bzw. verschiedenartige Teile (Bestandsreihe) entstehen (vgl. ebd.).

22 Das Schaubild wurde entnommen: A. Warner, Internationale Angleichung fachsprachlicher Wendungen der Elektrotechnik. (314), S. 11.

23 Beispiele ebd., S. 12 f.

24 DIN 2330, a.a.O., S. 4.

25 Ebd., S. 5.

26 Vgl. A. Warner, Internationale Angleichung fachsprachlicher Wendungen der Elektrotechnik. (314), S. 14.

27 DIN 2330, a.a.O., S. 6.

28 Siehe ebd., .S 7 ff.

29 H. Ischreyt, Studien zum Verhältnis von Sprache und Technik. (422), S. 191, 197, 199 ff.

30 Vgl. zu dieser Vielschichtigkeit des Normblatts die kritischen Äußerungen von H. Ischreyt, Studien zum Verhältnis von Sprache und Technik. (422), S. 160 ff.

31 DIN 2330, a.a.O., S. 10.

32 VDI 2270 – Adjektivbildungen mit ...los und ...frei. Düsseldorf, Januar 1963: Beuth-Vertrieb Berlin/Köln, S. 2 (Zitat und Beispiele; für die nachfolgenden siehe auch S. 3).

33 Ebd., S. 3. In diesem Zusammenhang wird auch das Wort *bügelfrei*, angewendet auf Textilerzeugnisse (‹ohne Bügel hergestellt, konstruiert; nicht bügeln›), kritisiert und – entsprechend dem englischen Sprachgebrauch: no iron – *bügeln unnötig* oder *nicht bügeln* vorgeschlagen. Im situativen Kontext, das heißt etwa als Aufdruck einer Hemdenverpackung, kann *bügelfrei* indes durchaus eindeutig sein. Zwar liegt auch hier Mehrdeutigkeit vor – das Hemd wird ohne Bügel geliefert, wurde ohne Bügel angefertigt, ist nicht zu bügeln –, doch ist u. E. der Kontext ausreichend zur semantischen Präzisierung.

34 VDI 2276 – Verben mit den Vorsilben be-, ent-, er-, ge-, miß-, ver- und zer-. Düsseldorf, August 1969: Beuth-Vertrieb Berlin/Köln, S. 4.

35 Fünfzig Jahre Deutscher Normenausschuß, a.a.O., S. 74.

36 Vgl. ebd., S. 56 f. und H. Ischreyt, Studien zum Verhältnis von Sprache und Technik. (422), S. 86 ff.

37 Normblatt-Teilverzeichnisse T 36 English Translations of German Standards 1972 und T 38 Traducciones Espanolas de Normas Alemanas 1972 (Beuth-Vertrieb: Berlin/Köln 1972).

38 Vgl. E. Wüster, Internationale Sprachnormung in der Technik. (317), S. 402 ff.

39 A. Warner, Benennungen physikalischer Größen. (276), S. 21 f.

40 Ebd., S. 21.

41 Vgl. A. Warner, Internationale Angleichung fachsprachlicher Wendungen der Elektrotechnik. (314), S. 33.

42 Vgl. ebd., S. 34; dort stehen auch die hier angeführten Beispiele zur Sprachgestaltung.
43 Vgl. zu diesem Prinzip der Motivation in der institutionellen Terminologienormung L. Drozd / W. Seibicke, Deutsche Fach- und Wissenschaftssprache. (45), S. 135 ff.; über die organisatorisch-technische Entwicklung der ISO-Empfehlungen, deren Ansätze bis ins Jahr 1936 zurückreichen, unterrichtet E. Wüster, Wie die ISO-Empfehlung ‹Benennungsgrundsätze› entstanden ist. (318).
44 Vgl. E. Wüster, Technische Sprachnormung. Aufgaben und Stand. (319), S. 53 und ders., Internationale Sprachnormung in der Technik. (317), S. 445 ff.
45 Beispielhaft dafür die Arbeit von A. Warner, Internationale Angleichung fachsprachlicher Wendungen der Elektrotechnik. (314).
46 E. Wüster, Internationale Sprachnormung in der Technik. (317), S. 244.
47 Ebd., S. 434.
48 E. Wüster, Technische Sprachnormung. Aufgaben und Stand. (319), S. 54.
49 Siehe dazu detailliert E. Wüster, Internationale Sprachnormung in der Technik. (317), S. 417 ff. und ders., Die Allgemeine Terminologielehre – ein Grenzgebiet zwischen Sprachwissenschaft, Logik, Ontologie, Informatik und den Sachwissenschaften. (315), S. 71.
50 Vgl. ebd., S. 63.
51 Ebd., S. 71.
52 Siehe zum Stand der Forschung Joshua A. Fishman, Language Planning and Language Planning Research: The State of the Art. (292).

7. Fachsprachen in Übersetzung und Unterricht

Durch die immer stärker werdende Spezialisierung und Verflechtung vieler Arbeitsbereiche auf nationalem und internationalem Gebiet gewinnen fachsprachliche Übersetzungen zur Mitteilung und zum Austausch von Gedanken und Informationen zusehends an Bedeutung. Mit diesem Prozeß verbunden ist die Notwendigkeit, die Sprachen jener Länder zu erlernen, die am wissenschaftlich-technischen Fortschritt wesentlich beteiligt sind oder gewichtige Faktoren im wirtschaftlichen Leben bilden. Dabei wird vor allem der Erwerb fachsprachlicher Kenntnisse, in der eigenen und in der fremden Sprache, als Voraussetzung zur Informationsvermittlung oder zur direkten Teilnahme an fachlichen Auseinandersetzungen unerläßlich.

7.1. Bedeutung fachsprachlicher Übersetzung

Die Bedeutung literarischer und wissenschaftlich-technischer Übersetzungen ist heute so groß, daß unser Zeitalter wiederholt als das «Jahrhundert der Übersetzung»[1] bezeichnet wurde, – nicht ohne Berechtigung. Der jährlich von der UNESCO herausgegebene «Index Translationum», der vorwiegend Buchveröffentlichungen anzeigt, wies für das Jahr 1952 17 832 Übersetzungen aus 98 Sprachen und Dialekten auf[2]. Die Zahl wissenschaftlich-technischer Arbeiten ist aber um ein vielfaches höher anzusetzen und steigt nochmals erheblich, wenn man die Vielzahl der Artikel, Aufsätze und Patente einrechnet, die jährlich auf diesem Gebiet erscheinen. Allein im Fachbereich Chemie erscheinen jährlich etwa 50 000 Bücher, Aufsätze und Patente[3]. Und die Gesamtzahl neuer Themen in der wissenschaftlich-technischen Literatur wird auf jährlich ein bis zwei Millionen (Artikel, Berichte, Patente, Bücher) geschätzt. Dabei werden mindestens 50% der naturwissenschaftlichen Literatur in Sprachen veröffentlicht, die mehr als die Hälfte aller Wissenschaftler der Erde nicht lesen können[4].

Von daher wird es verständlich, daß zahlreiche Einrichtungen geschaffen wurden, die sich bemühen, das Übersetzungsproblem auf fachsprachlichem Gebiet mit Hilfe von Wörterbuch-, Ausbildungs- und Automatisierungsprogrammen anzugehen[5].

Nicht zuletzt werden in diese Forschung von verschiedenen Seiten beträchtliche Geldmittel investiert, um überflüssige und oft kostspielige Fach-Forschungen zu vermeiden. Eine Vorstellung von der Größenordnung eventueller Fehlinvestitionen – das Geld dafür könnte für andere Entwicklungen verwendet werden – gibt das in der Literatur mehrfach zitierte Beispiel eines 1950 von der Sowjetischen Akademie der Wissenschaften veröffentlichten Berichtes über die Anwendung der Algebra auf die Berechnung von elektronischen Relais und bestimmten elektronischen Stromkreisen[6]. Diese Arbeit – nach Expertenurteil der wichtigste Fortschritt auf diesem Gebiet seit 1938 – konnte aus Mangel an spezialisierten Übersetzern erst 1955, also fünf Jahre nach ihrem Erscheinen, vom Russischen ins Englische übersetzt werden. Nach Schätzungen amerikanischer Gelehrter hätte eine schon 1950 angefertigte Übersetzung ihnen einen Forschungsaufwand von etwa sechzig Millionen Mark erspart.

Auch der einzelne Fachmann könnte sich oft viel Geld und Zeit ersparen, wenn ihm Fachübersetzungen vorlägen oder er fachliche Arbeiten in den für sein Arbeitsgebiet wichtigen Fremdsprachen lesen könnte. Schließlich ist an die internationale Zusammenarbeit, etwa bei Industrieprojekten, zu erinnern, die eine internationale fachsprachliche Verständigung erfordern, an den Austausch neuer Erkenntnisse auf Tagungen und Kongressen und an die zahlreichen supranationalen Beziehungen, die insbesondere auf den Gebieten Recht, Wirtschaft und Technik Fachübersetzungen verlangen. Ihre Bedeutung spiegelt sich auch in der Berufsstatistik: allein in der Bundesrepublik Deutschland gaben 1961 rund 15 000 Personen Übersetzer oder Dolmetscher als Beruf an[7]. Sie dokumentiert sich ferner im Aufbau von Übersetzungszentralen wie zum Beispiel dem INTERTEXT-Fremdsprachendienst in der DDR, der «ein integrierendes offizielles System für alle Arten von kommerziellen, wissenschaftlichen und technischen Übersetzungen»[8] umfaßt.

7.2. Spezialprobleme bei fachsprachlichen Übersetzungen und Hilfsmittel zu ihrer Bewältigung

7.2.1. Spezialprobleme fachsprachlicher Übersetzungen

Der fachsprachlichen Übersetzung ist eine stattliche Anzahl von Aufsätzen und Büchern gewidmet. Darin geht es überwiegend um die Dokumentation wissenschaftlicher und technischer Übersetzungen, die Lösung von Spezialproblemen und die Bereitstellung von Hilfsmitteln. Außerdem wird dort die fachsprachliche Ausbildung der Übersetzer und Dolmetscher diskutiert.

Einig ist man sich darin, daß die Übersetzung fachsprachlicher Texte ebenso anspruchsvoll ist wie die literarische Übersetzung. Denn die laienhafte Vorstellung, bei Fachübersetzungen genüge im wesentlichen die Substitution fachlicher Terminologie mit Hilfe eines grammatischen Minimums, ist erwiesenermaßen falsch. Zunächst gehört zur Fachübersetzung, außer einer gründlichen Kenntnis der Fremdsprache, Sachwissen und Sachverstand. Diese Sachkompetenz muß zwar nicht soweit gehen, daß etwa ein Übersetzer von Texten zur Flugzeugkonstruktion auch in der Lage sein müßte, eine solche Konstruktion selbst zu entwerfen, sie muß ihm aber ein sinngemäßes Verstehen des Ausgangstextes ermöglichen. Und von erfahrenen Übersetzern wird, nach R. Spitzbardt, immer wieder bestätigt, «daß die Hauptschwierigkeiten bei wissenschaftlichen und technischen Übersetzungen nicht lediglich im Erwerb von lexikalischen und idiomatischen Kenntnissen der als AS [= Ausgangssprache] oder ZS [= Zielsprache] in Frage kommenden Fremdsprachen liegt, sondern vor allem im Verständnis für die wissenschaftlichen und technischen Probleme, Objekte und Verfahrensweisen»[9].

Wesentlich geringer als bei literarischen Übersetzungen ist dagegen die schöpferische Tätigkeit bei Fachübersetzungen. Denn während bei der literarischen Übersetzung das «Neuschaffen, Gestalten eines neuen Kunstwerkes, Herstellen einer neuen organisatorischen Einheit von künstlerischem (bildhaftem) Denken und künstlerischer Rede in einer anderen Sprache (Zielsprache)»[10] im Vordergrund steht, geht es bei der Fachübersetzung primär um die exakte Übermittlung von Information. Der Inhalt bildet das invariante Element der Übersetzung. Er muß präzise und deutlich wiedergegeben werden. Aufgabe des Fachübersetzers ist es demnach, in der Zielsprache «*die* Mittel zu finden, die ungeachtet der semantischen Inkongruenz der ausgangssprachlichen und zielsprachlichen Einzelelemente gewährleisten, daß der Informationsgehalt des Textes in der ZS (der Übersetzung) dem Informationsgehalt des Ausgangstextes adäquat ist»[11].

Auch M. Gerbert sieht das Spezifische der wissenschaftlich-technischen Übersetzung darin, «daß die Leistung des Übersetzers auf der untrennbaren Einheit von Sprach- und Sachwissen beruht»[12]. Zum Beispiel wird – wie K. Rülker mitteilt – ein sprachlich versierter Übersetzer ohne ausreichendes Fachwissen nicht in der Lage sein, die astronomischen Begriffe «Meridiandurchgang», «Meridianwanderung» und «Meridianzenitdistanzdifferenz» ins Spanische zu übertragen, wo folgende Entsprechungen gelten: «‹paso (de una estrella) por el meridiano› [Durchgang (eines Sterns) durch den Meridian], ‹recorrido alrededor de la Tierra sobre el meridiano› (Wanderung um die Erde auf dem Meridian) bzw. ‹diferencia entre las distancias estrella-cenit durante el paso por el meridiano› (Differenz zwischen den Stern-Zenit-Entfernungen während des Durchgangs durch den Meridian)»[13]. Und nur Fachwissen wird den Übersetzer dazu befähigen, in einem Fall wie der Aufsatzüberschrift «Gesteuerte Kristallisation im Glas», den H. Spitzbardt anführt, «gesteuert» nicht mit engl. *controlled, guided* oder *steered* zu übersetzen, sondern – nach eingehender Lektüre des Textes – die Überschrift «Catalysed Crystallization in Glass» zu wählen. Denn das in diesem Falle angewandte Steuerungsverfahren war «im wesentlichen ein Nukleationsprozeß [...], der durch die Beimischung katalytisch wirkender Agentien in der Glasschmelze ausgelöst wurde»[14].

Daß der fachorientierte Übersetzungsvorgang mehr ist als eine elementare und lineare Substitution, beweist auch die gleichfalls von H. Spitzbardt angeführte Übersetzung des englischen Terminus *finishing* in bezug auf einen technischen Vorgang: «hier hat sicherlich die Bezeichnung ‹finishing› nichts mit dem deutschen ‹Beenden, Abschließen› zu tun. Auch das in technischen Texten sonst übliche ‹den letzten Schliff geben› wäre zwar semantisch-syntaktisch möglich, entspricht aber nicht dem erforderlichen pragmatischen Äquivalent. In seiner Verwendung auf dem Gebiet der Metallverarbeitung kann es sich bei ‹finishing› nur um ‹Feinbearbeitung› mit Feinmessungen bis zu 0,1 Nanometer handeln. In der Textilindustrie versteht man dagegen unter ‹finishing› – wiederum ganz spezifisch fachgebunden – ‹Appretieren›, in der Chemie allgemein ‹Veredeln›, in der Papierindustrie ‹Ausrüstung›, im graphischen Gewerbe ‹Tuschieren› und im Hinblick auf photographische Emulsionen entspricht dieser englische Terminus der deutschen ‹Nachreifung›»[15].

Sprachlich bedeutsam für den Fachübersetzer ist ferner die Kenntnis der sogenannten faux amis, das heißt der semantischen Inkongruenz von Einzelelementen in der Ausgangs- und Zielsprache. Zum Beispiel entspricht deutsch *Radiochemie* der franz. Terminus *chimie radio-active,* während franz. *radiochimie* ‹Strahlenchemie› bedeutet. Schwierigkeiten bieten auch die verschiedenen Bedeutungsstrukturen in der Ausgangs- und Zielsprache, zum Beispiel die Aufteilung von deutsch *Technik* in die drei englischen Bedeutungen: 1. *technology* (angewandte Wissenschaft), 2. *engineering* (Technik eines Fachgebietes) und 3. *technique* (Einzelverfahren)[16]. Neben semantischen Problemen begegnet der Fachübersetzer auch syntaktischen Problemen. Zwar kommt der Fachtext im allgemeinen mit einem Minimum grammatischer Mittel aus, die Einfachheit und Eindeutigkeit der syntaktischen Mittel wird aber nicht in allen Sprachen auf gleiche Weise realisiert. Einfachheit der Syntax bedeutet also nicht zwangsläufig, daß ihre Übersetzung keine Schwierigkeiten bietet. Vor allem Übersetzungen aus den stark nominalisierten deutschen Fachtexten in romanische Sprachen bieten hier Probleme, zum Beispiel deutsch *optische Filtertechnik,* das span. *técnica de los filtros ópticos* ergibt. Schließlich sind auch stilistische Unterschiede zu beachten, zum Beispiel bei Bedienungsanleitungen: «aus der deutschen Passivkonstruktion ‹Schraube (3) wird angezogen› wird im Englischen die imperative ‹tighten screw (3)› und im spanischen die imperativ-reflexive ‹apriétese tornillo (3)›, während das Russische wiederum die Infinitivkonstruktion vorzieht»[17].

Auf die Bedeutsamkeit gerade der Syntax für den Fachtext weisen auch Versuche mit maschineller Übersetzung hin, die ja auf Fachübersetzungen ausgerichtet sind. Syntaktische Probleme – zusammen mit der Homonymität, das heißt der Mehrdeutigkeit von Wörtern – haben entscheidend dazu beigetragen, daß bis heute keine Reinübersetzungen möglich wurden. Denn obwohl durch den Einsatz von Mikroglossaren für einzelne Fachgebiete Fortschritte erzielt wurden, bedürfen maschinelle Übersetzungen ausnahmslos noch der Prä- oder Postedition, das heißt die Eingabe- bzw. Ausgabetexte müssen bearbeitet und korrigiert werden[18]. Viele plädieren deshalb in diesem Zusammenhang für einen Kompromiß zwischen maschineller und Humanübersetzung, bis einmal die Utopie einer völlig automatischen Übersetzung verwirklicht sein wird. Diese Übergangslösung zielt auf die Abgabe zeitraubender Routinearbeiten wie lexikalische Zuordnungen, fachterminologische Lösungen, Sachinformationen (‹fact retrieval›), wahrscheinlichkeitstheoretisch gewichtete und kontextsensitive Auswahl von sinnverwandten Varianten usw. an die Maschine: «ein solcher Kompromiß zwischen der herkömmlichen, manuellen Methode des Übersetzens und der vollautomatischen Maschinenübersetzung im Sinne eines Mittelweges, der sogenannten ‹Machine-Aided-Translation›, besteht darin, daß der Mensch die geistig-operativen Teilprozesse des Übersetzungsvorganges übernimmt, die zur Zeit noch nicht automatisierbar sind, und umgekehrt den datenverarbeitenden Maschinen jene Routinearbeit überlassen wird, die in ihrem Umfang, ihrer Geschwindigkeit und Genauigkeit niemals von einem menschlichen Wesen geleistet werden kann»[19].

Zu diesen von H. Spitzbardt genannten geistig-operativen Tätigkeiten zählt u. a. auch die Neuformulierung von Fachwörtern, jene terminologische Basisarbeit, die jeder Übersetzer leisten muß, wenn ein bisher nicht erforschtes Gebiet oder bisher unbekannte Methoden und Techniken in einer Übersetzung behandelt werden. Beispielhaft für diese schwierige Aufgabe steht das Gebiet der Datenverarbeitung, deren problemreiche Übersetzungsgeschichte P. Wolfangel anhand ihrer Wörterbücher nachgezeichnet hat[20].

7.2.2. Technische Hilfsmittel

Zu den wichtigsten Hilfsmitteln des Übersetzers zählt immer noch – trotz vieler Unzulänglichkeiten – das Wörterbuch in seinen verschiedenen Ausprägungen (Begriffs-, Bild-, idiomatisches Wörterbuch usw.). Es wird benötigt als einsprachiges Wörterbuch für die Ausgangs- und Zielsprache und als mehrsprachiges Wörterbuch. Mehrsprachige Fachwörterbücher reichen vom zweisprachigen mit nach Zehntausenden zählenden Stichwörtern bis zum zehn- oder zwanzigsprachigen, das oft nur den wichtigsten Wortschatz eines Fachbereichs enthält. Beispiele:

H. Bucksch, *Wörterbuch für Bautechnik und Baumaschinen.* Engl. Ausgabe: *Dictionary of Civil Engineering and Con-*

struction Machinery and Equipment. Bd. 2, Engl. – Deutsch.
5. Aufl. 1971, ca. 71 000 Stichwörter.

Dorian/Osenton, *Fachwörterbuch der Luftfahrt in 6 Sprachen*. Engl./Amerikan., Franz., Span., Ital., Port., Dt., 1964,
5 519 Wortstellen.

Dreizehnsprachiges Wörterbuch für Gebirgsmechanik. Hrsg.
von G. Bilkenroth. Dt., Bulgar., Engl., Franz., Poln., Port.,
Rumän., Russ., Schwed., Serbokr., Span., Tschech., Ungar.,
1972.

Wörterbuch des Verlagswesens in 20 Sprachen. The publisher's practical dictionary. Hrsg. von Imre Móra. Pullach bei
München 1974.

Um diese Hilfs- und Arbeitsmittel auf den neuesten Stand zu
bringen und ständig zu verbessern, werden zur Zeit – unter Anwendung computer-linguistischer Methoden – erhebliche Anstrengungen unternommen[21]. Über den engeren Kreis fachlich
Interessierter hinaus bekannt wurden von den neueren Wörterbuchprojekten die seit 1967 vom Institut für Rechts- und Verwaltungssprache, Berlin, erarbeiteten zweisprachigen Europa-
Glossare. Sie bieten nicht nur alphabetisierte Wortregister der
Rechts- und Verwaltungsterminologie, sondern sie geben auch
Auskunft über Entsprechungen und Abweichungen der Begriffe
und Benennungen in den jeweiligen Ländern und liefern somit
Kenntnisse über die verschiedenen Rechts- und Verwaltungssysteme.

Bei diesen Glossaren – bis heute liegen acht Bände vor – «hat
es sich als zweckmäßig erwiesen, grundsätzlich nicht von der
Terminologie internationaler Verträge allein auszugehen, sondern den gesamten Fachwortschatz des betreffenden Terminologiegebietes so, wie er in den internationalen Rechtsordnungen
festgelegt ist, einschließlich der idiomatischen Redewendungen in die lexikographische Forschungsarbeit einzubeziehen.
Sprachliche und institutionelle Varianten des gleichen Sprachraumes (z. B. Deutsch in Deutschland, Österreich, der Schweiz,
Französisch in Frankreich und Belgien usw.) werden angemessen berücksichtigt»[22]. Die lexikographische Methode für die
Herstellung dieser Europa-Glossare beruht auf den Empfehlungen der Internationalen Normungsorganisation (ISO/TC 37)
und des Deutschen Normenausschusses zur Herstellung von
Fachwörterbüchern (vgl. Abschn. 6.3.2.3., 6.6.2.); daneben

werden eigene Erfahrungen der Bearbeiter genutzt. Somit zählen die Europa-Glossare zu den modernsten lexikographischen Hilfsmitteln in der Verwaltungspraxis, wo sie die Zusammenarbeit und Korrespondenz im europäischen Alltag erleichtern[33].

Fachwörterbücher sind aber nicht die einzigen Hilfsmittel der Übersetzung. Wichtige Datenträger bilden außerdem enzyklopädische Lexika und vergleichbare Nachschlagewerke (z. B. Lueger, *Lexikon der Technik*, hrsg. von H. Franke, 17 Bde., [4]1960 ff.), Fachliteratur sowie Dokumentations- und Terminologiekarteien, Normblätter usw. Bei seiner Arbeit wird der Fachübersetzer daneben sämtliche ihm zur Verfügung stehenden Hilfsmittel wie Fernschreiber, EDV-Anlagen oder Vervielfältigungsgeräte benutzen, um optimale Übersetzungen zu erreichen. Kontakte mit Fachautoren vervollständigen diese Informationsmöglichkeiten; Rückfragen bei ihnen können manche Übersetzungsschwierigkeiten vereinfachen und die Zahl der Übersetzungsfehler verringern.[24].

7.3. Fachsprachen als Lehrgegenstand in Ausbildung und Schule

Spezialsprachliche Ausbildung ist heute aus dem Ausbildungsprogramm an Fremdspracheninstituten, Universitäten und Schulen nicht mehr wegzudenken. Die Einsicht in die Notwendigkeit und die Probleme einer solchen Ausbildung hat dazu geführt, daß sich heute zahlreiche Forscher mit linguistischen und methodologischen Fragen spezialsprachlicher Ausbildung, vor allem im Fremdsprachenbereich, beschäftigen. Die nachfolgenden Ausführungen sollen einen Überblick über die derzeitige Entwicklung geben.

7.3.1. Fachsprachen in der Übersetzer- und Dolmetscherausbildung

Die Grundlagen für das Übersetzen von Fachtexten sind – wie bereits angedeutet – neben allgemeinen soliden Sprachkenntnissen Kenntnisse über die Grundbegriffe eines Faches, also Sachkenntnisse. Zusätzlich muß der Übersetzer den spezifischen Fachwortschatz und die dazugehörige Fachphraseologie in der Ausgangs- und Zielsprache kennen. Wünschenswert ist ferner ein im Laufe der Zeit erworbenes technisches Einfühlungsvermögen, das es dem hauptberuflichen Übersetzer erlaubt, in verschiedenen Fachbereichen tätig zu werden. Denn in der industriellen Praxis ist die Regel, «daß alle Übersetzer imstande sein müssen, für alle Fachabteilungen des Hauses zu arbeiten und sich mit sehr vielen Gebieten der gewerblichen Wirtschaft zu befassen»[25], das heißt der Fachübersetzer sollte sowohl technische wie kommerzielle oder juristische Texte übersetzen können.

Hieraus ergeben sich zwei grundsätzliche Fragen für die fachsprachliche Ausbildung:

1. Was soll und kann in einer begrenzten Ausbildungszeit an fachsprachlichen Kenntnissen vermittelt werden?
2. Wie sollen diese Kenntnisse vermittelt werden und welche Arbeitsunterlagen sind dazu nötig?

Aus ihrer Beantwortung ergeben sich zwei Wege zum Fachübersetzer oder Dolmetscher. Der eine führt über eine abgeschlossene Fachausbildung zu einer zusätzlichen Sprachausbildung, der andere vereint eine Sprachmittlerausbildung mit dem Studium von einem oder zwei Sachfächern und einer Einführung in die Problematik der Fachsprachen.

In der Praxis zeigt es sich zwar, daß sprachkundige Fachleute, also beispielsweise ein Jurist mit Fremdsprachenkenntnissen, besser vorwärts kommen und gefragter sind als die Sprachmittler mit «nur» fachsprachlichen Kenntnissen[26]. Jedoch wird aus praktischen Erwägungen (Zeit- und Kostengründe) ein Doppelstudium nur für wenige möglich sein (etwa Jurist *und* Diplomübersetzer). Deshalb vertreten die Übersetzer- und Dolmetscherinstitute den Primat der Sprachausbildung. Der Umfang und die Intensität der fachsprachlichen Schulung innerhalb dieser Ausbildung richtet sich nach den jeweiligen Ausbildungszielen. Da es unmöglich und von den Berufsmöglichkeiten her wenig sinnvoll ist, auf bestimmte Fächer vollspezialisierte Fachübersetzer und Dolmetscher auszubilden, wird in der Ausbildungspraxis heute «die Begegnung mit mehreren Fachgebieten oder Teilen von solchen»[27] angestrebt. Diese an exemplarischen Stoffen und Themen orientierte Begegnung soll die späteren Übersetzer dazu befähigen, «sich Arbeitsmethoden anzueignen, die es ihnen ermöglichen, sich jeweils rasch in ein Fachgebiet sachlich und sprachlich einzuarbeiten»[28].

Diesem Grundsatz entsprechen die didaktischen Vorstellungen der Ausbildungsstätten, wie sie V. Petioky konkretisiert: «Die fachsprachliche Schulung umfaßt Lernprozesse, die in der Einführung in die Grundlagen des jeweiligen Fachgebietes, der Erarbeitung des Fachwortschatzes sowie der Fachphraseologie im behandelten Sprachenpaar bestehen»[29]. Hierzu dienen im einzelnen fremdsprachige Referate über Teilaspekte eines Fachgebietes, Anleitungen zu terminologischen Arbeiten (Karteienaufbau usw.), Orientierung über die einschlägigen Nachschlage- und Normungswerke, Einführung in die Begriffslogik und in Begriffssysteme sowie die intensive Arbeit mit fachspezifischen Textgattungen und ihren Stilen, – für das Fach Jura zum Beispiel Gesetzes-, Vertrags-, Urteils-, Lehrbuchtexte usw.[30]. Der Dolmetscher muß neben dieser fachsprachlichen Komponente seiner Ausbildung noch die Technik des Simultan- und/oder Konsekutivdolmetschens erlernen. Das jeweilige Sachfach wird der Student je nach seiner Neigung und seinem Berufswunsch wählen. Will er in den Öffentlichen Dienst eintreten, wird er vorzugsweise die Fächer Politik, Recht und Volkswirtschaft betreiben, spezialisiert er sich aber auf Technik, wird er sich zunächst mit einer technischen Sparte, zum Beispiel Maschinenbau, befassen.

7.3.2. Fachsprachenunterricht für Ausländer am Beispiel: Deutsch als Fremdsprache

Der fachbezogene Deutschunterricht für Ausländer (und jeder andere fachbezogene Fremdsprachenunterricht) kann verschiedene Ziele haben:

1. a) rezeptives Erfassen fachsprachlicher Texte, das heißt passives Leseverständnis für Fachliteratur mit und ohne Hilfe eines Wörterbuches,

   b) rezeptives Erfassen gesprochener Fachsprache, hier vor allem von Fachvorträgen, Anleitungen usw.,

2. aktives Vermögen über Fachliches sprechen und eventuell auch schreiben zu können.

Je nach den Anforderungen der Praxis können diese Lehrziele auch miteinander kombiniert werden. So wird ein Student der Medizin nicht nur seine Lehrbücher lesen, sondern im Hinblick auf die medizinische Praxis und fachliche Examina ebenfalls die

Fachsprache aktiv beherrschen müssen. Da die Lernformen für aktives und rezeptives Sprachvermögen sich jedoch wechselseitig ergänzen und durchdringen, ist eine zunächst nur rezeptive Spracherlernung zugleich für einen späteren aktiven Spracherwerb nützlich. Als wichtigste Varianten des Sprachunterrichts gelten heute die Einführung in die allgemeine Wissenschaftssprache und in ihre verschiedenen Einzeldisziplinen sowie die Einführung in die technischen Fachsprachen. Geschriebene Sprachformen stehen im Vordergrund.

Die Unterrichtung des Deutschen als Wissenschaftssprache oder technische Sprache blickt auf eine lange Tradition zurück. Sie hängt mit dem hohen Stand von Wissenschaft und Technik in Deutschland zusammen. Dokumentiert wird diese Tradition unter anderen in der 1957 von der UNESCO zusammengestellten Bibliographie fachsprachlicher Lehrbücher[31]. In ihr sind 72 Bücher für Englischsprachige zur Erlernung des Deutschen als Fach- oder Wissenschaftssprache seit 1907 erfaßt. Die Mehrzahl dieser Unterrichtswerke – wie bereits ihre Titel ausweisen – geht unreflektiert von der Existenz einer deutschen Wissenschaftssprache aus, insbesondere von einer deutschen naturwissenschaftlichen Sprache:

G. F. Kroech, *German Science reader: a introduction to scientific German, fort students of physics, chemistry and engineering.* Hoboken, N. J., C. F. Kroech, 1907, 114 pp., diagrams.

Mit der zunehmenden Bedeutung der Fachsprachen wurde indes auch der fachsprachliche Unterricht auf eine linguistisch-didaktische Grundlage gestellt und intensiviert. Vor allem die Vertreter an den fachsprachlichen Ausbildungsstätten der DDR haben sich in den letzten 20 Jahren verstärkt um die Optimierung des spezialsprachlichen Unterrichts bemüht und, von ihren speziellen Bedürfnissen her, starke Impulse für die fachsprachliche Forschung gegeben[32].

Denn um fachsprachliches Deutsch, auf bestimmte Adressatengruppen ausgerichtet, optimal unterrichten zu können, galt es zunächst, sich über die Struktur und Bedeutung der Fachsprachen klar zu werden. Als wichtigste Desiderata wurden vergleichende Strukturanalysen und Merkmalsbeschreibungen sowie die Erarbeitung von Abgrenzungskriterien angesehen, die insgesamt für die Materialauswahl und die Arbeit mit Fachsprachen entscheidende Daten zu liefern versprachen. Obwohl für den Sprachmittler die Wortschatzermittlung und Fragen der Wortschatzminima in den einzelnen Fachgebieten – Fachsprache wird ja entscheidend durch ihre Lexik charakterisiert – vordringlich sind, richteten die Sprachlehrer ihre Aufmerksamkeit in gleicher Weise auf fachsprachliche Phraseologie, Wortbildung und Syntax. Sie hatten empirisch festgestellt, daß Fachsprache – und damit auch fachsprachlicher Unterricht – etwas anderes sein müßte als eine bloße Kombination von Gemeinsprache und Fachterminologie. Deshalb orientierten sie den fachsprachlichen Unterricht an jenen rekurrenten fachsprachlichen, aus der Gemeinsprache ausgewählten, zum Teil mit ihr übereinstimmenden, modifizierten oder sie übersteigenden Sprachmitteln, die das Besondere der Fachsprachen – ein weniger und zugleich ein mehr gegenüber der Gemeinsprache – ausmachen.

In bezug auf die Wortschatzminima ergaben sich inzwischen – mit Hilfe einer neugeschaffenen fachsprachlichen Statistik – zahlreiche praxisrelevante Ergebnisse. Hinsichtlich der allgemeinwissenschaftlichen Wortschatzkomponente haben zum Beispiel russische Forschungen erwiesen (*Učebnyj slovar po nemeckkomú jazyku.* Moskau 1961. Deutsch-russisches Arbeitswörterbuch mit 2 200 Wörtern als Wortschatzminimum zum Lesen deutscher Fachtexte), «daß ein rationell ausgewähltes Leseminimum von 2 200 Wörtern des allgemeinwissenschaftlichen Wortschatzes direkt oder indirekt durchschnittlich rund 95% aller Wörter (darunter auch Fachtermini) in Textproben aus verschiedenen Fächern deckt. Von den restlichen 5% entfällt eine Hälfte auf die Fachtermini, die nicht an Hand des Minimums gedeckt werden können»[33].

Weitere Untersuchungen auf dem Gebiet der Wissenschaftssprache, die sich quantitativer (statistischer) Methoden bedienen, haben L. Hoffmann (*Zur maschinellen Analyse der statistischen Struktur wissenschaftlicher Texte.* Leipzig 1966 [Masch.]) und H. Erk (*Zur Lexik wissenschaftlicher Fachtexte: Verben – Frequenz und Verwendungsweise.* München 1972) vorgelegt[34]. Beide haben sich nicht mit reinen Häufigkeitszählungen begnügt und damit dem Zipfschen Gesetz der Textdeckung entsprochen – es besagt, daß in fast allen Sprachen die 100 häufigsten Wörter 60%, die 1000 häufigsten 86% und die 4000 häufigsten 97,5% eines beliebigen Textes ausmachen –, sondern sie haben mit P. Guiraud[35] die Verteilung des Informationswertes auf die häufigsten Wörter in ihre Untersuchungen einbezogen. Diese Synthese zwischen Textdeckung und Informationsgehalt im fachbezogenen Fremdsprachenunterricht wird nach L. Hoffmann dadurch ermöglicht, «daß mit der Restriktion auf einen bestimmten Kommunikationsbereich auch eine thematische Einengung verbunden ist. Die thematische Einengung führt im Sinne der Informationstheorie zu einer Verringerung der Ungewißheit, so daß bei mikrostatistischen Untersuchungen auch der Informationswert der häufigsten Wörter steigt»[36].

Im technischen Bereich hat H. Eisenreich[37] ermittelt, daß bei einem technischen Text von etwa 500 Wörtern der Anteil der Sachwörter (sachbezogene Termini und Fachwörter) normalerweise 30% des Gesamtwortschatzes nicht übersteigt. Berücksichtigt man dabei nur die verschiedenen Sachwörter, das heißt jedes Sachwort wird auch bei mehrmaligem Auftreten nur einmal gezählt, so erhält man einen Sachwortanteil am Gesamtwortschatz von meist nur 12–15%[38].

Außer einer Reduzierung des Lernstoffes ermöglichen solche Frequenzuntersuchungen auch eine sinnvolle Anordnung dieses Stoffes. Damit tragen quantitative fachsprachliche Forschungen wesentlich zur Unterrichtsrationalisierung bei, zum Beispiel zur geordneten Auswahl und zur Gruppierung von Texten und zur Auswahl und Gliederung von Fachwortschätzen in Lehrbüchern und Unterrichtsmaterialien:

1. der Magnet, –e
   der Elementarmagnet
   das Magnetstück, –
   der Dauermagnet
   der Stabmagnet
   der Hufeisenmagnet
   der Topfmagnet
   die Magnetnadel, –n
2. das Magnetfeld, –er
   das Kraftfeld
   die Feldlinien, Pl.
   der Magnetpol, –
   der Nordpol
   der Südpol

   magnetisch
   an/ziehen
   ab/stoßen
   dauermagnetisch-
   permanent
   gleichnamig
   ungleichnamig
3. das Erz, –e
   das Magnetit
   (Fe$_3$O$_4$), o. Pl.
   das Eisen, o. Pl.
   das Eisenpulver, –
   das Eisenteilchen, –
   das Weicheisen, o. Pl.

   das Kobalt, o. Pl.
   der Strahl, –e
4. die Technik, o. Pl.
   der Kompaß, Kompasse
   der Lautsprecher, –
   die Ladung, –en
   elektrische (Ladung)
   tangential
5. der Mensch, –en
   das Blatt, –er
   das Papier, –e
   der Körper, –[39]

Ferner ermöglichen Frequenzuntersuchungen eine sinnvolle und ökonomisch vertretbare Differenzierung bei fachspezifischen Lehrbüchern[40]. Schließlich wirkt sich die Aufdeckung fachsprachlicher Strukturen und Wortfrequenzen auch auf die Übungsformen und Übungstypologien aus, die das eigentliche Gebiet des fachbezogenen Fremdsprachenunterrichts ausmachen. Hier ergeben sich, je nach den Ausbildungszielen – rezeptives, aktives Verständnis, Grad des Verständnisses, Fachgebiet, sprachliche Vorbildung usw. –, die unterschiedlichsten Möglichkeiten, auf die wir nur bibliographisch hinweisen können[41]. Wenig genutzt auf diesem Gebiet ist bis heute der Einsatz audio-visueller Medien, obwohl gerade auf fachsprachlichem Gebiet eigene Anschauung wesentlich zum Verständnis beitragen kann. Programmiertes Unterrichtsmaterial gibt es zur Zeit im Verhältnis zu den traditionellen Lehrmitteln noch wenig.

Mehrere Unterrichtswerke und -programme zum Selbststudium fremdsprachlicher Terminologien liegen aus den Gebieten Recht, Wirtschaft und Technik vor. Sie bieten den Wortschatz und die Phraseologie des jeweiligen Faches in sachbezogenem Aufbau dar, liefern Arbeitstexte und ergänzen dieses Material durch Tonband-, Kasetten- oder Schallplattenprogramme, spezielle Lernwörterbücher und Textmaterial. Ein Beispiel: H. G. Hoffmann, *Englisch für Sie – Aufbaukurs Wirtschaft.* Hueber: München 1972. Eines der zur Zeit umfassendsten Lernprogramme wurde für die Sprache der Luftfahrt (Aeronautical English) konzipiert, über dessen Aufbau die Verlagsankündigung informiert: «Das Spezialgebiet ‹Luftfahrtenglisch› wird durch eine programmierte Einführung, ein Glossar mit den 100 wichtigsten Wortfamilien, ein mit ausführlichen Erklärungen und Illustrationen versehenes Lesebuch mit Fachtexten, einen Mindestwortschatz mit ca. 2000 Fachausdrücken und einer Compact-Cassette über den Sprechfunkverkehr erschöpfend behandelt. Als visuelles Hilfsmittel sind 36 Dias über den Gesamtbereich der Luftfahrt in Vorbereitung»[42].

Verstärkte Forschungen in dieser Richtung, fachsprachliche Grundlagenforschung und Aufbau von spezialsprachlichen Lehrprogrammen, werden aber seit den 60er-Jahren in vielen Ländern Europas und in Übersee betrieben[43]. Hauptziele sind zum einen die Beschreibung der fachsprachlichen oder technischen ‹Register› der verschiedenen Sprachen, – das heißt ihre phonologisch-graphemische, morphologisch-syntaktische und lexiko-semantische Charakterisierung, zum anderen die Erarbeitung von wissenschaftlich-technischen Sprachlehrprogrammen. Die Bewältigung dieser Aufgabe erfolgt in interdisziplinärer Zusammenarbeit zwischen Experten der verschiedenen Fachgebiete, Didaktikern, Linguisten, EDV-Leuten und Statistikern – oder sollte auf diese Weise vor sich gehen. Wünschenswert wäre in diesem Zusammenhang eine verstärkte internationale Zusammenarbeit und eine Absprache der Forschungsprojekte, die ja jeweils mindestens zwei Sprachräume berühren.

7.3.3. Fachsprachen in Schule und sonstiger Ausbildung

Im Laufe seiner Berufsausbildung erlernt nahezu jeder irgendeine Fachsprache, der Wissenschaftler ebenso wie der Elektrotechniker, der Schlosser wie der Bankangestellte. Es stellt sich in diesem Zusammenhang die Frage, ob und wo durch spezielle fachsprachliche Schulung die Ausbildung erleichtert oder verbessert werden kann. Wir haben in Abschnitt 5.9. gezeigt, daß in der Medizin das Erlernen der Fachsprache wesentlich zur Ausbildung gehört und dementsprechend gelehrt wird. Auch verschiedene Einführungen in die einzelnen Wissenschaftszweige an den Universitäten behandeln oft Fachsprachliches. Dort wäre zu überlegen, inwieweit nicht ein fachsprachlicher Grundkurs «Einführung in die Wissenschaftsterminologie (unter Einbezug wissenschaftslogischen Denkens und Definierens)» im natur- oder geisteswissenschaftlichen Bereich zu einer optimierten Studierfähigkeit beitragen könnte.

Wenig sinnvoll erscheint dagegen eine spezielle fachsprachliche Ausbildung dort, wo die Sprache mit der Berufsausbildung unmittelbar zusammenhängt, also, wo fachsprachliche Kenntnisse aus direkter Anschauung erworben werden können. Auf der anderen Seite ist zu bedenken, daß eine – zumindest rezeptive – Kenntnis mehrerer Fachsprachen die Voraussetzung zur aktiven Teilnahme am gesellschaftlichen Leben bildet, ökonomische Vorteile erbringen kann und verstärkte Kontrollmöglichkeiten ergibt. Es mag dahingestellt bleiben, ob fachsprachliche Ausbildung – wie V. Petioky idealistisch annimmt – den Lernenden von der Notwendigkeit überzeugt, «stets zur Aufnahme neuer Wissensinhalte bereit zu sein» und in ihm so «einen stetigen Willen zum Lernen erzeugt»[44]. Doch wird man ihm darin zustimmen müssen, daß die Beschäftigung mit Fachsprachen zu Präzision im Denken und Formulieren führen kann, – wenngleich durch die alleinige Beschäftigung mit Fachsprachen dieses hohe Ziel wohl nur selten erreicht werden dürfte. Auf jeden Fall läßt sich aus den angeführten Argumenten eine, zumindest an exemplarischen Beispielen vollzogene Beschäftigung mit Fachsprachen als Bildungsaufgabe der Schulen einsehen.

7.3.3.1. Fachsprachen in den allgemeinbildenden Schulen (Fachsprache im Deutschunterricht)

Im Rahmen des Bildungsauftrages unserer Schulen – der Erziehung zum mündigen, kritischen Staatsbürger – läßt sich die exemplarische Beschäftigung mit Fachsprachen durchaus vertreten, zumal Wörter und Begriffe der Fachsprachen zunehmend in die Umgangs- und Hochsprache eindringen. An guter Fachprosa lassen sich Stilnormen entdecken, die zur Wahl funktionsgerechter Sprachmittel anleiten können. Außerdem wird mit einer sinnvollen Auswahl von Sachtexten der Zugang zur Welt des 20. Jahrhunderts und die Orientierung in ihr erleichtert, wenn nicht überhaupt erst ermöglicht. Dieser Tatsache tragen die meisten deutschen Sprachlehrbücher Rechnung. Sie enthalten fachsprachliche Kapitel, die den Komplex ‹Fachsprache› unter situativen und kommunikativen Aspekten darstellen und den Schüler zur selbständigen Erschließung fremder Sachgebiete befähigen sollen. Oft bleibt die fachsprachliche Darstellung in diesen Büchern aber im reinen Terminologisieren stekken, ohne einen Blick auf die gesellschaftlichen Implikationen des Fachsprachenproblems.

Diese Gründe gaben wohl mit dazu Anlaß, daß im Verlauf der Diskussion um die «Hessischen Rahmenrichtlinien» für das Fach Deutsch ‹Mehrsprachigkeit› als Erziehungsziel formuliert wurde[45]. Unter diesem leicht irreführenden Terminus wird die aktive und/oder passive Beherrschung mehrerer Sprachschichten – unter ihnen Sozio- und Technolekte – und die Sanktionierung ihres Gebrauchs neben der Hochsprache verstanden. Dadurch soll die Teilnahme an einer möglichst umfassenden Kommunikation gewährleistet werden. Letztlich geht es darum, Sprachbarrieren und gesellschaftliche Barrieren (Benachteiligung von Arbeiterkindern im Bildungswesen) abzubauen. Für die Klassen 7/8 wurde dazu ein Projekt «umgangs- und fachsprachliche Kodierung» vorgesehen, zu dem inzwischen Materialien bereitgestellt wurden[46]. Sie zeigen u. a. am Thema ‹Sprache und Recht› die Bedeutung der Reduktion von Komplexität in einfache Strukturen. Ein gesellschaftliches Integrationsproblem unserer Zeit wird angesprochen, und hierin liegt für den Schüler vielleicht die wichtigste Erkenntnis. Denn Voraussetzung für eine Lösung der von Habermas formulierten Frage, «wie kann die Gewalt technischer Verfügung in den Konsensus handelnder und verhandelnder Bürger zurückgeholt werden?»[47], ist eine zuverlässige Über- und Umsetzung von Fachinformationen in die allen verständliche Umgangssprache.

Weniger kritisch wird in «Sprachbuch 7» (Klett: Stuttgart) anhand der Redekonstellation Fachmann/Laie versucht, beim Schüler Einsicht in die Notwendigkeit, sich Elemente der Fachsprache verfügbar zu machen, herzustellen. Wichtig erscheint den Autoren dieses Schulbuches, «daß Verständigung zwischen Fachmann und Laie überhaupt gewährleistet ist, und zwar durch eine vermittelnde Sprache. Sonst gerät der Fachmann in die Sprachisolation, er kann seine Kenntnisse nicht vermitteln; der Laie versteht nichts und lernt nichts dazu«[48]. Die anvisierte Verständigung dürfte allerdings in den wenigsten Fällen direkt zustande kommen. Vielmehr wird die breite Umsetzung fachsprachlicher Kenntnisse bei der zunehmenden Komplizierung und Spezialisierung in Wissenschaft, Technik und Gesellschaft künftig eigens ausgebildeten Übersetzern übertragen werden müssen, wie sie zum Teil schon als Redakteure in den Massenmedien Rundfunk und Fernsehen und bei popularwissenschaftlichen Zeitschriften arbeiten. Dabei darf jedoch keine so weitgehende Vereinfachung oder Verkürzung erfolgen, daß der fachliche Inhalt verfälscht wird oder verlorengeht.

Im übrigen schwankt die Behandlung der Fachsprachen in den Schulbüchern für den Deutschunterricht zwischen historischer Sprachbetrachtung anhand der Kaufmanns- und Bergmannssprache (Wort und Sinn; Sprachbuch 4), bloßen Anweisungen, aus vorgegebenen, teilweise literarischen Texten «Fachwörter» zusammenzustellen und mit Hilfe von Nachschlagewerken zu klären (Lesen. Darstellen. Begreifen A 5, 6, 7) und der Behandlung fachsprachlicher Problematik an zeitgemäßen wissenschaftlichen und technischen Texten, die zum Sprachhandeln anleiten und Einblick in die Bedingungen und Wirkungen – situative, soziale und funktionale – von Kommunikationsprozessen geben sollen (Sprachbuch 7; Wort und Sinn, Oberstufe Sprachbuch 3; Wort und Sinn, Sprachbuch 4; Sprache und Sprechen 7).

In der didaktischen Literatur wurden Fachsprachen bisher – mit Ausnahme von einigen Aufsätzen und zwei erst in jüngster Zeit herausgegebenen Textsammlungen[49] – kaum behandelt. Konsequenz: der Unterrichtsgegenstand ‹Fachsprachen› findet in der Schulpraxis (noch) nicht die ihm gebührende Beachtung. Deshalb sei auf einen fruchtbaren didaktischen Ansatz von V. Arnold hingewiesen, der die weitgreifenden Möglichkeiten von Fachsprache im Unterricht erkennen läßt: «Kritische Analyse des Sprachgebrauchs der Wirtschaftsjournalistik in Tageszeitungen – Vorschläge für eine Unterrichtseinheit der Sekundarstufe II»[50]. Dieses Unterrichtskonzept versucht mit sprachlich hochverdichteten und komplexen Fachtexten, Börsen- und Firmennachrichten aus überregionalen Tageszeitungen, die Forderungen nach Realitätsangemessenheit der Unterrichtsinhalte und kritischer Mündigkeit zu verwirklichen. Unzureichend wird u. E. die Funktion der Fachsprache dargestellt. Fachsprache kann objektiv der Verschleierung der Realität und den Interessen des Kapitals dienen, ist dann also ideologiebefrachtet, sie wurde aber – wenn man die Sprache historisch und funktionalstilistisch betrachtet – keineswegs als Ideologiesprache konzipiert, sondern hat sich sachbezogen als Mittel der Kommunikation unter Fachleuten entwickelt. Dieser Einwand schmälert nicht das Gesamtkonzept, das an einem realitätsnahen Inhalt die – auch gesellschaftspolitische – Relevanz der Fachsprachen verdeutlicht und sie als Sprachbarriere benennt[51].

Die Überwindung dieser Barriere und der «immer mehr versachlichten und fremdbestimmten Abhängigkeit des Menschen in unserer industriellen, technik- und wissenschaftsbestimmten Gesellschaft»[52] ist auch ein Anliegen von A. Schütt und B. Stuflesser, die grundsätzlich für eine Einführung sach- und fachgebundener Texte in den Deutschunterricht plädieren. Sie wurden dazu durch eine kontrollierte Erhebung an Mainzer Schulen ermutigt, die ergab, daß sich von 381 zum Thema ‹Sachbuch› befragten Schülern 88% für die Behandlung von Sachbüchern im Deutschunterricht aussprachen. Wenngleich die Vorstellung der Autoren von der Existenz einer «allgemeine[n] Sach- und Fachsprache neben den verschiedenen einzelnen Sondersach- und -fachsprachen»[53] nicht mehr als eine Fiktion ist, die Hereinnahme des Sachbuches und seiner Sprache in die Schule wird bestimmt nach dem Wunsch der Autoren zu «mehr Information und Bildung auf sachlichorientierten, wissenschaftsbestimmten Gebieten»[54] beitragen und dem Deutschunterricht neue Impulse geben. Ob das Sachbuch allein einen Erziehungsbeitrag «zu einem allgemein verständlichen, sachsprachlich geprägten Code» zu leisten vermag und «die Befähigung zur Sprachbarrieren überwindenden Kommunikation»[55] vermittelt, muß jedoch bezweifelt werden. Denn es nimmt ja bereits eine Mittlerstellung zwischen Fachmann und Laie ein und ist – zumindest teilweise – nach dem Prinzip jener didaktischen Reduktion geschrieben, auf deren Gefährlichkeit im Schulunterricht I. Lisop[56] aufmerksam macht. Um selbst eine solche sprachliche Mittlerstellung einnehmen zu können, muß der Schüler auch selbst die komplexen Sprach- und Denkstrukturen kennenlernen und an ihnen Transformationsübungen vornehmen. Dann erst, im Verein mit originalen Fachtexten und unter Berücksichtigung der kommunikativen Aspekte der Sprache, erhält die Aufnahme des Sachbuches in einen fächerübergreifenden Deutschunterricht ihre volle Legitimation und Effektivität.

7.3.3.2. Fachsprachen in den berufsbildenden Schulen

Während Fachsprachliches im Deutschunterricht der allgemeinbildenden Schulen nur Teil eines differenzierten Lehrangebotes sein kann, bilden Fachsprachen in den berufsbildenden Schulen oft das notwendige Instrumentarium zur Stoffbeherrschung. Dennoch sind die berufsbildenden Schulen von einer Didaktik zur Vermittlung der fachlichen Denk- und Sprachsysteme weit entfernt. I. Lisop[57] hat am Beispiel der Wirtschaftslehre gezeigt, daß linguistische Erkenntnisse und fachsprachliche Forschungen bisher in die Curricula und in die Lehrbücher und Kompendienliteratur keinen Eingang fanden. In ihrer Analyse entsprechenden Arbeitsmaterials aus den Bereichen der Wirtschaftswissenschaften und des Rechts stellte sie fest, daß allein von der didaktischen Aufbereitung des Stoffes her die Realisierung von Chancengleichheit und gleicher Begabungsförderung in allen Institutionen und auf allen Stufen unseres Bildungssystems scheitern muß.

Der Stoff wird blockförmig gegliedert und extrem komprimiert, denn die schulische Ausbildungzeit ist kurz und der Auszubildende soll so früh wie möglich in der betrieblichen Praxis verwertet werden. Das führt in den untersuchten Lehrbüchern dazu, daß der Text, um ihn dem Sprachniveau der Schüler anzugleichen, syntaktisch auf ein Minimum reduziert wird und damit für die Beförderung der Denk- und Sprachfähigkeit nichts mehr leistet: «Da sich durch die Reduzierung weder die komplexen Strukturen der Produktion und des Absatzes noch der Eigentums- und Finanzierungsregelung für die Schüler adäquat darstellen lassen, wird als zusammenfassende und verallgemeinernde Formel der Terminus notwendig. Da dieser jedoch nicht als Begriff am Ende eines durch Sprache beförderten Erkenntnisprozesses erscheint, lernt der Schüler die Vokabel, erwirbt aber nicht die Fähigkeit, über den Gegenstand, den sie bezeichnet, denkend zu verfügen. Der Terminus bleibt kognitiv, operativ und kommunikativ funktionslos»[58].

Die Inhalte werden also nicht begriffen und können nicht frei und selbständig verbalisiert werden. Damit aber wird der nötige Transfer verhindert. Deshalb fordert I. Lisop die Entwicklung neuer Techniken didaktischer Reduktion und neue Unterrichtsverfahren, die dem Berufsschüler von seinem vorhandenen Sprach-, Denk- und Kommunikationskode her den Zugang zur Fachsprache eröffnen. Erst dann erhält er die Möglichkeit zur mündigen Teilnahme am Wirtschaftsleben. Eine Änderung der bestehenden Unterrichtsverhältnisse in diesem Sinne ist nur durch grundlegende Ausbildungsreformen zu erwarten, die zur Zeit noch von Seiten der Privatwirtschaft abgeblockt werden. Die Fachdidaktik kann allenfalls auf solche Reformen hinweisen; ihre Verwirklichung muß auf politischem Wege erreicht werden.[59]

7.3.3.3. Fachsprachen im Bereich von Freizeit und Sport

Gegenüber der Bedeutung von Fachsprachen in den beschriebenen Ausbildungssystemen ist der Erwerb und Besitz fachsprachlicher Kenntnisse im Freizeitbereich primär keine Frage politischer Verhältnisse. Wer segeln oder tennisspielen lernt, wird ohne Mühe mit den notwendigen technischen Kenntnissen die entsprechenden fachsprachlichen erlernen. Ein Segler weiß, was ein *Gaffelsegel* oder ein *Kielschwein* ist, ein Tennis-Crack kennt die Bedeutung von *Vorhand, Aufschlag* oder *lob* und ein Fußballfreund versteht Sätze, in denen von *Abseits* oder *4-3-4 System* die Rede ist[60].

Dabei spielt es keine entscheidende Rolle, ob der einzelne die exakte Bedeutung des betreffenden Terminus kennt, ihn also definieren und in ein Begriffssystem einordnen kann, so wie zum Beispiel in der Fußballfachsprache das «abseits» genau geregelt und beschrieben wird. Auch Denkspiele wie Schach erfordern zunächst kaum fachsprachliche Kenntnis. Es reicht zum Spielverständnis aus, wenn man Einblick in die Funktion des Spielmaterials und in die Spieltechnik erlangt. Das sprachliche Grundwissen, das mit dem Spiel verbunden ist und sich auf relativ wenige Termini zur Benennung der Figuren und zur Bezeichnung des Spielablaufes beschränkt (*Dame, Läufer, Rochade, matt setzen* usw.), wird der Spieler nahezu ‹von selbst› erlernen.

Die Kenntnis fachsprachlicher Zeichen ist zur Ausübung von Freizeit-Aktivitäten also nur bedingt notwendig. Denn im allgemeinen genügt es, einen Ausschnitt aus den betreffenden, oft umfangreichen Fachsprachen zu kennen, über einen Mindestvorrat fachsprachlicher Zeichen zu verfügen und eine mehr oder minder vage semantische Vorstellung zu besitzen, um an den jeweiligen Aktivitäten aktiv oder passiv teilnehmen zu können. In erster Linie stehen nicht Abstraktion und Technizität, sondern die Benennung und Wiedererkennung konkreter Sachverhalte mit Bezeichnungen, die gegenüber der Gemeinsprache teilweise nur eine besondere Ausdrucksweise darstellen. Oft sind diese Bezeichnungen an der Grenze zum Fachjargon und zur Gruppensprache angesiedelt (*Fußball: Leder* usw.)[61]. Viele dieser Sprachen im Freizeitbereich bilden Misch- und Übergangsformen zu den nicht primär sach-, sondern sozialgebundenen Gruppensprachen[62]. Sie entstehen, wenn sich die Akteure mit der betriebenen Aktivität identifizieren und eine engere Gemeinschaft bilden. Mit gruppensprachlichen Wortbildungen schaffen sie dann ein sprachliches Solidaritätsgefühl, aus dem sich in mehr oder weniger exklusiver Form – vergleichbar den speziellen Ausrüstungsgegenständen und der typischen Kleidung – sprachliche Kennzeichen der Gruppenzugehörigkeit entwickeln[63].

Über die verschiedenen Ausprägungen dieser Freizeit-Fachsprachen liegen bisher nur vereinzelt Untersuchungen vor, wohl nicht zuletzt deshalb, weil ihre gesellschaftliche Relevanz vorerst nur quantitativ von Bedeutung ist. Seitdem die Massenmedien diesem Bereich jedoch erheblichen Platz in ihrem Angebot einräumen, dürften auch hier Untersuchungen – unter Einbezug der Vermittlung zwischen Fach- und Gemeinsprache in den Medien – an Interesse und Bedeutung gewinnen.

Anmerkungen zu 7

1 Etwa R. W. Jumpelt, Die Übersetzung naturwissenschaftlicher und technischer Literatur. (326), S. V.

2 Vgl. UNESCO (Hrsg.), Scientific and technical translation and other aspects of the language problem. (333), S. 116.

3 Siehe Georges Mounin, Die Übersetzung. Geschichte, Theorie, Anwendung. München 1967, S. 152.

4 Vgl. UNESCO (Hrsg.), Scientific and technical translation and other aspects of the language problem. (333), S. 13 f.

5 Hier sei verwiesen auf die von der UNESCO und anderen Organisationen geförderten Wörterbucharbeiten (vgl. Kap. 6), auf die Konferenzen der Dolmetscher- und Übersetzer-Verbände und auf die Experimente mit maschineller Übersetzung (vgl. u. a. A. Ljudskanov, Mensch und Maschine als Übersetzer. München 1972).

6 Wir referieren nach der Darstellung bei G. Mounin, Die Übersetzung, a.a.O., S. 152 f.

7 Vgl. Wolfram Wilss, Die Bedeutung des Übersetzens und Dolmetschens in der Gegenwart. In: Volker Kapp (Hrsg.), Übersetzer und Dolmetscher. Heidelberg 1974, S. 13–25, hier S. 22.

8 Harry Spitzbardt, Die Vielschichtigkeit des Problems wissenschaftlicher und technischer Übersetzung. In: H. Spitzbardt (Hrsg.), Spezialprobleme der wissenschaftlichen und technischen Übersetzung. (332), S. 13–32, hier S. 20.

9 Ebd., S. 21.

10 Ebd., S. 15.

11 O. Kade, Aufgaben der Übersetzungswissenschaft – Zur Frage der Gesetzmäßigkeit im Übersetzungsprozeß. In: Fremdsprachen 2/1963, S. 88.

12 M. Gerbert, Technische Übersetzungen und das Problem des Fachwissens. In: H. Spitzbardt (Hrsg.), Spezialprobleme der wissenschaftlichen und technischen Übersetzung. (332), S. 59–72, hier S. 71.

13 K. Rülker, Einige Probleme der Übersetzung naturwissenschaftlich-technischer Literatur unter besonderer Berücksichtigung des pragmatischen Aspekts. In: H. Spitzbardt (Hrsg.), Spezialprobleme der wissenschaftlichen und technischen Übersetzung. (332), S. 44–58, hier S. 50.

14 Ebd., S. 22.

15 Ebd., S. 23.

16 Vgl. K. Rülker, Einige Probleme der Übersetzung naturwissenschaftlich-technischer Literatur unter besonderer Berücksichtigung des pragmatischen Aspekts, a.a.O., S. 47.

17 Ebd., S. 51.

18 Vgl. G. Mounin, Die Übersetzung, a.a.O., S. 177 f. Detaillierter informieren u. a.: Anthony G. Oettinger, Automatic Language Translation. Lexical and Technical Aspects, with particular reference to Russian. Cambridge: Harvard University Press 1960 (= Harvard Monographs in Applied Science 8); K. Brockhaus, Automatische Übersetzung. Braunschweig 1971: A. Ljudskanov, Mensch und Maschine als Übersetzer. München 1972.

19 H. Spitzbardt, Die Vielschichtigkeit des Problems wissenschaftlicher und technischer Übersetzung, a.a.O., S. 30.

20 Paul Wolfangel, Wörterbücher der Datenverarbeitung. In: Muttersprache 70. 1969, S. 85–94.

21 Vgl. u. a. R. Herzog, Die Anwendung computer-linguistischer Methoden bei der Kompilation von Fachwörterbüchern. (354); W. Hübner, Linguistische Aufgaben bei der Erarbeitung medizinischer Fachthesauri für die wissenschaftliche Information und Dokumentation. (360). Zur Entwicklung von (technischen) Begriffswörterbüchern siehe: E. Wüster, Technische Sprachnormung. Aufgaben und Stand. (319). Einen allgemeinen Überblick zum Thema ‹Wörterbucharbeit› gibt Helmut Henne im Lexikon der Germanistischen Linguistik. Tübingen 1973, S. 593 ff.

22 Alexander Lane, Das Internationale Institut für Rechts- und Verwaltungssprache. Ziele und Tätigkeit. Berlin o. J., S. 4 [Masch. verv.].

23 Vgl. zu dieser Zielsetzung Alexander Lane, ‹Mehrsprachigkeit als internationales Problem›. Aufgaben des Internationalen Instituts für Rechts- und Verwaltungssprache. In: Diplomatisches Bulletin 44. 1972, Nr. 9.

24 Vgl. über die Arbeitsmittel und Möglichkeiten des Fachübersetzers Jean Maillot, La traduction scientifique et technique. (328).

25 Joh. van Kruijssen, Die Anforderungen der gewerblichen Wirtschaft. In: Hans-Jürgen Bäse (Hrsg.), Begegnung zwischen Praxis und Lehre. Die Ausbildung zum Dolmetscher und Übersetzer. Wiesbaden 1970, S. 3.

26 Vgl. hierzu A. Lane, Möglichkeiten und Grenzen fachsprachlicher Ausbildung. (395), S. 51.

27 V. Petioky, Fachsprachen in der Übersetzer- und Dolmetscherausbildung. (402), S. 118 f.

28 Ebd., S. 119.

29 Ebd., S. 120.

30 Vgl. zu diesen Hauptrichtungen der Ausbildung V. Petioky, Fachsprachen in der Übersetzer- und Dolmetscherausbildung. (402), S. 120 f. und A. Lane, Möglichkeiten und Grenzen fachsprachlicher Ausbildung. (395), S. 50 ff.

31 In: UNESCO (Hrsg.), Scientific and technical translation and other aspects of the language problem. (333).

32 Einige Arbeiten verzeichnet unsere Bibliographie. Vgl. auch das Résumé von L. Hoffmann, Zwanzig Jahre fachsprachliche Ausbildung und Forschung an der Karl-Marx-Universität Leipzig. (388).

33 E. Beneš, Fachsprache im Unterricht. (373), S. 208.

34 Weitere Veröffentlichungen beider Autoren in unserer Bibliographie, Teil IX (Spezielle Lexikographie). Vgl. zur Anwendung statistischer Methoden ferner L. Hoffmann, Probleme der linguistischen Fundierung eines modernen fachbezogenen Fremdsprachenunterrichts. (389), und W. v. Hahn, Numerische Untersuchungen in der Fachsprachenforschung. (51).

35 Gemeint ist P. Guiraud, Problèmes et méthodes de la statistique linguistique. Dordrecht 1959. Vgl. L. Hoffmann, Probleme der linguistischen Fundierung eines modernen fachbezogenen Fremdprachenunterrichts. (389), S. 286.

36 Ebd., S. 287.

37 H. Eisenreich, Zur Ermittlung und Bedeutung von Sachwortschätzen für den fachbezogenen Unterricht. (378). Vgl. zu dieser Thematik auch Gerhard Fischer, Zur Auswahl eines fachsprachlichen Grundwortschatzes. In: I. Schilling, Linguistische und methodologische Probleme einer spezialsprachlichen Ausbildung. (410), S. 152–160.

157

38 Siehe zu den Ergebnissen H. Eisenreich, Zur Ermittlung und Bedeutung von Sachwortschätzen für den fachbezogenen Unterricht. (378), S. 303.

39 Beispiel ebd., S. 309.

40 Vgl. hierzu und allg. W. Reinhardt, Zu einigen Problemen des fachspezifischen Lehrbuches. (406), S. 41 f. und E. Beneš, Eine Sonderform von Lehrbüchern für den Fremdsprachenunterricht: das Lehrbuch für Wissenschaftler. In: Deutsch als Fremdsprache 4. 1968, S. 45 ff.

41 Siehe Bibliographie, Teil X (Fachsprachen in Ausbildung und Unterricht).

42 Max Hueber – Verlagskatalog: Fremdsprachen in Wirtschaft, Recht und Technik. Ismaning/München o. J., S. 12.

43 Kurze Beschreibungen der laufenden Projekte bieten die von den Organisationen CILT (2) und CREDIF (63) herausgegebenen Dokumentationen. 1973/74 hat die «Deutsche Forschungsgemeinschaft» Forschungen über Sprachlehrprogramme initiiert, die auch fachsprachliche Lehrprogramme einschließen sollen. – Als Beispiel einer Dissertation sei genannt: Guenther Hirsch, Die Entwicklung von Fertigkeiten und Fähigkeiten im verstehenden Hören in der spezialsprachlichen Ausbildung der Universitäten und Hochschulen (durch außerunterrichtliche Verwendung methodisch aufbereiteter Tonbänder), Diss. PH. Dresden 1972 [Masch.].

44 V. Petioky, Fachsprachen in der Übersetzer- und Dolmetscherausbildung. (402), S. 122.

45 Vgl. zur Diskussion dieser Richtlinien u. a. H. Christ [u. a.], Hessiche Rahmenrichtlinien. Analyse und Dokumentation eines bildungspolitischen Konflikts. Düsseldorf 1974: N. Altenhofer [u. a.], Die Hessischen Rahmenrichtlinien für das Fach Deutsch in der wissenschaftlichen Diskussion. Kronberg/Ts. 1974.

46 Unterrichtsmaterialien zu den Rahmenrichtlinien. Deutsch, Sekundarstufe I, 7./8. Jahrgangsstufe, hrsg. vom Hessischen Kultusminister. Frankfurt a. M. o.J. [erschienen sind u. a. Materalien zum Thema ‹Sprache und Recht› und ‹Umgang mit Wissen›].

47 Jürgen Habermas, Technischer Fortschritt und soziale Lebenswelt. In: Technik und Wissenschaft als ‹Ideologie›. Frankfurt a. M. 1968, S. 114.

48 Sprachbuch A/B 7, Lehrervorwort. Stuttgart 1972, S. 2.

49 Etwa C. Siefer, Die Sprache der Naturwissenschaft und der Technik im Unterricht der 10. Klasse. (412); F. Hebel, Sprache der Wirtschaft. Eine kritische Leseübung in Klasse 10. (386); H. Ivo / D. Roth, Juristische Texte im Deutschunterricht. (390); Gerhart Wolff, Vertragstext: Kfz-Reparatur (Unterrichtsmodell

für das 11./12. Schuljahr). In: Praxis Deutsch 1. 1974, H.2,
S. 57–60. Arbeitsmaterialien zum Thema für die Sekundarstufe
liegen von den Verlagen Klett und Reclam jun., Stuttgart, vor
(382; 379). Für 1975/76 hat die Zeitschr. «Praxis Deutsch» ein
Themaheft ‹Fachsprache› mit Unterrichtsmodellen angekündigt.
50 (366).
51 Vgl. hierzu auch die mit V. Arnolds Analyse übereinstimmenden
Beobachtungen bei H.-R. Fluck [u. a.], Zur Sprache des Wirtschaftsteils von Tageszeitungen – eine Unterrichtseinheit in der
Berufsschule. (381).
52 Artur Schütt / Brigitte Stuflesser, Das Sachbuch im Deutschunterricht. Düsseldorf 1972, S. 63.
53 Ebd., S. 62.
54 Ebd., S. 65.
55 Ebd., S. 63.
56 I. Lisop, Die Denk- und Sprachsysteme der Wirtschaftswissenschaften und des Rechts in der Didaktik der Wirtschaftslehre.
(397).
57 Ebd., bes. S. 167 ff.
58 Ebd., S. 177.
59 Vgl. zu diesem Aspekt u. a. die Diskussionsbeiträge von Heinz
G. Golas und Heinz Brakemeier, in: H. G. Golas (Hrsg.), Didaktik der Wirtschaftslehre. Situation, Diskussion, Revision. München 1973, S. 9–35 und S. 73–83.
60 In den Massenmedien wird bereits ein so großer Bekannt-
heitsgrad von Fachausdrücken populärer Sportarten vorausgesetzt, daß schon gelegentlich Fachwort-Parodien verbreitet
werden, etwa: «Vorstopper: Polizist vor dem Stadion ... Sturm-
spitzel: Stürmer, der gekauft wurde ... Dribbling: englische Bezeichnung für das lästige Laufen der Nase, z. B. bei Hitze oder
Verschnupfung des Spielers ... Maßgerechter Paß: Ausweis für
Spieler, genau in der Größe der Reisetasche» (verbreitet u. a. in
der «Badischen Zeitung», Freiburg, vor der Fußballweltmeisterschaft 1974 unter dem Titel ‹Fachausdrücke: Fußball für Laien›).
61 Vgl. zu dieser Abgrenzungsproblematik u. a. H. Dankert, Sportsprache und Kommunikation. (152).
62 Zur Abgrenzung und Erforschung der Soziolekte siehe u. a. Dieter Möhn, Gruppensprachen. In: Lexikon der Germanistischen
Linguistik. Tübingen 1973, S. 279–283.
63 Vgl. zu diesem differenzierten Entstehungsprozeß und den ihn
bestimmenden Faktoren ebd., S. 279 ff.

8. Fach- und Gemeinsprache

Mit der Frage nach dem Verhältnis von Fach- und Gemeinsprache sowie den wechselseitigen Beziehungen beider Sprachsysteme berühren wir ein zentrales Thema fachsprachlicher Forschung. Im folgenden geht es jedoch nicht um die bereits zu Beginn dieser Arbeit erörterte Problematik der Abgrenzung von Fach- und Gemeinsprache, also nicht um das Trennende, sondern im Vordergrund der Betrachtung stehen die vielseitigen Verbindungen beider Realisierungen des Sprachsystems. Insbesondere gehört dazu der Einfluß der Fachsprachen auf die Gemeinsprache.

8.1. Einfluß der Fachsprachen auf die Gemeinsprache

Die oben getroffene Akzentsetzung ergibt sich, da der fachsprachliche Einfluß auf die Gemeinsprache hinsichtlich ihrer Lexik, ihrer Syntax und ihrer Denkformen durch grundlegende Veränderungen im kommunikativen Bereich in einer ständigen – manchen sogar bedrohlich erscheinenden[1] – Zunahme begriffen ist. Fachsprachliche Elemente wurden zwar zu allen Zeiten in die Gemeinsprache übernommen, vor allem wirkten die Fachsprachen auf den Wortschatz und auf Redewendungen ein (etwa *Anker, im Trüben fischen, auf dem Holzweg sein* usw.), nie zuvor aber hatte der Austausch zwischen Fach- und Gemeinsprache die derzeitigen Ausmaße erreicht. L. Mackensen stellte bei einer Zählung fest, daß von 33 470 umgangssprachlichen Wörtern 3 763 (i. e. 11,21 %) aus der Technik stammten oder technischen Inhalts waren[2].

Neben der Technik, die L. Mackensen als den heute größten Auftraggeber und Transformator im Bereich der Sprache ansieht[3], sind es die Wissenschaften, die mit ihren Fachsprachen die Gemeinsprache am nachhaltigsten beeinflussen. Beide, Wissenschaft und Technik, wirken in erster Linie über die Konsumtionssphäre auf die Gemeinsprache ein, mag es dabei nun um die Konsumtion von technischen Gütern (Fernsehgerät, Auto) oder um die Konsumtion von Wissen im umfassendsten Sinne

160

(Raumfahrt, Herztransplantation, Hausbau) gehen. Eine Wirkung ergibt sich vor allem dort, wo wissenschaftlich-technischer Fortschritt über die Produktion auf das alltägliche Leben des einzelnen zurückwirkt, wo sich reine und angewandte Wissenschaft berühren. Von hier aus dringen auch wissenschaftliche Fachsprachen in immer neuen Schüben in die gesamtgesellschaftliche Diskussion und damit in die Gemeinsprache ein. Dieser Sachverhalt ermöglicht es, anhand des Bestandes fachsprachlicher Elemente im gemeinsprachlichen Wortschatz Rückschlüsse auf den technischen Entwicklungsstand und die Kultursoziologie einer Sprachgemeinschaft zu ziehen[4].

Die Feststellung, daß unser heutiges Deutsch in stärkerem Maße als früher von den Fachsprachen mitbestimmt wird[5], läßt sich für die Lexik, die Syntax und gewisse Denkformen im einzelnen nachweisen. Exakte Daten über den Gesamteinfluß oder die Zahl fachsprachlicher Elemente in der Gemeinsprache liegen allerdings nicht vor. Dieser Mangel hängt mit der Schwierigkeit der Abgrenzung beider Realisationssysteme und ihrer Definition zusammen. Weder die Fachsprachen, noch die Gemeinsprache sind hinreichend charakterisiert, ganz abgesehen vom Problem des Verhältnisses von gesprochener und geschriebener Sprache. In vielen Einzelfällen wird es deshalb umstritten bleiben, ob man nun ein Fachwort noch als spezialsprachlich oder bereits als gemeinsprachlich, das heißt als voll integriertes (aktiv und passiv) Element im gemeinsamen Zeichenvorrat aller Sprachteilhaber, betrachtet. Zumal ja der gemeinsame Zeichenvorrat entsprechend der Ausbildung, dem Intellekt usw. variiert.

Genauere Daten ließen sich zwar mit Hilfe von sprachwissenschaftlichen Tests wie Lücken- oder Ratetests gewinnen, doch wird vorerst der Aufwand im Vergleich zur Bedeutung der Ergebnisse für eine Gesamtanalyse nicht vertretbar sein. Zu fordern und zu vertreten ist ein solches Vorgehen jedoch dann, wenn – wie bei Rundfunk- oder Fernsehnachrichten – unter dem Anspruch der Allgemeinverständlichkeit Informationen verbreitet werden, die aufgrund ihrer komplexen Satzstruktur und ihrer differenzierten, teilweise fachsprachlich geprägten Lexik von der Mehrheit nicht mehr verstanden werden und somit auch nicht für eine politische Orientierung in unserer Gesellschaft genutzt werden können[6].

Fachsprachen bzw. fachsprachliche Elemente dringen auf

verschiedenen Wegen in die Gemeinsprache ein. Das wichtigste Transportmittel bilden heute die Massenmedien, die ständig über neue Techniken und neue Erkenntnisse berichten. Ferner sind es die Fach- und Sachbücher, die für eine breite Öffentlichkeit als Informationsquelle über Spezialgebiete dienen. Zum dritten ist es die Wirtschaftswerbung, die sich für den Produktverkauf in mehr oder weniger starkem Maße und aus unterschiedlichen Motiven fachsprachlicher Elemente bedient und diese in der Gemeinsprache verbreitet.

8.1.1. Einfluß auf die gemeinsprachliche Lexik

Der fachsprachliche Einfluß auf die gemeinsprachliche Lexik zeigt sich zunächst in einer ungeheueren Vermehrung des Wortschatzes. Diese erstreckt sich vor allem auf die Bereiche Wissenschaft, Technik, Politik und Wirtschaft, Bereiche also, die den Staatsbürger unmittelbar betreffen. Sie erfaßt ferner den unmittelbaren Arbeits-, Ausbildungs- und Freizeitbereich. So hört und weiß der einzelne heute von *Herzinfarkt, Hormonen* und *Vitaminen,* von *Atomreaktoren, Raumstationen, Konjunkturzyklen* ... Durch die Massenmedien nimmt er an einer Vielzahl von Ereignissen und Entwicklungen teil. Mit ihrer laufenden Berichterstattung bringen sie ihm – ganz abgesehen von speziellen Informationsprogrammen über wissenschaftliche Fragen wie «Aus Forschung und Technik» (Fernsehen) oder «Ruf: Heidelberg... die Wissenschaftsredaktion antwortet» (SDR) – ständig neues Wortmaterial, das dann mehr oder weniger bewußt aufgenommen, verarbeitet und teilweise in den Individualwortschatz eingefügt wird.

Daneben wirken die Fachsprachen, unter ihnen die alten Handwerkersprachen, in unzähligen Bildern, Metaphern, Vergleichen und Redewendungen auf die gemeinsprachliche Lexik ein[7]. War es zuerst der bäuerliche Wortschatz, der die Gemeinsprache bereicherte (*etwas aufgabeln, Lob ernten* usw.), dann trugen in der Folgezeit die unzähligen, meist regional und dialektal bestimmten Fachsprachen der Handwerker zur Erweiterung des gemein- und umgangssprachlichen Wortschatzes bei. Ihre Bezeichnungen erhielten oft – wie F. Maurer darlegt – «bildhafte und affektgeladene Bedeutung»[8] (*Fuchsschwanz*

‹Sägewerkzeug›, *Leiche* ‹fehlendes Wort›). Die Sprachgeschichten liefern hierzu weitere anschauliche Beispiele. Heute sind es die modernen wissenschaftlich-technischen Bereiche wie Physik, Medizin, Soziologie, Verkehrswesen, Filmtechnik oder Sport, die als Hauptreservoir für Wortübernahmen dienen. Vielfach tauchen sie zuerst in der Umgangssprache auf: *Leerlauf, starten, entgleisen, Mattscheibe haben, Kurzschluß auslösen, filmen, tippen, gleiche Wellenlänge haben, Schrittmacherdienste leisten, in Form sein*[9].

Groß ist insbesondere der Einfluß der Fachsprachen aus Technik, Sport und Wehrwesen, der sich in der Schriftsprache ebenso wie in der gesprochenen Sprache zeigt: wir arbeiten *auf vollen Touren*, verursachen *Entgleisungen*, nehmen *Kontakt* auf, wir *nehmen* eine *Hürde*, besteigen das *Sprungbrett* zum Erfolg, *sammeln Punkte, boxen* uns *durch* und setzen irgendwann zum *Endspurt* an; wir leisten jemanden *Schützenhilfe*, bestimmen Ziele und *Marschrichtung* oder versuchen gegnerische Pläne zu *torpedieren*.

Sprachkritiker haben diese Erscheinung als Anzeichen für eine Technisierung, Versportung und Militarisierung der deutschen Sprache gedeutet[10]. Der Sachverhalt wird mit dieser Kritik indes nicht getroffen. Zweifellos haben die genannten Bereiche als Reservoir für metaphorische Ausdrücke die alten Fachsprachen, etwa aus der Schiffahrt oder dem Bergbau abgelöst, doch ist das eine durchaus ‹natürliche› Erscheinung, die mit der wachsenden Bedeutung neuer Kommunikationsbereiche für das Leben des einzelnen parallel läuft; Technik ist heute aus nahezu keinem Lebens- und Arbeitsbereich mehr wegzudenken, zwei Weltkriege und obligatorischer Wehrdienst bringen einem Großteil der Bevölkerung militärische Inhalte nahe, die aktive und passive Teilnahme an Sportveranstaltungen geht in die Millionen.

Das wachsende Interesse am Sport zeigt sich nicht zuletzt in der Einführung des Berufssports (Tennis, Boxen, Fußball, Ski usw.) und seiner Durchführung im internationalen Rahmen. Diese Enwicklung findet ihren Niederschlag in den Massenmedien, wo der Sportanteil eine quantitativ und sprachlich relevante Größe darstellt. Nach H. Reuther[11] betrug 1959/60 der Anteil des Sports am Gesamtumfang der Tageszeitungen (einschließlich Werbung und Anzeigen) 8,5%, des Rundfunkprogramms 1,4%, des Fernsehprogrammes 13,8% (an der «Tagesschau» 21,6%) und an der Filmwochenschau 25,1%. Inzwischen dürften diese Prozentzahlen in einzelnen Sparten wesentlich höher liegen. Auf jeden Fall geben die angeführten Zahlen eine Vorstellung von der Breitenwirkung, die dem Sportberichterstattung heute – auch in sprachlicher Hinsicht – zukommt.

Bleibt noch der Vorwurf, daß die Fachsprachen zur «Ent-Menschlichung» der Sprache beitragen[12]. Er wird dort erhoben, wo Einzelpersonen zu abstrakten Größen summiert werden, zum Beispiel zu *Krankenmaterial, Abgabepflichtigen* oder *Verkehrsteilnehmern.* Solche Bezeichnungen, sagen die Sprachkritiker, entwürdigen den Menschen und degradieren ihn zum Objekt. Das kann in einzelnen Fällen zutreffen. Generell muß dieser Meinung aber entgegengehalten werden, daß eine derartige unpersönliche und abstrakte Redeweise meist durch Massenaufgaben sachlich begründet ist, – ähnlich wie in der Gemeinsprache eine Kollektivierung von Menschen und von Menschen getragenen Institutionen üblich und notwendig ist: Man spricht mit der *Auskunft,* fragt seine *Bank* um Rat ...

Durch die Fachsprachen finden auch zahlreiche Fremdwörter in den nationalsprachlichen Wortschatz Eingang. Ihre Zahl ist abhängig von den jeweiligen Techniken oder Kenntnissen, die ein Land aufzuweisen hat, und von der nationalsprachlichen Transformationskraft. Für den deutschen Wortschatz einige nach Fächergruppen geordnete Beispiele:

Wirtschaft: *Boom, Investmentzertifikat, Multinationale Gesellschaften* (Abk.: *Multis), Stagflation, Test*

Technik: *Computer, HiFi* (high fidelity), *Jet, Live-Sendung*

Wissenschaft: *frustrieren, Element, Paper* (Arbeitsunterlage), *verifizieren*

Kunst: *Festival, Gag, Hit, Jazzband, Rock-time*

Nach H. Eggers[13] zählt der aus den Fachsprachen in die Gemeinsprache übernommene Wortschatz nach Hunderten, J. Scherzberg[14] spricht in ihrer Dissertation über den Einfluß der wissenschaftlich-technischen Entwicklung auf die Lexik der deutschen Sprache der Gegenwart, der eine vergleichende Analyse von Zeitungen aus den Jahren 1822, 1892 und 1964 zugrunde liegt, von einer ‹enormen› Erhöhung der Fachwörter in diesem Material, vor allem aus den Bereichen Naturwissenschaft und Technik. Bei der Übernahme metaphorischer Wendungen liegen die Fachbereiche Verkehrswesen sowie Elektro- und Militärtechnik an der Spitze.

Über den genauen Bestand an Fachwörtern in der Gemeinsprache liegen, wie oben erwähnt, keine Angaben vor. Es fehlt jedoch nicht an einigen verallgemeinernden Angaben zu diesem Problem. So stellt D. Möhn fest, daß man im Miteinander von Fach- und Gemeinsprache regional mit «wechselnden Schwerpunkten»[15] zu rechnen habe, insofern als zum Beispiel in Rüsselsheim oder Wolfsburg die Automobilterminologie oder in Ludwigshafen, Frankfurt-Höchst und Leverkusen der Wortschatz der chemischen Industrie besonders stark verbreitet sind. Außerdem wirkt das jeweilige, oft auch gesteuerte, allgemeine Interesse an bestimmten Fachbereichen wie Raumfahrt, Sexualforschung usw. darauf ein, ob und inwieweit Begriffe und Fachtermini aus diesen Bereichen in die Gemeinsprache eindringen oder herübergeholt werden (*Umlaufbahn, Orgasmus* usw.)[16].

Nimmt man die Produktion einsprachiger deutscher Lexika und Fachwörterbücher als Index für das Allgemeininteresse, werden derzeit folgende Fachgebiete besonders geschätzt: Biologie, Chemie, Datenverarbeitung, Kybernetik, Medizin, Pädagogik, Physik, Politik, Psychologie und Psychiatrie, Raumfahrt- und Raketentechnik, Soziologie, Sprachwissenschaft, Umweltschutz und Wirtschaft[17].

Durch aktuelle Ereignisse wie etwa Raketenstarts, Fußballweltmeisterschaft, Ölkrise usw. wird die zeitweilige Dominanz bestimmter Fächer immer wieder durchbrochen oder durch eine aus verschiedenen Gründen (psychologische, ökonomische, politische usw.) bewirkte Verlagerung des Allgemeininteresses abgelöst. Insofern kann die Lexik, in der sich jede Veränderung zunächst niederschlägt, tatsächlich eine Art «Spiegel der Zeit» sein und als kultursoziologisches Dokument über die Bewußtseinslage und den zivilisatorischen Entwicklungsstand einer Sprachgemeinschaft Auskunft geben.

8.1.2. Einfluß auf die gemeinsprachliche Syntax.

Auf den Gebrauch grammatischer Mittel in der Gemeinsprache haben die Fachsprachen in unterschiedlichem Maße eingewirkt. An erster Stelle ist die Substantivierungstendenz der Fachsprachen zu nennen, die den Trend der Gemeinsprache zum Nominalstil verstärkt. Dieser Trend resultiert aus dem modernen Bestreben, in knapper und präziser Form möglichst viel an Inhalt zu übermitteln und gründet auf neuen sprachlichen Verknüpfungsmöglichkeiten[18]. Durch den bevorzugten Gebrauch von Funktionsverben und satzersparenden Wortkomposita (substantivierte Verben, präpositionale Attributierungen) in Form hauptsächlich unfester Bildungen wird der Ausbau der nominalen Gruppen gefördert. Beide sind für die heutigen wissenschaftlich-technischen Fachsprachen charakteristische Mittel, die eine große Flexibilität im Satzbau erlauben.

Beispiele:

> *zum Ausdruck bringen, Beschluß fassen, zur Abstimmung kommen; gesellschaftsrelevant, liquidierbar, sozialgebunden; Höherqualifizierung, Sprachteilhaber* usw.

Zu dieser Flexibilität gehört auch die über die Fachsprachen in die Gemeinsprache vordringende stärkere Nutzung bestimmter morphologischer Mittel, die neue Fugungsmöglichkeiten und Satzverkürzungen ergeben:

> stärkere Nutzung der *-er* Ableitungen *(Bildwerfer, Fernschreiber, Müllschlucker);*

> Neubelebung von Femininbildungen auf *-e (Frische, Leuchte, Spüle);*

> Augenblicksbildungen mit generalisierender Tendenz (Adjektive und Substantive) *(abriebfest, kochecht, Rundumverglasung, säurefrei, vollautomatisch);*

> häufigerer Präfixgebrauch *(ab-, an-, be-, ver-* usw., zum Beispiel *abkassieren, belüften, verformen).*

Weitergehende Angaben erlaubt der aktuelle Stand der Syntaxforschung nicht. Man wird jedoch allgemein feststellen dürfen, daß der fachsprachliche Einfluß auf die Gemeinsprache so wie bei der Lexik auch bei der Syntax im Zunehmen begriffen ist[19]. Für die Prognose gemeinsprachlicher Entwicklungen muß deshalb die Einwirkung der Fachsprachen angemessen berücksichtigt werden, da sich neue Erscheinungen oft hier zuerst ankündigen.

8.1.3. Die «Intellektualisierung» der Gemeinsprache

Die Einwirkung der wissenschaftlich-technischen Fachsprachen im syntaktischen und lexikalischen Bereich hat auch zu einer qualitativen Veränderung der Gemeinsprache geführt, die als «Verwissenschaftlichung» oder «Intellektualisierung» umschrieben wird. Dabei handelt es sich allerdings nicht um eine von der Sprache ausgehende Erscheinung, sondern um einen von der gesellschaftlichen Entwicklung abhängigen Vorgang. Er wird getragen von der zunehmenden Ausbreitung wissenschaftlich-technischen Denkens über die verschiedensten Kommunikationskanäle und durch die vom wissenschaftlich-technischen Fortschritt in Gang gebrachte rapide Umwälzung unserer Lebensverhältnisse.

Zunächst wurden die Fachsprachen selbst dieser «Intellektualisierung» unterworfen. Sie besteht nach einer bereits 1932 von B. Havránek, einem führenden Vertreter des Prager Linguistenkreises, vorgetragenen These, in einer Verstärkung der intellektuellen Seite, die es der Sprache auch bei abstrakten Sachverhalten ermöglicht, «den Zusammenhang und die Kompliziertheit des Denkens auszudrücken»[20]. Die genannte Verstärkung betrifft primär die Lexik, erfaßt aber auch Teile der Syntax. Im syntaktischen Bereich wäre in erster Linie der Zug zur Präzisierung, Informationsverdichtung und Ausdrucksökonomie zu nennen, der sich in der Anwendung der oben beschriebenen Mittel wie Funktionsverben, präpositionale Fügungen, Augenblickkomposita und den damit realisierten Satzverkürzungen zeigt[21].

Im lexikalischen Bereich erfolgt die «Intellektualisierung» der Gemeinsprache unter dem Einfluß der wissenschaftlich-technischen Fachsprachen nach W. Schmidts Thesen derzeit vor allem dadurch, daß «1. Fachausdrücke für Gegenstände und Erscheinungen der geistigen und materiellen Kultur aus den entsprechenden Fachsprachen in die Gemeinsprache eindringen,

[z. B. *Begriff, Basis, Perspektive, Analyse; Waschautomat, Reglerbügeleisen, Durchlauferhitzer*],

2. der Bedarf an neuen Bezeichnungen, der mit der Entwicklung im Bereich der materiellen Kultur entsteht, durch die Spezialisierung bereits vorhandener gemeinsprachlicher Wörter gedeckt wird

[z. B. *Stromnetz, Verkehrsfluß, Fertigungsstraße*],

3. Einerseits spezialisierende Ausdrücke bevorzugt werden, die sich durch Eindeutigkeit auszeichnen [*Weltrohstoffmärkte, Weltklasseläufer, Fernsprechvermittlungsanlage, Frischfleisch, Supermarkt*], und

4. andererseits Ausdrücke (meist Abstrakta) mit weitem Bedeutungsumfang, die der Generalisierung dienen, häufige Verwendung finden

[*Anlage, Element, Struktur, Objekt; -arm, -intensiv, -fest* usw.]»[22].

Die letztgenannte Verwendung von generalisierenden Abstrakta dringt in immer weitere Lebensbereiche ein, erfaßt Alltägliches und ruft dann die Sprachkritiker auf den Plan. Tatsächlich gibt es derzeit modische Verwendungsweisen, in denen uns etwa Worte wie Struktur oder System subjektiv falsch am Platze, zu anspruchsvoll oder zu unpräzise zu sein scheinen (etwa, wenn von einem *Rasiersystem* die Rede ist). Im allgemeinen kann aber anhand der in den Wörterbüchern verzeichneten Komposita mit diesen Grundwörtern – ihre Zahl übersteigt oft 100 – festgestellt werden, daß sie durchaus sinnvoll verwendet werden. Sie dienen der Bezeichnung meist umfassender, gegliederter und geordneter Zusammenhänge und Einheiten, deren Beschreibung mit anderen Worten schwierig, wenn nicht unmöglich würde: *Abwehrsystem, Baukastensystem, Bildungssystem, Buchungssystem, Cassettensystem, Informationssystem, Kontaktsystem, Maschinensystem, Regelungssystem, Steuerungssystem, Vertriebssystem, Wettsystem*[23].

Eine Gefahr übertriebener Intellektualisierung, die zu Kommunikationsstörungen oder zur Verhaftung in vorgegebenen Denkformen führen könnte, besteht indessen nicht, da sie – wie L. Mackensen nachweist[24] – nur eine Teilerscheinung der modernen Sprachentwicklung darstellt. Außerdem wirkt dieser Intellektualisierung von «oben» eine transformatorische Kraft von der Basis und der gesprochenen Sprache her entgegen, «die in unsern ‹Werkstättensprachen› dafür sorgen, daß unsere Sprechweise farbig und vertraut bleibt»[25]. Entscheidender als diese ‹Farbigkeit› der Sprache ist letzlich ihre Eignung, allen Sprachteilhabern als Instrument ihres Denkens und Handelns und als verläßliches Kommunikationsinstrument dienen zu können.

8.2. Funktionen fachsprachlicher Elemente in der Gemeinsprache

Außer einer sich aus dem alltäglichen Kontakt mit der Gemeinsprache ergebenden und zumeist sachlich begründeten Übernahme fachsprachlicher Elemente in die Gemeinsprache gibt es noch weitere Übernahmen. Sie liegen auf einer anderen Ebene und haben eine andere Funktion: zum einen die Funktion als literarisches Stilmittel, zum anderen die Funktion als Verkaufshilfe im Bereich der Warendistribution, und zwar vielfach dort, wo keine sachliche Notwendigkeit für fachsprachliche Bezeichnungen besteht.

8.2.1. Einsatz fachsprachlicher Elemente in der Werbesprache

Die Werbesprache, wie sie dem Konsumenten in Werbespots, Anzeigen, Prospekten usw. entgegentritt, bildet keine Fachsprache. Denn sie dient nicht zur Verständigung unter Fachleuten über ein bestimmtes Sachgebiet, sondern dazu, bei einer oder mehreren Zielgruppen Wünsche zu wecken und Produkte der verschiedensten Art und Qualität zu verkaufen, – vom Toilettenpapier bis zu Ferienglück und Fortbildung, von Schmierseife bis zu Wahlprogrammen. Diese für die Öffentlichkeit bestimmte Sprache wird auch als Reklame- oder Propagandasprache bezeichnet[26].

Die eigentliche Fachsprache der Werbeleute, mehrfach als «Werbechinesisch» oder «Werbekauderwelsch» kritisiert[27], ist hingegen eine interne Berufssprache, die «zur Verständigung über die handwerklichen, künstlerischen und ökonomischen Angelegenheiten des Werbefaches»[28] dient. Elemente dieser Fachsprache, die stark vom Englischen beeinflußt – Amerika war und ist noch das Vorbild für Werbeagenturen anderer Kontinente – und mit Ausdrücken aus Werbepsychologie und Marketing durchsetzt ist, werden der Öffentlichkeit allenfalls über Stellenanzeigen in überregionalen Tageszeitungen oder durch Fachblätter präsentiert, zum Beispiel[29]:

advertising-Fachmann	‹Anzeigenfachmann›
folder	‹Faltprospekt›
FFF-Producer	‹Werbefachmann für Film, Funk, Fernsehen›
Layouter	‹typographischer Gestalter von Werbedrucksachen›
public-relation-Mann	‹Fachmann für Öffentlichkeitsarbeit›
sales promotion	‹Verkaufsförderung›
split-run-test	‹Methode zur Überprüfung der Wirkung von Anzeigen›

Entgegen dieser Werbefachsprache, die sich auf einen kleinen Benutzerkreis beschränkt, ist die Sprache der Wirtschaftswerbung eine ‹öffentliche› Sprache. Dennoch differenziert U. Ammon zu wenig, wenn er – mit Bezug auf «vernünftige» gesellschaftliche Verhältnisse – behauptet, «daß die Fachsprache der Warendistribution im Grunde mit der Gemeinsprache zusammenfällt in der Kennzeichnung und Bezeichnung der fertigen Waren, die in die Konsumtionssphäre einmünden»[30]. Denn ohne Zweifel gibt es zahlreiche hochspezialisierte Produkte, für die man in Werbung und Verkauf nicht ohne eine fachsprachliche Ausdrucksweise auskommt, wenn man den Käufer ausreichend informieren will, zum Beispiel bei phototechnischen Geräten:

«Synchronisierter Schlitzverschluß von 1 Sek. (bei Modell D von 9 Sek.) bis 1/1000 Sek. – echte Wechselobjektive von 24 bis 1000 mm – Zubehör für Mikro- und Makrophotographie u. a. m. – Lichtschacht- oder Prismensucher – Schnittbildentfernungsmesser – auswechselbare Mattscheibe – Filmschnelltransport mit Verschlußaufzug gekoppelt (Edixa-Mat Reflex, Kamera)»[31].

Bedenklich aber wird die Verwendung von fachsprachlicher Ausdrucksweise und Fachwörtern dort, wo die sprachliche Kennzeichnung der Waren und der ihnen zugeschriebenen Eigenschaften mit Wörtern der Gemeinsprache nicht nur ausreichen würde, sondern – wie etwa bei den Angaben *fungizid, bakterizid* oder *rahmhomogenisiert* – aufschlußreicher wäre. Denn allzu oft dient die Verwendung von Fachwörtern oder pseudowissenschaftlicher Ausdrucksweise in der Wirtschaftswerbung allein dazu, fachliche Qualität und Perfektion zu suggerieren, mit Sprache zu imponieren und die Autoritätsgläubigkeit vieler

Konsumenten gegenüber Fachleuten bewußt auszunutzen. Anstatt die Eigenschaften einer Ware zu erhellen, dient das Fach- oder Pseudo-Fachwort der Manipulation, die «bis zur Irreführung des Käufers»[32] gehen kann. Damit wird die Funktion des Fachwortes – präzise, ökonomische Bezeichnung von Sachverhalten – pervertiert. Ein Werbespezialist wie P. Teigeler empfiehlt zwar, «abstrakte Wörter, Fachausdrücke und Fremdwörter»[33] zu vermeiden, wenn beim Adressatenkreis nicht mit einer hohen Vorinformation über die darzustellenden Sachverhalte zu rechnen ist, doch ist dieser Rat unter den Werbetextern noch keineswegs zum Allgemeingut geworden.

Diese Tatsache wird besonders deutlich bei Warennamen, die durch Formelhaftigkeit oder die Verwendung von Zahlen den Anschein wissenschaftlich-technischer Seriosität erwecken wollen, zum Beispiel:

K 2 r (Fleckenentfernungsmittel), *Braun S M 3* (Rasierapparat), *Diplomat-Großraummine No. 195 Super D*[34].

Ferner zeigt sich das Bemühen um Aufwertung der Produkte in den Appellen an die Irrationalität bei der Angabe von Wirkstoffen und Wirkstoffkombinationen, die für den Konsumenten keinerlei Informationswert besitzen und oft nur Phantasienamen darstellen: *Sunil mit Heliopur* (vermutlich aus griech. helios und lat. purus), *Rp 27* (Anti-Schmerzwirkstoff), *Anti-Enzym BX, Wirkstoff FBS, Wirkstoffkombination LD 3, Wirkstoff Sylvan* (Haarspray).

Gelegentlich führen die angeführten Tendenzen bis zu naturwissenschaftlichen Abhandlungen ähnlichen Werbetexten: «supradont-Zahnpasta:

Die Wirkstoffe, insbesondere die Magnesium- und Hydroxocuprat-Ionen, hemmen in hervorragender Weise die Karies und beugen wirksam der Paradontose vor. Die Magnesium-Komponente dringt tief in das Zahnfleisch ein (...) Die Hydroxocuprat-Komponente säubert vor allem (...)

Jarl – das Haar-Frisch-Tonicum mit den naturkräftigen Wirkstoffen: Jarl-Haar-Frisch-Tonicum ist eine Wirkstoffkombination für Kopfhaut und Haar; sie enthält: Natriumpantothenat (gegen Schuppenbildung), Biotin (gegen Schäden der Kopfhaut), Meso-Inosit (zur Förderung des Haarwuchses), Äthylalkohol in Verbindung mit reinem Menthol (zur Förderung der Durchblutung) und Polyoxyäthylensorbitanmonolaurat, die sog. ‹Gleitschiene›, die Jarl direkt an die Haarwurzeln bringt»[35].

Daneben produzieren heute die Werbeleute, auf der ewigen Suche nach Neuem, zahlreiches Wortmaterial analog fachsprachlicher oder fachsprachlich besonders produktiver Wortbildungsweisen. Zu ihnen zählen u. a. Wortzusammensetzungen mit Adverbien als Bestimmungswort *(Schnellkühlfach, schnitt- und kratzfest)*, Zusammensetzungen mittels Bindestrich *(Fett-Probe, Haar-Frisch-Tonicum)*, Adjektivbildungen mit *-frei* und *-los* als Ausdruck einer erwünschten Abwesenheit *(bügelfrei, befestigungsfrei, störungsfrei)*, Komposita vom Typ Adjektiv + Partizip I oder II, die nach L. Drozd/W. Seibicke zu den «besonderen Leistungen»[36] der Fachsprachen zählen, Komposita vom Typ Substantiv + Partizip II *(kurzgeschnitten, frischgemolken; gasbeheizt, gefriergetrocknet, kurzzeiterhitzt)* sowie mehrteilige, Satz- oder Präpositionalgefüge ersparende Zusammensetzungen *(Frischhaltebeutel, Klarsichtpackung, Unterbodenkonservierung)*.

Die Funktion dieser Bildungen in der Werbesprache ist teilweise die gleiche wie in den technischen Fachsprachen. Sie dienen dazu, einen Sachverhalt knapp und treffend auszudrücken. Teilweise werden solche Raffwörter jedoch auch nur dazu gebildet und eingesetzt, um dem Werbetext den Reiz des Ungewöhnlichen zu verleihen und Kaufimpulse auszulösen: *Super-Patna-Selecta-Reis, renngetestet* (Motoren-Öl), *zielaktiv, frischwärts*. Inwieweit die Werbesprache die Verbreitung fachsprachlicher oder fachsprachlich besonders produktiver Wortbildungsmittel in die Gemeinsprache fördert, ist nicht geklärt, doch ist eine Mittlerstellung der Werbesprache durch verschiedene Detailergebnisse erwiesen[37].

8.2.2. Fachsprache als literarisches Stilmittel (Belletristik)

Während in fachbezogenen Texten die Fachsprache der sachlichen Information und Kommunikation zwischen Fachleuten dient, haben fachsprachliche Elemente in literarischen Texten andere Aufgaben. Zwar können auch sie dort «Informationen bieten, Einblick in die sprachliche Differenzierung bestimmter Sachbereiche geben und dem Außenstehenden mit dem Wort eine Vorstellung von der Sache vermitteln»[38], daneben aber

172

werden sie als Stilmittel dazu verwendet, bestimmte literarische Wirkungen zu erzielen – Arbeitsatmosphäre, Exaktheit der Aussage, Charakterisierung von Zeit, Gegenstand oder Person, Verdeutlichung oder Verlebendigung einer Schilderung.

In der letzten Funktion erscheint das Fachwort, zudem ausdrücklich als solches eingeführt, häufig auch in gebrauchsliterarischen Texten wie Presse- und Illustriertenberichten oder Rundfunk- und Fernsehreportagen:

«Die Zeitbombe Giftmüll tickt.

In Mainz ist noch offen, ob es ausreichen wird, die Deponien mit wasserundurchlässigen Tonschichten abzudecken, also, wie der Fachausdruck heißt, einzusargen»[39].

Oft werden in der Presse allerdings Fachbegriffe nur ihres rhetorischen Schmuckes wegen, zur Vortäuschung von Fachkenntnissen oder zur Scheinbegründung von Aussagen vorgebracht; außerdem dienen sie als Statussymbole.

In der Belletristik ist das Fachwort als Ausdruckswert seit langem bei Vertretern jener literarischen Richtungen bekannt, die auf Realitätsnähe zielen und die sich mit dem technisch-wissenschaftlichen Fortschritt auseinandersetzen oder aus wissenschaftlich-technischem Denken heraus ihre Werke gestalten. Erinnert sei an Emile Zola, dessen «Germinal» (1884) eine große Zahl bergbautechnischer Termini der Zeit enthält, und an die seit Baudelaire verbreiteten, synthetischen Gedichte, «worin die lyrischen Urbilder – Sterne, Meere, Wind – sich mischen mit Gebilden der Technik und Wörtern der Fachwissenschaft»[40].

Neben der Lyrik sind es heute die Science-Fiction- und Zukunftsromane sowie die Arbeiterliteratur, die häufiger gezielt fachsprachliche Elemente einsetzen. Vor allem die Technik findet, entsprechend ihrer gesellschaftlichen Bedeutung, Eingang in diese Literatur. Und in Zukunftsromanen wird oft mit Akribie der Stand der Wissenschaften beschrieben (etwa H. G. Wells, *Die Zeitmaschine*). Innerhalb des deutschsprachigen Raumes ist die Verwendung von Fachausdrücken in künstlerischer Absicht in der DDR-Literatur weiter verbreitet. In Stilfibeln wird der Gebrauch von Berufs- und Fachwörtern erörtert. Nach der in diesen Fibeln verbreiteten Meinung trägt die Verwendung fachsprachlicher Elemente, wenn sie mit Takt und künstlerischem Vermögen eingesetzt werden, dazu bei, «Arbeitsatmosphäre»[41] zu schaffen und die literarische Schilderung

«wirklichkeitsnahe und lebenswahr»[42] zu machen. D. Faul-
seit/W. Kühn beschreiben und werten für die Prosa verschiedene Techniken des Einsatzes fachsprachlicher Elemente. In der
Lyrik ist für sie zum Beispiel das Fachwort nur dann ein ange-
messenes Gestaltungsmittel, wenn «die lyrische Stimmung unmittelbar aus dem Gegenstand herauswächst»[43].

Spezialuntersuchungen zum fachsprachlichen Aspekt der Literatur liegen bisher nicht vor. Sie könnten ein Repertoire der
Einsatzmöglichkeiten fachsprachlicher Mittel und der Technik
ihrer Verwendung liefern sowie die Bedeutung und Geschichte
von Fachsprachen in literarischen Texten verfolgen. Gleichzeitig würde damit ein Beitrag zur Kultursoziologie geleistet.

8.2.3. Fachsprachen im Sachbuch

Im Gegensatz zur Belletristik verwendet die Sachbuchliteratur –
eine bislang nicht ausreichend definierte Literaturgattung –
fachsprachliche Wendungen nicht primär zur Stilisierung, sondern, wie es ihrer anderen Ausgangsposition und Zielsetzung
(Vermittlung zwischen Fachmann und Laie) entspricht, mehr
sachorientiert. Denn das Sachbuch soll «allgemeinverständlich»
oder zumindest «leichtverständlich»[44] sein. Fachtermini sollen
in diesen Texten keine emotionalen, distanzierenden Wirkungen
beim Rezipienten hervorrufen, sondern ihm ein Minimum an
Kenntnissen spezialsprachlicher Terminologie vermitteln, die
meist ausführlich, variantenreich und anschaulich erläutert wird.
Dazu ein Beispiel aus dem Buch *Wasser* (Frankfurt 1970), dessen Autoren sich nach Angaben der Redaktion darum bemüht
haben, «ihren Fachjargon zu vergessen und ihre Beiträge in einer auch für den Laien leichtverständlichen Sprache zu schreiben»[45]:

«Proteine sind Bestandteile jeder lebenden Zelle. Sie sind
nicht nur Bausteine der wichtigsten Zellstrukturen wie z. B. des
Zellkerns und der Zellmembran, sondern auch als Enzyme die
Werkzeuge des Zellstoffwechsels.

Die Bausteine der Proteine sind ungefähr zwanzig verschiedene Aminosäuren, Verbindungen mit gleichen chemischen Grund-
eigenschaften, jedoch mit Seitengruppen von ganz verschiede-
nem Charakter. Diese Bausteine sind in den Proteinen miteinan-

der zu langen Ketten verknüpft, aus denen die Seitengruppen der Aminosäuren als verschiedene Seitenarme herausragen»[46].

Eine detaillierte Untersuchung des Sachbuchstils fehlt, jedoch gibt es dazu bereits vielfache Einzelbeobachtungen aus verschiedenen Fachbereichen, die Ansatzpunkte zu einer Gesamtdarstellung bieten[47]. Dieser müßte eine differenzierte Analyse verschiedener Sachbereiche vorausgehen, denn man kann sich vorstellen, «daß etwa in den Naturwissenschaften schon für die Darstellung relativ einfacher Sachverhalte Fachsprache unumgänglich ist, während sich vielleicht im Bereich der Geschichte der Archäologie auch kompliziertere Vorgänge noch umgangssprachlich darstellen lassen [...]»[48].

8.3. Bedeutung der Gemeinsprache für die Fachsprachen

Bei der Erörterung des Problems der Fachsprachendefinition (Kap. 1) wurde darauf hingewiesen, daß Fachsprache nicht als sprachlich selbständiges System neben der Gemeinsprache steht. Vielmehr ist sie durch Differenzierung und Erweiterung aus der Gemeinsprache herausgewachsen. Die Gemein- oder Standardsprache liefert die lexikalische Basis und das grammatikalische Gerüst für die Fachsprachen. Zwar treffen die Fachsprachen eine rekurrente Auswahl aus der gemeinsprachlichen Lexik und Syntax, bleiben aber bei aller Differenzierung und Spezialisierung auf die Gemeinsprache angewiesen.

G. Klaus hat dargelegt, wie Fachsprachen durch bestimmte logische Operationen aus den natürlichen Sprachen gewonnen werden, und klargestellt, «daß zwischen der natürlichen Sprache, den Fachsprachen und auch den künstlichen Sprachen keine unüberbrückbaren Barrieren liegen»[49]. Denn die Begriffe einer Fachsprache müssen als Spezialfall einer allgemeinen Semantik, der immer auch einen Begriff der natürlichen Sprache enthält, betrachtet werden. Das bedeutet, daß Fachsprachen, ebenso wie künstliche Sprachen, nicht ohne natürliche Sprache bestehen können, während umgekehrt die natürliche Sprache für sich allein existieren kann[50].

Selbst naturwissenschaftliche Abhandlungen von hohem Abstraktionsgrad und weitgehender Formalisierung kommen nicht ohne die Verbindung zwischen natürlicher und künstlicher

Sprache aus. Gemeinsprachliche Termini hingegen lassen sich in allen Fachbereichen feststellen, in der Fachsprache der Landtechnik[51] ebenso wie in der Sprache der Politik[52]. Allerdings tritt das gemeinsprachliche Wort dann in terminologische Verbindungen ein und erhält dadurch eine spezialisierte Bedeutung. Das gilt selbst für Präpositionen oder die Hilfsverben *sein* und *haben*.

Grundsätzlich bilden also Fach- und Gemeinsprache kein gegensätzliches Paar, sie liegen nur auf verschiedenen Ebenen. Sie unterscheiden sich nach dem Grad ihrer Allgemeinverständlichkeit, das heißt auf der semantischen Ebene, und der Zahl ihrer Benutzer, während sie in formaler Hinsicht weitgehend übereinstimmen. Unterschiedlich ist auch ihre Funktion, die zur Herausbildung bestimmter Stilmittel führt. Dennoch sind beide interdependent; sie sind aufeinander bezogen und durchdringen sich wechselseitig.

Anmerkungen zu 8

1 Vgl. z. B. F. Dorner, Zur Terminologie der Terminologie. (288).

2 L. Mackensen, Technik in sprachlicher Funktion. In: Studium Generale 15. 1962, H.1, S. 59–71, hier S. 65 Anm. 9.

3 Vgl. z. B. L. Mackensen, Technik in sprachlicher Funktion, a.a.O., und ders., Die deutsche Sprache in unserer Zeit. (424), S. 51 ff.

4 Siehe z. B. das in diese Richtung zielende Buch von L. Mackensen, Die deutsche Sprache in unserer Zeit. (424).

5 So u. a. H. Bausinger, Deutsch für Deutsche. (41), S. 75 und L. Drozd / W. Seibicke, Deutsche Fach- und Wissenschaftssprache. (45) S. 33.

6 Bei Rezeptionsanalysen von Rundfunknachrichten wurde z. B. festgestellt, daß Fachtermini wie *Bruttosozialprodukt, Fusion* oder *Präambel* für eine breite Rezipientenschaft unverständlich und nicht mehr hinterfragbar sind. Vgl. hierzu Erich Straßner, Produktions- und Rezeptionsprobleme bei Nachrichtentexten. In: E. Straßner, Nachrichten – Entwicklungen, Analysen, Erfahrungen. München 1975; Stefan Böhm [u. a.], Rundfunknachrichten. Sozio- und psycholinguistische Aspekte. In: A. Ruckstäschel (Hrsg.), Sprache und Gesellschaft. München 1972, S. 153–194.

7 Beispiele bieten für die Fachsprachen des Handwerks u. a. Lutz Röhrich / Gertraud Meinel, Redensarten aus dem Bereich von Handwerk und Gewerbe. In: Alemannisches Jahrbuch 1971/72,

S. 163–198, für die Fachsprachen aus Technik und Wissenschaft L. Mackensen, Die deutsche Sprache in unserer Zeit. (424), bes. S. 51 ff. und S. 170 ff.

8 Fr. Maurer, Zur deutschen Handwerkersprache. (64), S. 41.

9 Vgl. zu diesen Übernahmen fachsprachlicher Termini in die Umgangssprache u. a. E. Beneš, Die Fachsprache. (42), S. 125 f. und W. Seibicke, Fachsprache und Gemeinsprache. (45), S. 80.

10 Vgl. die Hinweise bei H. Bausinger, Deutsch für Deutsche. (41), S. 77, L. Mackensen, Die deutsche Sprache in unserer Zeit. (424), S. 176 und Peter von Polenz, Geschichte der deutschen Sprache. Berlin-New York [8]1972, S. 139.

11 Horst Reuther, Umfang und Wertung des Sports in der modernen Publizistik. In: Jahrbuch des Sports 1959/60. Frankfurt/M. 1959, S. 92–100, hier S. 100.

12 So u. a. – allerdings distanziert – L. Mackensen, Die deutsche Sprache in unserer Zeit. (424), S. 58. Zur Sache – Reduktion der Individuen auf abstrakte Größen – siehe die kulturkritischen Anmerkungen bei Karl Korn, Sprache in der verwalteten Welt. Olten und Freiburg/Br. [2]1959, S. 34 ff. u. passim.

13 Hans Eggers, Deutsche Sprache im 20. Jahrhundert. München 1973, S. 104.

14 J. Scherzberg, Zum Einfluß der wissenschaftlich-technischen Entwicklung auf die Lexik der deutschen Sprache der Gegenwart. (452), S. 32.

15 D. Möhn, Fach- und Gemeinsprache. (447), S. 316.

16 Vgl. zur Abhängigkeit der Übernahme fachsprachlicher Termini in die Umgangssprache vom jeweiligen, zeitgebundenen Interesse W. Schmidt / J. Scherzberg, Fachsprachen und Gemeinsprache. (453), S. 67 f.

17 Eigene Beobachtungen anhand von Buchkatalogen mit leicht erreichbaren, vielfach für ein breites Publikum konzipierten Werken mit einführendem Charakter.

18 Vgl. zu dieser Tendenz vor allem H. Eggers, Deutsche Sprache im 20. Jahrhundert, a.a.O., S. 51 u. passim, ferner u. a. M. Wandruszka, Interlinguistik. (458), S. 120 f., E. Beneš, Fachtext, Fachstil und Fachsprache. (43), S. 128, W. Reinhardt, Produktive verbale Wortbildungstypen in der Fachsprache der Technik und ihr Einfluß auf die Gemeinsprache (451), S. 24.

19 In diesem Sinne auch H. Eggers, Deutsche Sprache im 20. Jahrhundert, a.a.O., S. 103 ff.

20 Bohuslav Havránek, Studie o spisovném jazyce [Studien über die Schriftsprache]. Prag 1936, S. 38, zitiert nach der Übersetzung von W. Schmidt in: W. Schmidt / J. Scherzberg, Fachsprachen und Gemeinsprache (453), S. 68.

21 Vgl. zu den Einwirkungen auf die Syntax E. Beneš, Syntaktische Besonderheiten der deutschen wissenschaftlichen Fachsprache. (97).

22 W. Schmidt / J. Scherzberg, Fachsprachen und Gemeinsprache. (453), S. 66. Die in Klammern gesetzten Beispiele wurden vom Verf. nach W. Schmidt / J. Scherzberg, op.cit., S. 69 ff. hinzugefügt.

23 Vgl. hierzu ebd., S. 72, dem ein Teil der angeführten Beispiele entnommen wurde.

24 L. Mackensen, Die deutsche Sprache in unserer Zeit. (424), S. 246.

25 Ebd.

26 So Ruth Römer, Die Sprache der Anzeigenwerbung. Düsseldorf 1968 (= Sprache der Gegenwart, 4), S. 124 u. 206.

27 Vgl. ebd., S. 116.

28 Ebd., S. 115. Vgl. zu den Begriffen Werbefachsprache und Werbesprache sowie zum Einfluß des Englischen auf beide die Hinweise bei W. Brandt, Die Sprache der Wirtschaftswerbung. (141), S. 20 f. und Anm. 25 u. 26 (mit Literaturangaben).

29 Beispiele aus der «Frankfurter Allgemeinen Zeitung» und R. Römer, Die Sprache der Anzeigenwerbung, a.a.O., S. 116.

30 Ulrich Ammon, Probleme der Soziolinguistik. Tübingen 1973 (= Germanistische Arbeitshefte 15), S. 93.

31 Beispiel aus: R. Römer, Die Sprache der Anzeigenwerbung, a.a.O., S. 120.

32 Ebd., S. 122.

33 Peter Teigeler, Verständlichkeit und Wirksamkeit von Sprache und Text. Stuttgart o.J. (= Effektive Werbung 1), S. 40.

34 Vgl. R. Römer, Die Sprache der Anzeigenwerbung, a.a.O., S. 70 f.

35 Ebd., S. 122.

36 L. Drozd / W. Seibicke, Deutsche Fach- und Wissenschaftssprache. (45), S. 150.

37 Siehe z. B. L. Mackensen, Technik in sprachlicher Funktion, a.a.O.2 S. 62, R. Römer, Die Sprache der Anzeigenwerbung, a.a.O., S. 36 f., 41 f. u. 44 ff.

38 Bernhard Sowinski, Deutsche Stilistik. Frankfurt a.Main 1972, S. 291.

39 Korrespondentenbericht der «Badischen Zeitung» (Freiburger Stadtausgabe), Nr. 111, 14. 5. 1974, S. 3.

40 Hugo Friedrich, Die Struktur der modernen Lyrik. Hamburg 1962, S. 120 (mit Beispielen).

41 Dieter Faulseit / Gudrun Kühn, Stilistische Mittel und Möglichkeiten der deutschen Sprache. Leipzig ⁴1969, S. 29.

42 E. Riesel, Stilistik der deutschen Sprache. Moskau ²1963, S. 106.

43 D. Faulseit / W. Kühn, Stilistische Mittel und Möglichkeiten der deutschen Sprache, a.a.O., S. 37.

44 So Gero v. Wilpert, Sachwörterbuch der Literatur. Stuttgart ⁵1969.

45 Barbara Schröder (Hrsg.), Wasser. Frankfurt a.M. 1970, Vorwort [S. 8].

46 Theodor Funck, Physikalische Chemie des Wassers. In: B. Schröder (Hrsg.), Wasser, a.a.O., S. 11–60, hier S. 50.

47 Vgl. zur Sprache des Sachbuches als Mischform zwischen Fachsprache und Nicht-Fachsprache etwa Artur Schütt / Brigitte Stuflesser, Das Sachbuch im Deutschunterricht. Düsseldorf 1972, S. 180 ff. und S. 195 ff; zum Stand der Sachbuch-Definition siehe den Überblick bei Franz Mehling, Sachbuch. In: Handlexikon zur Literaturwissenschaft. Hrsg. von D. Krywalski. München 1974, S. 434–438.

48 A. Schütt / B. Stuflesser, Das Sachbuch im Deutschunterricht, a.a.O., S. 189.

49 G. Klaus, Semiotik und Erkenntnistheorie. (59), S. 41.

50 Vgl. ebd., S. 32 .u 42; H. Pausch, Anmerkungen zu Problemen und Strukturen der Wissenschaftssprache in der modernen Physik. (240), 420.

51 Vgl. J. Strašák, Gemeinsprachliche und metaphorische Termini in der Fachsprache der Landtechnik, ihre Standardisierung und ihre Äquivalente in fremden Sprachen. (456), S. 197 f.

52 Vgl. L. Mackensen, Die deutsche Sprache in unserer Zeit. (424), S. 190 ff.

9. Sprach- u. erkenntnistheoretische Hintergründe

An mehreren Stellen dieser Arbeit wurden bereits sprach- und erkenntnistheoretische Fragen berührt. Im folgenden sollen diese Fragen, die das Verhältnis von Sprache, Denken und Wirklichkeit betreffen, zusammenfassend erörtert werden. Im Mittelpunkt dieser Erörterung stehen die Fragen, ob und inwieweit Sprache unsere Erkenntnis der Wirklichkeit mitbestimmt, ob Denken ohne Sprache möglich ist und wie eine ideale Sprache beschaffen sein sollte[1].

9.1. Sprachliches Relativitätsprinzip

Die Frage nach der Abhängigkeit unserer Erkenntnis von der Sprache hatte W. v. Humboldt bereits dahingehend beantwortet, daß die historisch gegebene Sprachverschiedenheit nicht allein eine äußerliche, auf Laut- und Wortkörper bezogene, also nur formale Verschiedenheit beinhaltet, sondern auch eine unterschiedliche Weltsicht. Der Amerikanist B. L. Whorf griff diese These im 20. Jahrhundert wieder auf und versuchte, sie mit Beispielen aus der Sprache der Hopi-Indianer zu erhärten. Whorfs um 1936 geschriebenen Arbeiten wurden erst spät ins Deutsche übersetzt (*Sprache, Denken, Wirklichkeit*. Reinbek b. Hamburg 1963) und von einem breiteren Publikum rezipiert. – Leo Weisgerber baute auf Whorfs These und ihrer Verbindung mit J. Triers Feldtheorie[2] seine Sprachinhaltsforschung auf, in der die Muttersprache als überindividuelle Erkenntnisform bestimmt und der sprachliche Zugriff auf die Wirklichkeit in noch stärkerem Maße als bei W. v. Humboldt nationalsprachlich gebunden dargestellt wird[3]. Für die Begriffsbildung der Fachsprachen ergibt sich daraus eine weitgehende Abhängigkeit von den zugrundeliegenden natürlichen Sprachen. Und H. Gipper kann die Aussagen namhafter Naturwissenschaftler als Stütze seiner Behauptung anführen, «daß alle wissenschaftliche und nichtwissenschaftliche Begriffsbildung nicht nur an sprachliche Voraussetzungen gebunden ist, sondern daß die Begriffe selbst sprachlicher Natur sind und es außersprachliche Begriffe im Grunde gar nicht geben kann»[4].

Nicht einmal die mathematisch-naturwissenschaftliche Formel kommt ohne eine Verbindung oder – wie C. F. v. Weizsäkker sagt – ohne eine «Anknüpfung»[5] an eine natürliche Sprache aus. Das bedeutet nicht, daß sich künstliche Sprachen einfach in natürliche Fach- oder Umgangssprache umsetzen ließen, oder umgekehrt, eine Verständigung mittels künstlicher Sprachen überhaupt nicht möglich wäre. Vielmehr ermöglichen es diese, «alle unwesentlichen Zutaten in den begrifflichen Bestimmungen auszuschalten und die Zusammenhänge, auf die es ankommt – im Sinne der Informationstheorie gesprochen – redundanzfrei zu gestalten [...] Das entlastet das Denken von überflüssigen Anstrengungen und setzt die Fehlerquellen in der Darstellung und der logischen Beweisführung entscheidend herab»[6]. Letztlich aber sind künstliche Sprachen, wie viele mathematische oder naturwissenschaftliche Abhandlungen beweisen, auf die natürliche Sprache und deren vorwissenschaftliche Erkenntnisleistung angewiesen und nur zur Lösung von Teilproblemen geeignet.

Werden diese Voraussetzungen nicht mitbedacht, kann es im Einzelfall dazu führen – wie H. Gipper am Umwelt-Begriff des Biologen J. von Uexküll gezeigt hat[7] –, daß es zu Fehlinterpretationen und Mißverständnissen kommt. Umgekehrt können die inhaltlichen Gefüge der natürlichen Sprache die wissenschaftliche Begriffsbildung positiv beeinflussen. Der Strukturalismus baut zum Beispiel begrifflich auf der bereits muttersprachlich vorgegebenen Unterscheidung zwischen *langage, langue* und *parole* auf. Und Kant fand im deutschen bereits die Unterscheidung zwischen *Verstand* und *Vernunft* vor, die für sein Werk wichtig wurden[8]. Diese Zwiespältigkeit beim Gebrauch natürlicher Sprache spiegelt sich in den diametral entgegengesetzten Forderungen von Seiten der Sprachwissenschaftler und Kulturkritiker nach stärkerer Rückbindung naturwissenschaftlicher Weltbilder an die Muttersprache und den Forderungen von Seiten der Ingenieure und Naturwissenschaftler nach einer Bearbeitung des Instruments ‹Sprache› oder seinem Ersatz durch künstliche Sprachen[9]. Die Frage nach der Existenz eines sprachlichen Relativitätsprinzips bleibt damit offen.

9.2. Sprache und Denken

Auch die zweite Frage, ob Denken ohne Sprache möglich sei, läßt sich nicht eindeutig beantworten. Dazu sind die Phänomene Sprache und Denken zu komplex, die Begriffsdefinitionen zu unterschiedlich und die Forschung noch zu wenig entwickelt. H. Gipper kommt in seinem Aufsatz «Denken ohne Sprache?» anhand einer sprachwissenschaftlichen Analyse von Behauptungen und Forschungsergebnissen aus den Bereichen Mathematik, Taubstummenpädagogik, Tierpsychologie, Verhaltensforschung, Neurochirurgie und Zytologie zu dem Schluß, «daß die Sprache vermutlich bei allen höheren Denkleistungen mitbeteiligt ist»[10].

Auch die Kritiker der natürlichen Sprache, unter ihnen die Vertreter der modernen Logik, setzen, wenn sie die Struktur der natürlichen Sprache als den gnoseologisch-logischen Strukturen inadäquat bezeichnen, stillschweigend voraus, daß die Sprache am Denken mitbeteiligt ist, daß sie zumindest dem Denken Schranken setzen kann. Ihr Unbehagen äußert sich vor allem auf der semantischen Ebene. Auf dieser Ebene wird die Mehrdeutigkeit und Unbestimmtheit der Sprache kritisiert, die für den Logiker wahre, kontrollierbare Aussagen erschwert oder unmöglich macht. Aus diesem Grund hat man Symbole eingeführt. Sie sollen die Beziehungen zwischen den Begriffen und Sätzen ausdrücken und die gewünschte Eindeutigkeit erreichen.

Zum Beispiel:

anstatt *und* wird geschrieben $\wedge$
anstatt *oder* wird geschrieben $\vee$
anstatt *wenn-dann* wird geschrieben $\Rightarrow$

Ein System solcher Zeichen führt zu einer formalisierten Sprache. Ihr Charakteristikum liegt darin, «daß man mit den Symbolen nach bestimmten Regeln operieren kann, ohne ihre inhaltliche Bedeutung zu kennen oder berücksichtigen zu müssen. Daher kann man aus gegebenen Formeln mit Hilfe der Regeln neue Formeln ableiten»[11].

9.3. Fachsprache und Formalisierung

Während die Mehrdeutigkeit der natürlichen Sprache in der Gemeinsprache kommunikationsfördernd wirkt, trägt sie in den

Fachsprachen zu Kommunikationsstörungen bei. Fachsprachen und künstliche Sprache können aber ohne Elemente der natürlichen Sprache nicht existieren. Diese Erkenntnis bewog die Vertreter der modernen Terminologielehre dazu, für eine Verbesserung fachlicher Kommunikation keine Kalkülsprache zu benutzen, sondern nur die Inhalts- und Formseite der natürlichen Sprache zu formalisieren. Dabei geht man von traditionellem inhaltlichem Denken aus, das heißt von der in der Sprache vorgegebenen Denkinhalten, die als Motivierung die Begriffsinhalte mitbestimmen. Man nimmt dann in Kauf, daß neben logischen auch alogische Termini stehen, die jedoch im Bedarfsfalle abgeschafft werden können[12]. Dies wird im allgemeinen nur dann nötig sein, «wenn ihre Motivation in offenem Widerspruch zum bestehenden Begriffsinhalt oder – umfang steht»[13]. Die Fortexistenz der von den Logikern beanstandeten, beispielhaften Termini *Morgen-*, *Abendstern*, *Sonnenauf-* und *-untergang*, die dem heutigen physikalischen Weltbild nicht mehr entsprechen, zeigen allerdings die Diskrepanz zwischen Theorie und Sprachwirklichkeit.

Von daher läßt sich der wachsende Gebrauch fremdsprachiger, vorwiegend griechisch-lateinischer Wortbildungen befürworten. Ihr Vorteil für die fachsprachliche Kommunikation liegt in ihrer weitgehenden Unmotiviertheit bzw. in ihrem unmotivierten Gebrauch, der zu keiner wörtlichen Deutung verleitet. Diesem Vorteil steht allerdings der Nachteil entgegen, daß solche Termini nicht unbedingt verstehensfördernd wirken, daß sie also nicht – wie es die Terminologielehre fordert – durchsichtig, selbstdeutig und leicht merkbar sind.

Um die der natürlichen Sprache anhaftende Bedeutungsproblematik zu lösen, wäre eine umfassende Idealsprache notwendig. Eine solche Sprache aber erkauft ihren Gewinn an Präzision durch einen großen Verlust an Allgemeinheit. Eine präzise Idealsprache stellt immer nur einen Grenzwert dar. Künstliche Sprachen können zwar bei der Aufklärung von Problemen der Erkenntnistheorie oder Logik nutzbringende Hilfsmittel sein, in einer solchen Sprache dürfte es jedoch nicht gelingen, über mehr als einzelne Phänomene zu sprechen. Funktionstüchtige Fachsprachen werden deshalb immer eine Mischung zwischen natürlichen und künstlichen Zeichensystemen bilden[14].

9.4. Objekt- und Metasprache

Für das Gebiet der wissenschaftlichen Fachsprachen haben die angesprochenen Überlegungen die Unterscheidung zwischen Objekt- und Metasprache hervorgerufen und die Tendenz zur Formalisierung der Fachsprachen verstärkt. Die Unterscheidung zwischen einer Objektsprache, das heißt einer vorgegebenen und zu beschreibenden Sprache, und einer Metasprache, mit deren Hilfe man über die Objektsprache sprechen und diese untersuchen kann, wurde zuerst in der Sprachwissenschaft getroffen, deren Untersuchungsobjekt die natürliche Sprache ist. Die Semiotik von Morris und Carnap hat sich dann darauf konzentriert, Metasprachen und Symbolsysteme zu konstruieren, durch die der Zugang und die Verständigung über wissenschaftliche Erkenntnis ermöglicht werden sollte.

9.5. Fachsprache im Konzept einer ‹Philosophie der idealen Sprache›

Im Gegensatz zu der als ‹Philosophie der normalen Sprache› bezeichneten Richtung der Sprachanalyse im Anschluß an Wittgensteins *Philosophische Untersuchungen* (Oxford 1953) bezieht die mit den Namen Frege, Russel, Wittgenstein, Carnap und Tarski verbundene ‹Philosophie der idealen Sprache›[15] auch die Fachsprache in ihr Konzept ein. Diese Philosophie der idealen Sprache beschäftigt sich in Analyse und Theorie mit dem Verhältnis von Gemeinsprachen (Standardsprachen) und Konstruktsprachen in bezug auf ihre Darstellungsfunktion, die sachbezogene und kognitive Funktion. Aus praktischen Erwägungen muß diese Philosophie «zu einem ‹pluralistischen sprachlichen Doppelleben› bereit sein, das heißt dazu, Gemeinsprachen, reglementierte Sprachen und Konstruktsprachen nebeneinander bezogen zu benutzen»[16].

Bei der Sprachanalyse, die sich allein auf schriftsprachliche Formen im wissenschaftlichen Bereich erstreckt, sollte man nach H. Schnelle[17] drei der Wissenschaft zugeordnete Sprachformen unterscheiden: Fachsprachform, Konstruktsprachform und Standardsprachform. Ihr Unterschied liegt in der Genauigkeit der Darstellung und ihrer Kommunikationsfunktion. Die

Fachsprache zeichnet sich aus durch eine an praktischer Notwendigkeit orientierte Genauigkeit und eine damit vereinbare maximale Verständlichkeit, die Konstruktsprache durch größtmöglichste Genauigkeit und minimale Verständlichkeit. Die Standardsprache nimmt zwischen beiden eine Mittlerstellung ein: sie erlaubt Übersetzungen aus der Konstruktsprache, ist für den Fachmann «fast ebenso leicht verständlich [...] wie die Fachsprache selbst» und verbindet «unmittelbare Verständlichkeit mit einer Zuordnung zur Sprachform des genauen Ausdrucks»[18].

Von der Gemeinsprache soll diese Standardsprache (die nicht mit dem sprachwissenschaftlichen Begriff identisch ist) «nicht grundsätzlich in ihren Wörtern und Konstruktionen abweichen, sondern nur insoweit, als dies zur *Beseitigung von Mehrdeutigkeiten und Vagheiten, sowohl des Vokabulars als auch der Kombinatorik* der Wörter notwendig ist»[19]. Durch Systematisierungen mit Hilfe semantischer Regeln sollen die verschiedenen Sprachformen miteinander korrelieren. Damit wird die Übersetzung zu einem prinzipiellen Problem der Sprachanalyse, von dessen Lösung man noch weit entfernt ist[20].

Die Zusammenhänge verdeutlichen zwei Schemas, die H. Schnelle seinen Ausführungen beigegeben hat[21]:

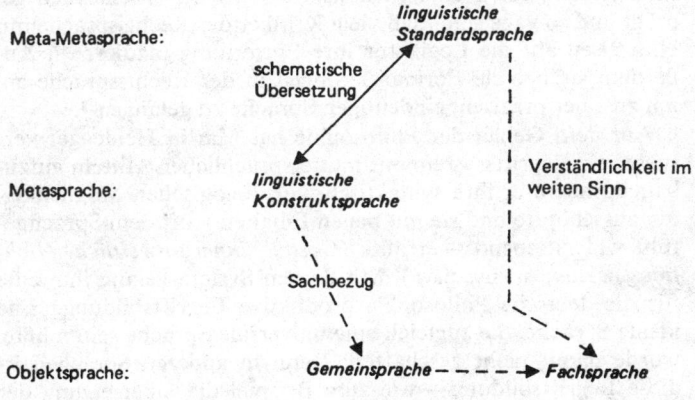

Schema I: Kontext der Verwendung linguistischer Sprachen

185

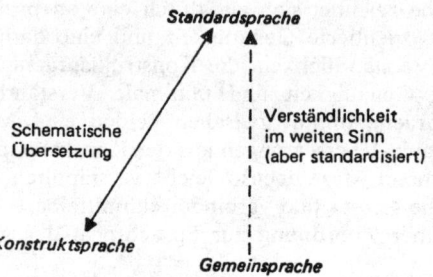

Schema II: Kontext der Sprach-Modellierung

9.6. Rückwirkungen von Sprach- und Erkenntnistheorien auf die fachsprachliche Praxis

Als Beispiel für den Einfluß der in den vorstehenden Abschnitten dargelegten sprach- und erkenntnistheoretischen Überlegungen auf die fachsprachliche Praxis kann die Rechtssprache dienen, die mit Hilfe eines präzisen Begriffsnetzes die außersprachliche Wirklichkeit zu erfassen sucht. Das präzise Begriffsnetz aber gründet auf der unpräzisen Umgangssprache (Gemeinsprache). Es schleppt aus ihr Wörter mit, die – wie die Wertwörter *betrügerisch, gewissenlos, treuwidrig* – vorwissenschaftlich geprägt und so vage sind, daß viele Kritiker der Rechtssprache mit Hinweisen auf die Logik für ihre Entfernung plädieren[22]. Außerdem streben sie Formalisierungen in der Rechtssprache an, um zu einer präzisen, eindeutigen Sprache zu gelangen[23].

Auf dem Gebiet der Philosophie hat Martin Heidegger versucht, ein Begriffssystem mit muttersprachlichen Mitteln aufzubauen, indem er ihre syntaktisch-morphologischen Möglichkeiten ausschöpfte und sie mit neuen Inhalten – oft dem Sprachgefühl widerstrebend – erfüllte (*Gestell, innerumweltlich, Nichtung, welten, wesen* usw.). Mit diesem System gelang ihm eine für die deutsche Philosophie produktive Begriffsbildung. Eine ideale Sprache, die zugleich eine universale Sprache sein müßte, wurde damit nicht geschaffen. Denn in anderen Sprachen ist diese Begriffsbildung – wie zum Beispiel die Übersetzung der Werke Heideggers ins Französische zeigen – nicht oder nicht in demselben Maße nachvollziehbar, ist also begrenzt. Sie eignet unmittelbar dein Denken und Sprechen des deutschen Philosophen, bietet aber keine Möglichkeit zu universalem philosophischem Denken[24]. Diesen Anspruch hat Heidegger allerdings nie erhoben. Vielmehr bedeutet ihm die Sprache «ein Geflecht von Beziehungen, darin wir selber schon einbezogen sind»[25], eine Verbalisierung, die sich möglicherweise «niemals in den Formalismus auflösen und verrechnen läßt»[26].

Die Rückwirkung sprach- und erkenntnistheoretischer Überlegungen in die fachsprachliche Praxis belegt auch die in der Öffentlichkeit umstrittene Mengenlehre. Bei ihr handelt es sich keineswegs um eine «neue» Mathematik, sondern um eine für die Schule neuartige mathematische Denk- und Sprechweise, die der Logik und der Erkenntnistheorie verpflichtet sind. In der öffentlichen Diskussion um die Mengenlehre im Schulunterricht wird der fachsprachliche Aspekt der Mengenlehre am meisten beachtet und diskutiert. Nicht die Mengenlehre an sich wird angegriffen und in Frage gestellt, sondern – unter didaktischen Gesichtspunkten – die spezifische Fachsprache, die vom ‹normalen› Sprachgebrauch abweichende aussagenlogische Sprechweise[27]. Da eine Vorbereitung darauf und eine Einführung der Eltern und Erzieher in die Bedeutung und Funktion dieser mathematischen Sprechweise (und Denkweise) unterblieb, mußten sich zwangsläufig Mißverständnisse und Aversionen ergeben.

Anmerkungen zu 9

1 Den gesamten Themenkreis behandelt u. a. Adam Schaff, Sprache und Erkenntnis. Reinbek b. Hamburg 1974 (mit ausführlicher Bibliographie).

2 Jost Triers «Feldtheorie» beruht auf der Annahme, daß der gesamte Wortschatz in sprachliche Felder gegliedert ist. Diese bestehen aus inhaltlich eng benachbarten Wortgruppen, deren Elemente sich interdependent verhalten und gegenseitig bestimmen. Vgl. ausführlich J. Trier, Der deutsche Wortschatz im Sinnbezirk des Verstandes. Heidelberg 1931 und ders., Altes und Neues vom sprachlichen Feld. Mannheim 1968 (= DUDEN-Beiträge, Heft 34). Zur Wissenschaftsgeschichte siehe Horst Geckeler, Strukturelle Semantik und Wortfeldtheorie. München 1971.

3 Vgl. Leo Weisgerber, Grundzüge der inhaltsbezogenen Grammatik. Düsseldorf ³1962 und ders., ‹Zum Ausgleich generativer

und energetischer Sprachbetrachtung›. In: Wirkendes Wort 22. 1972, H.3, S. 145–159. Eine Skizze von Weisgerbers Forschungen bietet Helmut Gipper, Bausteine zur Sprachinhaltsforschung. Düsseldorf 1963 [²1969], S. 37 ff.

4 Helmut Gipper, Muttersprachliche Wirkungen auf die wissenschaftliche Begriffsbildung und ihre Folgen. In: H. Gipper, Denken ohne Sprache? Düsseldorf 1971, S. 37.

5 C. F. von Weizsäcker, Die Sprache der Physik. In: Sprache und Wissenschaft. Vorträge gehalten auf der Tagung der Joachim Jungius-Gesellschaft der Wissenschaften, Hamburg, am 29. und 30. Okt. 1959. Göttingen 1960, S. 137–153, hier S. 140.

6 G. Klaus, Semiotik und Erkenntnistheorie. (59), S. 39 f.

7 H. Gipper, Muttersprachliche Wirkungen auf die wissenschaftliche Begriffsbildung und ihre Folgen, a.a.O., S. 48.

8 Vgl. ebd., S. 54.

9 Vgl. die Hinweise und Darstellungen bei H. Gipper, Zur Problematik der Fachsprachen. (48), S. 117 und H. Ischreyt, Studien zum Verhältnis von Sprache und Technik. (422), S. 26 ff.

10 G. Gipper, Denken ohne Sprache? In: (48), S. 35. Vgl. zur Problematik auch Friedrich Kainz, Über die Sprachverführung des Denkens. Berlin 1972 (= Sprache u. Denken, Bd. 38).

11 Karl Schick, Aussagenlogik. Freiburg/Br. 1971, S. 9.

12 Alogisch werden Termini dann, «wenn ihre Motivation aufgrund neuer Erkenntnisse und aufgrund erfolgter Begriffsverschiebungen auf eine andere Abstraktionsebene hinweist, als die es ist, mit der man die einsetzende oder bereits neu eingesetzte Begriffsbildung verknüpft» (L. Drozd/W. Seibicke, Deutsche Fach- und Wissenschaftssprache. (45), S. 125). – Vgl. in diesem Zusammenhang auch die begriffslogischen Untersuchungen der Sozialwissenschaften von Gerd Abel, Wissenschaftssprache und Gesellschaft. Zur Kritik der Sozialwissenschaften. Opladen. 1975 (= Studien zur Sozialwissenschaften, Bd. 28).

13 Ebd.

14 Vgl. zu dieser Auffassung G. Klaus, Semiotik und Erkenntnistheorie. (59), S. 41 ff.

15 Zur Unterscheidung beider Richtungen siehe Helmut Schnelle, Sprachphilosophie und Linguistik. Reinbek b. Hamburg 1973, S. 17 ff. Texte bietet der Reader: Zur Philosophie der idealen Sprache. Texte von Quine, Tarski, Martin, Hempel und Carnap. Hrsg. u. übers. von Johannes Sinnreich. München 1972.

16 H. Schnelle, Sprachphilosophie und Linguistik, a.a.O., S. 67.

17 Siehe ebd., S. 79.

18 Beide Zitate ebd., S. 80.

19 Ebd., S. 93.

20 Vgl. zu diesem Aspekt ebd., S. 14 und Pierre Guiraud, La Sémantique. Paris [6]1966, S. 94 ff.

21 H. Schnelle, Sprachphilosophie und Linguistik, a.a.O., S. 91 (Schema I) und S. 94 (Schema II). Zur Problematik der Formalisierung allgemein siehe ferner Dieter Wandschneider, Formale Sprache und Erfahrung. Carnap als Modellfall. Stuttgart 1974.

22 Vgl. hierzu K. Clauss, Zum Gebrauch von Wertwörtern im Recht. (149).

23 Siehe zu dieser Tendenz K. Clauss, Scheinpräzision in der Rechtssprache (150), S. 28 f.

24 Vgl. H. Gipper, Muttersprachliche Wirkungen auf die wissenschaftliche Begriffsbildung und ihre Folgen, a.a.O., S. 45 ff. und Erasmus Schöfer, Die Sprache Heideggers. Pfullingen 1962.

25 Martin Heidegger, Der Weg zur Sprache. In: Sprache und Wirklichkeit. Essays. München 1967, S. 44–69 [Erstveröff. 1959/60], hier S. 45.

26 Ebd., S. 66.

27 Um hier Abhilfe zu schaffen, empfiehlt ein Vertreter der ‹Mengenlehre›: «Statt von der Mengenlehre sollte man lieber von der Verwendung der Mengenbegriffe im Unterricht sprechen oder von der Mengensprechweise im Unterricht» (Heinz Griesel, Die neue Mathematik für Lehrer und Studenten. Bd. 1, Hannover [3]1973, S. 47). Ablehnend gegenüber der durch die Mengenlehre in den Mathematikunterricht eingeführten Terminologie verhält sich dagegen: Moris Kline, Warum kann Hänschen nicht rechnen? Das Versagen der neuen Mathematik. Weinheim u. Basel 1974, S. 81 ff.

10. Fachsprachen und Fachsprachenforschung in den 80er Jahren

10.1. Zur Geschichte der Fachsprachen und Fachliteratur

Eine umfassende Darstellung der Geschichte der Fachsprachen und Fachliteratur ist weiterhin ein wichtiges Desiderat sprach- und texthistorischer Forschungen[1]. Immerhin wurde auch von der modernen Fachsprachenforschung inzwischen erkannt, daß der diachrone Aspekt wieder stärker betont werden muß, nicht zuletzt auch deshalb, weil die Erforschung der Entstehung und Entwicklung der Fachsprachen und Fachliteratur – sei es im Rahmen einer Fachsprachen- oder Fachtextgeschichte – Daten für zukünftige Entwicklungstendenzen liefern kann[2]. Besonders für die Zeit vom 17. bis zum 19. bzw. 20. Jahrhundert liegt noch vieles im Dunkeln, das uns Aufklärung über die Entstehung der modernen Fach- und Wissenschaftssprachen und ihre Zusammenhänge mit der Herausbildung und Entwicklung von Wissenschaft, Technik und Gesellschaft geben könnte.

Untersucht werden sollten in diesem Zusammenhang nicht nur Terminologieentwicklung und syntaktischer Wandel, sondern auch die Entwicklung fachbezogener Textsorten im Rahmen der zunehmenden Kommunikationsdifferenzierung, das Ineinandergreifen von Sprach-, Technik- und Sozialgeschichte, die Rezeptionsgeschichte von Fachtexten, der Wandel der Auffassungen von «Fach» und «Fachlichkeit» u. a. m.

Richtungsweisende Einzeluntersuchungen und Forschungsansätze liegen für den genannten Zeitraum u. a. zur Fachsprache des Buchdrucks, der Eisenbahn- und Elektrotechnik sowie zur deutschen Wissenschaftssprache vor[3]. Originelle Anregungen hat zuletzt W. v. Hahn[4] gegeben, dessen Vorschläge für eine pragmatisch und auch quellenkundlich orientierte historische Fachsprachenforschung neue Beschreibungsperspektiven aufzeigen.

Diese gelten allerdings nur zum Teil für die Darstellung der mittelalterlichen Fachliteratur, deren Geschichtsschreibung oft andere Probleme stellt. M. Giesecke[5] hat z. B. an handschriftlichen Rezepten gezeigt, wie problematisch die Übertragung eines modernen Textsortenbegriffs auf mittelalterliche Fachtexte sein kann, die häufig andere, mit der heutigen Textdeklaration nicht zu vereinbarende Funktionen aufweisen. Dies mag ein Grund dafür sein, daß die Beschreibung mittelalterlicher Fachliteratur und neuere Fachsprachengeschichte immer noch relativ beziehungslos nebeneinander stehen und statt interdisziplinär, zumindest im Deutschen, für den mittelalterlichen Zeitraum häufig von Wissenschaftshistorikern (Juristen, Mediziner u.a.) und Philologen, für den neueren vorwiegend von Linguisten erarbeitet werden.

Diese Trennung verdeutlicht einmal mehr der neuere Überblick zur mittelalterlichen Fachliteratur von B.D. Haage[6], der auch die Forschungsgeschichte skizziert. Er zeigt aber auch die gemeinsame Tendenz, Fachsprachen- und Fachliteraturgeschichte vor dem Hintergrund einer Geschichte der Fächer zu betreiben. Ohne eine Kenntnis der Wissenschaftsgeschichte lassen sich weder die Realien und kommunikativen Bezüge mittelalterlicher Fachliteratur erschließen, noch z.B. Innovations- und Ausgleichstendenzen in der neueren Fachsprachen-Geschichte (z.B. in der medizinischen Terminologie) erfassen und interpretieren.

Beispiele für diesen verstärkten Einbezug gesellschaftlicher und fachlicher Voraussetzungen und Rahmenbedingungen in die neuere Forschung bietet das Themenheft «Fachsprache und Fachliteratur» (Zeitschr. f. Literaturwissenschaft und Linguistik, Heft 51/52, 1983), das erstmals auch eine Verbindung der unterschiedlichen Forschungsstränge unter pragmatischen und textbezogenen Leitfragen versucht. Die Beispiele zeigen aber auch die Grenzen historischer Fachsprachenforschung, die mit spärlicher Überlieferung oder Materialfülle, mit gravierenden Forschungslücken und Rekonstruktionsproblemen der jeweiligen Arbeitsumfelder zu kämpfen hat, will sie die Entwicklung der Sprache im Fach angemessen beschreiben.

Eine Ausnahme bildet hier die Geschichte der Fachliteratur des 20. Jahrhunderts, die auf verläßliche Daten zurückgreifen oder diese erheben kann. Durch die Verbindung von historischen und aktuellen Aspekten der Fachsprachen ergeben sich allerdings recht komplexe Beschreibungen und Entwicklungslinien, deren historische Einordnung und Relativierung schwierig wird. Untersuchungen dieser Art, wie z.B. R. Krügers Darstellung der Geschichte und aktuellen Verwendung des Fachworts «Textverarbeitung»[7], geben aber zumindest eine Vorstellung davon, um wievieles schwieriger die Erforschung früherer Epochen mit dem oben skizzierten Forschungsanspruch sein dürfte.

10.2. Zur Theorie und gesellschaftlichen Bedeutung der Fachsprachen

Die Betonung der fachlichen und kommunikativ-pragmatischen Komponente führte in den letzten Jahren zu einer Neuorientierung der Fachsprachenforschung. Diese geht noch stärker weg von den früher dominierenden terminologischen und lexikologisch-strukturalen Fragestellungen, obwohl der spezielle Wortschatz immer noch als charakteristische Erscheinungsform der Fachsprachen anzusehen ist, und führt hin zur Betrachtung fachsprachlich geprägter Handlungsabläufe unter mehr syntaktischen und textuellen Aspekten. Indem das wissenschaftliche Interesse sich der ‹Sprache im Fach› und dem ‹Text in Funktion› zuwandte, erhielt die Fachsprachenforschung einen umfassenderen, wort- und auch satzübergreifenden Rahmen. Dies entspricht jener linguistischen Sichtweise, die den (Fach-) Text als neue kommunikative Größe entdeckt hat und ihn als ‹originäres sprachliches Zeichen› im Sinne P. Hartmanns[8] zu beschreiben versucht.

Zu den Aufgaben einer solchen textbezogenen Fachsprachen-Betrachtung, die bisherige Ansätze ergänzen und dem Fachtext in seiner funktionalen Ganzheit eher gerecht werden kann, gehören u. a. die Ermittlung von Fachtextsorten und die Beschreibung ihrer Merkmale, die weitere Erforschung sozialer und situativer Determinanten der Sprache im Fach, die Modellierung der Fachtextproduktion und die Beschreibung der den Textbildungsprozess steuernden Faktoren, aber auch der stärkere Einbezug der bisher vernachlässigten Fachtextrezeption vor dem Hintergrund allgemeiner Textverstehensprozesse. Damit könnte zum einen eine komplexere, aber einheitlichere Beschreibung von Fachsprachen erreicht werden, zum anderen könnten zumindest Teillösungen für die anstehenden Kommunikationsaufgaben und -probleme im fachsprachlichen Bereich entwickelt werden[9].

10.2.1. Der Begriff «Fachsprache»

Zwar sind in den zurückliegenden Jahren die Klärungsversuche im Hinblick auf eine Bestimmung von «Fachsprache» weitergegangen, eine einheitliche Auffassung und Terminologie hat sich jedoch nicht herausbilden können. Dies hängt einmal damit zusammen, daß eine Klärung so zentraler Begriffe wie «Fach» und «Fachlichkeit», deren Verwendung vor allem H. Kalverkämper[10] problematisierte und in Frage stellte, bis heute nicht möglich wurde. Da Fächer historische, relationale Größen sind, läßt sich ein Konsens in dieser Auseinandersetzung wohl auch nicht herstellen. Zum anderen gilt, daß Fachsprache aus unterschiedlichen Blickwinkeln betrachtet werden kann und daher unterschiedliche Beschreibungsschwerpunkte gesetzt werden, je nachdem ob z.B. kommunikativ-funktionale, soziologische, pragmatische oder textuelle Aspekte im Vordergrund stehen.

Dies trifft insbesondere für die Beantwortung der Frage nach dem Verhältnis von Fach- und Gemeinsprache zu, nach L. Hoffmann immer noch «die Frage der Fragen»[11] in der Fachsprachenforschung, die weiterhin umstritten und ungelöst ist. In seiner ausdrücklich ‹tentativen› Festlegung von Fachlichkeit und Fachsprache klammert deshalb v. Hahn dieses Abgrenzungsproblem bewußt aus und beschränkt seine Definition auf technisch-produktionsorientierte Fachbereiche: «Fachlich sind solche, besonders instrumentelle Handlungen, die in zweckrationaler, d.h. nicht-sozialer Absicht ausgeführt werden»[12]. Fächer sind entsprechend «Arbeitskontexte, in denen Gruppen von fachlichen zweckrationalen Handlungen vollzogen werden. Fachsprachen sind demnach sprachliche Handlungen dieses Typs sowie sprachliche Äußerungen, die konstitutiv oder z.B. kommentierend mit solchen Handlungen in Verbindung stehen»[13].

Ähnlich wie v. Hahn rekurrieren auch D. Möhn/R. Pelka auf außersprachliche (soziologische), sprachsystembezogene und sprachverwendungsbezogene Kriterien, um Fachsprache gegenüber anderen Sprachvarianten abgrenzen und den unterschiedlichen Erscheinungsformen von Fachsprache *einen* Begriff überordnen zu können.

Unter «Fachsprache» verstehen sie in erster Linie «die Variante der Gesamtsprache, die der Erkenntnis und begrifflichen Bestimmung fachspezifischer Gegebenheiten sowie der Verständigung über sie dient und damit den spezifischen kommunikativen Bedürfnissen im Fach allgemein Rechnung trägt»[14].

Beide der hier zitierten Bestimmungsversuche resultieren aus einem funktionalen, am fachlichen Kommunikationsprozeß orientierten Ansatz, der heute in der Fachsprachenforschung die größte Geltung besitzt. Diesem Ansatz liegt weiterhin die Auffassung zugrunde, daß Fachsprachen «durch eine charakteristische Auswahl, Verwendung und Frequenz sprachlicher Mittel, besonders auf den Systemebenen ‹Morphologie›, ‹Lexik›, ‹Syntax› und ‹Text›, bestimmt [sind]»[15], eine Auffassung, die auf funktional-stilistische Begriffsbestimmungen zurückgeht (vgl. die Bestimmung W. Schmidts S. 14f.).

Dem funktionalen Ansatz ordnet sich auch L. Hoffmanns[16] Auffassung von Fachsprache als ein Subsystem neben anderen Subsystemen einer ‹Gesamtsprache› zu oder J.C. Sagers[17] Definition von Fachsprachen als halbautonome, auf der allgemeinen Sprache gründende und von ihr abhängige komplexe Zeichensysteme, die von Fachleuten in fachlicher Kommunikation verwendet werden. Daneben hat sich auch die rein funktionalstilistische Betrachtungsweise behauptet, zu deren Vertretern etwa R. Gläser[18] zählt.

10.2.2. Fachsprachliche Binnendifferenzierung

Die in Abschnitt 10.1.1. skizzierte Hinwendung zur textbezogenen Fachsprachenbetrachtung führte nicht nur in der Definitionsfrage, sondern auch im Hinblick auf die Gliederung der Fachsprachen zu neuen Überlegungen und Akzentsetzungen. Beibehalten wurde die an Sprachverwendungssituationen orientierte Grobgliederung in drei Schichten (vgl. S. 17ff.), die in dem Bezeichnungstripel D. Möhns – fachintern, interfachlich, fachextern[19] – weithin anerkannt zu sein scheint. Für die Beschreibung und Klassifizierung konkreter Vermittlungssituationen scheint uns jedoch ein mehrdimensionales Gliederungsmodell, wie es v. Hahn vorgeschlagen hat, geeigneter zu sein:

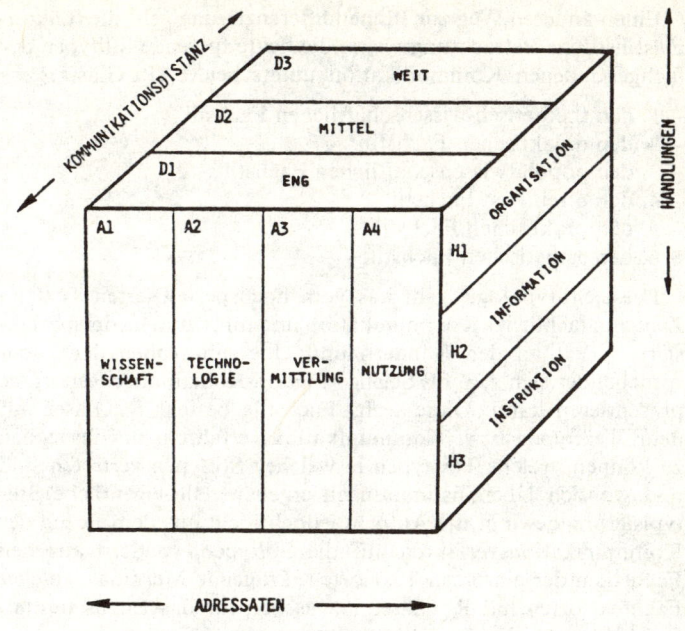

Fachsprachen-Gliederung (v. Hahn)[20]

Denn dieses Modell erlaubt es, auch die Kombination der verschiedenen schichtrelevanten Dimensionen zu erfassen und so «typische fachliche Kommunikationssituationen mit den dort optimalen Textsorten-Varianten und deren typischen Eigenschaften» (v. Hahn)[21] zu beschreiben. Ein Beispiel v. Hahns verdeutlicht diese Möglichkeiten, wobei die Liste der textsortenspezifischen Eigenschaften als vorläufig und offen zu verstehen ist:

«(1) A_1/ D_1/ H_2
    Wissenschaft/ eng/ Information
    Texte: Fachgespräch, Labornotiz u.a.
    Eigenschaften: individuell, schwach deklariert (...),
                   schwach strukturiert, redundant, spontan,
                   umfangsarm, terminologiehaltig»[22].

Einen anderen Weg zur Binnendifferenzierung geht die funktionalstilistische Betrachtungsweise, die heute folgende Stiltypen der fachgebundenen Kommunikation unterscheidet (R. Gläser)[23]:

- 1. den theoretisch-wissenschaftlichen Fachstil
- 2. den didaktischen Fachstil
- 3. den populärwissenschaftlichen Fachstil
- 4. den direktiven Fachstil
- 5. den praktischen Fachstil
- 6. den ästhetischen Fachstil

Diese Stiltypologie geht aus vom hochspezialisierten Text im Zentrum fachlicher Kommunikation und führt zum niederspezialisierten Text an den Rändern und Übergangszonen der Fachsprache, der sich z.B. als Science-Fiction-Roman oder Reportage präsentieren kann. Diese sechs Fachstile bezieht R. Gläser auf neun Texttypen bzw. Kommunikationsverfahren, um feststellen zu können, welche Texttypen in welchen Stiltypen vertreten sind und wo sich Übereinstimmungen ergeben. Die eigentliche Stiltypisierung gewinnt die Autorin jedoch nicht aus dem Bezug der Kommunikationsverfahren auf die Stiltypen, sondern aus den Fachstilen der einzelnen Textsorten. Prägende Merkmale solcher Fachtextsorten hat R. Gläser inzwischen für das Englische umfassend beschrieben[24].

Neu an dieser Ausdifferenzierung ist die Einbeziehung der Kommunikationsverfahren und Textsorten zur Differenzierung der Kommunikationsbereiche und -situationen[25]. Doch bleibt zunächst noch offen, ob diese dadurch gewonnene Charakteristik ausreicht, um den unterschiedlichen Funktionen von Sprache im Fach und im einzelnen Fachtext gerecht zu werden und dem Zusammenwirken von Einzelelementen im Rahmen eines fachlich-kommunikativen Handlungsspiels[26] Rechnung zu tragen.

10.2.3. Fach- und Gemeinsprache

Mit der Konzeption von Fachsprache als «ein relativ eigenständiger Bereich der Sprachverwendung [...], der neben anderen – genauer, mehreren anderen – Arten der Sprachverwendung existiert, mit denen er in Wechselbeziehungen steht»[27], wurde die teilweise unfruchtbare Gegenüberstellung von Fach- und Gemeinsprache relativiert und teilweise auf eine andere Ebene verlagert. Dennoch hat sich die Empfehlung D. Hartmanns[28] nicht durchsetzen können, den Ausdruck «Gemeinsprache» als Komplementärbegriff aus der Fachsprachenforschung zu eliminieren, trotz seiner Unschärfe und definitorischen Problematik. Denn auch als Variante einer ‹Gesamtsprache› ist der Begriff der Gemeinsprache nicht unbedingt präziser, als «orientierende Größe»[29] sowohl bei der Abgrenzung der Variante Fachsprache wie bei der Darstellung der zahlreichen Wechselbeziehungen zwischen diesen beiden Varianten aber unverzichtbar. Dies gilt nicht nur für den deutschen Sprachbereich, sondern z. B. auch für das Englische («common core», «general language») und Französische («langue commune», «langue générale»)[30].

Die lexikographische Frage, wann ein Wort als gemeinsprachlich und wann als fachsprachlich anzusehen ist, läßt sich damit indes nicht lösen, dazu ist das Verhältnis von Fach- und Gemeinsprache zu komplex. Von daher verwundert es nicht, daß empirische Untersuchungen weitgehend fehlen. Dies gilt auch in Bezug auf die weitverbreitete These, «daß fachsprachliche Lexik im Verhältnis zu gemeinsprachlicher Lexik durch *Expansion* gekennzeichnet sei, fachsprachliche Syntax im Verhältnis zu gemeinsprachlicher Syntax dagegen durch *Reduktion*»[31].

Mehr Interesse findet heute in der Forschung der Einfluß von Fachsprachen auf die gemeinsprachliche Variante, sowohl im lexikalischen wie im syntaktischen Bereich. Dabei stehen folgende Fragestellungen im Vordergrund:

1. Welche Fachausdrücke werden zu einer bestimmten Zeit in die Gemeinsprache übernommen (z. B. *Notbremse*, *Entsorgung*)?
2. Auf welchen Wegen und aus welchen Gründen dringen Fachwörter in die Gemeinsprache ein (z. B. *ins Lot bringen*, *Kernreaktor*)?
3. Wann gilt ein Fachwort als gemeinsprachlich (z. B. *Computer*)?
4. Inwieweit werden Entwicklungen in der fachsprachlichen Morphologie und Syntax von der Gemeinsprache übernommen? (z. B. erweiterte Attribuierung)?
5. Wie wirkt sich fachsprachlicher Einfluß quantitativ und qualitativ in der Gemeinsprache aus (schriftlich/mündlich)?

D. Möhn/R. Pelka haben zuletzt darauf hingewiesen, daß auch die Bekanntheit von Fachtextdeklaration wie «Kursbuch», «Bußgeldbescheid» usw., die häufig in festen syntaktischen Fügungen auftreten (z.B. «im Kursbuch nachschlagen», «einen Bußgeldbescheid erhalten»), die Gemeinsprache beeinflussen können[32]. Daher ist in Zukunft der fachsprachliche Einfluß auf die Gemeinsprache verstärkt auch unter textsortenspezifischen Aspekten (vgl. H. Kuntz[33]) und im Hinblick auf die Übernahme fachspezifischer Sprechhandlungsmuster zu untersuchen, wie es zum Beispiel F. Neubauer in einer vergleichenden lexiko-semantischen Analyse der Explikationsstrukturen deutscher Wörterbücher[34] versucht hat.

Daß auch eine historische Betrachtung der Opposition von Fach- und Gemeinsprache ertragreich sein kann, hat beispielsweise J. Trabant[35] gezeigt. In einem weitausholenden Beitrag verdeutlicht er die Problematik der Gegenüberstellung, um dann darzustellen, wie in der Entwicklung des europäischen Sprachdenkens – insbesondere bei W. v. Humboldt – der Gegensatz zwischen Fach- und Gemeinsprache (bzw. zwischen wissenschaftlichem und umgangssprachlichem Sprechen) erfahren wird und diese Erfahrungen in eine Emanzipation der Sprachtheorie und Sprachpraxis vom Vorbild der Fachsprache einmünden.

10.2.4. Fachsprachen und Kommunikationskonflikte

Auch in den 80er Jahren sind die Klagen über Fachsprachen als Ursache von Kommunikationskonflikten, sei es zwischen Fachleuten selbst oder – weit auffälliger – zwischen Fachleuten und Laien, nicht verstummt und das weitverbreitete Unbehagen an der zunehmenden Kommunikationsdistanz zwischen Fach- und Gemeinsprache hat eher zu- statt abgenommen. Nach wie vor gelten Fachsprachen, insbesondere im fachexternen Bereich, als Barrieren, die mit dazu beitragen, «daß immer mehr Menschen immer weniger wissen, und daß die entscheidenden Informationen für immer weniger Leute zugänglich und durchsichtig sind»[36].

Es wäre allerdings falsch, Verständigungsprobleme primär unter linguistischem Aspekt zu sehen und Kommunikationskonflikte als nur fachsprachlich begründete zu beurteilen. Zwar besteht in unserer Zeit ein zentrales Problem von ‹Fachlichkeit› darin, «wie die fachsprachlich ermöglichten und formulierten Wissensbestände einer hochgradig arbeitsteiligen Gesellschaft wieder an Nicht-

Fachleute vermittelt und für sie übersetzt werden können»[37], doch liegen die Probleme vielfach auf einer anderen, z.B. wissenschaftspolitischen, institutionellen oder soziokommunikativen Ebene. Th. Seibert, der ‹Verständigungsschwierigkeiten zwischen Gericht und Betroffenen› analysiert hat, kommt etwa zum Ergebnis, daß es nicht in erster Linie juristischer Fachwortschatz und juristische Diktion sind, die Verständigungsschwierigkeiten schaffen, sondern vor allem die Nichtumkehrbarkeit der Sprecherrollen, die Verfahrens- und Aktenmäßigkeit in der Justiz und die von ihm als ‹Relevanzverschiebung› bezeichnete Problemverlagerung bei komplexen Fragen auf möglichst einfache Sachverhalte[38].

Erfreulicherweise wurden gerade auf dem Gebiet des Rechtswesens und der Verwaltung, aber auch der Medizin, inzwischen umfassendere Untersuchungen vorgenommen, um die Ursachen von Kommunikationskonflikten zu erforschen, vor allem auch im Bereich der mündlichen Kommunikation. Ergebnisse dieser Arbeiten sind zum Teil in eine Verbesserung der fachlichen Ausbildung eingeflossen (Juristenausbildung, Verwaltungsfachschulen u.a.)[39].

Ferner äußern sich die Analyseergebnisse in Verbesserungsvorschlägen und Trainingsprogrammen zur Abfassung schriftlicher fachgebundener Texte für Laien wie z.B. Gebrauchsanleitungen für technische Produkte, Beipackzettel von Medikamenten, Vordrucke und Formulare für den Schriftverkehr zwischen Bürgern und Behörden[40]. Die mangelnde Verständlichkeit dieser Textsorten wurde immer wieder kritisiert, ohne daß jedoch zunächst konkrete Vermittlungsstrategien angeboten werden konnten. Erst im Zusammenwirken von Sprachwissenschaftlern und Psychologen gelang es, hier Lösungen zu entwickeln. Man kann sich zwar im Einzelfall fragen, ob die angebotenen Lösungen immer ‹richtig› im Sinne von informationstreu oder für die jeweilige Adressatengruppe ‹angemessen› sind. Die Bemühungen nach mehr Verständlichkeit und Durchsichtigkeit sollten aber nicht von vornherein als ‹unfachlich› oder ‹vereinfachend› abgetan, sondern kritisch fördernd begleitet werden[41].

Dies gilt insbesondere auch für die Versuche der Überwindung wissenschaftssprachlicher Barrieren mit demokratisch verstandenen Zielsetzungen. Diese können nicht einseitig erfolgen, sondern alle Beteiligten müssen aufeinander zugehen. Wissenschaftssprachliche Barrieren lassen sich nach Th. Bungarten langfristig nur abbauen, «1. durch eine Kompetenzerweiterung des Wissenschaftlers, auch des Wissenschaftsvermittlers in bezug auf die Strukturen alltäglicher und wissenschaftlicher Rede. Es ist nämlich auch festzustellen, daß der Wissenschaftler in Gefahr ist, seine alltagssprachliche Sprachkompetenz zu verlieren. 2. durch eine Kompetenzerweiterung des Alltagssprechers, des Laien in bezug auf die generalisierbaren Strukturen der Wissenschaftssprache, wie sie allen Fachwissenschaftlern gemeinsam sind»[42]. Ob es solche gemeinsame Strukturen jedoch tatsächlich gibt und worin sie bestehen, ist bisher noch nicht ausreichend geklärt worden, um dem Laien hier Hilfen an die Hand geben zu können.

Es zeigen sich jedoch positive Ansätze im Bereich der verschiedenen journalistischen Formen massenmedialer Wissenschaftsberichterstattung und der Sachbuchliteratur. Diese Ansätze sind nicht allein darin zu sehen, daß inzwischen bei den Vermittlergruppen, aber auch in der Öffentlichkeit, ein geschärftes Bewußtsein für fachsprachenbedingte Kommunikationskonflikte vorhanden ist, sondern sie äußern sich in der Diskussion und Anwendung vielfacher Vermittlungsstrategien und Verständlichkeitskonzepte[43]. Dazu gehören u. a. der – gelegentlich sogar übertriebene – Einsatz vielfältiger didaktischer Formen (klarer Aufbau, Beispiele, Präsentationsformen usw.), gezielte Dialogsteuerungen in Interviews mit Fachleuten, Anwendung geeigneter Erklärungsmuster.

Letztere haben beispielsweise D. Möhn u. a. für die Wissenschaftsberichterstattung im Fernsehen untersucht und sind zu einer teilweise positiven Praxis-Beurteilung gekommen[44]. In vielen Punkten bleibt die Forschung aber noch auf Vermutungen angewiesen, denn es gibt z. B. keine empirisch abgesicherten und aussagekräftigen Untersuchungen über den Zusammenhang zwischen massenmedialer Textgestaltung und der Textwirkung auf die verschiedenen Rezipientengruppen. In diesem Zusammenhang fehlen auch empirische Untersuchungen darüber, was überhaupt für das inhomogene Publikum der Massenmedien erklärrungsbedürftig ist und inwieweit z. B. einzelne nicht verstandene Fachwörter oder Argumentationsstrukturen den Verstehensprozeß beeinträchtigen.

Bei der Vielzahl möglicher Ursachen erscheint eine generelle Beseitigung von Kommunikationskonflikten utopisch zu sein, doch kann die Beschreibung von gesellschaftlich relevanten Konfliktsituationen zumindest in fachlichen Teilbereichen zum Abbau von Spannungen, zum besseren gegenseitigen Verstehen und möglicherweise wieder zur Annäherung von Fachkommunikation und Alltagskommunikation beitragen.

10.3. Eigenschaften der Fachsprachen

Fachsprachliche Spezifika finden sich auf allen sprachlichen Ebenen – Lexik, Syntax, Text. Wir behandeln diese im folgenden zwar getrennt, in der Sprachwirklichkeit lassen sich diese Ebenen jedoch nicht voneinander trennen. Zu den am besten erforschten fachsprachlichen Besonderheiten zählen die verschiedenen lexikalischen Eigenschaften, und nach wie vor kommt der Fachlexik eine zentrale Bedeutung im Hinblick auf die Beschreibung und Bestimmung von Fachsprachen zu. Vermehrte Aufmerksamkeit hat jedoch in den letzten Jahren – mit dem Wandel allgemeinlinguistischer Fragestellungen einhergehend – die Ebene der Syntax gefunden. Neu hinzugekommen ist die Beschreibung der Textebene, anknüpfend an Fragestellung der Textlinguistik, deren Forschungsprobleme mitübernommen worden sind[45].

Wenn wir in unserer Darstellung der Textebene den meisten Platz einräumen, so bedeutet dies allerdings nicht, daß zu diesem linguistischen Bereich die meisten empirischen Untersuchungen vorliegen. Im Rahmen der insgesamt beträchtlich erhöhten Zahl der Beschreibung einzelner Fachsprachen stehen Arbeiten zu lexikalisch-syntaktischen Fragen weiterhin im Vordergrund. In vielen Arbeiten wird jedoch die Größe ‹Fachtext› gleichfalls berücksichtigt. Fächermäßig bietet sich gegenwärtig der Eindruck, daß Wissenschaft und Technik die bevorzugt untersuchten Gegenstandsbereiche bilden.

Von den in Kapitel 5 exemplarisch dargestellten Fachsprachen liegen inzwischen für die Fächer Wirtschaft, Fischerei, Verwaltung, Politik, Linguistik, Chemie und Medizin ergänzende und weiterführende Darstellungen vor[46], auf die wir hiermit verweisen.

10.3.1. Lexik

Standen im Zentrum der Analyse und Beschreibung der Fachwortschätze lange Zeit Fragen nach dem Aufbau, den Bildungsweisen und spezifischen Merkmalen, so hat sich inzwischen das Interesse auf andere Fragestellungen hin verlagert:

(1) Wie werden Fachwortschätze dargestellt?
(2) Wie werden sie erworben und benutzt?
(3) Wie werden sie von den verschiedenen Rezipientengruppen verstanden?
(4) Wie entwickeln sie sich weiter?

Beachtenswert ist ferner die Hinwendung zu den bisher vernachlässigten Wortgruppenlexemen und Wort-Bild-Zeichen-Kombinationen sowie zur Darstellung von produktiven Wortbildungsmodellen. Solche Wortbildungsmodelle sind vor allem für den fachsprachlichen Fremdsprachenunterricht von Bedeutung.

Die erste der zuvor genannten Fragestellungen hängt mit der raschen Entwicklung fachsprachlicher Inventare zusammen sowie mit der technischen Entwicklung der Lexikographie. Beide Entwicklungen führten zu einer Abkehr von den herkömmlichen Methoden der Wortschatzerfassung und der Konzeption fachsprachlicher Lexika, wie z.B. W. Lenders an einer Gegenüberstellung der alten und neuen DIN-Norm 2333 ‹Fachwörterbücher – Stufen der Ausarbeitung› gezeigt hat[47].

Die entscheidende Normänderung liegt darin, daß als eigentlicher Träger nicht mehr das Buch mit seinen weitgehend festgelegten Explikationsstrukturen erscheint, sondern die maschinelle Datenbank, die neue Darstellungs- und Nutzungsmöglichkeiten bietet (z.B. Aufgliederung in kleinste Informationseinheiten, permanente Erweiterung, Kopplung mit Fachinformationssystemen, Einbindung in nationale und internationale Datennetze). Dies erfordert Beschreibungsverfahren fachlexikalischer Strukturen, die eine datenbankgerechte Formulierung auch komplexer Einheiten ermöglichen. Die dabei entstehenden Probleme faßt W. Lenders in folgender Leitfrage zusammen:

«Auf welche Weise ist der lexikalische Eintrag einer Terminologiedatenbank bzw. eines Lexikons zu definieren, so daß das fachsprachliche Wissen, das mit einer lexikalischen Einheit (Wort) verbunden ist, dargestellt werden kann?»[48]. Einer Lösung stehen bislang noch erhebliche Einzelprobleme, vor allem auf semantischem und pragmatischem Gebiet entgegen, einfacher strukturierte Fachwortdokumentationen liegen aber bereits vor.

Hingewiesen sei insbesondere noch auf die Konsequenzen für den Wörterbuchbenutzer und neue Berufsmöglichkeiten (z.B. im Bereich der Datenbetreuung), die sich aus der Verwendung elektronischer Medien ergeben. Der Benutzer wird «in Zukunft an seiner Arbeits- (bzw. Lehr-)stelle mit Hilfe eines Datenterminals über Zugriffsmöglichkeiten auf den Fachwortschatz und die Fachinformation seines Fachgebiets verfügen, die in Büchern (noch) nicht dokumentiert ist. Für den Benutzer von Fachsprachen ist weiterhin absehbar, daß sich die in Terminologien ausdrückende Normung unter dem Zwang zur maschinengestützten Informationsverarbeitung auch auf die Syntax ausdehnen wird»[49]. Es bleibt abzuwarten, ob derartige Reduzierungen in der Syntax von Dokumentationssprachen auch die lexikalische Entwicklung der wissenschaftlich-technischen Fachsprachen beeinflussen werden.

Die zweite Fragestellung betrifft einmal Vermittlungsfragen in Lehrsituationen (etwa nach den Bedingungen einer erfolgreichen Einführung von Fachwörtern), zum anderen Fragen der Verwendung von Fach- und Gemeinsprache in fachlichen Handlungszusammenhängen (z.B. Verbindung von Fachwortschatz und nichtfachlicher Ausdrucksweise, Verteilung von Fachwörtern)[50]. Durch die stärkere Betonung von Situation und Kontext ergibt sich hier eine gegenüber der bisherigen rein terminologischen Betrachtungsweise differenzierte Sicht.

Dies gilt auch bei der Bearbeitung der dritten Fragestellung, die bei verschiedenen sozialen Gruppen empirisch untersucht werden muß, um beispielsweise fachliche Kenntnisgrade und Bedingungen des Textverstehens zu eruieren, aber auch den Verlauf von Bedeutungskonstituierungen zu ermitteln. Aufschlußreich in dieser Hinsicht sind z.B. die von H. Schönfeld/J. Donath vorgelegten Untersuchungen zum betrieblichen Fachwortschatz, aber auch die Analyse von Strategien bei ärztlichen Aufklärungsgesprächen, die M. Biel vorgenommen hat[51]. Insgesamt ist die Verständlichkeit von Fachwortschätzen und -texten ein Problem, das die Fachsprachenforschung zunehmend und noch lange beschäftigen wird.

Zu der vierten Fragestellung, den Erweiterungsmöglichkeiten und Entwicklungstendenzen fachsprachlicher Lexik, liegen schon zahlreiche Einzeluntersuchungen vor[52]. Sie beschäftigen sich mit den produktiven Bildungsmöglichkeiten (z.B. fachbezogene Verwendung gemeinsprachlicher Wörter, Verwendung von Wortelementen aus anderen Sprachen, Ableitungen), sowohl einzelsprachlich wie im Vergleich mehrerer Sprachen. Behandelt werden aber auch Fragen der Ökonomie, Exaktheit und Normierbarkeit von Fachwörtern, wobei auch hier verstärkt Überlegungen zur Situations- und Kontexteinbettung angestellt werden müssen[53].

10.3.2. Syntax

Wir konnten bereits in Abschnitt 4.2. auf Umrisse einer fachsprachlichen Syntax verweisen. Von einer eigenen, exklusiven fachsprachlichen Syntax zu sprechen, läßt die neuere Forschung allerdings immer noch nicht zu. Ihre Ergebnisse, die u. a. von R. Beier[54], V. Schwanzer[55] und B. Spillner[56] aufgearbeitet und ausführlicher diskutiert wurden, erlauben nur den Schluß, daß sich die syntaktischen Mittel in Fachtexten in ihrer Frequenz und Verwendungsweise von der Sprachverwendung in nichtfachbezogener Kommunikation teilweise erheblich unterscheiden und für bestimmte Fachbereiche zu einem relativ geschlossenen System zusammenfassen lassen.

Dabei herrscht die Auffassung vor, daß fachsprachliche syntaktische Erscheinungen eine Auswahl aus Strukturen der gemeinsprachlichen Syntax darstellen. Diese Reduktions-Hypothese gilt insbesondere für die schriftliche Kommunikation im theoretisch-fachlichen Bereich der verschiedenen wissenschaftlichen und technischen Disziplinen[57]. Hier begegnen nicht nur einzelsprachlich gemeinsame Merkmale, sondern es konnten auch weitgehende syntaktisch-stilistische Übereinstimmungen zwischen verschiedenen nationalsprachlichen ‹Wissenschaftssprachen› festgestellt werden. Die ‹universellen› Strukturen resultieren offensichtlich aus dem Bestreben nach möglichst exakter, unpersönlicher und ökonomischer Darstellung wissenschaftlich-technischer Sachverhalte. Genannt seien die Vorliebe für Nominalisierungen, verbunden mit der Verwendung bedeutungsarmer Verben und bestimmter syntaktischer Strukturwörter, die Bevorzugung infinitivischer und passivischer Konstruktionen zum Ausdruck von Zeitbezügen, Ursachen, Mittel, Bedingungen, Ziel und Folge oder die Verwendung von Attribuierungen zur Komprimierung der Darstellung.

Als Beispiel der Universalität fachsprachlicher Ausdrucksmittel geben wir eine Übersicht zum (prozentualen) Passivgebrauch in deutschen und englischen Fachtexten und gemeinsprachlichen Texten (1) sowie eine weitere (2) zur Verwendung von Funktionsverben in mehreren Sprachen[58]:

(1)

Fachtexte		Gemeinsprachliche Texte	
deutsch	englisch	deutsch	englisch
12/28	20/50	2/5	3

(2)

   in Gang bringen (od. *in Gang setzen*)   (Deutsch)

→ *mettre en marche*   (Franz.)

→ *set in motion* (od. *put into operation*)   (Engl.)

→ привести в действие   (Russ.)

→ 運転する ＋ せる → 運転させる   (Japan.)

→ 使…运转   (od. 开动)   (Chines.)

Solche Einzelbeispiele verführen allerdings zu der Vorstellung einer insgesamt einheitlichen Syntax mit universeller Geltung. Wie beim Wortschatz zeigen sich jedoch auch in der Verwendung syntaktischer Mittel jeweils facheigene, situations- und textsortenspezifische sowie einzelsprachlich markierte Unterschiede. So hat P. Schefe in einer vergleichenden statistischen Syntaxanalyse medizinischer, betriebswirtschaftlicher und literaturwissenschaftlicher Fachtexte ermittelt, daß zwischen den verschiedenen Disziplinen erhebliche Unterschiede in der Frequenz und Verwendung syntaktischer Mittel bestehen[59].

Außerdem ergibt seine Analyse signifikante Unterschiede zwischen den von ihm zugrundegelegten Textsorten. Medizinische Zeitschriften etwa zeigen eine stärkere Neigung zur Hypotaxe und weisen längere Sätze auf als medizinische Lehrbücher. Solche Unterschiede bestehen nach R. Beier[60] auch im Hinblick auf die Komplexität bestimmter präpositionaler Wortgruppen zwischen Fachzeitschriften und Lehrtexten der Physik und Chemie, um nur einige wenige Merkmale textsortengebundener Fachsyntax zu nennen und ihre Relevanz für zukünftige Forschungen zu verdeutlichen. Zu solchen textsortenbezogenen Syntaxforschungen sollte auch ein Vergleich zwischen schriftlicher und mündlicher Fachkommunikation treten, der sicher weitere syntaktische Charakteristika fachsprachlicher Texte zeigen dürfte.

In bezug auf die Universalienhypothese erscheint nach B. Spillners Auffassung eher Zurückhaltung angebracht zu sein, vor allem hinsichtlich der Übereinstimmungen konkreter syntaktischer Strukturen. In einer exemplarischen kontrastiven Analyse von Wetterberichten in deutschen und französischen Tageszeitungen hat er zwar auch eine Reihe von Gemeinsamkeiten festgestellt, charakteristische Unterschiede (z.B. Satzlänge, Satzkomplexität, Tempusgebrauch) aber überwiegen.[61]. Weitere kontrastive Analysen müssen hier zeigen, ob B. Spillners These, «daß die sprachliche Struktur von Fachsprachen – genauer: fachsprachlicher Textsorten – nicht universal, sondern prinzipiell einzelsprachenabhängig ist»[62], aufrecht erhalten werden kann.

Dies würde auch eine Untersuchung von Abweichungen jener Verbvalenzstrukturen betreffen, die einzelsprachlich inzwischen als den restriktiven Gebrauch fachsprachlicher Syntax mitbestimmende Eigenschaften der Fachkommunikation erkannt worden sind und sich in einer begrenzten Zahl produktiver Satzbaupläne äußern. So wird z.B. die Fähigkeit des finiten Verbs, Ergänzungen (obligatorische und fakultative) an sich zu binden, in einzelnen Fachsprachen stark eingeschränkt. Damit verbunden ist häufig eine Verkleinerung des Bedeutungsspektrums der Verben. In wissenschaftlich-technischen Fachtexten führt dieser Sachverhalt u.a. zum Wegfall nullwertiger, zur Zunahme zweiwertiger und zu einem gegenüber gemeinsprachlicher Verwendungsweise besonders sparsamen Gebrauch drei- und mehrwertiger Verben.

Nach L. Hoffmanns Übersicht valenztheoretischer Ansätze reduziert der fachliche Kontext «die Polysemie der Verben allerdings nicht in dem Maße, wie das zuweilen erwartet wird, und nicht in allen Fachsprachen gleich stark»[63]. Auch zeigen die bisherigen Untersuchungen nur wenig Übereinstimmungen im Verbbestand der einzelnen Fachsprachen, so daß L. Hoffmann noch im Jahr 1984 feststellen muß:»Die für Fachtexte typischen Kasusrollen und Verbbedeutungen lassen sich gegenwärtig noch nicht mit Sicherheit nennen. Wenn allgemeine Aussagen darüber überhaupt möglich sind, dann erst nach der Analyse einer größeren Zahl von Fachsprachen ganz unterschiedlicher Bereiche und nach dem Vergleich der dabei gewonnenen Ergebnisse»[64].

Eng verknüpft mit dem Einsatz syntaktischer Mittel ist die Frage nach der logischen Ordnung und kommunikativen Organisation des Satzes. In diesem Zusammenhang ist die These von der funktionalen Satzperspektive zu nennen, die für die Fachsprachenanalyse als besonders geeignet betrachtet wird. Die These besagt, daß in Sprachen mit relativ freier Abfolge der Satzglieder der Informationsgehalt zum Satzende hin ansteigt. Der Satz selbst wird als kommunikative Einheit angesehen, die durch die Abfolge von Thema (bereits bekannter und kommunikativ weniger wichtiger Sachverhalt) und Rhema (neue Information über den bekannten Sachverhalt) gekennzeichnet ist. Eine Analyse der Verteilung von Thema und Rhema auf bestimmte Satzglieder ermöglicht daher eine Typologie der aktuellen Satzgliederung.

L. Hoffmann hat jetzt an einer Gesamtstichprobe von 5000 Sätzen (je 1000 Sätze aus Publikationen der Mathematik, Physik, Chemie, Philosophie und Geschichtswissenschaft, untergliedert nach den vier Darstellungsarten ‹Nachschlagewerk›, ‹Lehrbuch›, ‹Zeitschriftenaufsatz› und ‹Anwendungsschrift›) gezeigt, daß eine Erforschung der aktuellen Satzgliederung auch für die Analyse und Beschreibung von Fachtexten relevant ist und zu einem differenzierteren Bild der kommunikativen Verhältnisse in den Fachsprachen führen kann[65].

10.3.3. Text

Das eigentlich Neue in der Fachsprachenforschung der letzten Jahre ist, wie bereits mehrfach in diesem Kapitel angedeutet, die Hinwendung zur Beschreibung der bisher vernachlässigten Ebene des Fachtextes. Diese Neu- bzw. Umorientierung der Fachsprachenforschung konnte zunächst zwar noch als eine eher modische Erscheinung im Zusammenhang mit entsprechenden Tendenzen der allgemeinen Linguistik betrachtet werden, die ersten Ergebnisse beweisen aber, daß durch diesen Perspektivenwechsel eine Reihe bisher nicht beachteter fachsprachenspezifischer Eigenschaften erfaßt und beschrieben werden konnten, die nur von der kommunikativen Größe ‹Text› her sichtbar werden. Dazu zählen etwa die Beschäftigung mit Fragen nach der Reflexivität von Fachtexten, der Bedeutung einzelner Kommunikationsverfahren, des Textaufbaus, der fachlichen Texteinbettung und nicht zuletzt die Frage nach der Unterscheidung und Charakterisierung von Fachtextsorten.

Als Ausgangsposition für eine Unterteilung der Fachsprachen-Forschung in Fach-Textlinguistik (die primär nach Fachtextsorten fragt) und Fachtext-Linguistik (die sprachliche Erscheinungen in Fachtexten beschreibt), wie sie H. Kalverkämper vorgeschlagen hat[66], scheinen uns die möglichen Ergebnisse textbezogener Fragestellungen aber nicht auszureichen. Beide können nur Schwerpunkte einer interdisziplinären Fachsprachenforschung darstellen, die ja einen großen Teil ihres Selbstverständnisses daraus ziehen kann, daß sie sich schon früh der Fachkommunikation zuwandte und anwendungsorientiert Fachsprache als Sammelbegriff für unterschiedliche kommunikative Einheiten und Konzepte nutzen konnte.

Dieses flexible und übergreifende linguistische Programm muß nach L. Hoffmann dazu führen, «daß die zahlreichen Einzelerkenntnise der Fachsprachenforschung in eine komplexe, aber einheitliche Beschreibung der Fachsprachen als Ensembles unterschiedlicher Textsorten einfließen, die sich aus unterschiedlichen sprachlichen Mitteln konstituieren»[67]. Ansätze zu einer solchen umfassenden kommunikativen Beschreibung von Fachtexten sind zwar vorhanden, doch weithin gilt noch v. Hahns Feststellung: «Über wenig Gebiete in der Fachsprachenforschung ist so viel Aufmunterndes [. . .] und gleichzeitig so wenig substantiell Inhaltliches geschrieben worden, wie über die fachliche Textstruktur»[68].

Zudem sind viele der bisher mitgeteilten ‹textlinguistischen› Beobachtungen, insbesondere zur Kohärenz in Fachtexten und zur Unterscheidung von Fachtextsorten und Differenzierung fachlicher Kommunikationsverfahren, als vorläufig einzustufen, da sie an Einzeltexten oder nichtrepräsentativen Textkorpora gewonnen wurden. Die Ergebnisse sind entsprechend zu relativieren und werden von den Autoren daher meist auch besonders vorsichtig formuliert[69]. Dieser Vorbehalt gilt auch für die nachfolgende Zusammenstellung und Kurzcharakteristik textueller Merkmale von Fachtexten, die D. Möhn/R. Pelka gegeben haben. Erfaßt werden Formen der Texteinbettung, Textverknüpfungsmittel und Text-Bild-Kombinationen[70]:

morphologisch	semantisch-funktional

Deklarationsformen (explizite Textbezeichnung):
 	
z.B. *Protokoll*
    Informationsschrift
    Informationsblatt
    Fachkunde
    Werkstatt-Handbuch
    Betriebsanleitung
    Bedienungsanleitung
    Arbeitsanweisung
    Fertigungsvorschrift
    Richtlinie
    Verwaltungsanordnung
    Verfahrensordnung
	Die explizite Kennzeichnung von Fachtexten ist erforderlich, da von Form und Inhalt der sprachlichen Äußerungen im Text vielfach nicht auf die fachspezifische Funktion geschlossen werden kann. Die Deklarationsformen verweisen also auf ausgegrenzte Handlungsmuster im Fach.

zahlreiche Signale für den hohen Grad von Textdurchgliederung:
 	
z.B. Segmentierungsformen
  wie
    Kapitel
    Abschnitte
    Absätze
    Kapitel- und Abschnittüberschriften
    Ziffernfolgen
    Listen
    Tabellen
    Einrückungen
    Spiegelstriche
	Fachliches Handeln unterscheidet sich von anderen Formen menschlichen Handelns durch eine ausgeprägte Systematik. In ihr spiegelt sich die Notwendigkeit wider, Fachwissen begrifflich zu fassen und nach verschiedenen Gesichtspunkten anzuordnen. Fachgegenstände als die elementaren Bestandteile von Fachwissen können z.B. nach ihrem Wesen, ihren Komponenten, ihrem Vorhandensein oder ihrer Produktion, ihrem Zweck, ihrem Wert behandelt und weiter untergliedert werden. So wird etwa die zeitliche Abfolge bei der Produktion durch eine auf die einzelnen Produktionsstadien logisch bezogene Ziffernfolge gesichert; so lassen sich auch induktives und deduktives Vorgehen in der Wissenschaft deutlich kennzeichnen.

Nennung des Textproduzenten:
 	
z.B. Verfassername
    Berufsposition
    Institution/Unternehmen
    Abteilung
	Die Nennung des Produzenten ermöglicht eine Zuordnung des Textes innerhalb eines Faches und ist in vielen Fällen Voraussetzung für die Teilnahme an der Fachkommunikation.

Kohärenzsignale: z.B. Einschränkung der Pro-	In den Fächern besteht im Zusammenhang mit der schon erwähnten ausge-

morphologisch	semantisch-funktional
formen (Vermeidung von Synonymen) Verweisformen, die ein hohes Maß logischer Verknüpfung signalisieren wie Demostrativa (sowohl in kataphorischer wie anaphorischer Funktion) und Pronominaladverbien Verweiswendungen, die auf Abschnitte, Tabellen, Abbildungen u. dgl. zurückverweisen oder hinweisen wie *vergleiche es folgen wie oben ausgeführt wie an anderer Stelle bereits angemerkt*	prägten Systematik und weit mehr als in anderen Sprachverwendungsbereichen das Bedürfnis, Inhalte definitiv und in konstanter Form auszudrükken. Die spezifischen Verweisformen sind Ausdruck des Bemühens, fachbegriffliche Zusammenhänge für kommunikative Zwecke zu sichern.
begrenztes Potential und weitestgehende Konstanz der lexikalischen Referenzmittel	Diese Erscheinung verweist wieder auf eine ausgeprägte Systematik, textsemantisch auf eine Beschränkung und deutliche Abgrenzung fachlicher Inhalte.
typographische Mittel: z.B. Fettdruck Sperrdruck Farbdruck Unterstreichung	Durch diese Mittel werden fachliche Begriffe und Aussagen entsprechend ihrem thematisch-funktionalen Stellenwert deutlich gekennzeichnet. Auf gleiche Weise werden, vielfach neue, Fachausdrücke hervorgehoben und vermittelt.
außersprachliche Mittel: z.B. Abbildungen Skizzen Zeichnungen Diagramme	Weit mehr als in anderen Bereichen werden in Fächern – und zum Teil fast ausschließlich in ihnen – durch diese Mittel bestimmte Sachverhalte dargestellt, deren Komplexität sprachlich kaum oder nur auf eine aufwendige Weise zu fassen ist. Darüber hinaus dienen Mittel dieser Art (z.B. Abbildungen) nicht selten zur Veranschaulichung abstrakter Aussagen.

Auf im wesentlichen dieselben Merkmale konzentriert sich L. Hoffmann in seinem Konzept zur kumulativen Analyse von Fachtexten, das er an verschiedenen Orten vorgestellt hat[71]. Dieses Analysekonzept versucht insbesondere der Situation des Fachtextes und der sprachlichen Tätigkeit des Handelnden Rechnung zu tragen und will auf möglichst vielen linguistischen Ebenen – von oben nach unten gehend – wesentliche Relationen und Elemente des Fachtextes (Makrostruktur, Kohärenzmittel, syntaktische Konstruktionen, lexikalische Inventare und grammatische Kategorien) erfassen und systematisch darstellen. Die Beschreibungsergebnisse lassen sich übersichtlich in Matrizenform darstellen, wie L. Hoffmann am Beispiel eines mathematischen Fachtextes demonstriert[72]:

Makro-struktur	Problem Prämissen Methode Lösung Anwendung + + + + + Anrede Darstellung Herkunft Bedingung ... — — — —
Kohä-renz	Wieder-holung Synonymie Metapher Paraphrase ... + — — — Prono-men Proform ... Thematische Progression (Typ) I II III IV + — + — — —
Syntax	Funktionale Satzperspektive (Typ) I II III IV V VI + — + — + — Satztyp einfach erweitert komplex koordin. subordin. — + + — + Nominalphrase S SSg AS AAS ... + — + — Verbalphrase V MV DV MVS ... — + + —

Lexik				
Genuin	Lehnwort	Hybride	...	
—	+	—		
Simplex	Komposi-tum	Derivati-vum	Wortgruppe	...
+	—	+	—	

Grammat. Kategorien					
Verb					
Indikativ	Konjunktiv				
+	—				
Aktiv	Passiv				
—	+				
Präsens	Präteritum	Futur			
+	—	+			
1. Person	2. Person	3. Person			
—	—	+			
......	......	......			
Substantiv					
Singular	Plural				
+	—				
Nomin.	Gen.	Dat.	Akk.	Instr.	Präp.
+	+	—	—	—	+
...	...	...	...	...	...

Zum Verständnis der Matrix geben wir L. Hoffmanns eigene Interpretation bei:

«– typische Makrostruktur: nach der Nennung des Gegenstandes in der Überschrift – Problemstellung, Prämissen, Methode, Lösung, Anwendung;

– Kohärenz vor allem durch Wortwiederholung, in geringerem Maße durch (anaphorische) Pronominalisierung und Subordination; direkte thematische Progression;

– Überwiegen der funktionalen Satzperspektive Typ I, III und V;

– große Zahl von einfachen erweiterten Sätzen und Satzgefügen mit untergeordneten Nebensätzen; Dominanz von konditionalen Nebensätzen;

– meist Nominalphrasen aus ein bis zwei Konstituenten, z.B. S, AS u.ä.; entsprechend Verbalphrasen aus zwei bis drei Konstituenten, z.B. MV, DV, MVS;

- große Häufigkeit von Lehnwörtern griechischer und lateinischer Herkunft; beim originalsprachlichen Wortschatz Simplizia und Derivativa;
- herausragende Rolle von Indikativ, Präsens, 3. Person, Passiv bei Verben, Singular und Genitiv bei Substantiven;
- ausgiebiger Gebrauch von Symbolen, Ziffern und Formeln usw. usf.

Wertungen wie ‹typisch›, ‹häufig›, ‹überwiegend›, ‹vor allem›, ‹meist› erfahren, so wie die Entscheidung für das Plus oder Minus in der Matrix, eine möglichst exakte quantitative Bestimmung im Sinne der echten Dominanz über die anderen Möglichkeiten».

D. Möhn/R. Pelka[73] haben ein weiteres Analysekonzept vorgelegt, das von drei dominanten Sprachfunktionen in Fachtexten ausgeht, einer deskriptiven, instruktiven und direktiven Funktion. Weitere Abgrenzungskriterien bilden die Textdeklaration und die Textfunktion, die zu drei Grundtypen des Fachtextes führen (informativ, instruktiv, direktiv). Ihre Bedeutung für die Textanalyse und -differenzierung sind zwar unübersehbar, doch ergeben sich im Zusammenwirken der einzelnen Faktoren jene Abgrenzungsprobleme, die L. Hoffmanns Auffassung bestärken, daß es derzeit für eine wissenschaftlich begründete, sowohl quantitativ wie qualitativ abgesicherte Unterscheidung von Fachtextsorten aufgrund der Forschungslage noch zu früh sei[74].

Aus diesen Erwägungen heraus plädiert auch B. Spillner dafür, zunächst konkrete Fragestellungen nach spezifischen Kommunikationsverfahren und konventionellen sprachlichen Realisierungen von in der Erfahrung gegebenen Fachtextsorten zu untersuchen und miteinander zu vergleichen wie z.B. «Wie wird in einem mathematischen Zeitschriftenaufsatz ein Axiom eingeführt, eine Formel abgeleitet? Wie wird in einer medizinischen Vortragsdiskussion eine Hypothese zurückgewiesen? Wie wird in einem Lehrbrief ein Beispiel eingeführt? Wie wird in einer Anhörung für einen wissenschaftlichen Standpunkt argumentiert? Wie wird in einem populärwissenschaftlichen Roman ein naturwissenschaftliches Gesetz erläutert? usw.»[75].

Nur durch weitere, empirisch abgesicherte Analysen lassen sich jene divergierenden Auffassungen beurteilen, die z.B. über die Anzahl der Textfunktionen, die Abgrenzungskriterien von Texten und das Zusammenwirken textkonstituierender Faktoren bestehen und Rückwirkungen auf die Analyse textsemantischer, funktionaler und -pragmatischer Strukturen haben[76].

Besondere Aufmerksamkeit verdienen in diesem Zusammenhang auch die Teiltexte, die kommunikativ-funktional divergieren können und als strukturierte Einheiten der Textkomposition – wie K. Hengst[77] an der Textsorte ‹Fachbuchrezension› festgestellt hat – weitreichende Einsichten in die kommunikativen und kompositorischen Gesetzmäßigkeiten von Texten ermöglichen. Nach H. Kuntz ist die Arbeit mit Teiltexten vor allem zur Beschreibung von Mischformen unerläßlich, wodurch sich allerdings das Problem der Textsorte auf der makrostrukturellen Ebene neu stellt[78].

Das letzte Beispiel zeigt, daß der Einbezug textbezogener Fragestellungen in die Fachsprachenforschung nicht nur neue Sichtweisen und Erkenntnisse, sondern auch neue Probleme mit sich gebracht hat. Möglicherweise wird hier jedoch die etablierte Textlinguistik Hilfestellung leisten, denn nach L. Hoffmann gibt es «z.B. zur Klärung der Textsortenproblematik kein günstigeres Terrain als das der Fachsprachen»[79].

10.4. Fachsprachliche Normung (Terminologiearbeit)

Mehr noch als in den vorangehenden Abschnitten dieses Kapitels geht es im folgenden um Hinweise auf den inzwischen erreichten Forschungsstand und einige Entwicklungstendenzen. Durch den ständigen Fortschritt von Wissenschaft und Technik sowie durch die wachsende internationale wirtschaftliche Verflechtung haben Umfang und Schwierigkeitsgrad von Fachtexten der verschiedensten Art zugenommen und zu noch intensiverer Anwendung komplexer elektronischer Textverarbeitungssysteme geführt. Dies gilt sowohl für den Bereich institutioneller wie nichtinstitutioneller Terminologiearbeit.

Ein Beispiel: In einem Unternehmen wie der SIEMENS AG entstehen nach groben Schätzungen jährlich etwa eine Million Schreibmaschinenseiten an hauseigener Produktdokumentation. Diese produktbegleitende Dokumentation wird zum größten Teil in die wichtigsten Handelssprachen übersetzt. Eine multilinguale Einheitlichkeit der verwendeten Termini ist dabei aus Gründen wirtschaftlicher und technischer Kooperation unverzichtbar. Dies aber setzt voraus, «daß Autoren und Übersetzer von Fachtexten schnell und in übersichtlicher Form mit der von ihnen erarbeiteten Terminologie versorgt werden»[80].

Ein weiteres Beispiel wäre die EG-Erweiterung 1985 um die Mitgliedsländer Spanien und Portugal, die neue Aufgaben für die nationale und internationale Terminologienormung und damit auch für die wissenschaftliche Erfassung und Bearbeitung fachsprachlicher Systeme mit sich bringt: «Normung, auch Terminologienormung, erfordert einen wissenschaftlichen Vorlauf in Form von Lexikographie und Terminologiearbeit»[81].

Den genannten Gegebenheiten entspricht die Weiterentwicklung nationaler wie internationaler fachsprachenbezogener Normungsarbeit. Die anwendungsorientierten Aktivitäten von Terminologen, Lexikographen, Übersetzern, Psychologen sowie Vertretern der Einzelfächer lassen sich an zahlreichen neuen Normen, Dokumentationen, Tagungsberichten und Sammelbänden ablesen. Als Beispiele genannt seien die VDI-Richtlinie 3272 ‹Leistung und Funktion des Fachworts in den technischen Fachsprachen› (Düsseldorf 1981), die dokumentarisch orientierte Publikation zur internationalen Koordination auf dem Sektor Terminologie ‹Term Net News›[82], der Bericht über das Kolloquium «Le rôle du spécialiste dans les travaux de terminologie»[83] in Kanada sowie der Sammelband zum Gedenken an E. Wüster «Terminologie als angewandte Sprachwissenschaft»[84].

Erwähnung verdienen auch die beiden Symposien 1974 und 1985 (‹Networking in Terminology›), die vom Internationalen Informationszentrum für Terminologie (Infoterm Wien) ausgerichtet wurden. Einen Überblick über die Arbeit dieser Informationszentrale vermittelt u.a. die Bestandsaufnahme «Zehn Jahre Internationales Informationszentrum für Terminologie – Infoterm 1971–1981. Rückblick und Ausblick» (Wien 1982). Außerdem sind in der Berichtszeit im In- und Ausland zahlreiche terminologische Untersuchungen und Arbeiten zur Ausarbeitung und Diskussion terminologischer Grundsätze und zu terminologischen Einzelfragen erschienen, die wir im bibliographischen Teil in Auswahl anführen.

In Grundsatzfragen scheint nach R. Arntz/H. Picht international weitgehende Einigkeit zu bestehen, da sich derzeit das Interesse stärker auf Einzelprobleme, Detailfragen und konkrete Normungsprojekte und Wörterbuchausarbeitungen bzw. den Aufbau von Terminologiedatenbanken richtet. Probleme bleiben weiterhin die

Koordinierung institutionalisierter und nicht institutionalisierter Terminologienormung sowie die Klärung und Durchsetzung der terminologischen Grundsätze auf internationaler Ebene[85], wobei künftig die Beseitigung von Hindernissen sozialpolitischer und psychosozialer Natur stärker zu berücksichtigen sein wird[86].

Nicht zu vergessen ist in diesem Zusammenhang, daß Terminologiearbeit eng mit Fragen der Information, Klassifikation und Dokumentation verknüpft ist und daher eine interdisziplinäre Ausrichtung nationaler und internationaler Terminologiearbeit immer wichtiger wird. Über die Entwicklung und den aktuellen Stand dieser Bereiche berichtet u. a. die Fachzeitschrift «International Classification» (1. 1973 ff.), in der auch die relevante Literatur – nach Sachgruppen geordnet – erfaßt wird.

10.5. Fachsprachen in Übersetzung und Unterricht

10.5.1. Übersetzungswissenschaft und fachsprachliches Übersetzen

Wie die Fachsprachenforschung der letzten Jahre, so ist auch die allgemeine Übersetzungswissenschaft durch eine stärker pragmatische und textlinguistische Orientierung gekennzeichnet. Im Vordergrund fachsprachlicher Übersetzung stand allerdings schon immer der Text, denn übersetzt wurden Fach*texte* (wobei der Einzelsatz nur im Ausnahmefall Textstatus besitzen kann). Eine textlinguistisch orientierte Analyse kann allerdings nach W. Wilss «die Interdependenz zwischen Textbedeutung, Textfunktion, Textpragmatik einerseits und der sprachlichen Form des Textes andererseits»[87] deutlicher machen und so bessere Voraussetzungen für eine semantisch wie pragmatisch-stilistische adäquate Fachübersetzung schaffen. Dazu wäre es jedoch nötig, für die einzelnen Sprachenpaare eine Textpragmatik zu erarbeiten.

Ob sich dieser Aufwand für die Übersetzerpraxis lohnt, ist zweifelhaft. Denn textpragmatische Bedingungen (Situation/Kontext) spielen in der Fachsprachen-Übersetzung nur eine untergeordnete Rolle, da nur in sehr beschränktem Umfang stilistische Varianten möglich sind. Im Vordergrund steht die Orientierung am Sachzusammenhang mit dem Ziel, fachinhaltliche Äquivalenz zwischen ausgangs- und zielsprachlichem Text zu erreichen[88]. Das bedeutet allerdings nicht, daß «die Realisierungsmodalitäten von

Texten»[89] außer Kraft gesetzt sind, sondern nur, daß sie hinter der funktionsorientierten Sprachstruktur zurücktreten.

Mit dieser Einschränkung lassen sich Grundvorgang und Merkmale fachsprachlichen Übersetzen in Anlehnung an R. Bausch modellhaft wie folgt darstellen:

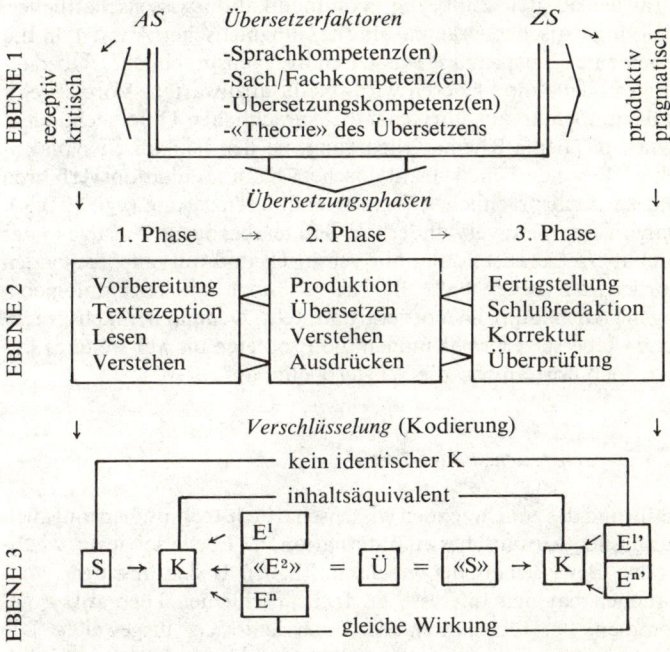

S = Sender;   K = Kode;   E = Empfänger;   Ü = Übersetzer;
AS = Ausgangssprache;   ZS = Zielsprache.

Grundvorgang und Merkmale fachsprachlichen Übersetzens[90]

Aufbauend auf der untrennbaren Verbindung von Sprach- und Fachwissen wird der fachsprachliche Übersetzungsvorgang vor allem als exakte Informationsübermittlung dargestellt, also funktional bestimmt. Die im Modell abgebildete Textäquivalenz setzt bei Sender und Empfänger eine vergleichbare Fachkompetenz

217

voraus und zusätzlich die Kenntnis textsortenspezifischer Sprach-
konventionen. Entscheidend bleiben jedoch der für die Fachkommunikation insgesamt geltende spezifische Sender-/Empfän-
ger-Bezug und die Informationstreue fachsprachlicher Übersetz-
zung, die beide Interpretationen im allgemeinen überflüssig machen[91].

Inwieweit der Einbezug kommunikationswissenschaftlicher,
soziolinguistischer, pragma- und textlinguistischer Ansätze in die
allgemeine Übersetzungswissenschaft fachsprachliche Überset-
zungsmodelle modifizieren wird, bleibt abzuwarten. Vorerst fehlt
es dazu noch an ausführlichen fachsprachlichen Untersuchungen,
etwa zur Thema-Rhema-Gliederung, zu den lexikalisch-syntaktischen Besonderheiten fachtypischer Kommunikationsverfahren
und zur fachsprachlichen Textsortendifferenzierung (vgl. 10.3.3.).
Daher ist es nicht verwunderlich, daß textbezogene Ansätze in der
Fachübersetzerausbildung nur vereinzelt und mit entsprechenden
Vorbehalten begegnen[92] und derzeit noch die terminologiebe-
zogene Ausbildung im Vordergrund steht. Denn in der fachsprachlichen Übersetzerpraxis fangen die Probleme bis auf weiteres immer noch dort an, wo die Wörterbücher aufhören[93].

10.5.2. Fachsprachenunterricht

Aufgrund des zunehmenden wissenschaftlich-technischen und auch
kulturellen Austausches auf internationaler Ebene sowie des wachsenden Bewußtseins der gesellschaftlichen Bedeutung der Fachsprachen hat das Interesse an fachsprachlicher Thematik zugenommen, der fachsprachliche Unterricht sich ausgeweitet. Die
didaktisch-methodischen Grundlagen fachsprachlicher Ausbildung sind aber bei weitem noch nicht grundsätzlich erforscht und
geklärt. Damit mag es zusammenhängen, daß zum Teil die Möglichkeiten der Behandlung von Fachsprachen im Unterricht überschätzt werden und in der Literatur eine Vielzahl divergierender
Ansätze und Auffassungen miteinander konkurrieren.

Leider fehlt es bisher weitgehend an fachsprachendidaktischen
Monographien, die solche Ansätze zusammenfassen und sichten
sowie die bisherigen Überlegungen und Erfahrungsberichte aus-
werten und weiterführen. Immerhin liegen inzwischen einige Sammelbände vor, die sich mit der einzelsprachlichen Didaktik des

fachbezogenen Fremdsprachenunterrichts und Konzeptionen einer muttersprachlichen Fachsprachendidaktik beschäftigen[94].

10.5.2.1. Fachbezogener Fremdsprachenunterricht (DaF)

Wenngleich wir hier vom Unterricht des Deutschen als Fremdsprache ausgehen, so gelten doch die meisten der von uns konstatierten Entwicklungstendenzen auch für den Fachsprachenunterricht im Englischen, Französischen, Russischen und Spanischen. Kennzeichnend für die spezialsprachliche Ausbildungssituation ist die Aufnahme und Verarbeitung von Anregungen und Erkenntnissen der Kommunikationstheorie, Sprachpsychologie und Texttheorie. Textbezogene und pragmatisch-kommunikative Aspekte äußern sich z.B. in noch stärker kommunikativ und adressatenorientierten Lehr- und Lernmaterialien, in neuen Übungsformen (Einübung von Kommunikationsverfahren, Klassifikationsübungen usw.) und einer Betonung der bisher vernachlässigten Komponente des fachsprachlichen Hörverstehens[95]. Vor allem aber zeigt sich die Umorientierung in einer neuen Lernzielformulierung, die auf die sprachliche Handlungsfähigkeit im Fach abhebt und jenem Bedingungsgefüge fachsprachlichen Fremdsprachenunterrichts Rechnung trägt, das u.a. R. Beier/D. Möhn skizziert haben[96].

Fachbezogener Fremdsprachenunterricht beschränkt sich danach nicht mehr auf die bloße Vermittlung notwendiger lexikalischer und syntaktischer Mittel in einem mehr oder minder diffusen Lehrprozeß, sondern zielt auf die adressatenorientierte Bewußtmachung von fachlichen Denk- und Mitteilungsstrukturen und der mit ihnen verbundenen Wort-, Satz- und Textbaupläne[97]. Diese Hinwendung zur Sprachverwendungssituation führte im Bereich der Textauswahl zur weitgehenden Entscheidung für den hochspezialisierten, fachspezifischen und möglichst authentischen Text.

Stärkere Beachtung hat in diesem Zusammenhang in den letzten Jahren auch die Arbeit mit Medientexten (Hörtexte, Filmtexte, Videotexte) gefunden[98], lehrbuchintegrierte Medien wie Ton- und Videocassetten wurden aber bisher nur vereinzelt produziert. Dies hängt u.a. mit den Problemen der Erfassung mündlicher Fachkommunikation und den Schwierigkeiten ihrer Didaktisierung zusammen[99], hat aber auch ökonomische Gründe, die mit der zunehmenden Diversifizierung der Lehrmaterialien Absatzprobleme aufkommen lassen.

Zu registrieren sind ferner der stärkere Einbezug von Fragen der Textproduktion und -rezeption (Textplanungs-, Lesestrategien u.a.) sowie die aus der verstärkten Adressatenorientierung und regionalen Spezifizierung der Lehrmaterialien resultierende Berücksichtigung kontrastiv-linguistischer Aspekte, auch im Hinblick auf das jeweilige fremdkulturelle Verständnis und die interaktionale Kompetenz[100].

Eine Dokumentation und Kritik der bisher entwickelten, oft an entlegener Stelle und im Manuskriptdruck erschienenen Lehr- und Lernmaterialien liegt zumindest für den Bereich des Deutschen als Fremdsprache bisher nicht vor, doch ist ein ausführliches Lehrwerkgutachten von R. Beier/D. Möhn in Arbeit[101]. Eine Zusammenstellung neuerer Lehrwerke und Unterrichtsmaterialien bieten H.-R. Fluck u.a.[102].

Für den Bereich Deutsch als Fremdsprache erscheint es uns bemerkenswert, daß Fachsprachen in den deutschdidaktischen Werken ausgeklammert werden oder nur am Rande erscheinen, obwohl die Autoren zugestehen, daß Fachsprachen «eine der wichtigsten Erscheinungsformen der deutschen Sprache unter dem Gesichtspunkt des Unterrichts sind»[103]. Dies mag mit der für den einzelnen schwer zu überschauenden Forschungslage zusammenhängen, die durch eine rapide steigende Zahl von Praxisberichten und Einzelbeiträgen zu den verschiedensten Themenkreisen und Fachsprachen gekennzeichnet ist. Einen gewissen Überblick vermitteln jetzt u.a. die Darstellungen von H.-R. Fluck u.a., L. Hoffmann, W. Schleyer und das Themenheft «Stand und Perspektiven der fachsprachlichen Lehre und Forschung» (Wiss. Zeitschrift der Karl-Marx-Universität Leipzig, 1/1982), dazu die bereits genannten Arbeiten von R. Beier/D. Möhn[104].

Insgesamt bleibt jedoch in den Bereichen Forschung, Didaktik und Dokumentation – trotz erheblicher Weiterentwicklungen – noch viel zu tun, «um die fachsprachliche Ausbildung von ihren Organisationsformen bis hin zu den Lehrmaterialien auf eine dauerhafte Grundlage zu stellen und von plötzlichen Sinnesänderungen der Fremdsprachenmethodiker unabhängig zu machen»[105]. Denn kommunikatives Handeln setzt hier in erster Linie fachliches Handeln voraus, ist also nicht primär oder allein sprachbezogen, und verlangt von daher eine andere Form didaktischer Kontinuität.

10.5.2.2. Muttersprachlicher Fachsprachenunterricht

Auf den verschiedenen Ebenen des muttersprachlichen Fachsprachenunterrichts in berufs- und allgemeinbildenden Schulen, an Fachhochschulen und Universitäten wurde die Behandlung und Diskussion von Fachsprachen ebenfalls intensiviert. Dabei geht es einmal um die Vermittlung fachlichen Wissens durch Sprache und die Verständigung zwischen Fachleuten und Laien, zum anderen um die Lernbereiche Produktion, Rezeption und Reflexion über Sprache. Probleme und Aufgaben, die sich dabei stellen, haben wir an anderer Stelle skizziert[106], die Zusammenhänge zwischen Fachsprachenforschung und -unterricht hat R. Hoberg[107] dargestellt, so daß wir hier auf eine Zusammenfassung verzichten können.

Welche Rolle Fachsprachen in der Berufsschule spielen, verdeutlicht ein vom Hessischen Institut für Lehrerfortbildung herausgegebener Sammelband[108]. Einige Aspekte der Wissensvermittlung durch Sprache im Fachunterricht beleuchten H.G. Hilfrich/B. Switalla, R. Wimmer und G. Vollmer[109]. Möglichkeiten der Behandlung von Fachsprachen im Deutschunterricht zeigt z.B. das Themaheft «Fachtexte» der Zeitschrift Praxis Deutsch (48/1981) mit schulstufenspezifischen Unterrichtsmodellen.

Im universitären Bereich hat die anhaltende Diskussion um Fachsprachen als Kommunikationsbarriere u.a. dazu beigetragen, daß im naturwissenschaftlich-technischen Bereich Fragen des Spracherwerbs und der Sprachvermittlung im Rahmen der Lehrerausbildung intensiver diskutiert werden. Außerdem wurde im gesamten Wissenschaftsbereich auf verschiedenen Wegen versucht, Verständigungsprobleme zwischen Fachleuten und Laien abzubauen. Der Abbau von fachsprachenbedingten Kommunikationsproblemen wurde vor allem in den Fächern Medizin, Journalistik, Theologie sowie den Fächern Recht und Verwaltung thematisiert und teilweise von den betreffenden Studien- und Ausbildungsgängen gefördert[110].

Es bedarf jedoch noch weiterer fachsprachlicher Grundlagenforschung, um die Bedeutung der Fachsprachen beim Erwerb und der Vermittlung von Wissen in den verschiedenen Ausbildungsformen zu klären und in entsprechende didaktische Konzepte umsetzen zu können. Lösungen dürfen hier allerdings nicht von einer bloßen sprachlichen Vereinfachung oder Umschreibung erwartet werden, sondern müssen im Zusammenhang mit der Entwicklung der Fachwissenschaften und gesamtgesellschaftlichen Ausbildungskonzepten gesehen und erarbeitet werden.

10.6. Ausblick

In unserem Überblick haben wir das wachsende Interesse am Objektbereich Fachsprache und die vielseitige sprachwissenschaftliche Beschäftigung damit exemplarisch verdeutlicht. Es hat sich gezeigt, daß das heutige Interesse an ‹Fachsprachen› vor allem aus dem aspektreichen Theorie-Praxis-Bezug herrührt und in den letzten Jahren gerade zur anwendungsorientierten Seite der Fachsprachen zahlreiche Beiträge geleistet wurden.

In der Zukunft sollten fachsprachliche Grundlagenforschung und angewandte Forschung gleichermaßen weitergeführt werden. Dabei ergeben sich nach L. Hoffmann für die Fachsprachenlinguistik drei Arbeitsfelder bzw. Problemkreise: «1. Die Darstellbarkeit von Fachsprachen, 2. die Lehr- bzw. Erlernbarkeit von Fachsprachen und 3. die Erfaßbarkeit von Fachsprachen»[111]. Forschungsmethodologisch sind diese Problemkreise künftig noch intensiver auch unter semantischen, pragmatischen und textuellen Gesichtspunkten zu bearbeiten, um bisher vernachlässigte Aspekte fachlicher Verständigung erfassen zu können.

Zu den bereits mehrfach skizzierten Aufgaben einer solchen pragma- und textlinguistisch orientierten Forschung[112] zählen insbesondere die – auch vergleichende – Untersuchung von Fachkommunikation als zielgerichtetes fachliches Sprachhandeln, die Untersuchung und Beschreibung von Fachtexten auf allen sprachlichen Ebenen mit dem Ziel der Erklärung von Fachsprachlichkeit, der Unterscheidung und Typologisierung von Fachtexten und Fachtextsorten, unter Einbezug auch der mündlichen Fachkommunikation, sowie die Weiterführung der bestehenden theoretischen Ansätze.

Eine ähnliche Perspektivenerweiterung im Anwendungsbereich läßt die Orientierung der Praxis auf EDV-gestützte Fachlexikographie, Terminologiearbeit und Textprogrammierung erwarten, ferner das sich in der Fachsprachenlinguistik insgesamt herausbildende Bewußtsein für Datentypen und Quellenmaterial[113].

Eine derartige «Einbettung ihres Gegenstandes in größere Sach- und Forschungszusammenhänge»[114] ist auch für die Weiterentwicklung der Fachsprachenlehrforschung zu fordern, die vor allem theoretisch fundiert, empirisch abgesichert und stärker interdisziplinär und kontrastiv betrieben werden sollte.

Wenngleich alle diese Aufgaben von unterschiedlichen theoretischen Prämissen her angegangen werden, so sollte doch mehr als bisher eine Vergleichbarkeit der Ergebnisse fachsprachlicher Untersuchungen (Fächer, Methoden, Textcorpora, Sprachen) angestrebt werden. Erst dann ist zu erwarten, daß das vorliegende, sehr facettenreiche, aber immer noch lückenhafte Bild der Fachsprachen deutlicher wird. Dazu ist auch diachrone Forschung unerläßlich.

Die Notwendigkeit eindeutiger fachlicher Verständigung und der Wunsch nach einer Verringerung der kommunikativen Distanz zwischen Fachleuten und Laien sowie die Vielfalt der Anwendungsmöglichkeiten erfordern für die nächsten Jahre fachsprachliche Forschung und Lehre in einem weitgespannten, möglichst interdisziplinären Rahmen und ein ausgewogenes Verhältnis der Anwendung der verschiedenen Methoden. Es gibt Anzeichen genug, daß das Fachsprachenthema unsere Gesellschaft weiter beschäftigen wird und die fachsprachliche Forschung und Praxis zunehmen werden, entsprechend dem sich wandelnden Kommunikationsbedarf.

Ob sich dabei forschungsrelevante neue Fragen stellen werden, bleibt abzuwarten. Eine Lösung prinzipieller Fragen der Problematik von Fachsprachen scheint auf jeden Fall mit Hilfe der neuen technischen Mittel in absehbarer Zeit möglich zu werden. Auf der Anwendungsseite ist auf eine weitere Verbesserung der verschiedenen Formen fachbezogener Kommunikation, sowohl national wie international, zu hoffen, zum Nutzen der Vermittlung und Verarbeitung von fachlichem Wissen in allen gesellschaftlichen Gruppierungen.

Anmerkungen zu 10

1 Vgl. W. v. Hahn, Fachkommunikation. Berlin/New York 1983, S. 12ff. sowie Uwe Pörksen, Der Übergang vom Gelehrtenlatein zur deutschen Wissenschaftssprache. In: Zeitschrift f. Literaturwissenschaft u. Linguistik 13/1983, Heft 51/52, S. 227f.

2 In diesem Sinne spricht sich L. Hoffmann für eine verstärkte historische Fachsprachenforschung aus, siehe seinen Aufsatz «Probleme und Methoden der Fachsprachenforschung». In: Wiss. Z. Karl-Marx-Univ. Leipzig, Ges.- u. Sprachwiss. Reihe 31. 1982, H. 1, S. 39.

3 Z. B. K. Dröge, Die Fachsprache des Buchdrucks im 19. Jahrhundert. Lemgo 1978; W. Wunderlich, Untersuchungen zur Herausbildung und Entwicklung des Eisenbahnwesens im 19. Jahrhundert. In: Studien zur dt. Sprachgeschichte des 19. Jahrhunderts. Berlin 1980 (= Linguistische Studien, Reihe A. Arbeitsberichte 66/III), S. 63–129; Ch. Unger, Untersuchungen zur Herausbildung und Entwicklung des elektrotechnischen Wortschatzes im 19. Jahrhundert, ebd., S. 130–200; U. Pörksen, Der Übergang vom Gelehrtenlatein zur deutschen Wissenschaftssprache. Zur frühen deutschen Fachliteratur und Fachsprache in den naturwissenschaftlichen und mathematischen Fächern (ca. 1500–1800), a.a.O. (Anm. 1), S. 227–258.

4 W. v. Hahn, Fachkommunikation. Berlin/New York 1983, S. 12 ff.

5 M. Giesecke, Überlegungen zur sozialen Funktion und Struktur handschriftlicher Rezepte im Mittelalter. In: Zeitschr. f. Literaturwissenschaft u. Linguistik 13/1983, H. 51/52, S. 167–184.

6 B. D. Haage, Deutsche Artesliteratur des Mittelalters. Überblick und Forschungsbericht. In: Zeitschr. f. Literaturwissenschaft u. Linguistik 13/1983, H. 51/52, S. 185–205.

7 In: Muttersprache 94. 1983/84, H. 1–2, S. 235–247.

8 Zu den Thesen Hartmanns vgl. sein Referat «Texte als linguistisches Objekt» in W. D. Stempel (Hg.), Beiträge zur Textlinguistik. München 1971, hier S. 10 ff.

9 Zur Zielsetzung textbezogener Fachsprachenforschung siehe u. a. L. Hoffmann, Fachtextlinguistik. In: Fachsprache 5. 1983, 2, S. 57–67 und H. Kalverkämper, Textuelle Fachsprachen-Linguistik als Aufgabe. In: Zeitschrift f. Literaturwissenschaft u. Linguistik 13/1983, H. 51/52, S. 124–166.

10 Siehe u. a. seinen Aufsatz «Die Axiomatik der Fachsprachenforschung». In: Fachsprache 2. 1980, S. 2–20.

11 L. Hoffmann, Kommunikationsmittel Fachsprache. Berlin ²1984, (Lizenzausgabe Tübingen 1985) S. 48.

12 W. v. Hahn, Fachkommunikation. Berlin/New York 1983, S. 65.

13 Ebd.

14 D. Möhn / R. Pelka, Fachsprachen. Tübingen 1984, S. 26.

15 Ebd. S. 26 f.

16 Dargestellt in L. Hoffmann, Kommunikationsmittel Fachsprache, a.a.O., S. 46 ff.

17 J.C. Sager u.a., English Special Languages. Wiesbaden 1980, S. 68 f.

18 Vgl. z.B. ihre funktionstilistische Beschreibung: Fachstile des Englischen. Leipzig 1979.

19 Erstmals vorgestellt in D. Möhn, Zu Entwicklung neuer Fachsprachen. In: Deutscher Dokumentartag 1976, München 1977, S. 314.

20 W. v. Hahn, Fachkommunikation, a.a.O., S. 76.

21 Ebd. S. 80.

22 Ebd.

23 Siehe dazu R. Gläser, Das Verhältnis von Texttypologie und Stiltypologie in der Fachsprache. In: Wiss. Zeitschr. d. Wilh.-Pieck-Universität Rostock 32. 1983, S. 8.

24 Siehe Anm. 18.

25 Vgl. z.B. R. Gläser, Kommunikationsverfahren als Differenzierungskriterien für Textsorten. In: Wiss. Zeitschr. Karl-Marx-Univ. Leipzig, Ges.- u. Sprachwiss. Reihe 31. 1982, H. 1, S. 12–24.

26 Zu diesem texttheoretischen Begriff siehe S.J. Schmidt, Texttheorie. Probleme einer Linguistik der sprachlichen Kommunikation. München 1973, sowie ders., Texttheorie / Textpragmatik. In: Lexikon der Germanistischen Linguistik, hg. von H.P. Althaus u.a. Tübingen 1973, S. 237 ff.

27 R. Beier / D. Möhn, Vorüberlegungen zu einem ‹Hamburger Gutachten›. In: Fachsprache 3. 1981, H. 3–4, S. 121.

28 D. Hartmann, Über den Einfluß von Fachsprachen auf die Gemeinsprache. Semantische und variationstheoretische Überlegungen zu einem wenig erforschten Zusammenhang. In: Fachsprachen und ihre Anwendung, hg. von C. Gnutzmann / J. Turner, Tübingen 1980, S. 32 ff.

29 So D. Möhn / R. Pelka, Fachsprachen, a.a.O., S. 141.

30 Vgl. R. Beier, Englische Fachsprache. Stuttgart 1980, S. 22, und R. Kocourek, La langue française de la technique et de la science. Wiesbaden 1982, S. 10.

31 B. Spillner, Probleme der Syntax von Fachsprachen – an französischen Beispielen. In: W. Kühlwein / A. Raasch (Hg.), Sprache: Lehren – Lernen. Kongreßberichte der 11. Jahrestagung der Gesellschaft für Angewandte Linguistik (Darmstadt 1980), Tübingen 1981, S. 43.

32 D. Möhn / R. Pelka, Fachsprachen, a.a.O., S. 149 f.

33 H. Kuntz, Zur textsortenmäßigen Binnendifferenzierung des Fachs Kraftfahrzeugtechnik. Göppingen 1979 (= Göppinger Arb. z. Germanistik Nr. 261), S. 24 ff.

34 Die Struktur der Explikationen in deutschen einsprachigen Wörterbüchern. Eine vergleichende lexiko-semantische Analyse. Hamburg 1980 (= Papiere z. Textlinguistik, Bd. 27), hier bes. Kap. 3.

35 J. Trabant, Das Andere der Fachsprache. Die Emanzipation der Sprache von der Fachsprache im neuzeitlichen europäischen Sprachdenken. In: Zeitschr. f. Literaturwissenschaft und Linguistik 13. 1983, H. 51/52, S. 27–47.

36 So H. Burger, Sprache der Massenmedien. Berlin/New York 1984, S. 268.

37 B. Schlieben-Lange / H. Kreuzer, Probleme und Perspektiven der Fachsprachen- und Fachliteraturforschung. Zur Einleitung. In: Zeitschrift f. Literaturwissenschaft u. Linguistik 13/1983, H. 51/52, S. 21.

38 Th. Seibert, Verständigungsschwierigkeiten zwischen Gericht und Betroffenen. In: Zeitschr. f. Literaturwissenschaft und Linguistik 13/1983, H. 51/52, S. 59–73. Vgl. zu dieser Sichtweise auch die interdisziplinären Beiträge des Sammelbandes «Menschen vor Gericht», hg. von R. Wassermann, Neuwied und Darmstadt 1979.

39 Beispielhaft genannt seien R. Wassermann / J. Petersen (Hg.), Recht und Sprache. Beiträge zu einer bürgerfreundlichen Justiz (Jura Modellkurs). Heidelberg 1983, und Bundesstelle für Büroorganisation und Bürotechnik (Hg.), Vorläufige Empfehlungen für arbeitsgerechte und bürgernahe Vordrucke. Köln 1979, ferner die Kurse in Gesprächsführung und Übungen im Schriftverkehr, die an verschiedenen Fachhochschulen stattfinden (vgl. H. Wagner, Didaktische Überlegungen zur Verwaltungssprache. In: Deutsche Akademie f. Sprache u. Dichtung (Hg.), Der öffentliche Sprachgebrauch. Bd. II. Stuttgart 1981, S. 244 ff.).

40 Einen Überblick vermitteln die beiden folgenden Sammelbände: S. Grosse / W. Mentrup (Hg.), Anweisungstexte. Tübingen 1982 (= Forschungsberichte d. Instituts f. deutsche Sprache, Bd. 54), und der in Anm. 39 bereits genannte Sammelband «Der öffentliche Sprachgebrauch» mit mehreren Beiträgen zur Formularsprache und Empfehlungen für den Sprachgebrauch in Rechts- und Verwaltungstexten.

41 Hier liegt ein weites Aufgabenfeld für sprachwissenschaftlich begründete Textkritik und Sprachberatung vor.

42 Th. Bungarten, Kann der Laie den Wissenschaftler noch verstehen? Erkenntnistheoretische, soziologische und gesellschaftspolitische Gesichtspunkte des Sprachgebrauchs in der Wissenschaft. In: K. Ermert (Hg.), Wissenschaft – Sprache – Gesellschaft. Loccumer Protokolle 6/1982, S. 12.

43 Vgl. u. a. H. E. Wiegand, Kommunikationskonflikte und Fachsprachengebrauch. In: Fachsprachen u. Gemeinsprache. Jahrb. d. Inst. f. dt. Sprache. Düsseldorf 1979, S. 25–58; Th. Bungarten, Fachsprachen und Kommunikationskonflikte in der heutigen Zeit. In: H. P. Kelz (Hg.), Fachsprache. 1: Sprachanalyse und Ver-

mittlungsmethoden. Bonn 1983, S. 130–142; H. Burger, Sprache der Massenmedien, a.a.O., S. 261 ff.

44 Vgl. J. Hennig / D. Möhn, Wissenschaftsmagazine im Fernsehen. Zur Rekonstruktion einer massenmedialen Kommunikation. In: Zeitschr. f. Literaturwissenschaft u. Linguistik 13/1983, H. 51/52, S. 74–90.

45 Einen Überblick über die verschiedenen Beschreibungsansätze vermitteln u.a. W. Heinemann, Textlinguistik heute – Entwicklung, Probleme, Aufgaben. In: Wiss. Zeitschr. Karl-Marx-Univ. Leipzig, Ges.- u. Sprachwiss. Reihe 31. 1982, H. 3, S. 210–221, sowie B. Sowinski, Textlinguistik. Stuttgart 1983.

46 Hierbei handelt es sich, in der Reihenfolge der angegebenen Fächer, u.a. um Arbeiten von de Cort / P. Hessmann, R. Goltz, S. Grosse / W. Mentrup, W. Bergsdorf, R. Harweg u. B. Ulvestad, G. Vollmer, I. Wiese, die in der Ergänzungsbibliographie verzeichnet werden.

47 W. Lenders, Fachsprachliche Lexika und Terminologiedatenbanken – Neue Formen der Vermittlung von Fachsprache und ihre Probleme. In: H.P. Kelz (Hg.), Fachsprache. 1: Sprachanalyse und Vermittlungsmethoden, a.a.O., S. 46–61.

48 Ebd. S. 54.

49 Ebd. S. 59.

50 Vgl. z.B. R. Wimmer, Das Verhältnis von Fachsprache und Gemeinsprache in Lehrtexten. In: Fachsprachen und Gemeinsprache. Jahrb. d. Inst. f. dt. Sprache. Düsseldorf 1979, S. 246–275; J.Y. Kahn, Modes of Medical Instruction. A semiotic Comparison of Textbooks of Medicine and Popular Home Medical Books. London 1983.

51 Siehe H. Schönfeld / J. Donath, Sprache im sozialistischen Industriebetrieb. Berlin 1978, bes. S. 92 ff.; M. Biel, Vertrauen durch Aufklärung. Analyse von Gesprächsstrategien in der Aufklärung über die freiwillige Sterilisation von Frauen in einer Klinik. Frankfurt/M., Bern 1983.

52 Z.B. H.-R. Spiegel, Neubenennungen in den technischen Fachsprachen. In: Der Deutschunterricht 31. 1979, H. 5, S. 22–35; Y. Sui, Deutsche Substantivkomposita und ihre chinesischen Entsprechungen – eine morphematische Analyse im Fachwortschatz der Elektrotechnik. In: Fachsprache 5. 1983, H. 3, S. 109–120; Y. Liang, Untersuchungen zur deutschen Fachsprache der Elektronischen Datenverarbeitung (EDV) – Eine morphematische Analyse der Substantivbenennungen. Stuttgart 1985.

53 Vgl. zu dieser Forderung u.a. R. Beier, Zur Untersuchung der Fachsprache aus text- und pragmalinguistischer Sicht. In: J.R. Richart u.a. (Hg.), Fachsprachenforschung und -lehre. Schwerpunkt Spanisch. Tübingen 1982, S. 16 ff.

54 R. Beier, Zur Syntax in Fachtexten. In: Fachsprachen und Gemeinsprache. Jahrb. 1978 des Inst. f. dt. Sprache. Düsseldorf 1979, S. 276–301.

55 V. Schwanzer, Syntaktisch-stilistische Universalia in den wissenschaftlichen Fachsprachen. In: Th. Bungarten (Hg.), Wissenschaftssprache. München 1981, S. 213–230.

56 B. Spillner (wie Anm. 31).

57 Vgl. z. B. V. Schwanzer (Anm. 55) und J. M. Ulijn, Le registre scientifique et technique et ses constantes et variantes supra-linguistiques. In: Fachsprache 1. 1979, H. 4, S. 126–153.

58 Die Übersichten sind entnommen aus: H.-R. Fluck u. a., Fachdeutsch in Naturwissenschaft und Technik. Einführung in die Fachsprachen und die Didaktik/Methodik des fachorientierten Fremdsprachenunterrichts (Deutsch als Fremdsprache). Heidelberg 1985, S. 73 u. 220.

59 P. Schefe, Statistische syntaktische Analyse von Fachsprachen mit Hilfe elektronischer Rechenanlagen am Beispiel der medizinischen, betriebswirtschaftlichen und literaturwissenschaftlichen Fachsprache im Deutschen. Göppingen 1975.

60 R. Beier, Zur Syntax in Fachtexten, a.a.O., S. 289.

61 B. Spillner, Zur kontrastiven Analyse von Fachtexten – am Beispiel der Syntax von Wetterberichten. In: Zeitschr. f. Literaturwissenschaft u. Linguistik 13/1983, H. 51/52, S. 110–123.

62 Ebd. S. 112.

63 L. Hoffmann, Kommunikationsmittel Fachsprache, a.a.O., S. 227.

64 Ebd. S. 228.

65 Ebd. S. 219 ff.

66 H. Kalverkämper, Textuelle Fachsprachen-Linguistik als Aufgabe, a.a.O., S. 127 ff.

67 L. Hoffmann, Kommunikationsmittel Fachsprache, a.a.O., S. 242.

68 W. v. Hahn, Fachkommunikation, a.a.O., S. 119 f.

69 Vgl. z. B. die Ergebnisformulierungen L. Hoffmanns, Kommunikationsmittel Fachsprache, a.a.O., S. 240 ff. zur Unterscheidung von Fachtextsorten oder diejenigen B. Spillners, Zur kontrastiven Analyse von Fachtexten – am Beispiel der Syntax von Wetterberichten, a.a.O., S. 120 ff.

70 D. Möhn / R. Pelka, Fachsprachen, a.a.O., S. 22 f.

71 A Cumulative Analysis of Scientific Texts. In: AILA 81. Proceedings I. Lund 1981; Fachtextlinguistik, in: Fachsprache 5. 1983, H. 2, S. 57–68, hier S. 63 ff.

72 L. Hoffmann, Kommunikationsmittel Fachsprache, a.a.O., S. 238 mit Interpretationstext S. 239.

73 D. Möhn / R. Pelka, Fachsprachen, a.a.O., S. 45 ff. u. S. 124 ff.

74 Siehe L. Hoffmann, Kommunikationsmittel Fachsprache, a.a.O., S. 242.

75 B. Spillner, Zur kontrastiven Analyse von Fachtexten – am Beispiel der Syntax von Wetterberichten, a.a.O., S. 112.

76 Als Beispiele für korpusbezogene Arbeiten seien genannt: J.Y. Kahn, Modes of Medical Instruction, a.a.O., und R. Gläser (wie Anm. 25).

77 K. Hengst, Teiltexte einer Textsorte, Funktion und sprachliche Mittel. In: Wiss. Zeitschr. Friedrich-Schiller-Univ. Jena, Ges.- u. Sprachwiss. Reihe 33. 1984, H. 5, S. 601–606.

78 Vgl. H. Kuntz, Zur textsortenmäßigen Binnendifferenzierung des Fachs Kraftfahrzeugtechnik, a.a.O., S. 240 ff. u. S. 247.

79 L. Hoffmann, Probleme und Methoden der Fachsprachenforschung, a.a.O., S. 28.

80 H. Blaha, Aufbau und Nutzungsmöglichkeiten einer Normen-Terminologie-Datenbank. In: Fachsprache 2. 1980, H. 4, S. 147.

81 G. Beling / H. Wersig, Pragmatische Aspekte der Terminologienormung. In: Fachsprachen und Gemeinsprache. Jahrbuch 1978 des Inst. f. dt. Sprache. Düsseldorf 1979, S. 152.

82 Informationen dazu bei INFOTERM / International Information Center for Terminology, P.O. Box 130, A 1020 Wien.

83 In: Actes du troisième colloque OLF – STQ de terminologie. Québec 1982.

84 Hrsg. von H. Felber, F. Lang, G. Wersig, München, New York, London, Paris 1979.

85 Siehe R. Arntz / H. Picht, Einführung in die übersetzungsbezogene Terminologiearbeit. Hildesheim 1982, S. 229 f. und H. Felber, Die internationale terminologische Grundsatznormung – Rückblick und Ausblick. In: H. Felber u.a. (Hg.), Terminologie als angewandte Sprachwissenschaft. München, New York, London, Paris 1979, S. 61 ff.

86 Vgl. E. Brent, Facteurs psychosociaux de l'implantation de nouvelles terminologies. In: Fachsprache 4. 1982, H. 3, S. 110–117.

87 W. Wilss, Semiotik und Übersetzungswissenschaft. In: W. Wilss (Hg.), Semiotik und Übersetzen. Tübingen 1980 (= Kodikas / Code Suppl. 4), S. 19.

88 Diese weit verbreitete Auffassung vertritt u.a. W. Wilss in seinem Aufsatz «Fachsprache und Übersetzen», in: H. Felber u.a. (Hg.), Terminologie als angewandte Sprachwissenschaft, a.a.O., S. 187.

89 R. Stolze, Grundlagen der Textübersetzung. Heidelberg 1982, S. 278.

90 Abbildung nach H.-R. Fluck u.a., Fachdeutsch in Naturwissenschaft und Technik, a.a.O., S. 217.

91 Vgl. dazu u.a. R. Brinkmann, Probleme der fachsprachlichen Übersetzung. In: Fachsprache 5. 1983, H. 1, S. 24 ff., und H. Martinet, Fachsprachen, Gemeinsprache und Übersetzung. In: H.P. Kelz (Hg.), Fachsprache. 1: Sprachanalyse und Vermittlungsmethoden, a.a.O., S. 183 f.

92 Vgl. zu diesen Vorbehalten B. Koenitz, Zum Problem der Berücksichtigung der Thema-Rhema-Gliederung bei Übersetzungsübungen. In: Wiss. Zeitschr. Friedr.-Schiller-Univ. Jena, Ges.- u. Sprachwiss. Reihe 33. 1984, H. 5, S. 625 ff.

93 Einen informativen Einblick in dabei auftauchende Fragen vermitteln hier die zahlreichen Beiträge zu Neologismen in der Zeitschrift «Lebende Sprachen», z.B. zu franz. linéarisateur in H. 4, 1979, S. 159.

94 Zur fachbezogenen Fremdsprachendidaktik etwa R. Mackay / A. Mountford (Ed.), English for specific purposes. London 1978 und H.-R. Fluck u.a., Fachdeutsch in Naturwissenschaft und Technik. Heidelberg 1985; zur muttersprachlichen Fachsprachendidaktik das Themaheft «Fachsprachen im Deutschunterricht» (Der Deutschunterricht 31. 1979, H. 5) sowie H.-H. Hoos, Fachsprachen. Fuldatal/Kassel 1981 (= Beitr. z. Deutschunterricht an beruflichen Schulen. Arbeitsbereich Reflexion über Sprache).

95 Als Beispiel eines kommunikativ orientierten Lehrwerks nennen wir J. Wiesers «Deutsch spezial», Wien 1983. Fragen des Hörverstehens im fachbezogenen Fremdsprachenunterricht hat mehrfach vor allem H.-J. Stummhöfer behandelt, z.B. «Zur Entwicklung der fremdsprachigen inneren Rede beim verstehenden Hören von technischen Fachtexten im studienbegleitenden Unterricht. In: DaF 20. 1983, H. 2, S. 78–86.

96 R. Beier / D. Möhn, Vorüberlegungen zu einem ‹Hamburger Gutachten›, a.a.O., S. 113 ff.

97 Vgl. zu den damit verbundenen Überlegungen im Hinblick auf die Textauswahl und Übungsgestaltung die Arbeiten von R. Beier / D. Möhn: Merkmale fachsprachlicher Übungen. Beschreibungskategorien für das ‹Hamburger Gutachten›. In: Jahrbuch Deutsch als Fremdsprache 9. 1983, S. 194–228; Fachtexte in fachsprachlichen Lehr- und Lernmaterialien für den fremdsprachlichen Unterricht – Überlegungen zu ihrer Beschreibung und Bewertung. In: Fachsprache 6. 1984, H. 3–4, S. 89–115.

98 Vgl. den Abriß bei H.-R. Fluck u.a., Fachdeutsch in Naturwissenschaft und Technik, a.a.O., S. 184 ff.

99 Siehe zu dieser Problematik E. Beneš, Zur Didaktisierung der gesprochenen Wissenschaftssprache. In: Fachsprache 4. 1982, H. 1, S. 11–18.

L

100 Zu dieser Thematik vgl. E. Oksaar, Fachsprachen, interaktionale Kompetenz und Kulturkontakt. In: H.P. Kelz (Hg.), Fachsprache. 1: Sprachanalyse und Vermittlungsmethoden, a.a.O., S. 30–45, sowie E.W.B. Hess-Lüttich, Lernziel ‹Fachsprache(n)›. Zu einem Desiderat adressatenspezifischer DaF-Curricula. In: P.H. Nelde (ed.),Vergleichbarkeit von Sprachkontakten. Bonn 1983, S.207–218.

101 Zu diesem ‹Hamburger Gutachten› vgl. die Vorüberlegungen der Autoren, bibliographisch erfaßt in unseren Anm. 27 u. 97. Vgl. ferner zur fachbezogenen Lehrwerkkritik R. Buhlmann, Analyse und Beurteilung fachsprachlicher Lehrwerke: Kriterien und ihre Problematik. In: H.-J. Krumm (Hg.), Lehrwerkforschung – Lehrwerkkritik Deutsch als Fremdsprache. München 1982, S. 122–164.

102 Fachdeutsch in Naturwissenschaft und Technik, a.a.O., S. 200–212.

103 Th. Ickler, Deutsch als Fremdsprache. Tübingen 1984, S. 28.

104 H.-R. Fluck, Fachdeutsch in Naturwissenschaft und Technik, a.a.O.; L. Hoffmann, 30 Jahre fachsprachliche Lehre und Forschung an den Universitäten und Hochschulen der DDR. In: Fachsprache 3. 1981, H. 1, S. 2–10; W. Schleyer, Fachsprachen und Fremdsprachenunterricht Deutsch als Fremdsprache. In: R. Ehnert (Hg.), Einführung in das Studium des Faches Deutsch als Fremdsprache. Frankfurt/M. 1982, S. 275–316; R. Beier / D. Möhn (wie Anm. 27 u. 97).

105 L. Hoffmann, Probleme und Methoden der Fachsprachenforschung, a.a.O., S. 28.

106 H.-R. Fluck, Probleme und Aufgaben einer Didaktik der Fachsprachen. In: Der Deutschunterricht 31. 1979, H. 5, 63–70.

107 R. Hoberg, Fachsprachenforschung und Fachsprachenunterricht. In: G. Peuser / S. Winter (Hg.), Angewandte Sprachwissenschaft. Grundfragen – Bereiche – Methoden. Bonn 1981, S. 136–149.

108 H.H. Hoos (wie Anm. 94).

109 H.G. Hilfrich / B. Switalla, Natur sprachlich begreifen. München 1977; R. Wimmer (wie Anm. 50); G. Vollmer, Sprache und Begriffsbildung im Chemieunterricht. Frankfurt 1980.

110 Vgl. Abschnitt 10.2.4 und die in Anm. 39 genannte Literatur.

111 L. Hoffmann, Probleme und Methoden der Fachsprachenforschung, a.a.O., S. 27.

112 Z.B. L. Hoffmann, ebd.; H. Kalverkämper, Textuelle Fachsprachen-Linguistik als Aufgabe, a.a.O., S. 124ff.; B. Spillner, Methodische Aufgaben der Fachsprachenforschung und ihre Konsequenzen für den Fachsprachenunterricht. In: H.P. Kelz (Hg.), Fachsprache. 1: Sprachanalyse und Vermittlungsmethoden S. 16ff.; R. Beier, Zur Untersuchung der Fachsprache aus text- und pragmalinguistischer Sicht. In: J.R. Richart u.a. (Hg.), Fachsprachenforschung und -lehre. Tübingen 1982, S. 15–27.

113 Zu dieser Tendenz vgl. W. v. Hahn, Fachkommunikation, a.a.O., S. 10 u. S. 54 ff.
114 W. v. Hahn, Fachkommunikation, a.a.O., S. 10 f., der eine solche Einbettung als den wichtigsten Fortschritt der Fachsprachenforschung sieht.

11. Fachsprache – Fachtext – interaktive/interkulturelle Fachkommunikation

Fachsprachen und Fachsprachenlinguistik auf dem Weg ins Jahr 2000

11.1. Fachsprachenforschung zwischen theoretischer Grundlegung und praktischer Anwendung

Sollte man die seit Ausgang der 80er Jahre bis heute zu beobachtenden Veränderungen in der Darstellung und Beschäftigung mit der Fachsprachenthematik schlagwortartig bezeichnen, so wäre wohl nichts treffender als die Richtungsangabe «vom (lokalen) Fachgespräch ins world wide web» oder die Fortsetzung der Reihe «Vom Terminus zum Text»[1] mit dem Zusatz «zur Fachtextpragmatik und zur interaktiven (und interkulturellen) Fachkommunikation» bzw. «zur globalen und multimedialen Fachkommunikationsgesellschaft». Computerlesbare Textkorpora, neuartige Möglichkeiten des Zugriffs auf Informationen sowie der Text- und Informationsverarbeitung und auch der Informationsvermittlung sind gerade für den fachsprachlichen Bereich mit seiner Vielzahl an Termini, Datenquellen und Textsorten, Adressaten- und Kommunikationsdifferenzierungen von hervorragender Bedeutung. Die Konsequenzen der Nutzung all dieser neuen Informations- und Kommunikationskapazitäten und weltweiter elektronischer Vernetzung für die weitere Entwicklung der Fachsprachen und den Umgang mit ihnen lassen sich noch keineswegs abschätzen, man denke nur z. B. an die mögliche Auswirkung ‹grenzloser› Kommunikation im Hinblick auf die Tendenz zur Internationalisierung vieler Fachsprachen oder an die mögliche Rückwirkung neuer Formen der Netzwerkkommunikation und des Computereinsatzes auf die Textproduktion[2], auf fachsprachliche Textparadigmen und Fachsprachenstile oder an die Veränderung der Lehr- und Lernmöglichkeiten durch den Einsatz mehrkanaliger und interaktiver Computerprogramme.

Mit Hilfe dieser neuen technologischen Möglichkeiten kann die Fachsprachenlinguistik sowohl im Hinblick auf ihre Anwendungsseite wie auch auf ihre theoretische Grundlegung sicher schneller weitere gesellschaftsrelevante Ergebnisse erzielen, als dies noch vor wenigen Jahren oder gar Jahrzehnten angenommen werden konnte. Solche Ergebnisse werden zunehmend gefragt sein, da für die immer enger zusammenwachsende internationale, interkulturelle und multimediale Kommunikationsgesellschaft die Relevanz der Fachsprachenthematik und der Begriff der Fach-(sprach)lichkeit auch nach dem Jahr 2000 weiter aktuell bleiben wird, sei es z. B. im Rahmen der zur Zeit besonders «boomenden» interkulturellen Wirtschaftskommunikation[3] oder im Rahmen der weiteren Reduzierung von Verständigungsproblemen zwischen Fachleuten und Laien in einer immer komplexeren und damit zunächst auch (fach-)sprachlich immer weniger zugänglichen Welt[4].

Dies aber setzt ein weiteres intensives Nachdenken über die Begriffe Fachlichkeit und Fachsprache voraus, wie es teilweise in den Beiträgen der Sammelbände *Fachsprachentheorie* (Bungarten 1992/93)[5] in konzentrierter Form präsentiert wird. Die dort vorgetragenen Versuche einer Antwort auf die Fragen nach einer theoretischen Begründung von Fachsprachen und Fachsprachenlinguistik im Hinblick auf die Eigenständigkeit von Fachsprachen und ihre strukturellen Beziehungen und Unterschiede zeigen jedoch noch keineswegs Einheitlichkeit, sondern eine – durchaus fruchtbare – Vielzahl von Meinungen und Begründungen und bieten zugleich einen Abriß des aktuellen Forschungsstandes und unterschiedlicher Forschungsansätze aus der Sicht verschiedener Sprachen und Disziplinen (z. B. Funktionalstilistik, Terminologielehre, Textlinguistik, Übersetzungswissenschaft, Plan-/Kunstsprachen, Soziologie) sowie einige Aspekte künftiger Fachsprachenforschung.

So wird aus Sicht der Gesprächs- bzw. Diskursanalyse etwa von G. Brünner[6] der (lange Zeit vernachlässigte) Bereich mündlicher Fachkommunikation thematisiert und gegenüber der eher systemlinguistisch ausgerichteten ‹traditionellen› Fachsprachenforschung ein handlungstheoretischer Ansatz propagiert, der fachliche Kommunikation im wesentlichen durch die Zusammenhänge zwischen beruflichem und institutionellem Handeln determiniert sieht und daher dieses zuvor wenig beachtete Verhältnis von Sprache, Fach, Beruf und Institution mit einem spezifischen Bedingungsgefüge in den Blick rückt:

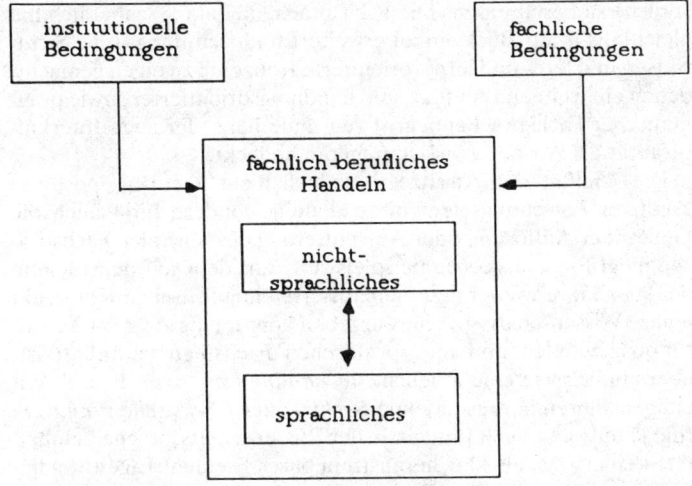

Abb. 1 Bedingungsgefüge des fachlich-beruflichen Handelns (nach Brünner 1993, 739)

Demgegenüber sieht z. B. die Terminologieforschung den Begriff Fachsprache außer in Kommunikationsbeschreibungen betrieblicher und institutioneller Prozesse vor allem in der Vielfalt ein- und mehrsprachiger, nationaler und internationaler Kommunikation sowie im Kommunikationsgefüge von Informationsmanagement, Wissensspeicherung und Wissenstransfer[7]. Der textlinguistische Ansatz hingegen sieht Fachsprache als besondere Form von Makrotexten, während die kontrastiv und pragmatisch orientierte Fachsprachen- bzw. Fachkommunikationsforschung Fachsprache eng mit dem aus der Funktionalstilistik der 20er und 30er Jahre entlehnten bzw. adaptierten Begriff des «Textes-in-Funktion» und dem seit den 80er Jahren entwickelten Leitbegriff der «Interkulturalität von Handlungen und Texten» operiert[8]. Dadurch gelingt eine zunehmend komplexere Analyse von Fachsprachen mit dem Ziel, nicht mehr nur die «Sprache im Fach», sondern interdisziplinär und integrativ unter dem Aspekt sozialen Handelns im Fach bzw. in Institutionen oder «Sprachbereichen»[9], die berufsbezogene kommunikative Interaktion zwischen Fachleuten sowie zwischen Fachleuten und Laien (z. B. Arzt-Patient-Ge-

235

spräch) zu beschreiben. Die Fachsprachendidaktik schließlich hat gleichfalls ihren Blickwinkel erweitert und sich integrative Sichtweisen und lern- und lernerorientierte Konzepte zu eigen gemacht, denen ein weitgefaßter text- und handlungsorientierter sowie pragmatischer Fachsprachenbegriff zugrunde liegt, der auch Interkulturalität als Ausbildungskomponente abdeckt.

Die Vielfalt der Ansätze ist jedoch nicht allein als positives kreatives Forschungselement zu deuten, sondern birgt auch die Gefahr der Auflösung oder Aufsplitterung des zentralen Fachsprachenbegriffs, wie sie sich beispielsweise aus dem seit dem Beginn der 90er Jahre wieder neu thematisierten linguistischen Konstrukt einer «Wissenschaftssprache» ergeben könnte, die zwar stark institutionsgebunden und mit spezifischen Fachstilen verknüpft ist, aber ähnlich wie eine mögliche *Technolinguistik* oder die sich seit einigen Jahren herausbildende *Rechts-* oder *forensische Linguistik* (die ja teilweise auch Linguistik der Wissenschaftssprache beinhaltet) keineswegs als klar heraustrennbares Element Eigenständigkeit im Systemoid der Fachsprachen im Sinne einer wie auch immer gearteten «Wissenschaftslinguistik»[10] beanspruchen kann. Insofern bleibt abzuwarten, ob dieses ›neue‹ Arbeitsfeld hinreichend definiert und im Rahmen einer interdisziplinären Grundlagenforschung profiliert und langfristig etabliert werden kann oder weiterhin wie bisher als «(Fach-)Sprache im universitären Bereich» behandelt wird.

Etabliert haben sich in der neueren Fachsprachenforschung inzwischen der terminologisch-informationswissenschaftlich orientierte, der textlinguistische und textpragmatische sowie der diskursanalytische Ansatz, häufig ergänzt um jene Dimension, die Sprache primär als Mittel interkultureller Verständigung begreift[11]. Viele aus anderen Disziplinen übernommene Ansätze hingegen sind zwar partiell in Fachsprachenforschungen integriert, haben sich aber (noch) nicht entscheidend durchsetzen bzw. eigenständiges Profil gewinnen können.

Diese Aufnahme und sorgfältige, reflektierte Umsetzung vielfältiger Methoden und Anregungen bei der Analyse von Fachkommunikation spielt im übrigen eine wichtige Rolle im Rahmen z. B. der lexikographischen Erfassung fachlicher Wissensbestände oder der Beschreibung und Differenzierung von Fachtextsorten, der Herausarbeitung von Fachstilen, des intra- und extralinguistischen Sprachvergleichs in der Fachkommunikation und der Arbeiten zum Wesen der Fachkommunikation. Der Vortrag und die Diskussion von Arbeitsergebnissen fachsprachenlinguistischer Forschung gehören inzwischen zu einem unverzichtbaren Thema auf all jenen Tagungen, die der Angewandten Linguistik verpflichtet sind (z. B. die GAL-Jahrestagungen oder AILA-Konferenzen). Mit dem von H. Kalverkämper begründeten *Forum für Fachsprachenforschung* (1985) und den Reihen *Leipziger Arbeiten zur Fachsprachenforschung* (R. Gläser, 1990) und *Hamburger Arbeiten zur Fachsprachenforschung* (Th. Bungarten, 1992) wurden zudem, neben den weiterbestehenden einschlägigen Fach(sprachen)zeitschriften wie *Fachsprache* (Wien: Braumüller) oder *English for Specific Purposes* (New York u. a.), neue Publikationsorgane geschaffen, in denen Forschungsvorhaben, Konzeptionen und Ergebnisse der Fachsprachenlinguistik dokumentiert und diskutiert werden können.

Ein neues und wichtiges Thema in dieser Diskussion unter anwendungsbezogenem Aspekt ist «Technisches Schreiben», das mit der Entwicklung von Berufsbildern wie «Technischer Redakteur» etc. aufgrund internationaler Rechtsbestimmungen zur Produkthaftung zusammenhängt und sowohl den fachinternen (Betriebsanleitungen) als auch den fachexternen Fachsprachenbereich (z. B. medizinische Beipackzettel, Gebrauchsanweisungen), also die Verständigung zwischen Fachleuten und Laien betrifft. Hierher gehört auch der Wissenstransfer, wie ihn z. B. der «Wissenschaftsjournalist» in Presse, Hörfunk und Fernsehen zu leisten hat[12].

Das erweiterte Spektrum der Forschungsansätze und Zweckorientierungen im Zusammenhang mit einer verstärkten Öffnung gegenüber anderen Disziplinen zeigt auch ein Blick auf die Themenkreise des 10. Europäischen Fachsprachensymposiums in Wien (1995), die in der Zeitschrift «Fachsprache» (16.1994,1-2,36) wie folgt aufgelistet sind:

Multilingual discourse has become an omnipresent phenomenon in modern specialist communication. The intercultural classroom, online translation in software localisation, multilingual business communication, language policies in multicultural societies, terminology management etc. are key issues in LSP today.

Sections (all focussing on LSP and multilingualism);
– text linguistics

- *language policies*
- *communication in the professions*
- *discours analysis*
- *intercultural communication*
- *translation and interpretation*
- *language teaching and training*
- *technical writing*
- *philosophy of science*
- *language and terminology planning*
- *terminology theory*
- *lexicography*
- *language technology*
- *technolects and scientific language*

Workshops on particular topics (specific language policies, indigenous/minority languages, terminology management, technical writing, professional discourse, language training in industry etc.) are planned.

Diese Neuorientierung, hervorgerufen durch die weiter zunehmende Internationalisierung von Wissenschaft und Technik, Wirtschaft, Kultur und Gesellschaft sowie die schon erwähnten neuen Informations- und Kommunikationstechnologien, verläuft in einzelnen Ländern aufgrund traditioneller Gegebenheiten jedoch recht unterschiedlich. So hat z. B. in Dänemark nach wie vor innerhalb der traditionell an Wirtschaftsuniversitäten betriebenen Fachsprachenforschung die Terminologieforschung einen Schwerpunkt, wenngleich man sich auch dort der Entwicklung der europäischen Fachsprachenforschung vom Terminus zum Text, also hin zu größeren Analyseeinheiten, keineswegs verschlossen und seit etwa Mitte der 80er Jahre neue Arbeits- und Analysemethoden (z. B. im Rahmen eines Textkorpusprojekts) angewendet hat[13]. Und in Entwicklungsländern wie der Mongolei stehen häufig anwendungsbezogene Projekte im Rahmen von Fachlexikographie, d. h. Erarbeitung zwei- und mehrsprachiger Wörterbücher, sowie bedarfsorientierter Fachsprachenvermittlung im Vordergrund des Interesses. Doch auch hier hat sich mittlerweile die Erkenntnis durchgesetzt, daß es «bei (sprachlichem) Handeln im Fach nicht ausschließlich um *Objektkommunikation*, sondern immer auch um *Beziehungskommunikation*»[14] geht und dieser Sachverhalt, z. B. bei der Fachsprachenvermittlung, zu berücksichtigen ist.

Lexikographie und Didaktik sind im übrigen jene zwei Arbeitsfelder, die einen besonders starken Praxisdruck auf die Fachsprachenforschung ausüben, wie z. B. die 1985 erfolgte Gründung des «Siegener Instituts für Sprachen im Beruf (SISIB)» verdeutlichen kann. Die anwendungs- und grundlagenorientierte Forschung und Lehre gelten dort schwerpunktmäßig den Fachsprachen und der Fachkommunikation in den drei europäischen Sprachen Deutsch, Englisch und Französisch und die Institutsarbeit zeigt eine interdisziplinäre, sprachpraktisch und berufsbezogene Ausrichtung, die sich z. B. in Kooperationsprojekten mit Industriebetrieben in der Region oder in der Beschäftigung mit Fachlexikographie äußert[15].

Didaktische, d. h. anwendungsorientierte Überlegungen waren auch das Motiv für die Erarbeitung und Analyse von Textcorpora, wie sie an den Technischen Hochschulen in Berlin und Darmstadt entstanden sind[16]. In diesem Zusammenhang ist auf die Entwicklung weiterer interdisziplinärer, berufsbezogener und interkulturell ausgerichteter, d. h. ‹integrierter› Studiengänge und Ausbildungsschwerpunkte in Fachfremdsprachen hinzuweisen, zum Beispiel auf den für ausländische Studenten konzipierten Darmstädter Magisterstudiengang «Deutsche Fachsprache und ihre Vermittlung» sowie auf verschiedene Zertifikatabschlüsse für berufsbezogene fachsprachliche Zusatzqualifikationen (siehe 11.6).

Durch solche praxisbezogenen Aktivitäten ist der Theoriebedarf der Fachsprachenlinguistik lange Zeit übersehen und vernachlässigt worden. Auch haben sich dadurch, wie L. Hoffmann[17] ausführlich darlegt, teilweise gravierende Forschungsdefizite und Forschungsaufgaben in folgenden Bereichen ergeben:

Vernachlässigung der kognitiven Funktion von Fachsprachen, Unterschätzung handlungstheoretischer Erkenntnisse im Hinblick auf Produktions- und Rezeptionsprozesse in der Fachkommunikation, konsequente Korrelierung der textinternen und -externen Merkmalskonstellationen von Fachtextsorten, zielorientierte Abstimmung und Integration differierender Untersuchungsmethoden sowie u. a. die Darstellung fachsprachlicher Schnittstellen und Übergänge, die Beziehungen von natürlichen und künstlichen Sprachen, die Erfassung und Analyse der Unterschiede zwischen mündlichen und schriftlichen Fachtexten, interlinguale Fachsprachenvergleiche, Sprachberatung und die schon erwähnte Koordination synchroner und diachroner Forschungen. Ergänzend wäre der Auf- und Ausbau fachsprachlicher Textdatenbanken zu nen-

nen, die sowohl für die Analyse wie die Vermittlung von Fachsprachen, z. B. die Herstellung von Lernwörterbüchern, eine große
Hilfe bedeuten und mit der Zunahme fachsprachlicher Terminologie für die Erarbeitung von Fach-Thesauri unverzichtbar werden.
Lösungen sieht L. Hoffmann (1991, 139) in der «Synthese von
kommunikativen und kognitiven Strategien», wodurch sowohl der
theoretische Forschungsrahmen erweitert als auch die fachsprachlichen Untersuchungsmethoden weiterentwickelt werden können.

Dieses Ziel verfolgt, neben einer umfassenden Bestandsaufnahme und Dokumentation fachsprachlicher Forschung, auch die
Konzeption der in der Reihe «Handbücher zur Sprach- und Kommunikationswissenschaft» (HSK, Berlin, New York: de Gruyter)
erscheinenden zwei Halbbände *Fachsprachen – Languages for
Special Purposes. Ein internationales Handbuch zur Fachsprachenforschung und Terminologiewissenschaft*, hrsg. von L. Hoffmann,
H. Kalverkämper, H. E. Wiegand in Verbindung mit Chr. Ga-
linski und W. Hüllen[18]. Dieses Handbuch soll – so die Konzeptions-
beschreibung der Herausgeber – mit seinen (geplanten) 283 Artikeln eine bewußtseinsbildende, kritische und möglichst repräsen-
tative Darstellung der Forschungsaktivitäten bieten und zugleich
künftige Forschung konzeptuell und perspektivisch anregen sowie
auch Beiträge mit praktisch umsetzbaren Angeboten enthalten.
Daß dies für die praktische Arbeit oder die Verarbeitung und
Integration fachsprachlicher Aspekte in anderen wissenschaftlichen Disziplinen aber keinesfalls ausreichen kann, zeigen u. a.
weitere geplante Projekte, z. B. im DaF-Bereich (vgl. 11.6). Dennoch dürfte das Handbuch mit einer systematischen und umfassenden Darstellung dazu beitragen, die Fachsprachenforschung neu
zu konturieren, und mithelfen, diese – vielleicht – langfristig zu
einer *eigenständigen* (sprach-)wissenschaftlichen (Teil-)Disziplin
weiterzuentwickeln, ohne daß jedoch dadurch der Praxisbezug
verringert werden oder verlorengehen darf. Denn auch in Zukunft
werden die Erwartungen der Praxis an die Fachsprachenlinguistik
im Hinblick auf Hilfestellung und Lösungsmöglichkeiten bei *konkreten* Fragen, z. B. in den Bereichen Terminologie, Fachübersetzung und Wissenstransfer, eher zu- als abnehmen.

11.2. Aspekte und Perspektiven diachroner Fachsprachenforschung

Wenngleich die historische Fachsprachenforschung teilweise immer noch losgelöst von der gegenwartsbezogenen Beschäftigung mit Fachsprachen erfolgt und z. B. die Erforschung mittelalterlicher Fachliteratur in Deutschland nach wie vor häufig eigene Wege geht, so haben doch vereinzelt neuere pragmatisch und textorientierte Fachsprachenkonzepte Eingang in diesen Bereich gefunden[19]. Dies belegen u. a. Beiträge für die Europäischen Fachsprachensymposien seit 1985, bei denen jedoch «Historical LSP» nur unregelmäßig auf der Tagesordnung erscheint (z. B. 1993 in Bergen/Norwegen). Inzwischen wurden aber wiederholt Überlegungen vorgetragen, welche die Problematik der Erforschung älterer Fachsprachen thematisieren und auch darlegen, wie synchrone und diachrone Betrachtungsweise in der Fachsprachenforschung einander ergänzen könnten[20]. Das gewachsene Interesse an fachsprachenhistorischen Fragestellungen dokumentiert auch ein in Finnland herausgegebener Sammelband mit dem Titel «Diachrone Fachsprachenforschung/Diachronic LSP-Research» (1993), der von der fachwortgeschichtlichen Studie bis zu pragmatisch orientierten Fachtextanalysen vielfältige inhaltliche und methodische Beiträge enthält, darunter auch kritische Anmerkungen zum forschungsmethodischen Umgang mit älteren Fachtexten (z. B. Unzuverlässigkeit der Quellenbasis, voreilige Übertragung ‹moderner› Forschungskonzepte)[21].

Unter diesen Beiträgen ist auch die erweiterte Fassung von H. Kalverkämpers Plenarvortrag auf der GAL-Tagung 1993 in Leipzig, in dem er nachdrücklich dafür plädiert, die sich methodisch synchron verstehende Fachsprachenforschung um eine «*Diachron(isch)e Fachsprachenforschung*» zu erweitern[22]. Untersuchungsfelder einer derart perspektivisch erweiterten Fachsprachenforschung könnten nach Kalverkämper (1993, 22ff.) u. a. sein: die Sach-, Berufs- und Wissenschaftsgeschichte, die Kultur- und Bildungsgeschichte, Sprach-, Text(e)- und Textsortengeschichte sowie (Fach-)Literatur- und Motivgeschichte. Mit diesem ausführlich erläuterten Programm wäre nicht nur die Etablierung eines umfassenderen und mit der ‹modernen› Fachsprachenforschung verknüpften diachronen Forschungszweiges möglich, sondern auch die Öffnung der Angewandten Linguistik im Hinblick auf eine Anwendungsgeschichte. Durch eine kulturvergleichende

Darstellung der Herausbildung von Fachwortschätzen, Fachtexten und Fachstilen könnte eine solche historische bzw. diachrone Fachsprachenforschung wesentlich zur Zusammenführung unterschiedlicher Forschungsansätze und zum fachsprachhistorischen Perspektivenwechsel und damit langfristig zur Vervollständigung unseres in diesem Bereich noch sehr bruchstückhaften Bildes von Fachsprache beitragen.

Belebt werden könnte dieses Forschungskonzept durch weitere Untersuchungen z. B. zu den wissenschaftlichen Fachsprachen, wie H. Weinrich wiederholt vorschlägt und wozu bereits u. a. Detailanalysen in verschiedenen wissenschaftsmethodischen Traditionen sowie einige umfassendere Arbeiten für Natur- und Geisteswissenschaften vorliegen[23].

Von großem Interesse aber sollte auch die weitere Erforschung unter synchronem und diachronem Aspekt jener Fachsprachen sein, die aufgrund sich wandelnder Technologien aufgelöst oder transformiert werden und teilweise in neuen Berufsbildern andere Konturen gewinnen. Als Beispiel sei der Wandel in der Satzherstellung vom Handsatz zum Desktop publishing (DTP) angeführt. Dieser Wandel führte hier zu einem Rückgang von ursprünglich 23 Ausbildungsberufen auf acht, wie die nachfolgende Tabelle zeigt.

Damit einher geht auf der einen Seite eine Reduktion der Druckerfachsprache (*Blei* oder *Metall* verschwinden, i. e. Entmaterialisierung und damit Rückgang metaphorischer Ausdrücke; Verringerung der Zahl der Satzgefüge in drucktechnischen Texten) und auf der anderen Seite eine Erweiterung und Ausdifferenzierung durch die mit den neuen Technologien verknüpften Fachtermini wie hier z. B. *Layout*, *OCR* (*O*ptical *C*haracter *R*ecognition/Optische Zeichenerkennung) oder *Quadding* ‚Zentrieren von Zeilen'. Es ist daher einsichtig, daß gerade in solchen Situationen aus der Kombination synchroner und diachroner Beschreibung und Analyse sich auch wichtige Anhaltspunkte für die Entstehung und Entwicklung der modernen wissenschaftlich-technischen Fachsprachen gewinnen lassen[25].

Ein Indiz für den Trend zur diachronen Fachsprachenforschung sowie Materialgrundlagen ihrer Weiterentwicklung bilden in diesem Zusammenhang auch die Neudrucke historischer Fachsprachenliteratur (z. B. von Alfred Schirmer *Wörterbuch der Kaufmannssprache auf geschichtlichen Grundlagen*; Heinrich Klenz, *Die deutsche Druckersprache* oder *Die Rechenbücher von Adam*

Berufe	1960	1975	1985
Schriftsetzer	6995	3116	2542
Stereotypeur	160	28	–
Galvanoplastiker	60	–	–
Stempelmacher	53	15	11
Buchdrucker/ ab 1974 Drucker	4995	1576	–
Grafischer Zeichner	300	265	–
Kartograf	79	175	–
Notenstecher	7	2	2
Reproduktionsfotograf	589	319	–
Positivretuscheur	190	36	–
Klischeeätzer	698	57	–
Nachschneid./ ab 74 Druckf.herst.	77	59	–
Schriftlithograf	86	37	–
Farblithog./ ab 74 Druckv.herst.	395	265	–
Flachdrucker	1037	954	–
Offset-Vervielfältiger	134	103	–
Lichtdruckretuscheur	20	–	–
Tiefdruckretuscheur	253	136	–
Tiefdruckätzer	127	27	–
Tiefdrucker	92	115	–
Siebdrucker	64	151	579
Druckvorlagenhersteller	–	265	2605
Druckformhersteller	–	59	1314
Drucker	–	686	4296
Reprograf	–	73	245
Anzahl d. Berufe	21	23	8

Abb. 2 Zur Entwicklung der Ausbildungsberufe in der Druckindustrie (nach Kühn 1988)[24]

Riese)[26]. Neue Forschungshorizonte eröffnen zudem die Arbeiten zur Geschichte der Fachlexikographie und zur bibliographischen Erfassung von (naturwissenschaftlichen) Fachlexika[27].

Und durch weitere Editionen von – gedruckten wie nichtgedruckten – historischen Fachtexten wird es in vielen Fällen erst möglich, die fach(sprach-)lichen Kommunikationsformen früherer Zeiten umfassend zu analysieren und auch Detailfragen wie z. B.

nach der historischen Ausdifferenzierung von Fachtextsorten bearbeiten zu können[28].

Daneben bilden weiterhin historisch ausgerichtete Terminologieuntersuchungen wie z. B. zum ‹Salzwesen› in Österreich[29] (Patocka 1987) wichtige Komponenten mit Blick auf die sachlichen und pragmatischen Zugriffe fachsprachhistorischer Forschung.

11.3. Vom Fachlexikon zur Wissensbank: Terminologiewissenschaft und Fachlexikographie

Konsolidiert und kräftig weiterentwickelt hat sich in den letzten Jahren auch die Forschung und Praxis auf dem Gebiet der Terminologie, deren Begründung und theoretische Ausarbeitung mit dem Erscheinen von E. Wüsters «Einführung in die Allgemeine Terminologielehre und Terminologische Lexikographie» (Wien 1979) verknüpft ist. Die Konsolidierung zeigt sich einmal dahingehend, daß zentrale Überlegungen aus der Anfangszeit terminologischer Forschung inzwischen in die Praxis umgesetzt werden konnten, in vielen Ländern verbreitet sind und auch Normcharakter haben, wie es die 1990 veröffentlichte ISO-Norm 1087 «Terminologie» dokumentiert[30]. Zum anderen sind es die damit verbundene, vielfach obligatorische Terminologieausbildung in vielen Ausbildungsgängen (z. B. Fachübersetzung, Sprachdatenverarbeitung) und die Profilierung des Berufsbildes des Terminologen/Terminographen, deren Etablierung eine solche Konsolidierung mitbewirken[31].

Die Weiterentwicklung der Terminologiewissenschaft und terminologischer Arbeit beruht seit etwa Ende der 80er Jahre u. a. auf einer Öffnung und Vertiefung terminologischer Forschung mit Blick auf die Wissensbereiche «Wissenschaftstheorie» und «Erkenntnistheorie», wodurch nach H. Picht «grundlegende Fragen nach dem Wesen des Begriffs als Wissens- und/oder Denkeinheit und den damit verbundenen Problemen der Kognition, des Wissenserwerbs, der Repräsentation und der Verarbeitung von Wissen neu gestellt wurden»[32]. Die Verbindung von Terminologie und Wissenstechnik führte inzwischen zu verschiedenen theoretischen und praktischen Arbeiten, in denen – unter Ausnutzung der neuen elektronischen Möglichkeiten – fachsprachliches Wissen neu strukturiert und organisiert wird (Stichwort: Informations-/Terminologiemanagement)[33].

Dieser Neuansatz impliziert u. a. die Erweiterung terminologischer Datenbanken um Relations- und Faktenwissen, mit dessen Hilfe erst die bisherigen terminologischen Datenbanken als Wissensbanken funktionieren, in komplexere Systeme eingebunden und mit anderen wissensbasierten Systemen interagieren können. Dazu mußten, verbunden mit einer neuen objektorientierten Sichtweise, Informationskategorien erforscht und definiert sowie neue Datenbankklassifikationen und Klassifikationssysteme erarbeitet werden, wie sie in den Dokumenten der internationalen Normung und den Richtlinien für die Erstellung terminologischer Datenbanken niedergelegt sind. Denn erst die Verknüpfung von fachlichen und fachsprachlichen Wissensstrukturen, die in (festgelegten) wissenschaftlichen Begriffen und Benennungen (Termini) kondensiert und repräsentiert sind, ermöglicht eine umfassende und optimale ‹Wissensorganisation›[34], Verwaltung von Wissen und Wissenstransfer, die den komplexen und dynamischen Prozessen wissenschaftlicher Kommunikation angemessen ist. Neu dabei ist eine Tendenz zu auch objektorientierter Sichtweise, nachdem dem Gegenstand in der ISO-Norm 704 (Principles and Methods of Terminology) ein erhöhter Stellenwert eingeräumt wurde.

Der Erfolg deskriptiver und präskriptiver Terminologiearbeit, z. B. im Informations- und Dokumentationswesen, ist auch in starkem Maße abhängig von gegenseitigem Gedanken- und Informationsaustausch, effizienter Arbeitsteilung und von aktiven Organisationen. Hier ist durch regelmäßige internationale Symposien, den Ausbau von Terminologienetzwerken (TermNet) und die Gründung von weiteren zentralen, eigenständigen Terminologieorganisationen – (neben den Erstinstitutionen Infoterm [zur Planung, Information und Dokumentation] und ISO/TC 371986 [befaßt mit terminologischen Grundsätzen und Richtlinien] zusätzlich GTW/Gesellschaft für Terminologie und Wissenstransfer [1988], TermNet/Internationales Terminologienetz [1989] und IITF/Internationales Institut für Terminologieforschung) – sowie durch verschiedenartige regionale Zusammenschlüsse wie NORDTERM (Nordische Länder), Arabterm (arabische Länder) oder RINT (Réseau International de Néologie et Terminologie) der Organisationsrahmen für die künftige Entwicklung beträchtlich erweitert worden.

Unter Berücksichtigung dieser (und weiterer) Fortschritte läßt sich die Terminologiewissenschaft heute definieren als «inter- und transdisziplinäre Wissenschaft, deren Gegenstandsbereich einerseits die Erforschung des Gegenstandes, des Begriffs und deren Repräsentationsformen sowie der Beziehung zwischen ihnen und andererseits die Erforschung ihrer systematischen Darstellung und deren Anwendungen in einer Vielfalt von Wissensgebieten ist" (H. Picht)[35].

Weitere Aufgaben, die sich dieser Disziplin stellen, sind u. a. die Erweiterung des bisherigen theoretischen Rahmens, die Fortführung übersetzungsorientierter und computergestützter Terminographie durch neue Beschreibungs- und Anwendungsmodelle, die Schaffung von benutzerorientierten Datenbanksystemen, auch für den Kleinanwender, und die Weiterentwicklung ihrer Berufsbilder.

Von der skizzierten Terminologiewissenschaft teilweise theoretisch abgegrenzt und terminologisch durch den Begriff der Terminographie ersetzt, aber in der praktischen Arbeit mit vielen Berührungspunkten und Querverbindungen versehen, stellt sich die Fachlexikographie dar. Fachlexikographie wird zwar zunächst insbesondere mit der Ausarbeitung von Wörterbüchern und Lexika in Verbindung gebracht, ist heute aber verstärkt als Metalexikographie mit dem ‹Nachdenken über Wörterbücher› befaßt[36]. Als Abgrenzungskriterium wird in der Literatur u. a. die eher präskriptive, onomasiologische und auf eine Begriffssystematik bezogene Vorgehensweise der Terminologie genannt, der auf seiten der Lexikographie eher die Arbeitsmerkmale deskriptiv, semasiologisch und alphabetisierend zugeschrieben werden, doch stimmen diese Abgrenzungsmerkmale nicht mit der terminologischen und lexikographischen Praxis überein, so daß ‹Terminographie› sich weitgehend mit «Fachlexikographie» decken kann[37]. Auf diesem Gebiet bestehen trotz einzelner Fortschritte und neuerer Impulse durch Expertenkolloquien, Darstellungen einzelfachbezogener Lexika, z. B. der medizinischen, oder bestimmter Wörterbuchtypen, z. B. zweisprachige, sowie einer generellen Hinwendung von Fachwissenschaftlern zu Fragen der Lexikographie[38] nach wie vor große Forschungslücken im Hinblick auf Deskription, Theorie und Methodik der Darstellung von Fachsprachen in Wörterbüchern und Nachschlagewerken, eine Forschungssituation, die nach H.-E. Wiegand zur Zeit «keinen Überblick über die deutsche Fachlexikographie der Gegenwart»[39] zuläßt. Diesem Mangelzustand versucht nun auch das bereits vorgestellte HSK-Handbuch «Fachspra-

246

chen/Languages for Special Purposes" abzuhelfen, indem es allein drei Kapitel der Praxis, Methodik und Theorie der Fachlexikographie widmet und u. a. versucht, einen Überblick zu Fachwörterbuchtypen zu geben, die Lexikographie einzelner Fächer zu beleuchten sowie insgesamt den aktuellen Forschungsstand darzustellen und Forschungsdesiderate zu formulieren. Zu diesen Desideraten gehören vorrangig u. a. die Ausarbeitung von Fachsystematiken und die Erforschung von Wörterbuchfunktionen im Hinblick auf die potentiellen Nutzer (z. B. im Hinblick auf die Interaktionsarten beim konkreten Wörterbuchgebrauch), die (metalexikographische) Darstellung von Wörterbuchmikro- und -makrostrukturen, die – interdisziplinäre – Aufklärung der Beziehung zwischen Terminus, Fachtext und Thesaurus und der Textkondensierung im Terminus, die Sichtung und Bewertung der Darstellungsmöglichkeiten im Fachlexikon mit Hilfe neuer elektronischer Möglichkeiten des Computers (z. B. bei der Frage von Illustrationen) und der Aufbau von Wissensbasen als Informations- und Dokumentationssysteme, die zur Herstellung von einzelnen Datensätzen bzw. Lexikonartikeln und lexikographischen Teilbeständen oder kompletten Wörterbüchern genutzt werden können, die weitere bibliographische Erfassung von – auch historischen – Fachlexika sowie, nicht zuletzt, eine empirisch fundierte Standortbestimmung der Fachlexikographie[40].

Letztere wird für einzelne Länder und Regionen sehr unterschiedlich ausfallen, je nachdem wie nationales Sprachenbewußtsein, technologisches Know-how, Forschungstraditionen und -kapazitäten, fachsprachliches Bewußtsein und vor allem der fachlexikographische Bedarf und Möglichkeiten seiner ökonomischen Befriedigung vorhanden und ausgeprägt sind. So ist im chinesischen Sprachraum der Aufbau eigener Fachterminologien und ihre lexikographische Erfassung, häufig veranlaßt durch die Notwendigkeit, zwei- oder mehrsprachige Wörterbücher als Hilfsmittel projektbezogener wissenschaftlich-technischer Kommunikation herzustellen, vielfach noch schwach entwickelt, und in der Mongolei freut man sich über die (verdienstvolle) Herausgabe eines schmalen dreisprachigen Fachwörterbuchs mit 8000 Termini der Geologie in schlichter Ausführungsqualität (Russian-Mongolian-English Dictionary of Geology. Ulaanbaatar 1994), während die Industrienationen auf dem Wege sind, technisch und inhaltlich optimale Wörterbuchformen zu entwickeln, und sich dort das Fachwörterbuch teilweise schon zur Wissensbank gewandelt hat oder zumindest sich auf computerlesbare Textcorpora und terminologische Datenbanken beziehen kann. Dadurch erst wird z. B. die Herstellung kontextbezogener Fachwörterbücher mit Hinweisen auf Vorzugsbenennungen, Angaben zum Wortgebrauch und jener Aktualität der Einträge möglich, die beim raschen Umschlag des Wissens in unserer Zeit mehr denn je nötig sein dürfte.

11.4. Fachsprachliche Analysen: Text / Textsorte – Diskurs / Interaktion – Sprachvarietät / Sprachstrukturen

Konnten wir in Kap. 10.3.3 die Hinwendung zum Fachtext und zur Fachtextanalyse noch als ‚neu' apostrophieren, so gilt heute der textbezogene, komplexe und integrative Ansatz als weithin etabliert[41]. Mit zunehmender Analysetätigkeit wurde jedoch erkannt, daß textbezogene Fragestellungen kaum für ein Ensemble von Texten eines Faches beantwortet werden können, sondern mit einer Vielzahl von Textsorten zu rechnen ist, die auf spezifischen Handlungsmustern und gedanklichen Gliederungen basieren. Beide äußern sich in spezifischen Mikro- und Makrostrukturen, in Verweisformen und Gliederungssignalen wie Ziffernangaben, Einsatz von typographischen Mitteln wie Unterstreichung, Fettdruck usw. sowie in einer zunehmenden internationalen Standardisierung bestimmter Fachtextsorten (z. B. medizinische Zeitschriftenartikel, Abstracts), wobei immer der kommunikative Zweck die Textstruktur entscheidend bestimmt.

Textsortenbezogene Fragestellungen, die sich aus diesen Zusammenhängen ergeben, stehen daher zunehmend im Vordergrund der Fachtextlinguistik, z. B. Fragen nach der Fach- und Fachsprachlichkeit von Textsorten, nach der Relevanz übergreifender, textsortenbestimmender Beziehungsebenen wie Interdisziplinarität, Intertextualität oder Interaktionalität sowie nach der Wirkung einzelner Textspezifika und Textstrategien[42]. Obwohl auch die Fachtextlinguistik pragmatisch orientiert ist, finden sich innovative Analyseansätze eher in jenen Beiträgen zur Erforschung der Fachkommunikation, die primär situations- und handlungsbezogen angelegt sind und mit der institutionenbezogenen Diskurs- und Gesprächsanalyse in Verbindung stehen. In diesen Arbeiten geht es nicht vordergründig um Fach- und Fachsprachlichkeit – der Begriff Fachsprache taucht in den Untersuchungen zum Teil gar nicht auf –, sondern um die Analyse von Interaktionen, Kommunikationsabläufen und Kommunikationskonflikten im Rahmen von Institutionen (z. B. Kommunikation im Gericht, Krankenhaus, Industriebetrieb, Sozialamt usw.)[43], in denen Fachlichkeit meist auch in der Begegnung zwischen Experten und Laien vorhanden ist. Anstelle der restringierten Betrachtung des Fachtextes in Funktion tritt die Untersuchung von (Fach-)Sprache in (institutioneller) Aktion aufgrund sprachsoziologischer Hintergrund- und Gesamtanalysen.

Daneben stehen weiterhin Untersuchungen, neuerdings oft auch mehrperspektivische (z. B. Fachwort und Kognition), zu einzelnen fachsprachlichen Strukturen oder dem strukturellen Ensemble einer Fachsprache. Solche fach*sprachlichen* Untersuchungen reduzieren ihr Untersuchungsobjekt aber keineswegs «bis zu dessen Unkenntlichkeit» (wie es K. Ehlich[44] in überspitzter Kritik an der ‹traditionellen› Fachsprachenforschung formuliert), sondern liefern wichtige Einsichten, Daten und Details – die im übrigen auch als Grundlage fachsprachendidaktischer Lehr- und Lernmaterialien von unverzichtbarer Bedeutung sind, z. B. für die notwendige Schaffung einer fachsprachlichen Grammatik[45] – für ein *Gesamt*bild von Fachsprachen bzw. Fachkommunikation.

Im folgenden sollen diese Arbeitsfelder anhand einiger ausgewählter, für die Gesamtsituation repräsentativer Arbeiten vorgestellt und ihre Ergebnisse skizziert werden.

11.4.1. Text / Textsorte

Modelle, wie ein mehrdimensionales, möglichst allseitiges Bild von Fachtexten zu gewinnen ist, haben u. a. L. Hoffmann und K. D. Baumann[46] vorgelegt. Beide Forschungsansätze zielen auf eine integrative, soziolinguistisch dimensionierte Analyse von Fachtexten als komplexe sprachliche organisatorische Einheit, unter Berücksichtigung jener sprachinternen und -externen kommunikativen Faktoren und Interaktionsbeziehungen, wie sie zwar bisher auch schon, aber eher vereinzelt in den Blick der Forschung kamen. Eine Neuorientierung und pragmatische Erweiterung der fachtextlinguistischen Theorie und Methodologie, auch im Hinblick auf Interkulturalität und Interaktionalität, eröffnen dann

u. a. die aus deutsch-finnischen, kulturkontrastiven Forschungs-projekten entstandenen Arbeiten um H. Schröder oder die Arbei-ten zur deutsch-englischen Wissenschaftskommunikation von M. Clyne[47].

Beispiele für die Umsetzung dieser Konzeptionen und vergleich-barer textzentrierter Ansätze bieten beispielsweise die Sammel-bände *Kontrastive Fachsprachenforschung* (Baumann/Kalver-kämper 1992), *Subject-oriented Texts* (Schröder 1991), *Fachtext-pragmatik* (Schröder 1992), *Beiträge zur Fachsprachenforschung* (Bungarten 1992) und *Fachliche Textsorten* (Kalverkämper/Bau-mann 1995)[48]. Typische Einzelthemen dieser und anderer Bände, bei denen auch so spezielle Textsorten wie „Laudationes auf Wissenschaftler" oder „Der wissenschaftliche Nachruf" Interesse und ihren Bearbeiter gefunden haben, sind z. B.

Zur Fachtextstruktur / Zur Strukturiertheit von – dargestellt an . . ., Mikro- / Makrostruktur an . . . Fachtexten der . . ., LSP-Texts and Text Types

Verknüpft sind diese Analysen fachsprachlicher (Einzel-)Texte häufig mit Bemühungen um die Erarbeitung von Prinzipien einer fachsprachlichen Texttypologie. Das Forschungsinteresse an der-artigen Fachtextklassifikationen und Texttypologien bezieht sich dabei sowohl auf einzelne Fächer[49] wie auf einzelne Sprachen[50]. Dabei können die Ergebnisse bisher aufgrund der Mehrdimensio-nalität von Texten, d. h. aufgrund der Überschneidungen von Textformen und Textfunktionen aber ebensowenig eindeutige Ab-grenzungskriterien und Zuordnungsmöglichkeiten für das *kon-krete* Textexemplar anbieten wie die altbekannten Modelle zur Sprachtypologie, wie z. B. die mehrstufige, pragmatische Textty-pologie von Gläser (1993)[51] zeigt.

Trotz ihrer genannten Unzulänglichkeiten sind solche Modelle aber eine nützliche Hilfe für die vergleichende Fachtextforschung oder Fachsprachendidaktik. Auf diesem Gebiet sind noch längst nicht alle Möglichkeiten ausgeschöpft, wie die theoretische Be-gründung und Propagierung von sogenannten Minilekten durch M. Nordman (1994)[52] zeigt, unter denen Textsorten des fachexter-nen Bereichs wie Strickanleitungen, Kochrezepte oder Stellenan-gebote verstanden werden, die u. a. durch stark konventionali-sierte Textmuster, gruppenspezifischen und stark restringierten Sprachgebrauch sowie durch die Dominanz deskriptiver oder in-struktiver Sprechhandlungen gekennzeichnet sind.

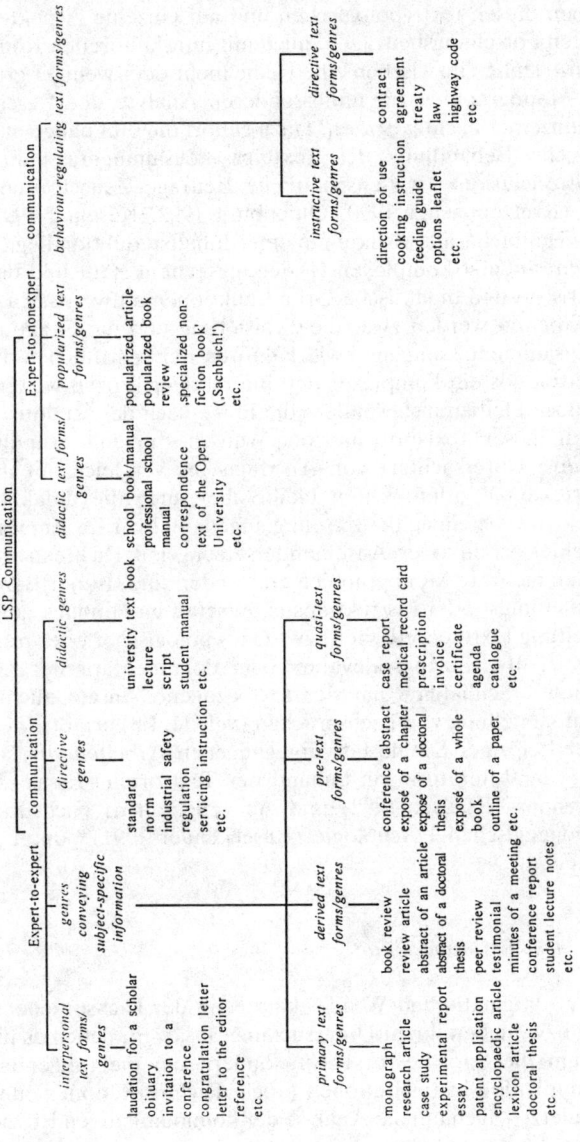

Abb. 3 Mehrstufiges Modell einer pragmatischen LSP-Texttypologie (Gläser 1993)

Neben diesen texttypologischen und auf einzelne Aspekte gerichteten Forschungsbeiträgen, auch mit interkulturellen Komponenten[53], stehen inzwischen eine Reihe mehr oder weniger gründlicher Monographien zur umfassenderen Analyse und Beschreibung einzelner Fachtextsorten. Dazu gehört die dreimalige monographische Behandlung des Texttyps «Zusammenfassung/Abstract/Conclusion» (wissenschaftliche Beiträge/Zeitschriftenaufsätze) (Kretzenbacher 1990, Oldenburg 1992, Keseling 1993)[54], dessen Hauptcharakteristikum in einer Inhaltsreduktion liegt, der in einem äußerst komplexen Beziehungssystem steht und dokumentarische und didaktische Grundfunktionen aufweist. Mit den drei Arbeiten werden zwar die Typisierung und die Funktionen von Zusammenfassungen sowie Faktoren der schriftlichen Textproduktion als ein komplexer und interaktiver Prozeß weiter erhellt, doch bleiben insbesondere die Frage nach der semiotischen Struktur dieser Textsorte und der Wunsch «für eine gründliche *qualitative* Untersuchung von Abstracts im Vergleich mit ihren Primärtexten»[55] offen. Offen bleibt aber auch die didaktische Perspektive, die einzig bei Keseling angedeutet wird[56]. Ein weiteres Gebiet produktiver Auseinandersetzung mit Fachtextsorten, zu denen mehrere Monographien entstanden sind, ist der Bereich der Anleitungs- oder Instruktionstexte, sei es im Hinblick auf die Erarbeitung texttheoretischer bzw. texttypologischer oder praxisbezogener übersetzungsrelevanter oder dokumentarischer Komponenten[57]. Schließlich hat der textbezogene Ansatz auch die Gesamtdarstellung von Fachsprachen (vgl. 11.4.3) erfaßt, wie die aus der Leipziger Schule hervorgegangenen Arbeiten zur Fachsprache der Literaturkritik anhand der Textsorten «Essay» und «Rezension» (Klauser 1992) und zur (englischen) Fachsprache der Pädagogischen Psychologie (Busch-Lauer 1991)[58] unter Beweis stellen.

11.4.2. Diskurs/Interaktion

Mit der ‹Pragmatischen Wende› kam es in der Fachsprachenforschung bzw. neben ihr zu Untersuchungsansätzen, denen es nicht mehr um die Sprache im Fach, sondern um die (allgemeine) Kommunikation in Institutionen (auch: Fachinstitutionen) und – nicht zuletzt – auch um die Analyse der kommunikativen Effizienz sowie der herrschenden Kommunikationsstörungen und -konflikte geht. Sofern sich diese Arbeiten – zumeist auf den fachexternen Bereich beschränkt – überhaupt mit der Fachsprachenliteratur beschäftigen, steht die Kritik eines (angeblich) reduktionistischen Fachsprachenverständnisses im Vordergrund, ohne daß immer die Breite der Fachsprachenforschung, ihre speziellen Aufgabenbereiche und ihre innovativen Ansätze zur Kenntnis genommen werden. Dennoch ist eine Öffnung und Weiterentwicklung der Fachsprachenforschung in Richtung auf eine verstärkt handlungsorientierte und sozial dimensionierte Beschreibung und Analyse *fachlicher* Kommunikationsprozesse, also eine «funktional pragmatische Kommunikationsanalyse»[59] notwendig, um Fachsprachen – als kommunikatives Gebilde einschließlich fach- und berufsbezogenem *Sprechen bzw. Sprachverhalten* in unserer Gesellschaft – ganzheitlich erfassen und beschreiben zu können. Dies erfordert sowohl neue Überlegungen im Hinblick auf Schwerpunktsetzung und Selbstverständnis der Fachsprachenforschung als auch auf so konkrete Fragestellungen wie diejenige J. Engbergs: «Wie analysiert man Gerichtsurteile?»[60]

Analysen und Antworten auf derartige methodische Fragen findet man u. a. in dem in der Reihe «Kommunikation und Institution» erschienenen fachübergreifendem Sammelband *Communication for Specific Purposes* (Grindsted/Wagner 1992) sowie in institutionsbezogenen Sammelbänden zur Gerichtskommunikation, zur Arzt-Patienten-Kommunikation oder zur Bürger-Verwaltungskommunikation[61]. Methodisch wegweisend für die künftige Fachsprachenforschung ist die diskursanalytisch konzipierte, empirisch-induktiv angelegte Arbeit K. Munsbergs[62] zur mündlichen Fachkommunikation in der Chemie, die auf einer sechsstündigen Videoaufzeichnung aus dem Fachbereich Chemie der Universität Bielefeld (1988) beruht und neben einer Vorlesung auch weitere Diskurstypen wie Laborgespräche, Kolloquiumsgespräche und Seminarveranstaltungen umfaßt.

Daneben stehen inzwischen eine Reihe von Monographien, die den funktional-pragmatischen Analyseansatz fachorientiert aufgreifen und auch auf technische Fachgebiete anwenden[63]. Auch in diesen Analysen werden eher jene Aspekte fokussiert, die auf eine – sozial, institutionell und diskursiv – problembehaftete Fach- und Laienkommunikation gerichtet sind. Problemlösungen erfordern dann Kommunikationsberatung und -training, aber auch gesellschaftspolitische Veränderungen oder zumindest ein Umdenken und Verhaltensänderungen der ‹Aktanten› (z. B. im Bereich ‹Gerichtskommunikation›, ‹Ingenieurkommunikation›, ‹Arzt-Patienten-Kommunikation›). Auch wenn diese Veränderungen nicht in allen Fällen kurzfristig und zufriedenstellend gelingen, so werden doch zumindest durch den funktional-pragmatischen Ansatz jene interaktionalen Kommunikationsbarrieren, die in Kap. 3.2 (vor vielen Jahren) schon kritisch angesprochen wurden, empirisch fundierter und deutlicher in das Bewußtsein der betroffenen Personen (Experten *und* Laien) und Instanzen sowie in das gesellschaftliche Bewußtsein gebracht.

11.4.3. Sprachvarietät / Sprachstrukturen

Nach wie vor Interesse finden auch linguistisch orientierte Beschreibungen und Vergleiche einzelner Fachsprachen und fachsprachlicher Strukturen auf der Satz-, Wort- und Lautebene. Sie dienen, neben der linguistischen Dokumentation sprachlicher Differenzierung, u. a. der Fachlexikographie und Terminologiewissenschaft, der Erstellung von Lehr- und Lernmaterialien für die Fachsprachenausbildung und den fachbezogenen Übersetzungsunterricht, der Erarbeitung von Grammatiken oder Fachstilinventaren.

Die breite Anzahl dieser Arbeiten ist methodisch vielfältig – von der strukturellen Deskription bis zu textbezogenen und interdisziplinären, funktional-kommunikativen und pragmatischen Analyse- und Beschreibungsmethoden – und reicht fächerbezogen von der Musik über das «grüne Deutsch» der Ökologiebewegung bis zur Informationstechnologie[64].

Ein Beispiel aus dem Syntaxbereich mit vorwiegend didaktischen Implikationen bietet K. Baakes (1994), ein weiteres A. Stein (1993) mit einer kontrastiven und textsortenbezogenen Corpusuntersuchung. Für die Wortebene sei die Arbeit von S. Jahr (1993) genannt, die Überlegungen zusammenfaßt, wie abstrakte Fachbegriffe mit Blick auf die Organisation des Wissenstransfers beschrieben werden können[65].

Für die Laut- und Graphemebene liegen umfassendere neuere Arbeiten nicht vor, obwohl Kelz (1987)[66] für den phonetischen Bereich «Perspektiven für Fachsprachenforschung und Fachsprachenunterricht» aufgezeigt hat.

11.5. Fachexterne Kommunikation: Informationstransfer und Verständigungsprobleme

Expertenwissen hat quantitativ stark zugenommen und ist komplexer geworden, Spezialisierung und Differenzierung des Wissens sind selbstverständliche Voraussetzungen und Bedingungen arbeitsteiliger, funktionaler Gesellschaften geworden. Damit sind auch der Bedarf an allgemeinverständlichen Darstellungen von Expertenwissen (z. B. Sachbuch, Lexika) und die Anforderungen an den Informationstransfer an den Schnittstellen der Kommunikation von Experten und Laien (z. B. Arzt-Patienten-Kommunikation) erheblich gewachsen. Dem entspricht ein Anwachsen des Marktes für Kommunikationsberatung und -training, deren situations- und handlungsbezogene Forschungsansätze und Methoden eng mit der Diskursanalyse verbunden sind[67]. Hinzugekommen sind auch neue Zielgruppen, etwa mit einer seit 1989 von der ZDF-Redaktion «Kinder und Jugend» in Zusammenarbeit mit der Redaktion «Aktuelles» produzierten Nachrichtensendung («LOGO») für Kinder von 9–13 Jahren.

Gründe für diese Entwicklung sind u. a. (aus gesamtgesellschaftlicher Sicht) die zunehmende Einsicht in die Notwendigkeit des generellen Zugangs zu Expertenwissen als Teil und Voraussetzung demokratischer Willensbildung und Entscheidungsfindung (z. B. Transparenz und Akzeptanz politischer Entscheidungen) sowie (aus wirtschaftlicher Sicht) z. B. veränderte nationale und internationale Rechtsvorschriften im Bereich ‹Produkthaftung› (Verständlichkeit und Zielgruppenadäquatheit technischer Dokumentationen).

Dabei geht es z. B. im Bereich der Arzt-Patienten-Kommunikation, der Kommunikation zwischen Verwaltung und Bürger oder der fachexternen Wirtschaftskommunikation um konkrete Ansprüche und Rechte der Allgemeinheit, die durch die Exklusivität der Fachsprachen beeinträchtigt werden können[68]. Deshalb wird aus verschiedenen Perspektiven zunehmend untersucht, wie sich diese fachexterne Kommunikation gestaltet, wo Kommunikationskonflikte bestehen und wie diese durch verständliche Kommunikations-/Textgestaltung beseitigt und der Informationstransfer optimiert werden können[69]. Dabei gelten zwei Prinzipien, Sachangemessenheit und Zielgruppenadäquanz (Adressatenorientierung), die der Wissensvermittler unter Beachtung der Darstellungsfunktion und der Beziehungs- und Instruktionsfunktion von Vermittlungstexten bzw. -sprache zu berücksichtigen hat. Besondere Schwierigkeiten ergeben sich dabei durch die mögliche Kollision der Darstellungs- und der Instruktionsfunktion, also durch Spannungen zwischen dem Gebot korrekter Sachverhaltsdarstellung und didaktisch begründeter Informationsreduktion und -bearbeitung im Hinblick auf das – tatsächliche oder vermutete – Rezeptionsvermögen der Adressaten[70].

Zu bemerken ist, daß diese Instruktionsfunktion zwar eine didaktische Komponente enthält, fachexterne Kommunikation jedoch sich mit Fachsprachendidaktik nur im Hinblick auf die Erarbeitung von Textstrategien der Verständlichkeit und allgemeine Vermittlungsstrategien verbindet, da Ziel der Kommunikation nicht die Vermittlung von Fachsprache, sondern der – handlungsanleitende – Zugang zu Fachwissen ist.

Daher gelten hier auch andere Gliederungsgesichtspunkte für die Systematisierung dieses Kommunikationsbereichs, die u. a. jene Hauptaspekte der Kommunikation einzubeziehen haben, die Abb. 4 (S. 257) zeigt.

Entscheidend ist also in erster Linie der Zugang zur Fachinformation und die verständliche intralinguale ‹Übersetzung› von Fachtexten, nicht aber die direkte Teilnahme an der Fachkommunikation oder der vorrangige Erwerb fachsprachlicher Kenntnisse. Zu den Kommunikationsformen und Interaktionsbeziehungen, die in den 80er und 90er Jahren eingehender analysiert wurden oder größeres Forschungsinteresse beanspruchen, zählen insbesondere folgende:

- Technische Dokumentation (Betriebs-, Montageanleitung, Gebrauchsanweisung, Schulungsunterlagen usw.)
- Informationssendungen in Hörfunk, Fernsehen (Magazinsendungen wie Wissenschaftsmagazine, Nachrichtensendungen, Wirtschaftsberichterstattung u. a.)
- Presseinformationen (Artikel in Kundenzeitschriften, Wissenschafts-, Wirtschafts- und Sportberichterstattung u. a.)
- Wirtschaftswerbung (Gebrauch und Wirkungen fachsprachlicher Elemente)
- Sachbuch (Vermittlungstypen und -strategien)
- Institutionelle Kommunikation (z. B. Arzt-Patienten-Kommunikation: Krankenvisite, Aufklärungsgespräch usw.; Gerichtskommunikation: Anklage, Urteil, Formular usw.)[71].

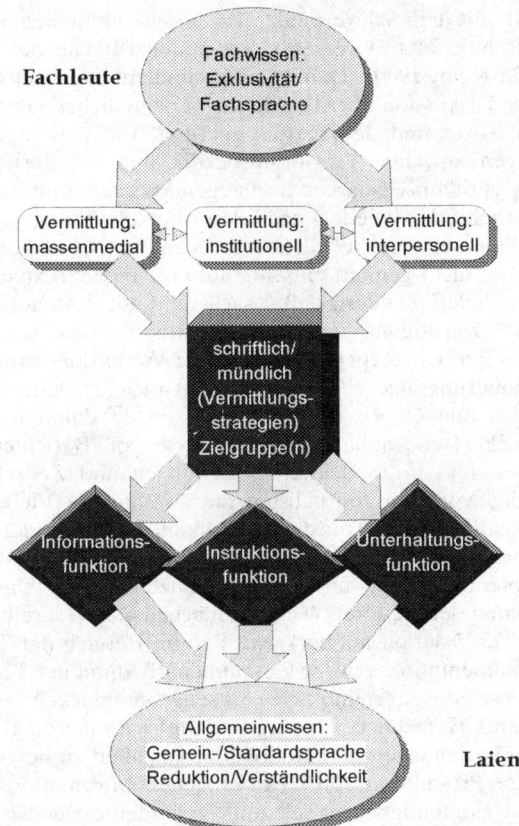

Abb. 4 Wege und Funktionen der Vermittlung von Fachwissen im Bereich fachexterner Kommunikation

Die Komplexität und die besonderen Schwierigkeiten der Vermittlung haben inzwischen dazu geführt, daß für verschiedene Bereiche neue Berufsbilder professioneller Vermittler entstanden sind (z. B. Technischer Redakteur, Wissenschaftsjournalist, Wissenschaftsberater), spezielle Studiengänge und Ausbildungskomponenten für diese Bereiche entwickelt und – vereinzelt – auch neue Lehrstühle eingerichtet wurden (z. B. «Beratung und Verbraucherpolitik mit dem Schwerpunkt ‹Technische Dokumentation›», Fachhochschule Flensburg 1990, Sportpublizistik an der Sporthochschule Köln, 1990). Damit im Zusammenhang steht die anwachsende Diskussion über Fragen der verständlichen Gestaltung fachlicher Texte und der Textoptimierung, wie z. B. nach den Beziehungen zwischen Textsortenspezifik und Wissenstransfer, nach dem Verhältnis zwischen Sachangemessenheit und Adressatengerechtheit oder (wieder) nach der Wechselwirkung zwischen Fach- und Gemeinsprache[72]. Dabei hat sich inzwischen herausgestellt, daß es nicht genügt, einseitig auf eine bloße Textvereinfachung abzuzielen, sondern daß – sach- und adressatenorientiert (unter Berücksichtigung pragmatischer, situationeller, textueller, interkultureller u. ä. Aspekte) – vielfältige Vermittlungsstrategien und Formulierungsansätze (1) genutzt und auch (2) weiterentwickelt werden müssen. In Bezug auf den ersten Punkt hat z. B. M. Sandrock (1987) anhand einer Analyse von Berichten zum «Klitzing»-Effekt in 18 deutschen Zeitungen und Zeitschriften gezeigt, daß von den Journalisten die vorhandene Vielzahl an sprachlich-stilistischen Transfermöglichkeiten nicht oder nicht ausreichend genutzt und das Aufnahmevermögen und Interesse der Rezipienten häufig falsch eingeschätzt wurde[73]. Und zum zweiten Punkt der Weiterentwicklung machen u. a. G. Freibott / K. Grewe (1995)[74] darauf aufmerksam, daß im Bereich der Technischen Dokumentation, etwa in Zusammenarbeit mit der Terminologiewissenschaft, Terminologiewerkzeuge entwickelt werden müssen, um z. B. fachliche Hintergrundinformationen zu Termini, Synonymiebeziehungen und Kollokationsangaben zu liefern, damit bei der Produktion von laienbezogenen Informationstexten noch mehr Eindeutigkeit erzielt und Dokumente zieladäquater, schneller, qualitativ besser und auch kostengünstiger erstellt werden können.

Als erfolgreiches zielgruppenorientiertes Konzept ist in diesem Zusammenhang die ZDF-Nachrichtensendung für Kinder, «LOGO», anzuführen, deren Sprache in den Kommentaren, Nachrichten und Erklärungen

(1) dem Medium und der Zielgruppe angepaßt ist (Dialoge, Verwendung von Jugendsprache) und

(2) im Hinblick auf die Textverständlichkeit gekennzeichnet ist durch einfaches, oft umgangssprachliches Vokabular, den weitgehenden Verzicht auf Fach- und Fremdwörter (vorkommende wer-

den meist erklärt), Herstellung von Redundanz durch Paraphrasierungen sowie durch einen besonders hohen Anteil an synchroner Visualisierung (nur in 7% der Fälle klaffen Bild und Ton auseinander) mit Hilfe von Karten, Zeichnungen, Einblendungen usw., wie das folgende Beispiel (Transkriptauszug zur Sendung vom 8. 7. 1991) zu einem fachlichen Inhalt – Ozon – zeigt:

Hallo, ich begrüße euch bei LOGO.

Also ehrlich gesagt, ich verstehe es nicht so ganz. Kaum ist der Sommer richtig da, zeigt sich von seiner besten Seite – strahlender Sonnenschein, keine Wolke am Himmel –, da fangen die ersten schon wieder an zu stöhnen. Aber nicht nur über große Hitze. Da gibt es zum Beispiel das Ozon. Diesmal reden wir nicht vom Loch in der schützenden Ozonschicht hoch über uns, die ja die gefährlichen UV-Strahlen der Sonne von der Erde abhält, sondern vom Ozon am Boden. Und das ist in großen Mengen schädlich für den Menschen.

So muß ein richtiger Sommer sein: strahlende Sonne und keine Wolken. Doch wenn man genau hinsieht, ist der Himmel nur oben richtig blau. Über der Stadt hängt ein Schleier aus Staub und Abgasen.

Die meisten Abgase stammen von Autos und Lastwagen. Sie enthalten auch Stoffe, die sich bei starker Sonne verändern: Sie reagieren chemisch und werden zu Ozongas. Je mehr Abgase und je mehr Sonne, desto mehr Ozon entsteht. In großen Mengen ist es giftig. Man kann es aber nicht sehen, nicht riechen und nicht schmecken . . . damit man trotzdem weiß, wieviel Ozon in der Luft ist, wird es gemessen.

Große Städte wie Wiesbaden stellen Tafeln mit den Meßergebnissen auf und haben Info-Telefone. Wenn die Ergebnisse über einem bestimmten Wert liegen, können empfindliche Menschen müde und lustlos werden, Kopfschmerzen und sogar Atembeschwerden bekommen [. . .][75]

Diskutiert man dieses Beispiel (als Videosequenz), so stellen sich in diesem Zusammenhang erneut (und immer noch) die wichtigen Fragen nach den Grenzen einer ‹Übersetzung› fachsprachlich dargestellter Sachverhalte in die ‹Umgangssprache›, d. h. nach der möglichen Umsetzung von Fachsprachen in Gemeinsprache, deren Klärung man verstärkt durch eine entsprechende, empirisch abgesicherte Rezeptionsforschung nahekommen könnte[76], sowie die allgemeinere Frage nach dem Wesen, den (objekt-, medien- und rezipientenorientierten) Voraussetzungen und Bedingungen von Textverständlichkeit (d. h. *Leicht-* und auch *Schwer*verständlichkeit), die weder von der Verständlichkeitsforschung noch von anderen Disziplinen bisher befriedigend gelöst werden konnte. Zu diskutieren wäre in diesem Zusammenhang schließlich auch, inwieweit von seiten der Schulen und anderer Bildungsinstitutionen anwendungsbezogene Kenntnisse und Einstellungen zum Zugriff auf Fachinformation vermittelt werden sollen, auf denen eine Wissensvermittlung im fachexternen Bereich später aufbauen könnte.

Die Experten-Laien-Kommunikation kann aber nicht in allen Fällen durch professionelle Vermittler geleistet werden, sondern verlangt zum Teil auch von seiten des Laien die Bereitschaft zur Einarbeitung in fremde, ihn aber interessierende oder gesellschaftlich relevante Zusammenhänge und eine bessere Nutzung des Informationsangebotes, da nicht in allen fachexternen Texten gleichermaßen Fachlichkeit reduziert werden kann oder beständig allgemeinverständliche Erläuterungen zu immer wieder auftauchenden zentralen Fachbegriffen gegeben oder erwartet werden können (z. B. Erläuterungen zum *Bruttosozialprodukt* oder zu Begriffen des politischen Systems in Nachrichtensendungen). Und von den Experten ist zu fordern, daß sie – stärker als bisher – dem Anspruch der (Laien-)Öffentlichkeit nach Teilhabe an der fachlichen Entwicklung von Wissenschaft und Technik durch die Nutzung verständlicher Kommunikationsformen Rechnung tragen und sich um entsprechende Transferqualifikationen bemühen. Die meisten Hochschulabsolventen sind aber auf solche Aufgaben bisher kaum vorbereitet, wie F. Lüschow für naturwissenschaftlich-technische Studiengänge festgestellt und anschließend moniert hat: «Wenn ein Student die Hochschule verläßt, hat er nicht nur keine kommunikativen Fähigkeiten ausgebaut, sondern in aller Regel ist sogar eine vollständige Desensibilisierung in diesem Bereich erworben»[77]. Daher müssen auch von seiten der Fachsprachenforschung – und diese Aufgaben reichen weit in die Zeit nach dem Jahr 2000 hinein – weitere Konzepte zur verständlichen Darstellung und zum Informationstransfer entwickelt werden, um Fachleuten Transferqualifikationen zu vermitteln und interessierten Laien die Aneignung von (Fach-)Wissen zu erleichtern. Eine solche «Beschreibung und Didaktisierung des sprachgebundenen Wissenstransfers»[78] wird nicht ohne Zusammenarbeit mit den Nachbardisziplinen der Angewandten Linguistik gehen, wie Verständlichkeitsforschung oder Publizistik. Ihre praktische Umsetzung und Durchsetzung aber ist letztlich eine Aufgabe von Politik und Gesellschaft, die in einer Realdemokratie auf die allgemeine Verfügbarkeit von (Fach-)Wissen durch sprachliche Vermittlungsprozesse angewiesen sind. Insofern sollte die Unterstützung interdisziplinärer Projekte auf diesem Gebiet weiterhin und verstärkt gefördert und institutionell, etwa durch kombinierte Forschungs- und Ausbildungszentren sowie neue Studiengänge zum Thema ‹Wissenstransfer›, abgesichert werden.

11.6. Zur Didaktik der Fachsprachen

Mehr denn je zuvor besteht heute aufgrund sich rasch vervielfachender Fachinformation sowie beständig wachsender internationaler Austausch- und Kooperationsbeziehungen auf den verschiedensten Gebieten wie Wirtschaft, Wissenschaft und Technik oder Bildungswesen ein insgesamt großer fach- und berufsbezogener Sprach- und damit Ausbildungsbedarf in Mutter- und Fremdsprache[79].

In beiden Fällen ist der Bedarf an fachsprachlicher Unterweisung im Hinblick auf die Sprachkomplexität und den Umgang mit fachbezogenen Texten abgestuft, abhängig von Adressaten, Ausbildungsinstitutionen und inhaltlicher Spezialisierung der Kommunikation[80]; Defizite bestehen hier weiterhin im Hinblick auf eine eingehendere Erforschung der Rolle der Sprache und der mit fachlicher Unterweisung verknüpften Interaktionen im Fachunterricht, wie sie z. B. G. Brünner (1987, 1993)[81] in den Blick gebracht hat, bzw. im Hinblick auf das Verhältnis von Sach- und Sprachunterricht[82], z. B. im bilingualen Sachunterricht[83].

Mit Blick auf die Ausbildungsinhalte und zu vermittelnden Fertigkeiten zeigen neuere Bedarfsanalysen, daß z. B. für den mittelständischen Bereich heute neben einer soliden allgemeinen Sprachfähigkeit jene kommunikativen Fertigkeiten verlangt werden, mit denen mögliche berufliche Handlungsrollen innerhalb und außerhalb des Betriebs erfolgreich übernommen werden können[84]. Damit tritt allmählich an die Stelle weiterer inhaltlicher und fertigkeitsorientierter Auffächerungen in der betrieblichen Kommunikation ein Bedarf an eher integrativ angelegter fachkommunikativer und auch interkultureller Kompetenz. Diese auch für viele andere Bereiche erkennbare Entwicklungstendenz belegen auch die Auswertungen von Stellenanzeigen[85]. Hinzu kommt der Einbezug jener sozial-kulturellen und interaktionalen Kontexte, die dem Sprachunterricht generell veränderte Inhalte und Methoden gebracht haben.

Dies gilt auch für den Bereich der universitären Sprachausbildung, in dem es zunächst um die sprachliche Vorbereitung zur Bewältigung von Fachstudien in einer Fremdsprache geht, wozu die – auch interkulturelle – Vermittlung von Studientechniken und eine breite Kommunikationsfähigkeit notwendig ist, wie z. B. Kenntnis studienrelevanter Kommunikationsverfahren (Definieren, Argumentieren, Zusammenfassen usw.), Mitschrift und Wiedergabe wesentlicher Vorlesungsinhalte, Teilnahme an Fachdiskussionen. Hier hat gerade der fachbezogene universitäre Fremdsprachenunterricht in Europa, aufgrund der politischen Lageveränderungen, einen neuen Stellenwert erhalten und zu neuen Konzeptionen geführt (z. B. in die Fachstudien integrierter und praxisorientierter Fremdsprachenunterricht, Einrichtung von Kombinationsstudiengängen Sachfach/Sprache, Verzahnung von Fachstudium, Sprachausbildung und Auslandspraktika/-studien u. a.)[86]. Solche Ausbildungsmodelle sind aber auch außerhalb Europas gefragt und anzutreffen, genannt seien z. B. der Diplomteilstudiengang «Fachdeutsch Technik» am Sprachenzentrum der Zhejiang-Universität Hangzhou (VR China)[87], der deutschsprachige Studiengang Wirtschaftsingenieurwesen an der Bukarester «Politehnica» (Rumänien)[88] oder der Kombinationsstudiengang «Deutsch/Außenhandel, Wirtschaft» am Deutschen Zentrum der Mongolischen Staatsuniversität Ulan Bator[89].

Als übergeordnetes Ziel derartiger Einbindung von Fachsprachen in Programme fachlicher und sprachlicher Unterweisung, sowohl im muttersprachlichen wie im fremdsprachlichen Bereich, gilt heute die Befähigung zum (interkulturellen) Sprach- und Fachhandeln, d. h. die sprachliche Handlungsfähigkeit in Fächern und Institutionen. Dieses Ziel beinhaltet die sprachliche Aufarbeitung von Fachinformation durch Strukturierung und Einbindung in komplexere Wissenszusammenhänge.

Didaktisch-methodisch basiert Fachsprachenerwerb dabei im wesentlichen auf vier Konzepten mit je verschiedenen Auffassungen von Fach, Fachlichkeit und Fachsprachlichkeit, die sich aber in der Praxis auch teilweise vermischt haben: (1) sprachorientierte

Konzepte, (2) lerner- und fertigkeitsorientierte Konzepte, (3) textorientierte Konzepte, (4) lernorientierte Konzepte[90].

Letztere wurden für den Fachsprachenunterricht erst in den letzten Jahren diskutiert, ausgehend von der spracherwerbstheoretischen Begründung, daß der Lerner verstärkt ins Zentrum des Unterrichts zu rücken habe und daher eigentliches Ziel das Sprachlernen sei[91]. Dies bedingt eine stärkere Autonomie des Lerners und damit eine Verlagerung der Unterrichtsrollen von Lehr- auf Lernstrategien. Dadurch ergeben sich nach E. Klein (1988)[92] als neue Ziele im Fachsprachenunterricht, vor allem wenn es um problemlösungsbezogene Fachkommunikation geht, u. a.

(a) die Entwicklung zur Bereitschaft der Übernahme von Selbstverantwortung (d. h. intensiveres Sprachenlernen) und

(b) der Auf- und Ausbau der Fähigkeit und Bereitschaft zu kooperativen sozialen Beziehungen (verstärkte soziale Interaktion, Abbau von Kommunikationsbarrieren).

Festzuhalten bleibt die Gültigkeit einer Lernzielbindung an zugrundeliegende, aber nicht immer offengelegte pädagogische und linguistische Konzepte und damit auch an die Auswahl bestimmter Ausschnitte aus der Fachkommunikation. Für jede Kursplanung und Erstellung ist dabei vor allem zu bedenken, daß fachbezogene Sprachausbildung stets eine ausbildungsfach- oder berufsbezogene Qualifizierung bzw. Zusatzqualifikation bedeutet (mit neugeschaffenen und inzwischen etablierten Zertifikaten wie «Deutsch für den Beruf», «Wirtschaftsdeutsch international» [Goethe-Institut], Hochschulzertifikat «Fachsprache» [KMK-Zertifikat]) und daher ein entsprechend funktionales Unterrichtsmaterial auszuwählen ist.

Dies führt in der Praxis zu teilweise sehr spezifischen Kurszielen, etwa der Entwicklung einer speziellen Lesefähigkeit oder dem Aufbau einer speziellen Hörfähigkeit[93]. In der fachlich motivierten Ausdifferenzierung dieser Lehr-/Lernziele wie in ihrer extremen Konzentration und Beschränkung zeigt sich wiederum jenes Bündel von Widersprüchen, die für die aktuelle wie künftige fachsprachliche Vermittlung und somit auch für die Lernzielbestimmung relevant sind, wie insbesondere *Fachkompetenz* vs. *Sprachkompetenz, muttersprachliche* vs. *fremdsprachliche Kompetenz, Theorie* vs. *Praxis, Differenzierung* vs. *Integration, Terminologie* vs. *Fachtext, schul-, studienorientiert* vs. *berufsorientiert, fachintern* vs. *fachübergreifend / interdisziplinär*. Dies erfordert von seiten der

Forschung die Bereitstellung von Fachtextcorpora und dann die Überprüfung der Einzeltexte z. B. nach der Eignung für eine bestimmte Lernstufe, bestimmte Ausgangssprachen und -kulturen sowie ggf. bestimmte Zusammensetzungen einer Lerngruppe (fachlich-sprachlich homogen/heterogen, wie dies im Darmstädter Projekt einer Textdatenbank für die fachsprachliche Ausbildung, inzwischen mit den Fächern Maschinenbau, Elektrotechnik, Wirtschaft und [in Arbeit] Architektur[94], und dem Jenaer Projekt[95] einer wirtschaftlich orientierten Sprach-/Textdatenbank unternommen wird). Für die Entwicklung angemessener Lehrmittel und -materialien muß die Fachsprachenforschung aber auch darüber hinaus beständig weitere Vorarbeiten liefern, durch Analysen und Beschreibungen von schriftlichen wie mündlichen Fachtexten in ihrer kommunikationsspezifischen Funktion und Situation sowie in ihrer Verwendung sprachlicher und textueller Mittel. Auch dazu liegen inzwischen Erfahrungen und Ergebnisse aus interdisziplinären Forschungsprojekten und Einzelanalysen vor[96], die nun der didaktischen Auswertung zur Verfügung stehen.

Lag der Ausbildungsschwerpunkt im fachbezogenen Fremdsprachenunterricht in den 80er Jahren teilweise immer noch auf den naturwissenschaftlich-technischen Fachsprachen, so haben inzwischen andere Bereiche wie Wirtschaft, Jura, Sozial- und Kulturwissenschaften und praktische Berufsausbildung (z. B. Hoteldeutsch, Englisch für Krankenschwestern) an Bedeutung gewonnen[97] und so wieder einer größeren Zahl von Sprachen in anwendungsbezogenen Vermittlungssituationen neue, wenn auch begrenzte fachliche Geltung geschaffen.

Zur Fachsprachenvermittlung hinzu kommt mit der wachsenden Bedeutung von Fachübersetzungen der verstärkte Einbezug fachsprachlicher Strukturen und Aspekte, z. B. die Behandlung von Textsortenkonventionen sowie von Sprachnormungs- und Terminologieprinzipien, in die Übersetzerausbildung[98] sowie – mit wachsendem internationalem Normungsbewußtsein und Normungsbestreben – in die inzwischen in Sprachmittler- und Sprachdatenverarbeitungs-Ausbildungsprogramme integrierte Terminologieausbildung[99]. Hier zeichnen sich außerdem durch die Nutzung des Computers im Übersetzungsprozeß neue Ausbildungsinhalte und -methoden ab[100].

Die Vielzahl der Berufssituationen und Fächer, Adressaten, Spezialisierungsgrade und Ziel-/Vermittlungssprachen schafft eine solche Fülle divergenter Unterrichtskonstellationen, daß typologische Abgrenzungen nach wie vor schwierig und letztlich, da sie nicht alle Faktoren konkreter Bedingungsgefüge des Unterrichts berücksichtigen können, wenig hilfreich sind. Statt dessen sei die schematische Darstellung jener Antinomien angeführt, die nach Fluck (1992)[101] eine bedarfsorientierte Fachsprachenvermittlung kennzeichnen:

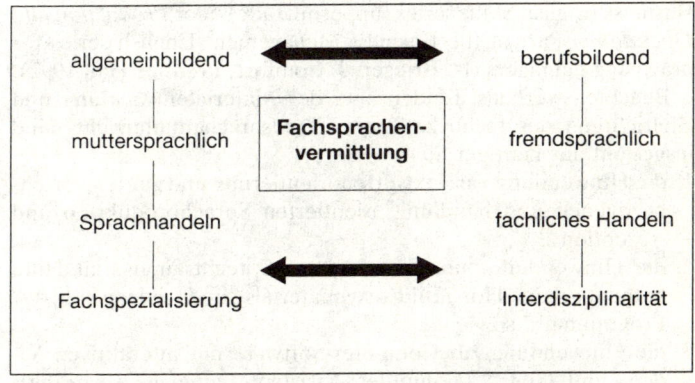

Abb. 5 Faktoren bedarfsorientierter Fachsprachenvermittlung

In den praxisbezogenen Kontexten des fachsprachlichen Unterrichts ergeben sich daraus konkrete, adressaten- und fächerbezogene Vermittlungstypen, die sich in der weiter zunehmenden Diversifikation der Kurse und Lehrmaterialien niederschlagen, von *Business German Right from the Start* (L. Armaleo-Popper/ H. Braun, München 1985) über berufliche Gesprächsführung wie in *Deutsch im Hotel* (P. Barberis/E. Bruno, Ismaning 1987), Lesekurse wie die Reihe *Bausteine Fachdeutsch für Wissenschaft* (G. Fuhr, Heidelberg 1989ff.) bis zur *Wirtschafts- und Sozialkunde für den fachsprachlichen Unterricht für ausländische Jugendliche* (M. Felke-Sargut u. a., Dortmund 1991) und zur *Fachsprache Metalltechnik für Aussiedler* (L. Kieslich, Dortmund 1990) oder Kursmaterialien für den Sach- und Fachunterricht an den Universi-

265

täten und Fachhochschulen (*Deutsche Sachtexte für die Mittelstufe – Fachtexte für die Oberstufe*, Troisdorf 1986 ff.) und Arbeitsmaterialien für die Kombination von Fach- und Sprachunterricht an deutschen Auslandsschulen.

Hochdifferenziert ist in den europäischen Sprachen insbesondere das Angebot an wirtschaftsbezogenen Kursmaterialien, insbesondere für Wirtschaftsenglisch: Neben *BBC Business English*, a Self-study pack for business people at postintermediate level (R. Owen, BBC 1992), stehen u. a. *English for Banking*, Practice in letter writing for standard banking transactions (F. Radice, Macmillan 1992), *Giving Presentations*, Addition to the Longman Business English Skills series (upper-int/adv) oder *Production and Operations*, Part of the Business Management English series for practising managers (N. Brieger, J. Comfort, Prentice Hall 1992).

Beachtenswert als Tendenz bei der Materialentwicklung und Zielrichtung des fachbezogenen Fremdsprachenunterrichts sind insgesamt aus heutiger Sicht

1. die Hinwendung zur Textsortenorientierung und zur textsortenbezogenen und handlungsorientierten Sprachproduktion und -rezeption[102]

2. die Hinwendung zum Sprach- bzw. Sprechtraining mit Hilfe authentischen Hör-/Bild(text)materials und videogestützter Programme[103] sowie

3. die Hinwendung zur Computer-Software mit interaktiven Video- und CALL (Computer Assistent Language Learning)-Programmen, wie sie z. B. von den Carl-Duisberg-Centren (CDC) entwickelt werden[104].

Abschließend noch erwähnt sei die Ausbildung der Ausbilder, die u. a. in Form spezieller Trainings-, Ausbildungsprogramme und Fortbildungsveranstaltungen von den verschiedensten – staatlichen und kommerziellen – Institutionen durchgeführt wird (z. B. *British Council, Goethe-Institut, Carl Duisberg Centren, Institut für Interkulturelle Kommunikation* [Düsseldorf] sowie an zahlreichen privaten und universitären Sprachenzentren). Teilweise ist diese Ausbildung von Fachsprachenlehrern auch in bestehende Studiengänge ansatzweise oder partiell integriert, wie z. B. universitäre DaF-Curricula zeigen[105]. In diesen Zusammenhang gehört auch der in 11.1 bereits erwähnte, 1993 eingerichtete Magisteraufbaustudiengang «Deutsche Fachsprache und ihre Vermittlung» (TH Darmstadt), der Absolventen nichtphilologischer Fächer in einer zweijährigen Ausbildungsphase die Möglichkeit eröffnet, auf den Gebieten der Fachsprachenforschung und Fachsprachendidaktik wissenschaftlich und praktisch zu arbeiten.

Für die Hand des Lehrers wie für den Didaktiker liegen dazu inzwischen einige weitere Einführungen und Beschreibungen der Arbeitsfelder in Monographien, Sammelbänden, Handbüchern und Themenheften verschiedener Zeitschriften bereit oder sind in Planung[106]. Ein ergänzendes Verzeichnis relevanter Fachliteratur sowie ein umfassendes Lehrmaterialienverzeichnis, die beide regelmäßig aktualisiert werden sollen, enthält die DaF-Datenbank des Goethe-Instituts[107].

11.7. Perspektiven – ‹alte› und ‹neue›

Unsere Welt ist gekennzeichnet durch einen raschen technologischen Wandel sowie soziale und wirtschaftliche Veränderungen, die mit einem globalen Austausch – an Wissen und Informationen, an Wirtschafts- und Dienstleistungen, an kultureller Bildung, an Ergebnissen von Wissenschaft und Technik, an sozialen Errungenschaften und Kenntnissen – einhergehen. Dieser Austausch ist ohne die Vermittlung durch Sprache und das Mittel fachsprachlicher Kommunikation nicht denkbar, so daß fachsprachliche, auch fachsprachliche interkulturelle Kommunikation immer mehr an Bedeutung gewinnt.

Fachkommunikative Aufgaben stellen sich dabei u. a. nach wie vor in der internationalen wissenschaftlich-technischen, wirtschaftlichen und sozialen Kommunikation, so daß der Bedarf an Experten mit fachsprachenbezogenen kommunikativen Fertigkeiten, Mittlern mit Fachsprachenkenntnissen und Fachleuten für fachsprachliche Unterweisung weiter ansteigt. Um die dadurch anstehenden Aufgaben und Probleme zu lösen, ist Fachsprachenforschung im weitesten Sinne notwendig, um die für die Optimierung der Kommunikation erforderlichen Voraussetzungen zu schaffen, d. h. insbesondere Mittel zur Effektivierung des Wissenstransfers bereitzustellen, Lösungen für fachbezogene Kommunikationskonflikte zu erarbeiten und fachorientierte Kommunikationsberatung und -trainingseinheiten mit Hilfe entsprechend ausgebildeter Lehrkräfte anzubieten.

Fachsprache ist aber nicht nur Mittel der internationalen Zusammenarbeit, sondern auch ein wichtiges Kommunikationsmittel im nationalen bzw. einzelsprachlichen Rahmen. Daher muß sich das Interesse an Fachkommunikation weiterhin auch auf den Gebrauch der Sprache in einzelnen Kommunikationsgesellschaften richten, also etwa auf chinesische, englische oder französische und deutsche Fachsprachen. Denn ohne Kenntnis der Strukturen und soziokulturellen Hintergründe der Einzelsprachen, ist der kontrastive oder kontrastierende Ansatz nicht praktikabel, fehlt die Basis für übersetzungsbezogene Arbeiten oder die Ausbildung fachbezogener Sprachkompetenz in zwei oder mehr Sprachen, wie sie durch die zunehmende Zusammenarbeit in Europa, aber auch außerhalb, immer notwendiger wird.

Das muß aber für die Fachsprachenforschung nicht unbedingt immer stärkere Diversifikation der Aktivitäten bedeuten, sondern erfordert auch die (Rück-)Besinnung auf zentrale Grundfragen (wie z. B. nach der intra- und extralingualen Übersetzungsproblematik von Fachtexten oder nach dem Verhältnis von Fach- und Sprachunterricht, nach der Herausbildung von Fachsprachen) sowie die Konzentration auf gesellschaftlich relevante Arbeitsfelder wie Erfassung, Darstellung und Dokumentation fachlicher Wissensbestände, interaktiver Kommunikationsprozesse beim Fachdiskurs im fachinternen und -externen Bereich, fachsprachlicher Strukturen (etwa im Hinblick auf eine Fachsprachen-Grammatik und die Erarbeitung von Grundlagen mit Blick auf die [adressaten- und kulturspezifische] Translation und Vermittlung von Fachsprachen, die beide wiederum intensive Sprach-/Text-/Kommunikationsanalysen voraussetzen).

Die Anwendungsorientierung der Fachsprachenperspektive darf daher nicht verabsolutiert oder zu eng gesehen werden. Vielmehr gilt heute aufgrund der zunehmenden Spezialisierung mehr denn je, daß Forschungs- und Vermittlungsansätze interdisziplinär und integrativ sowie projektorientiert und sprachübergreifend zu gestalten sind. Nur so können neue Inhalte und neue Orientierungsmarken für die Fachsprachenforschung und -lehre erarbeitet werden, wie z. B.

- Aufbau von Fachtextcorpora, Dokumentations- und Informationssystemen
- Beschreibung fachlicher Anwendungssituationen in sozialem Kontext, Mithilfe bei der Sozialisation der Fachinformation
- weitere anwendungsbezogene Analysen von Text- und Hand-

lungsbereichen wie Industriekommunikation, internationale Wirtschaftskommunikation

- Grundfragen der Zusammenhänge zwischen Wissen, Fach und Sprache
- Nutzung neuer Technologien, z. B. für die Entwicklung integrierter Lehr-/Lernsysteme

Berührt werden damit immer wieder die zentralen Bereiche Wissenserwerb, Wissensorganisation und Wissenstransfer, auf die sich gerade in unseren hochmodernen und global ausgerichteten Industriegesellschaften schriftliche wie mündliche Fachkommunikation beziehen. Diese weiter gründlich zu analysieren und zu optimieren bleibt Aufgabe einer Fachsprachenforschung, die bei ihrer integrativ-kooperativen Arbeit als Bezugsrahmen die Fachwelten und -diskurse als Teil *einer* Welt, eigentlich *einer* Sprachwelt (deren Auffächerung im Rahmen einer Varietätenlinguistik zwar immer fortschreitet, sich aber doch nach ihrer gesamtgesellschaftlichen Bedeutung auf wenige Kommunikationsformen, und eine der wichtigsten davon ist die Fachkommunikation, eingrenzen läßt) sehen muß, wenn sie ihrem interaktionalen und interkulturellen Anspruch genügen will, der auf Konfliktvermeidung und Bereitstellung von Problemlösungen, etwa am Verhandlungstisch, abzielt. Dabei zeigt sich, daß mehrsprachige Kommunikation (sowohl intra- wie intersprachliche) auf das gemeinsprachliche System und seine kulturspezifischen Diskursmuster zurückgreift und unter diesem Aspekt das generelle Verhältnis von Fach- und Gemeinsprache neu zu bestimmen ist, wobei im Mittelpunkt nicht mehr die Abgrenzung, also das Trennende steht, sondern das Verbindende und die Schnittstellen an Interesse gewinnen. Gerade in diesen Bereichen der Übergänge und der Umsetzung von Fachsprache in Gemeinsprache liegen Aufgaben, die für Forschungen in einer demokratischen Gesellschaft immer aktueller und dringender werden. Denn ein funktionierendes gesellschaftliches Miteinander ist letztlich nur möglich und hat Bestand, wenn es gelingt, fachbezogene Kommunikationsbarrieren weiter abzubauen und gesellschaftsrelevante Fachinformationen an die (jeweiligen) Nichtfachleute (sprachlich) zu vermitteln.

1 So der Titel eines orientierenden Aufsatzes von Hartwig Kalverkämper: Vom Terminus zum Text. In: Sprissler, Manfred (Hrsg.): Standpunkte der Fachsprachenforschung. Tübingen 1987 (forum Angewandte Linguistik; 11), 39–78.

2 Vgl. u. a. Jakobs, Eva-Maria/Knorr, Dagmar/Molitor-Lübbert, Sylvie (Hrsg.): Wissenschaftliche Textproduktion. Mit und ohne Computer. Frankfurt/M. [u. a.]: Lang 1995.

3 Darauf deuten u. a. die zunehmende Zahl an Veranstaltungen zur «World Business Communication», die anhaltende Produktionssteigerung wirtschaftssprachlicher Lehrwerke sowie zahlreiche Veröffentlichungen, z. B. Müller, B.-D. (Hrsg.): Interkulturelle Wirtschaftskommunikation. 2. überarb. u. erw. Auflage. München: iudicium 1993.

4 In diese Richtung zielen z. B. die Plädoyers von Fluck, Hans-R.: Didaktik der Fachsprachen. Aufgaben und Arbeitsfelder, Konzepte und Perspektiven im Sprachbereich Deutsch. Tübingen: Narr 1992 (FFF; 16), 99 ff., und Spillner, Bernd: Sprachbezogener Wissenstransfer als Herausforderung an die Angewandte Linguistik. In: Bernd Spillner, Fachkommunikation. Frankfurt a. M. [u. a.]: Lang 1994, 91–96.

5 Bungarten, Theo (Hrsg.): Fachsprachentheorie. Bd. 1. Fachsprachliche Terminologie, Begriffs- und Sachsysteme, Methodologie; Fachsprachentheorie. Bd. 2. Konzeptionen und theoretische Richtungen. Tostedt: Attikon-Verlag 1993.

6 Brünner, Gisela: Mündliche Kommunikation in Fach und Beruf. In: Theo Bungarten (Hrsg.), Fachsprachentheorie. Bd. 2, Tostedt: Attikon 1993, 730–771.

7 S. u. a. Felber, Helmut/Budin, Gerhard: Terminologie in Theorie und Praxis. Tübingen: Narr 1989 (FFF; 9), und Budin, Gerhard: Terminologie und Fachkommunikation. In Bungarten, a.a.O., Bd. 2, 64–84.

8 Gerhard Tschauder: Fach- und Gemeinsprache als Makrotexte (155–188), Hartmut Schröder, Interkulturelle Fachkommunikationsforschung (517 ff.) [Bungarten, a.a.O., Bd. 1], Roland Harweg, Narrative Fachsprache (848–889) [Bungarten, a.a.O., Bd. 2].

9 Zu derartigen immer wieder aufkommenden Definitions- und Abgrenzungsversuchen vgl. u. a. Bolten, Jürgen: ‹Fachsprache› oder ‹Sprachbereich›? Empirisch-pragmatische Grundlagen zur Beschreibung der deutschen Wirtschafts-, Medizin- und Rechtssprache. In: Theo Bungarten (Hrsg.), Beiträge zur Fachsprachenforschung. Sprache in Wissenschaft und Technik, Wirtschaft und Rechtswesen. Tostedt: Attikon-Verlag 1992 (Hamburger Arbeiten zur Fachsprachenforschung; 1), 57–72.

10 Kretzenbacher, Heinz L.: Wissenschaftssprache. Heidelberg: Groos 1992 (Studienbibliographien Sprachwissenschaft; 5), S. 1. Vgl. zu der Neubelebung dieser Sprach(re)konstruktion auch die Beiträge in Kretzenbacher, Heinz L./Weinrich, Harald (Hrsg.): Linguistik der Wissenschaftssprache. Berlin, New York: de Gruyter 1995 (Akademie der Wissenschaften zu Berlin. Forschungsbericht 10).

11 Z. B. Clyne, Michael: The Sociocultural Dimension: The Dilemma of the German-speaking Scholar. In: Hartmut Schröder (Hrsg.), Subject-oriented Texts. Berlin, New York: de Gruyter 1991, 49–67, sowie ders.: Pragmatik, Textstruktur und kulturelle Werte. Eine interkulturelle Perspektive. In: Hartmut Schröder (Hrsg.), Fachtextpragmatik. Tübingen: Narr 1993 (FFF; 19), 3–18.

12 Vgl. den praxisorientierten Band für die journalistische Ausbildung von Ruß-Mohl, Stephan (Hrsg.): Wissenschaftsjournalismus. Ein Handbuch für Ausbildung und Praxis. München 2. Aufl. 1987.

13 S. dazu Bergenholtz, Henning/Engberg, Jan: Schwerpunkte der neueren Fachsprachenforschung in Dänemark. In: Fachsprache 17. 1995, 1–2, 55–62.

14 Schröder, Hartmut (Hrsg.): Fachtextpragmatik. Tübingen: Narr 1993 (FFF; 19), IX.

15 Vgl. die Institutsdokumentation von Schaeder, Burkhard (Hrsg.): Siegener Institut für Sprachen im Beruf (SISIB). Fachsprachen und Fachkommunikation in Forschung, Lehre und beruflicher Praxis. Essen: Die Blaue Eule 1994 (Siegener Studien; 54).

16 Vgl. dazu u. a. Steinmüller, Ulrich: Deutsch als Fremdsprache im Ingenieurstudium. In: Zielsprache Deutsch 26. 1995, 3, 143–147, und Hoberg, Rudolf: Probleme bei der Erstellung fachsprachlicher Textdatenbanken für Deutsch als Fremdsprache. In: Technik und Sprache in Literatur, hrsg. von Rudolf Hoberg. Darmstadt: THD 1994, 333–348.

17 Hoffmann, Lothar: Fachsprachenlinguistik zwischen Praxisdruck und Theoriebedarf. In: Deutsch als Fremdsprache 28. 1991, 3, 131–140, hier S. 134 ff.

18 Zur Zeit in Vorbereitung, geplanter Erscheinungstermin 1997/98.

19 Z. B. der thematisch an der Schnittstelle von Fach- und Sondersprachen liegende Sammelband Die Jägerey im 18. Jahrhundert. Colloquium der Arbeitsstelle 18. Jahrhundert, Bergische Universität, Gesamthochschule Wuppertal. Pommersfelden vom 29. Mai bis 1. Juni 1988. Heidelberg: Carl Winter 1991 (Beiträge zur Geschichte der Literatur und Kunst des 18. Jahrhunderts; 11).

20 Patocka, Franz: Das österreichische Salzwesen. Eine Untersuchung zur historischen Terminologie. Wien, Köln, Graz: Böhlau 1987 (Schriften z. dt. Sprache in Österreich; 15); Schlieben-Lange, Brigitte (Hrsg.): Fachgespräche in Aufklärung und Revolution. Tübingen:

Niemeyer 1989 (Konzepte der Sprach- und Literaturwissenschaft; 47); Haage, Bernhard Dietrich: Wissenstradierende und gesellschaftliche Konstituenten mittelalterlicher deutscher Fachsprache. In: Bungarten, Fachsprachentheorie 1, a.a.O., 228–268.

21 Ylönen, Sabine (Hrsg.): Diachrone Fachsprachenforschung/Diachronic LSP-Research. Finlance. A Finnish Journal of Applied Linguistics 12/1993; – darin auch Hahn, W. von: Kritische Aspekte zur diachronen Fachsprachenforschung, 9–17.

22 Kalverkämper, Hartwig: Diachrone Fachsprachenforschung – Plädoyer für eine Öffnung in neue Perspektiven. In: Bernd Spillner (Hrsg.), Fachkommunikation. Frankfurt a. M. [u. a.]: Lang 1994 (forum Angewandte Linguistik; 27), 15–31, hier S. 21.

23 Vgl. die Beiträge Weinrichs in: Zwei Referate eines Kolloquiums. Hrsg. von der Arbeitsgruppe «Wissenschaftssprache» (Akademie der Wissenschaften zu Berlin [West]. Hrsg.: Harald Weinrich, Berlin 1992, und Kretzenbacher, Heinz L./Weinrich, Harald (Hrsg.): Linguistik der Wissenschaftssprache. Berlin, New York: de Gruyter 1995 (Akademie der Wissenschaften zu Berlin. Forschungsbericht 10). – Für die weiter angeführten Analysen stehen exemplarisch die fachsprachenhistorischen von D. Krüger, G. Hassler und R. Baum in: Albrecht, Jörn/Baum, Richard (Hrsg.), Fachsprache und Terminologie in Geschichte und Gegenwart. Tübingen: Narr 1992, sowie Pörksen, Uwe: Deutsche Naturwissenschaftssprachen und kritische Studien. Tübingen 1986 (FFF; 2); Pörksen, Uwe: Wissenschaftssprache und Sprachkritik. Untersuchungen zu Geschichte und Gegenwart. Tübingen: Narr 1994 (FFF; 22); Menzel, Wolfgang W.: Vernakuläre Wissenschaft. Christian Wolff's Bedeutung für die Herausbildung und Durchsetzung des Deutschen als Wissenschaftssprache. Tübingen: Niemeyer 1996 (Reihe Germanistische Linguistik; 166).

24 Kühn, H. A.: Die Veränderung der Fachsprache des Schriftsetzers durch den Einfluß der elektronischen Datenverarbeitung. Trier 1988, 13 f.

25 Vgl. dazu die Entwicklungschronologie in den Arbeiten von Kühn, a.a.O., sowie Klenz, Heinrich: Die deutsche Druckersprache. Scheltenwörterbuch. Neudruck mit einem Nachwort und einer Bibliographie von Heidrun Kämper-Jensen. Berlin, New York: de Gruyter 1991; Dröge, Kurt: Die Fachsprache des Buchdrucks im 19. Jahrhundert. Lemgo 1978; Fluck, Hans-R.: Aspekte der Entstehung und Entwicklung der modernen wissenschaftlich-technischen Fachsprachen (19./20. Jh.) und ihres Einflusses auf die Gemeinsprache. In: Der Deutschunterricht 41. 1989, 5, 56–75: Brand, Kaspar: Gänsefüßchen und Elefantenrüssel. Zur Metaphorik in der Fachsprache des Schriftsetzer. In: Fachsprache 17. 1995, 1–2, 2–16.

26 Schirmer, Alfred: Wörterbuch der deutschen Kaufmannssprache auf

geschichtlichen Grundlagen. Neudruck der Ausgabe Straßburg: Trübner 1911, mit einem Nachwort von Dieter Möhn. Berlin, New York: de Gruyter 1991; Klenz (Anm. 25); Das 1. Rechenbuch von Adam Ries. Nachdr. d. 2. Aufl., Erfurt 1525, mit einer Kurzbiographie, einer Inhaltsanalyse, bibliographischen Angaben, einer Übersicht über die Fachsprache und einem metrologischen Anhang von S. Deschauer. München 1992; Das 2. Rechenbuch von Adam Ries. Nachdr. d. Erstausgabe, Erfurt 1522, mit einer Kurzbiographie, bibliographischen Angaben und einer Übersicht über die Fachsprache von S. Deschauer. München 1991.

27 S. z. B. Dressler, Stephan/Schaeder, Burkhard (Hrsg.): Wörterbücher der Medizin. Beiträge zur Fachlexikographie. Tübingen: Niemeyer 1994 (Lexicographica. Series Maior; 55); Klein, Wolf-Peter: Projektvorstellung: Eine sprachhistorische Bibliographie naturwissenschaftlicher Fachlexika. In: Fachsprache 15. 1993, 3–4, 126–138.

28 Vgl. z. B. den Begleitkatalog zur Ausstellung: 450 Jahre Copernicus «De revolutionibus». Astronomische und mathematische Bücher aus Schweinfurter Bibliotheken. Ausstellung des Stadtarchivs Schweinfurt in Zusammenarbeit mit der Bibliothek Otto Schäfer (21. November 1993 – 19. Juni 1994). Schweinfurt 1993 (Veröffentlichungen des Stadtarchivs Schweinfurt; 9), und Martin, J.: Die «Ulmer Wundarznei». Einleitung – Text – Glossar zu einem Denkmal deutscher Fachprosa des 15. Jahrhunderts. Würzburg 1991.

29 Patocka, a.a.O. (Anm. 20).

30 ISO 1087: Terminology-Vocabulary. 1990 bietet folgende Terminologie-Definition:
TERMINOLOGY SCIENCE: the scientific study of the concepts and terms found in special languages.
Note:
1. This includes theories of
concepts
systems of concepts
representation of concepts by means of definitions and designations
term formation
phraseological aspects of terminological and terminographical work
a systematic approach to one or more terminologies
2. For practical, educational and research purposes it has proved helpful to distinguish between
a) the general theory of terminology, i.e. any theory in terminology science which covers only more than one subject field or more than one language;
b) the special theory of terminology, i.e. any theory in terminology science which covers only one subject field in one language.

31 Zu Differenzierungen und zum aktuellen Stand s. den Artikel von

Picht, H.: «Terminologieausbildung». In: HSK-Handbuch «Fachsprachen» (in Vorbereitung).

32 Picht, Herbert: Terminologie – Ein trans- und interdisziplinäres Wissensgebiet. Die Entwicklung nach Eugen Wüster. In: Fachsprache 15. 1993, 1–2, 2–18.

33 Vgl. u. a. Wright, S. E./Budin, G. (eds.): Handbook of Terminology Management. Amsterdam: Benjamins 1994, sowie Schmitz, Klaus-Dirk: Verarbeitung fachsprachlichen Wissens in Terminologieverwaltungssystemen. In: Bernd Spillner (Hrsg.), Fachkommunikation. Frankfurt a. M. [u. a.]: Lang 1994 (forum Angewandte Linguistik; 27), 45–55.

34 Budin, Gerhard: Wissensorganisation und Terminologie. Zur Komplexität und Dynamik wissenschaftlicher Informations- und Kommunikationsprozesse. Tübingen: Narr 1996 (FFF; 28).

35 Picht (1993), a.a.O., 14.

36 Vgl. zu dieser Thematik u. a. H. E. Wiegand: Was eigentlich ist Fachlexikographie? In: H. H. Munske u. a. (Hrsg.), Deutscher Wortschatz. Lexikologische Studien. Ludwig Erich Schmitt zum 80. Geburtstag von seinen Marburger Schülern. Berlin, New York: de Gruyter 1988, 729–790.

37 In diesem Sinne etwa Bergenholtz, Henning/Engberg, Jan: Schwerpunkte der neueren Fachsprachenforschung in Dänemark: In: Fachsprache 17. 1995, 1–2, 55–62, hier 57 f.

38 Z. B. das Siegener Kolloquium «Das Fachwörterbuch» 1992, vgl. Schaeder, Burkhard (Hrsg.): Fachsprachen und Fachkommunikation in Forschung, Lehre und beruflicher Praxis. Essen: Die Blaue Eule 1994 (Siegener Studien; 54); Schaeder, Burkhard/Bergenholtz, Henning (Hrsg.): Fachlexikographie. Fachwissen und seine Repräsentation in Wörterbüchern. Tübingen: Narr 1994. – Zu Medizinwörterbüchern s. Dressler/Schaeder, a.a.O., zum bilingualen Wörterbuch Nielsen, Sandro: The bilingual LSP Dictionary. Principles and Practice for Legal Language. Tübingen: Narr 1994 (FFF; 24) und zur allgemeinen Lexikographie den HSK-Band «Wörterbücher. Dictionaries. Dictionnaires. Ein internationales Handbuch zur Lexikographie», hrsg. von Franz Josef Hausmann, Oskar Reichman, Herbert Ernst Wiegand. Ladislav Zgusta. 3 Teilbde., Berlin, New York: de Gruyter 1989–1991.

39 In: Hausmann u. a. (Anm. 38), a.a.O., 2. Bd. 1990, S. 2207.

40 Vgl. zu einigen Aspekten dieser Desiderate u. a. Schneider, Franz: Semantische Vernetzung als konstitutives Prinzip der Makrostruktur eines aktiven Kontextfachwörterbuchs (Wirtschaftssprache). In: Fachsprache 16. 1994, 3–4, 116–129; Wendt, Susanne: Thesaurus und Text – ein neuer Weg in der Fachsprachenforschung. In: Fachsprache 15. 1993, 3–4, 117–126; Paulsfeld, Iris/Werthebach, Marion: Die

Wissensbasis Internationale Projektierung im Überblick: zum praktischen Aufbau einer Terminologiedatenbank. In: Schaeder (1994),
a.a.O., 109–124; Klein (1993), a.a.O., sowie Bergenholtz, Henning:
Zehn Thesen zur Fachlexikographie. In: Schaeder, B./Bergenholtz,
H. (1994), a.a.O., 43–56.

41 Vgl. u.a. Kalverkämper, Hartwig: Fachsprachen-Forschung – ein
Überblick. In: Bernd Spillner (Hrsg.), Perspektiven der Angewandten
Linguistik. Arbeitsfelder. Kongreßbeiträge zur 16. Jahrestagung der
Gesellschaft für Angewandte Linguistik, GAL e.V. Tübingen: Narr
1987, 95–99. Kalverkämper, Hartwig: Vom Terminus zum Text. In:
Wolfgang Sprissler (Hrsg.), Standpunkte der Fachsprachenforschung.
Tübingen: Narr 1987 (forum Angewandte Linguistik; 11), 39–78;
Baumann, Klaus-Dieter: Integrative Fachtextlinguistik. Tübingen:
Narr 1992 (FFF; 18).

42 Siehe z.B. die Sammelbände: Schellenberg, Wilhelm (Hrsg.), Unter-
suchungen zur Strategie der Sprachgestaltung ausgewählter Fachtext-
sorten aus Gegenwart und Neuzeit. Hamburg/Tostedt: Attikon 1994
(Hamburger Beiträge zur Fachsprachenforschung; 2); Kalverkämper,
Hartwig/Baumann, Klaus-Dieter (Hrsg.), Fachliche Textsorten.
Komponenten – Relationen – Strategien. Tübingen: Narr 1996
(FFF; 25).

43 Vgl. z.B. Selting, Margret: Verständigungsprobleme. Eine empirische Analyse am Beispiel der Bürger-Verwaltungs-Kommunikation.
Tübingen 1987; Hoffmann, Ludger (Hrsg.): Rechtsdiskurse. Tübingen 1989; Löning, Petra/Rehbein, Jochen (Hrsg.): Arzt-Patienten-
Kommunikation. Analysen zu interdisziplinären Problemen des medizinischen Diskurses. Berlin, New York: de Gruyter 1993; Fiehler,
Reinhard/Sucharowski, Wolfgang (Hrsg.): Kommunikationsberatung und Kommunikationstraining. Anwendungsfelder der Diskursforschung. Opladen: Westdeutscher Verlag 1992.

44 Ehlich, Konrad: Die Lehre der deutschen Wissenschaftssprache:
sprachliche Strukturen, didaktische Desiderate. In: Kretzenbacher,
Heinz L./Weinrich, Harald (Hrsg.): Linguistik der Wissenschaftssprache. Berlin, New York: de Gruyter 1995 (Akademie der Wissenschaften zu Berlin. Forschungsbericht 10), 325–352, hier S. 339.

45 Zu diesem Aspekt vgl. Tinnefeld, Thomas: Plädoyer für die Schaffung
einer fachsprachlichen Grammatik. In: Fremdsprachen und Hochschule (FuH) 37/1993, 49–69.

46 Vgl. u.a. Hoffmann, Lothar: Vom Fachwort zum Fachtext. Beiträge
zur angewandten Linguistik. Tübingen: Narr 1988 (FFF; 5), Baumann, Klaus-Dieter: Integrative Fachtextlinguistik. Tübingen: Narr
1992 (FFF; 18).

47 Reuter, Ewald/Schröder, Hartmut/Tiitula, Liisa: Deutsch-finnische
Kulturunterschiede in der Wirtschaftskommunikation. Fragestellun-

gen, Methoden und Ergebnisse eines Forschungsprojekts. In: Jahrbuch Deutsch als Fremdsprache 15/1989, 237–269; Clyne, Michael: Cultural differences in the organization of academic texts. In: Journal of Pragmatics 11/1987, 211–247; Clyne, Michael: Pragmatik, Textstruktur und kulturelle Werte. Eine interkulturelle Perspektive. In: Hartmut Schröder (Hrsg.), Fachtextpragmatik. Tübingen: Narr 1993 (FFF; 19), 3–18; Clyne, Michael: The Sociocultural Dimension: The Dilemma of the German-speaking Scholar. In: Hartmut Schröder (Hrsg.), Subject-orientied Texts. Berlin, New York: de Gruyter 1991, 49–67.

48 Titel verzeichnet unter Bibliographie IV.4.

49 Engberg, Jan: Prinzipien einer Typologisierung juristischer Fachtexte. In: Fachsprache 15. 1993, 1–2, 31–38.

50 Weise, Günter: Criteria for the Classification of ESP Texts. In: Fachsprache 15. 1993. 1–2. 26–31.

51 Gläser, Rosemarie: A Multi-level Model for a Typology of LSP Genres. In: Fachsprache 15. 1993, 1–2, 18–26, Abb. S. 24.

52 Nordman, Marianne: Minilekter. Om de små textgenrernas språk. Vaasa 1994 (Vaasa ylopiston julkaisuja. Tutkimuksia No. 178. Språkvetenskap 23).

53 Z. B. Liang, Yong: Vergleichende Darstellung von Fachtexten mit instruktiver Funktion im Deutschen und Chinesischen. In: Die Neueren Sprachen 87. 1988, 1–2, 91–11; Liang, Yong: Zu soziokulturellen und textstrukturellen Besonderheiten wissenschaftlicher Rezensionen. Eine kontrastive Fachtextanalyse Deutsch/Chinesisch. In: Deutsche Sprache 4/1991, 289–311.

54 Kretzenbacher, Heinz Leonhard: Rekapitulation. Textstrategien der Zusammenfassung von wissenschaftlichen Fachtexten. Tübingen: Narr 1990 (FFF; 11); Oldenburg, Hermann: Angewandte Fachtextlinguistik. «Conclusions» und Zusammenfassungen. Tübingen: Narr 1992 (FFF; 17); Keseling, Gisbert: Schreibprozeß und Textstruktur. Empirische Untersuchungen zur Produktion von Zusammenfassungen. Tübingen: Niemeyer 1993 (RGL; 141).

55 So Th. Ickler in seiner Doppelrezension: Zur Textgattung «Abstract». In: Fachsprache 15. 1993, 1–2, 51.

56 Zu diesem Aspekt siehe u. a. Fluck, Hans-R.: Zur Analyse und Vermittlung der Textsorte ‹Abstract›. In: Gnutzmann, C. (Hrsg.): Fachbezogener Fremdsprachenunterricht. Tübingen 1988, 67–90.

57 Z. B. Schuldt, Janina: Den Patienten informieren. Beipackzettel von Medikamenten. Tübingen: Narr 1992 (FFF, 15); Klauke, Michael: Instruktive Fachtexte des Englischen. Eine linguistische Analyse englischsprachiger Betriebs- und Wartungsanleitungen unter besonderer Berücksichtigung funktionaler und struktureller Analyse. Frankfurt a. M. [u. a.] 1993.

58 Klauser, Rita: Die Fachsprache der Literaturkritik, dargestellt an den Textsorten Essay und Rezension. Frankfurt a. M. [u. a.]: Lang 1992 (Leipziger Fachsprachen-Studien; 3); Busch-Lauer, Ines-A.: Englische Fachtexte in der Pädagogischen Psychologie. Eine linguistische Analyse. Frankfurt a. M. [u. a.] 1991 (Leipziger Fachsprachen-Studien; 2).

59 U. a. postuliert bei Ehlich, Konrad: Language in the Professions: Text and Discourse. In: Grindsted, Annette/Wagner, Johannes (eds.): Communication for Specific Purposes. Tübingen: Narr 1992 (Kommunikation und Institution; 21), 9–29.

60 Engberg, Jan: Wie analysiert man Gerichtsurteile? – Ein Plädoyer für eine textsortenspezifische Textanalyse. In: Grindsted, Annette/Wagner, Johannes (eds.): Communication for Specific Purposes. Tübingen: Narr 1992 (Kommunikation und Institution; 21), 93–111.

61 Grindsted, Annette/Wagner, Johannes (eds.): Communication for Specific Purposes. Tübingen: Narr 1992 (Kommunikation und Institution; 21). – Zu den anderen Bereichen siehe die in Anm. 43 genannte Literatur.

62 Munsberg, Klaus: Mündliche Fachkommunikation: das Beispiel Chemie. Tübingen: Narr 1995 (FFF; 21).

63 U. a. Busch, Albert: Laienkommunikation. Vertikalitätsuntersuchungen zu medizinischen Experten-Laien-Kommunikationen. Frankfurt a. M. [u. a.]: Lang 1994. (Germanistische Arbeiten z. Sprach- und Kulturgeschichte; 26); Lüschow, F.: Sprache und Kommunikation in der technischen Arbeit. Frankfurt a. M. 1992.

64 Eine Reihe von Beispielen bieten die bibliographischen Ergänzungen unter IV. 1–3.

65 Baakes, K.: Key Issues of Syntax in the Special Languages of Science and Technology. English-German, Heidelberg: Groos 1994; Stein, A.: Nominalgruppen in Patentschriften. Komposita und prädikative Nominalisierungen im deutsch-französischen Vergleich. Tübingen: Niemeyer 1993 (Linguistische Arbeiten; 303); Jahr, S.: Das Fachwort in der kognitiven und sprachlichen Repräsentation. Essen 1993.

66 Kelz, H. P.: Lautsprache in der Wissenschaft: Perspektiven für Fachsprachenforschung und den fachsprachlichen Unterricht. In: Kelz, H. P. (Hrsg.), Fachsprache 2. Studienvorbereitung und Didaktik der Fachsprachen. Bonn: Dümmler 1987, 139–149.

67 S. u. a. Fiehler, Reinhard/Sucharowski, Wolfgang (Hrsg.): Kommunikationsberatung und Kommunikationstraining. Anwendungsfelder der Diskursforschung. Opladen: Westdeutscher Verlag 1992.

68 Vgl. z. B. Fluck, Hans-R.: Didaktik der Fachsprachen. Aufgaben und Arbeitsfelder, Konzepte und Perspektiven im Sprachbereich Deutsch. Tübingen: Narr 1992 (FFF; 16), 91ff.

69 Siehe z. B. folgende Arbeiten: Ehlich, Konrad u. a. (Hrsg.): Medizini-

sche und therapeutische Kommunikation. Diskursanalytische Untersuchungen. Opladen 1990; Müller, F. (Hrsg.): Untersuchungen zur Rechtslinguistik. Interdisziplinäre Studien zu praktischer Semantik und strukturierender Rechtslehre in Grundfragen der juristischen Methodik. Berlin 1989; Selting, Margret: Verständigungsprobleme. Eine empirische Analyse am Beispiel der Bürger-Verwaltungs-Kommunikation. Tübingen 1987; Antos, Gerd/Augst, Gerhard (Hrsg.): Textoptimierung. Das Verständlichmachen von Texten als linguistisches, psychologisches und praktisches Problem. 2. Aufl. Frankfurt a. M. [u. a.]: Lang 1992 (Theorie und Vermittlung der Sprache; 41).

70 Vgl. Becker u. a., a.a.O., S. VII f. sowie Mårdsjö, Karin: Technical Writer's Image of their Audience; Word Processing and Microwave Oven Manuals as an Example. In: Grindsted, Annette/Wagner, Johannes (eds.), Communication for Specific Purposes. Fachsprachliche Kommunikation. Tübingen: Narr 1992 (Kommunikation und Institution; 21), 38–51.

71 Siehe die bibliographischen Ergänzungen unter V. und XII.

72 Siehe dazu u. a. die Sammelbände «Sprache und Technik» (Becker u. a., a.a.O.) oder «Textoptimierung» (Antos/Augst, a.a.O.) oder den Bericht über eine der zahlreichen neueren ‚Begegnungstagungen‘, z. B. zwischen Linguisten und Juristen (Nolte, I.: «Linguists and Lawyers – Issues We Confront». The Aarhus School of Business, Denmark, August 24–27, 1994. In: Fachsprache 17. 1995, 1–2, 53 f.).

73 Sandrock, Monika: Möglichkeiten der Erklärung wissenschaftlicher Fachtermini in populärwissenschaftlichen Texten. In: Knobloch, C. (Hrsg.): Fachsprache und Wissenschaftssprache. Essen 1987 (Siegener Studien; 42), 71–90.

74 Freibott, Gerhard/Grewe, Katharina: Die Bedeutung von Terminologiewerkzeugen in der Technischen Dokumentation. In: Mitteilungsblatt für Dolmetscher und Übersetzer (MDÜ) 1/1995, 1 f.

75 Videomaterialien für den Deutschunterricht. LOGO. Nachrichten für Kinder, Begleitheft 2: Wetter, von Werner Schmitz, Ingola Martelly und Elisabeth Martens. München: Goethe-Institut 1993, S. 50.

76 Auf die Bedeutung von empirischen Untersuchungen zur Wirkungsforschung verweist z. B. die Arbeit von Schmalen, Heinrich: Faktoren der Schwerverständlichkeit technischer Texte. Analyse konkreter Produktions- und Rezeptionsbedingungen durch Autoren- und Leserbefragungen. In: Becker u. a., a.a.O., 125–154.

77 Lüschow, Frank: Sprache und Kommunikation in der technischen Arbeit. Frankfurt a. M. [u. a.]: Lang 1992 (Duisburger Arbeiten zur Sprach- und Kulturwissenschaft; 13), 142.

78 Spillner, Bernd: Sprachbezogener Wissenstransfer als Herausforderung an die Angewandte Linguistik. In: Bernd Spillner (Hrsg.): Fachkommunikation. Frankfurt a. M. [u. a.]: Lang 1994, 91–96, Zitat S. 92.

278

79 Vgl. z. B. für deutsche Fachsprachen Ammon, Ulrich: Die internationale Stellung der deutschen Sprache. Berlin, New York 1991.

80 Dazu u. a. Buhlmann, Rosemarie/Fearns, Anneliese: Handbuch des Fachsprachenunterrichts. Unter besonderer Berücksichtigung naturwissenschaftlich-technischer Fachsprachen. Berlin, München: Langenscheidt 1987; Fluck, Hans-R.: Didaktik der Fachsprachen. Aufgaben und Arbeitsfelder, Konzepte und Perspektiven im Sprachbereich Deutsch. Tübingen: Narr 1992 (FFF; 16).

81 Brünner, Gisela: Kommunikation in institutionellen Lehr-Lern-Prozessen. Diskursanalytische Untersuchungen zu Instruktionen in der betrieblichen Ausbildung. Tübingen 1987; Brünner, Gisela: Mündliche Kommunikation in Fach und Beruf. In: Theo Bungarten (Hrsg.), Fachsprachentheorie. Bd. 2, Tostedt: Attikon 1993, 730–771.

82 Vgl. Fluck, Zur Didaktik der Fachsprachen, a.a.O., 33f. u. passim.

83 Siehe u. a. Schütz, Helmut: Politik bilingual. Anmerkungen zum Unterricht im Sachfach Politik in deutsch-englischen Zweisprachenzweigen an Gymnasien in Nordrhein-Westfalen. In: Die Neueren Sprachen 92. 1993, 1–2, 94–113; Vögeding, Joachim: «Wenn in einen gesättigten Wasser Kochsalz gibt ...» Zur Lernbarkeit naturwissenschaftlicher Fächer in der Fremdsprache Deutsch am Beispiel eines deutschsprachigen Chemieunterrichts in der Türkei (Istanbul Lisesi). Heidelberg: Groos 1995 (Sammlung Groos; 55) [Zugl.: Darmstadt, Techn. Univ. Diss., 1995]; Weller, Franz-Rudolf: Fremdsprachiger Sachfachunterricht in bilingualen Studiengängen. In: Praxis des neusprachlichen Unterrichts 43. 1996, 1, 73–80.

84 Christ, Herbert/Schwarze, Angelika: Fremdsprachenunterricht in der Wirtschaft. Bestandsaufnahme und Perspektiven, Tübingen 1985; Beneke, Jürgen: Betriebsinterner Fremdsprachenunterricht – Tendenzen und Perspektiven. In: Eberhard Kleinschmidt (Hrsg.): Fremdsprachenunterricht zwischen Sprachenpolitik und Praxis. Festschrift f. Herbert Christ z. 60. Geb. Tübingen 1989 (TBL. 340), 319–335.

85 Vgl. Jürgen Krause/Heinz-Jürgen von Unwerth: Bedarfsanalyse und Kursplanung: Fachspezifische Englischkurse für Studierende der Rechtswissenschaften. In: Sprachen für Europa. Dokumentation der 16. AKS-Tagung vom 26.–28. 3. 1990 in Bochum, hrsg. von Heiner Pürschel/Dieter Wolff. Bochum 1991, 252–269.

86 Vgl. z. B. die Beiträge der Themenhefte 35/1992 und 36/1992 der Zeitschrift «Fremdsprachen und Hochschule» (FuH), Bochum, sowie Melenk, Hartmut/Firges, Jean: Integrierte internationale Studiengänge in den Angewandten Fremdsprachen. Voraussetzungen, Probleme und Perspektiven in der Bundesrepublik Deutschland und Frankreich. In: Kleinschmidt (1989), 359–375, und Haberfellner, Eva-M.: Sonderfall Deutsch: Erfahrungen aus integrierten europäischen Studiengängen. In: Jahrbuch Deutsch als Fremdsprache 15/1989, 199–210.

87 Vgl. Steinmetz, Maria: Der Diplomteilstudiengang Fachdeutsch Technik. Ein Modell für Deutsch an Technischen Hochschulen in China (Deutsches Sprachzentrum der Zhejiang Universität Hangzhou). In: Info DaF 33. 1995, 5, 532–554.

88 Barner-Verger, Axel: Zur Situation der deutschsprachigen Studiengänge in Rumänien. Insbesondere des Studiengangs Wirtschaftsingenieurwesen an der Bukarester «Politehnica». In: Info DaF 21. 1994, 5, 511–515.

89 Fluck, Hans-R.: Deutsche Sprache und Deutschunterricht in der Mongolei. In: Muttersprache 1995, H. 3, 252–257, hier S. 253 ff.

90 Vgl. ausführlicher Fluck, H.-R.: Didaktik der Fachsprachen, a.a.O., 190 ff.

91 In diesem Sinne u. a. Hutchinson, Tom / Waters, Alan: English for Specific Purposes. A learning-centred approach. Cambridge 1987.

92 Klein, Eberhard: Wenn Lehrer und Lerner ihre Rollen tauschen: motivationsfördernde Aspekte der Interaktion im fachbezogenen Fremdsprachenunterricht. In: Claus Gnutzmann (Hrsg.): Fachbezogener Fremdsprachenunterricht. Tübingen 1988 (FFF 6), 189–204.

93 Zu dieser Fertigkeit siehe u. a. Stummhöfer, Hans-Joachim: Zum Entwurf eines didaktisch-methodischen Modells für das verstehende Hören im studienbegleitenden Deutschunterricht. In: Deutsch als Fremdsprache 27. 1990, 1, 31–40.

94 Vgl. Hoberg, Rudolf: Probleme bei der Erstellung fachsprachlicher Textdatenbanken für Deutsch als Fremdsprache. In: Technik und Sprache in Literatur, hrsg. von Rudolf Hoberg. Darmstadt: THD 1994, 333–348.

95 Bolten, Jürgen: ‹Fachsprache› oder ‹Sprachbereich›? Empirisch-pragmatische Grundlagen zur Beschreibung der deutschen Wirtschafts-, Medizin- und Rechtssprache. In: Theo Bungarten (Hrsg.), Beiträge zur Fachsprachenforschung. Sprache in Wissenschaft und Technik, Wirtschaft und Rechtswesen. Tostedt: Attikon-Verlag 1992 (Hamburger Arbeiten zur Fachsprachenforschung; 1), 57–72.

96 Vgl. z. B. Monteiro / Rösler, a.a.O., und Munsberg, a.a.O.

97 Vgl. Ammon, Ulrich: Die internationale Stellung der deutschen Sprache. Berlin, New York 1991; Jung, Lothar: Fachsprachenorientierter Deutschunterricht für nicht-technisch-naturwissenschaftlich-mathematische Fächer des Universitätsstudiums. In: Zielsprache Deutsch 4/ 1987, 13–29; Riegel, Claudia / Zahn, Rosemarie (Hrsg.): Der Bedarf an Fremdsprachenkenntnissen in Wissenschaft, Hochschulunterricht und akademischen Berufen. Erhebung zum Fremdsprachenbedarf von Nichtphilologen aus der Sicht der Lehrpersonen ausgewählter bundesdeutscher Hochschulen. Bochum 1989 [AKS-Dokumentation].

98 Z. B. Bachmann, Roland: Übersetzen technischer Fachtexte. Was

muß man können? Wie kann man es lernen? Ein Beitrag aus praktischer und didaktischer Sicht. In: Lebende Sprachen 37. 1992, 4, 145–151; Göpferich, Susanne: Von der Terminographie zur Textographie: Computergestützte Verwaltung textsortenspezifischer Textversatzstücke. In: Fachsprache 17. 1995, 1–2, 17–41.

99 Ausführlich dazu u. a. der Artikel «Terminologieausbildung» von H. Picht im HSK-Handbuch: Fachsprachen. Languages for Special Purposes, a.a.O.

100 Vgl. Hohnhold, Ingo: Übersetzungsorientierte Terminologiearbeit. Stuttgart 1990, und Göpferich, Susanne: Von der Terminographie zur Textographie: Computergestützte Verwaltung textsortenspezifischer Textversatzstücke. In: Fachsprache 17. 1995, 1–2, 17–41.

101 Fluck, Didaktik der Fachsprachen, a.a.O., 26.

102 Z. B. Kelz u. a., Deutsch im Beruf. Wirtschaft. Rheinbreitbach 1991 ff.

103 Z. B. E. Reuter/S. Ylönen: Handelspartner Finnland. Ein Unterrichtsprogramm für den Bereich Mündliches Wirtschaftsdeutsch [Videofilm, Transkript, Übungs- und Lehrerheft], Jyväskylä 1993.

104 Vgl. z. B. Kappaun, Joachim: Zielgruppenorientiertes und erwachsenengerechtes Lernen im DaF-Unterricht. In: Language Centre News [Jyväskylä] 8/1994, 6–9.

105 Vgl. Fluck, Didaktik der Fachsprachen, a.a.O., 185 ff.

106 U. a. Buhlmann, Rosemarie/Fearns, Anneliese: Handbuch des Fachsprachenunterrichts. Unter besonderer Berücksichtigung naturwissenschaftlich-technischer Fachsprachen. Berlin, München: Langenscheidt 1987; Bundesminister für Bildung und Wissenschaft (Hrsg.): Handreichung Fachsprache in der Berufsausbildung ausländischer Jugendlicher. Bonn 1987; Hutchinson, Tom/Waters, Waters: English for Specific Purposes. A learning-centred approach. Cambridge 1987; Schröder, Hartmut: Aspekte einer Didaktik/Methodik des fachbezogenen Fremdsprachenunterrichts (Deutsch als Fremdsprache). Unter besonderer Berücksichtigung sozialwissenschaftlicher Fachtexte. Franfkurt a. M. [u. a.]: Lang 1988 (Werkstattreihe Deutsch als Fremdsprache; 20); Weller, Franz-Rudolf (Hrsg.): Fachsprache(n) und Fremdsprachenunterricht. Themenheft: Die Neueren Sprachen 87. 1988, 1–2; Robinson, Pauline C.: ESP Today: A Practitioners's Guide. Hemel Hempstead: Prentice Hall International (U.K.) 1991; Fluck, Didaktik der Fachsprachen, a.a.O. (1992); Fremdsprache Deutsch, Sondernummer 1992: Berufsbezogener Unterricht mit Jugendlichen; Morgenroth, Klaus (Hrsg.): Methoden der Fachsprachendidaktik und -analyse. Frankfurt a. M. [u. a.]: Lang 1993 (Werkstattreihe DaF; 45); Leisen, Josef: Handbuch des deutschsprachigen Fachunterrichts (DFU). Didaktik, Methodik und Unterrichtshilfen für alle Sachfächer im DFU und fachsprachliche Kommunikation in Fä-

chern wie Physik, Mathematik, Chemie, Biologie, Geographie, Wirt-
schafts-/Sozialkunde. Bonn: Varus-Verlag 1994. – In Planung/Erpro-
bung sind z. B. der Baustein «Arbeit mit Fachtexten» im Rahmen des
DIFF-Fernstudienprojekts, Kapitel XIII des bereits erwähnten HSK-
Titels «Fachsprachen» und Kapitel VII, Artikel 57–62 des HSK-Titels
«Deutsch als Fremdsprache».

107 Datenbank Deutsch als Fremdsprache (DaF), Disketten, Handbuch,
(München: Goethe-Institut: 1993ff.) [mit regelmäßigen Updates],
erarbeitet von Johannes Schumann u. Wolf Dieter Ortmann. Gesamtumfang z. Zt. ca. 100 Megabyte (enthält u. a. auch Fachsprachen-
werke, Fachliteratur zum Thema u. v. m.).

12. Bibliographie (Auswahl)

Die folgende Auswahl erfaßt signifikante und weiterführende Literatur zum Thema, vor allem in deutscher, französischer und englischer Sprache. Aus der Vielzahl an größeren und kleinsten Beiträgen zu den unterschiedlichsten Bereichen, von der Alpwirtschaft bis zur Atomphysik, wurden bevorzugt neuere Arbeiten genannt; nicht verzeichnet sind die einschlägigen Sprachgeschichten. Insgesamt soll die Auswahl das breite Spektrum fachsprachlicher Forschung – von der Jahrhundertwende bis zur Gegenwart – zeigen und auf die Vielfalt der Detailprobleme aufmerksam machen. Bei der Anordnung des bibliographischen Materials waren durch die Verbindung von linguistischen mit fachlichen Kriterien Überschneidungen unvermeidlich. Da sich an den meisten Titeln jedoch eventuelle weitere Zuordnungen leicht ablesen lassen, wurde auf Mehrfachnennungen und Querverweise verzichtet. Nach dem 15. 03. 1996 erschienene Veröffentlichungen konnten nur noch vereinzelt aufgenommen werden.

Die Ziffern vor einigen Titeln dienen als Literaturverweise für die Kapitel 1–9 des ursprünglichen Textes und sind bei Bedarf in direkter Nummernfolge in den früheren Auflagen zu finden.

I. Bibliographien und Werke mit bibliographischen Hinweisen

1 Barth, Erhard: Fachsprache. Eine Bibliographie. In: Germanistische Linguistik 3/1971, S. 209–363.

Beier, Rudolf: Englische Fachsprache. Stuttgart 1980.

Birkenmaier, Willy/Mohl, Irene: Bibliographie zur russischen Fachsprache. Tübingen: Narr 1990 (FFF; 12).

Broughton, M. M.: A selected bibliography of ESP materials. In: Creativity (1979), Nr. 34, Sao Paulo.

Bungarten, Theo (Hrsg.): Fachsprachentheorie. Bd. 3. Auswahlbibliographie. 2 Indices. Tostedt: Attikon-Verl. [in Vorb.].

2 CILT (Hrsg.): Languages for Special Purposes. London 1969 (= CILT/Centre for Information on Language Teaching. Reports and Papers 1) [Aufsätze und Bibliographie].

3 Eléments de bibliographie internationale pour l'analyse et l'enseignement des langues de spécialité, hrsg. von CREDIF (Ecole Normale Supérieure de Saint-Cloud. Centre de Recherche et d'Etude pour la Diffusion du Français). Paris-Bruxelles-Montréal 1971.

Fachsprache/Special Language. Internationale Zeitschrift für Fachsprachenforschung, -didaktik und Terminologie. Wien 1.1979ff.

Fachsprachen. Languages for Special Purposes. Ein Internationales Handbuch zur Fachsprachenforschung und Terminologiewissenschaft, hrsg. von Hoffmann, L./Kalverkämper, H./Wiegand, H. E. u. a. Berlin, New York: de Gruyter (HSK-Reihe) [in Vorb. 1997/98].

4 Fachwörterbücher und Lexika. Ein internationales Verzeichnis. International Bibliography of Dictionaries. München-Pullach und Berlin [5]1972 (= Handbuch der technischen Dokumentation und Bibliographie, Bd. 4).

Felber, H./Krommer-Benz, M./Manu, A.: International bibliography of standardized vocabularies/Bibliographie internationale de vocabulaires normalisés/Internationale Bibliographie der Normwörterbücher. München-New York-London-Paris [2]1979 (= Infoterm Series 2).

Flowerdew, J.: English for Specific Purposes: A selective Review of the Literature. In: English Language Teaching Journal 4/1990, 326–337.

Fluck, Hans-R. u. a.: Fachdeutsch in Naturwissenschaft und Technik. Eine Einführung in die Fachsprachen und die Didaktik/Methodik des fachorientierten Fremdsprachenunterrichts (Deutsch als Fremdsprache). Heidelberg 1985 [Aktualisierte Neuauflage 1996].

Fluck, Hans-R.: Didaktik der Fachsprachen. Aufgaben und Arbeitsfelder, Konzepte und Perspektiven im Sprachbereich Deutsch. Tübingen: Narr 1992 (FFF;16).

Fluck, Hans-R./Hoberg, Rudolf: Fachsprache(n). Heidelberg: Groos [in Vorb. 1997] (Studienbibliographien Sprachwissenschaft).

Gnutzmann, Claus/Turner, John (Hrsg.): Fachsprachen und ihre Anwendung. Tübingen: Narr 1980 (= Tübinger Beiträge zur Linguistik, 144).

Hahn, Walther v.: Fachsprachen im Niederdeutschen. Eine bibliographische Sammlung. Berlin 1979 (= Bibliographien z dt. Literatur des Mittelalters, Beiheft 1).

– (Hrsg.): Fachsprachen. Darmstadt 1981.

–: Fachsprachen. In: Cordes, G./Möhn, D. (Hrsg.), Handbuch zur niederdeutschen Sprach- und Literaturwissenschaft. Berlin 1983, S. 578–601.

Høedt, Jørgen/Turner, Robin (eds.): ‹The world of LSP›. Copenhagen 1981 (The Copenhagen School of Economics, The LSP Centre).

Hoffmann, Lothar: Kommunikationsmittel Fachsprache. Berlin 1976, 2. Aufl. 1984 (Lizenzausgabe Gunter Narr Verlag Tübingen).

– /Leube, Karin: Kleine Bibliographie fachsprachlicher Untersuchungen [zahlreiche Titel osteuropäischer Literatur]. In: Hoffmann, L.: Kommunikationsmittel Fachsprache. Eine Einführung. Berlin 1976 (= Sammlung Akademie Verlag 44. Sprache),

S. 419–493. [Fortsetzungen von Karin Leube, Manuskriptdruck der Karl-Marx-Univ., Sektion Fremdsprachen, Leipzig 1976ff.].

5 Hoof, Henry van: Internationale Bibliographie der Übersetzung. International bibliography of translation. Pullach bei München 1973 (= Handbuch der internationalen Dokumentation und Information, Bd. 11).

Kocourek, Rostislav: La langue française de la technique et de la science. Wiesbaden 1982, 2. verb. u. erw. Aufl. 1991.

Kretzenbacher, Heinz L.: Wissenschaftssprache. Heidelberg: Groos 1992 (Studienbibliographien Sprachwissenschaft; 5).

6 Lemmer, Manfred: Deutscher Wortschatz. Bibliographie zur deutschen Lexikologie. Halle [2]1968.

7 Les vocabulaires techniques et scientifiques. Themaheft der Zeitschr. «Langue Française», hrsg. von Louis Guilbert et Jean Peytard, 17, Février 1973 [Aufsätze und Bibliographie].

Leube, Karin: Kleine Bibliographie fachsprachlicher Untersuchungen. 3. Forts., Leipzig 1978, Teilabdruck. In: Fachsprache 1.1979, H. 3, S. 99–124.

Lüking, Silke: Bibliographie zur Fachsprache der Medizin. In: Stephan Dressler/Burkhard Schaeder (Hrsg.), Wörterbücher der Medizin. Beiträge zur Fachlexikographie. Tübingen: Niemeyer 1994, 281–301.

Mikkelsen, Hans-Kristian/Kromannn, Hans-Peder: Fagsprog og fagsproglig kommunikation ca. 1970–1988. En udforlig systematisk bibliografi på database. Kopenhagen 1988.

Picht, Heribert: Bibliografi over terminologiske artikler og af handlinger i videste forstand. Kopenhagen 1982.

Pogarell, Rainer: Linguistik im Industriegebiet. Eine annotierte Auswahlbibliographie. Aachen 1988.

Robinson, Pauline C.: ESP (English for specific purposes): the present position. Oxford 1980.

Robinson, Pauline C.: ESP Today: A Practitioner's Guide. Hemel Hempstead: Prentice Hall Int. (U.K.) 1991.

Sager, J. C. [u. a.]: English Special Languages. Principles and practice in science and technology. Wiesbaden 1980. [Mit Bibl.].

Schleyer, Walter/Zühlsdorff, Johannes: Auswahlbibliographie zu Deutsch als Fremdsprache: Fachsprachenunterricht. In: Didaktik der Fachsprache. Beitr. zu einer Arbeitstagung an der RWTH Aachen vom 30. Sept. bis 4. Okt. 1974, hrsg. von Dietrich Rall, Heinz Schepping, Walter Schleyer. Bonn 1976 (DAAD), S. 133–142.

Schröder, Hartmut: Linguistic and Text-theoretical Research on Languages for Special Purposes. A thematic and bibliographical guide. In: H. Schröder (Hrsg.), Subject-oriented Texts. Berlin, New York: de Gruyter 1991, 1–48.

Schulz, G.: Literatur zum fachbezogenen Russischunterricht, die von

1970–1976 in der DDR veröffentlicht wurde (Auswahlbibliographie). Berlin 1977.

Yzermann, Norbert/Beier, Rudolf: Bibliographie zum fachsprachlichen Fremdsprachenunterricht. Frankfurt a.M.: Diesterweg 1989 (DNS-Dokumentation, 1).

II. Historiolinguistik/Diachrone Fachsprachenforschung

Akademie d. Wissenschaften der DDR. Zentralinstitut für Sprachwissenschaft (Hrsg.): Studien zur deutschen Sprachgeschichte des 19. Jahrhunderts. Naturwissenschaftliche und technische Fachlexik. (= Linguistische Studien, Reihe A. Arbeitsberichte 66/III). Berlin 1980.

8 Alanne, Eero: Die deutsche Weinbauterminologie in althochdeutscher und mittelhochdeutscher Zeit. Helsinki 1950 (= Annales academiae scientiarum fennicae, Ser. B. 65.1.).

9 Assion, Peter: Altdeutsche Fachliteratur. Berlin-Bielefeld-München 1973 (= Grundlagen der Germanistik, Bd. 13).

Atkinson, D.: The evolution of medical research writing from 1735 to 1885: the case of the Edinburgh Medical Journal. In: Applied Linguistics 13/1992, 337–374.

Barke, Jörg: Die Sprache der Chymie. Am Beispiel von vier Drucken aus der Zeit zwischen 1574–1761. Tübingen: Niemeyer 1991 (Reihe Germanistische Linguistik; 111)

Baum, Richard: Die Revolution in der Chemie im Spiegel der Sprache: das terminologische Manifest Antoine Laurent Lavoisiers von 1787. In: Jörn Albrecht/Richard Baum (Hrsg.), Fachsprache und Terminologie in Geschichte und Gegenwart. Tübingen: Narr 1992 (FF; 14), 145–167.

10 Branzell, Karl-Gustav: Zur Geschichte der Post-Fachsprache. In: Muttersprache 1972, H. 3, S. 158–168.

11 Busch, Wilhelm: Die deutsche Fachsprache der Mathematik. Ihre Entwicklung und ihre wichtigsten Erscheinungen mit besonderer Rücksicht auf Johann Heinrich Lambert. Giessen 1933 (= Giessener Beiträge zur deutschen Philologie, 30).

12 Crosland, Maurice P.: Historical studies in the language of chemistry. London 1962 [mit Bibliographie S. 355–379].

Daems, Willem F.: Nomina simplicium ex synonymariis medii aeva collecta: semantische Untersuchungen zum Fachwortschatz hoch- und spätmittelalterlicher Drogenkunde. Leiden [u. a.]: Brill 1993 (Studies in ancient medicine; 6).

Döring, B./Eichler, B.: Zur sprachlichen Gestaltung von Fachtexten des 16. Jahrhunderts. In: Wilhelm Schellenberg (Hrsg.), Untersuchungen zur Strategie der Sprachgestaltung ausgewählter Fachtextsorten aus Gegenwart und Neuzeit. Tostedt: Attikon 1994, 9–38.

Dröge, Kurt: Die Fachsprache des Buchdrucks im 19. Jahrhundert. Lemgo 1978.

13 Dubois, J.: Le vocabulaire politique et social en France, de 1869 à 1872. Paris: Larousse 1963.

14 Eis, Gerhard: Mittelalterliche Fachliteratur. Stuttgart [2]1967.

15 Fachliteratur des Mittelalters. Festschrift für Gerhard Eis. Hrsg. von Gundolf Keil [u. a.] Stuttgart 1968.

16 Fleischer, Wolfgang: Untersuchungen zur Geschäftssprache des 16. Jahrhunderts in Dresden. Berlin 1970 (= Veröff. d. Inst. f. Deutsche Sprache u. Literatur, Reihe B, 37).

17 Flood, Walter Edgar: The Origins of chemical Names. London 1963.

Fluck, Hans-R.: Aspekte der Entstehung und Entwicklung der modernen wissenschaftlich-technischen Fachsprachen (19./20. Jh.) und ihres Einflusses auf die Gemeinsprache. In: Der Deutschunterricht 41.1989, 5, 56–75.

18 Glaser, Karl: Die deutsche astronomische Fachsprache Keplers. Giessen 1935 (= Giessener Beitr. z. Dt. Philologie, 38).

Gunnarsson, Britt-L.: Studies in Languages for Specific Purposes. Uppsala 1992.

Haage, B.D.: Deutsche Artesliteratur des Mittelalters. Überblick und Forschungsbericht. In: LiLi 13/1983, H. 51/52, S. 185–205.

19 Hahn, Walther v.: Die Fachsprache der Textilindustrie im 17. und 18. Jahrhundert. Düsseldorf 1971 (= Technikgeschichte in Einzeldarstellungen, 22).

Hassler, Gerda: Theorie und Praxis der Beschreibung von Fachsprachen in der Enzyklopädie der französischen Aufklärung. In: Jörn Albrecht/Richard Baum (Hrsg.), Fachsprache und Terminologie in Geschichte und Gegenwart. Tübingen: Narr 1992 (FFF; 14), 134–144.

Heller, M. J.: Reform der deutschen Rechtssprache im 18. Jahrhundert. Frankfurt a. M. [u. a.]: Lang 1992.

20 Hess, Heinrich: Ausdrücke des Wirtschaftslebens im Althochdeutschen. Diss. Jena 1939.

Hinderling, Robert: Fase, ‹abgeschrägte Kante›. Ein Beitrag zur Geschichte der Fachsprache des Schreinerhandwerks. In: Zeitschr. f. dt. Philologie 96.1977, Sonderh., S. 118–133.

Hums, L.: Zur Genese der Fachsprache der Eisenbahn. In: Muttersprache 1989, 1, 39–54.

Kalverkämper, Hartwig: Diachrone Fachsprachenforschung – Plädoyer für eine Öffnung in neue Perspektiven. In: Bernd Spillner

(Hrsg.), Fachkommunikation. Frankfurt a. M. [u. a.]: Lang 1994
(forum Angewandte Linguistik; 27), 15–31.

21 Kehr, Kurt: Die Fachsprache des Forstwesens im 18. Jahrhundert.
Eine wort- und sachgeschichtliche Untersuchung zur Terminologie
der deutschen Forstwirtschaft. Giessen 1964 (= Beitr. z. Dt. Philologie, 32).

22 Keil, Gundolf/Assion, Peter (Hrsg.): Fachprosaforschung. Acht Vorträge zur mittelalterlichen Artesliteratur. Berlin 1974.

Keil, Gundolf u. a. (Hrsg.): Fachprosa-Studien. Beiträge zur mittelalterlichen Wissenschafts- und Geistesgeschichte. Berlin 1980.

Klein, Wolf-Peter: Projektvorstellung: Eine sprachhistorische Bibliographie naturwissenschaftlicher Fachlexika. In: Fachsprache
15.1993, 3–4, 126–138.

Klenz, Heinrich: Die deutsche Druckersprache. Scheltenwörterbuch.
Neudruck mit einem Nachwort und einer Bibliographie von Heidrun Kämper-Jensen. Berlin, New York: de Gruyter 1991.

Kretzenbacher, H.L.: Zur Stilistik der Wissenschaftssprache im
18. Jahrhundert. In: Historische Wissenschaftsforschung. Zwei Referate eines Kolloquiums. Hrsg. von der Arbeitsgruppe «Wissenschaftssprache» (Akademie der Wissenschaften zu Berlin [West].
Hrsg.: Harald Weinrich, Berlin 1992, 41–60.

Krüger, Sabine: Zum Fachwortschatz des frühen deutschen Eisenbahnwesens (ca. 1800–1860). Düsseldorf 1979.

Melander, B./Näslund, H.: Diachronic Developments in Swedish LSP
Texts: A Presentation of Some of the Results from the Research
Project LSP Texts in the 20th Century. In: Finlance, XII.1993,
63–93.

Menzel, Wolfgang W.: Vernakuläre Wissenschaft. Christian Wolff's
Bedeutung für die Herausbildung und Durchsetzung des Deutschen
als Wissenschaftssprache. Tübingen: Niemeyer 1996 (Reihe Germanistische Linguistik; 166).

23 Olschki, Leonhard: Geschichte der neusprachlichen wissenschaftlichen Literatur. 2 Bde. Leipzig 1919/22.

Patocka, Franz: Das österreichische Salzwesen. Eine Untersuchung
zur historischen Terminologie. Wien, Köln, Graz: Böhlau 1987
(Schriften z. dt. Sprache in Österreich; 15).

24 Peter, H.: Historischer Überblick über die Wirtschaftslinguistik. In:
Bulletin der internationalen Vereinigung Sprache und Wirtschaft 1/
1973, S. 11–20.

25 Ploss, Emil: Die Fachsprache der deutschen Maler im Spätmittelalter.
In: Zeitschr. f. Dt. Philologie 79.1960, S. 70–83 und 315–324.

26 – Die Sprache der Alchemisten. In: Arbeit und Volksleben. Deutscher Volkskundekongreß 1965 in Marburg, hrsg. von Gerhard
Heilfurth/Ingeborg Weber-Kellermann. Göttingen 1967 (= Veröff.

d. Inst. f. Mitteleuropäische Volksforschung an der Philipps-Universität Marburg/Lahn, Reihe A. Bd. 4), S. 240–249.

Pörksen, Uwe: Deutsche Naturwissenschaftssprachen und kritische Studien. Tübingen: Narr 1986 (FFF; 2).

Pörksen, Uwe: Der Übergang vom Gelehrtenlatein zur deutschen Wissenschaftssprache. Zur frühen deutschen Fachliteratur und Fachsprache in den naturwissenschaftlichen und mathematischen Fächern (ca. 1500–1800). In: LiLi 13/1983, H. 51/52, S. 227–258.

Poppe, Erich: Fachsprache und Grammatikographie. Ein Beitrag zur Geschichte der Terminologielehre. In: Historische Linguistik 10.1983, S. 209–239.

27 Rahnenführer, Ilse: Untersuchungen zur Entstehung des Fachwortschatzes des deutschen Eisenbahnwesens. Diss. Rostock 1966 [Masch.].

Roessler, Paul: Entwicklungstendenzen in der Österreichischen Rechtssprache seit dem ausgehenden 18. Jahrhundert. Frankfurt a. M. [u. a.]: Lang 1994 (Schriften z. dt. Sprache in Österreich; 15).

28 Schirmer, Alfred: Der Wortschatz der Mathematik nach Alter und Herkunft untersucht. Straßburg 1912 (= Zeitschr. f. dt. Wortforschung, Beih. Bd. 14).

Schirmer, Alfred: Wörterbuch der deutschen Kaufmannssprache auf geschichtlichen Grundlagen. Neudruck der Ausgabe Straßburg: Trübner 1911, mit einem Nachwort von Dieter Möhn. Berlin, New York: de Gruyter 1991.

Schrader, Norbert: Termini zwischen wahrer Natur und willkürlicher Beziehung. Exemplarische Untersuchungen zu Theorie und Praxis historischer Wissenschaftssprache. Tübingen: Niemeyer 1990 (RGL; 105).

Schulzke, Regine: Untersuchungen zur Widerspiegelung sozialökonomischer Verhältnisse in Zwickauer Handwerksordnungen des 14. bis 17. Jahrhunderts. In: Beitr. z. Gesch. d. dt. Spr. u. Lit. 98.1977, S. 195–302.

29 Schwenk, Sigrid: Zur Terminologie des Vogelfangs im Deutschen. Eine sprachliche Untersuchung auf Grund der deutschen didaktischen Literatur des 14. bis 19. Jahrhunderts. Diss. Marburg/Lahn 1967.

Seibicke, Wilfried: Fachsprachen in historischer Entwicklung. In: W. Besch u. a. (Hrsg.), Sprachgeschichte. Ein Handbuch zur Geschichte der deutschen Sprache und ihrer Erforschung. 2. Halbbd., Berlin, New York: de Gruyter 1985, 1998–2008.

30 Siebenschein, Hugo: Abhandlungen zur Wirtschaftsgermanistik. Prag 1936.

31 Södergard, Östen: La langue médicale française. Quelques nouvelles datations. In: Etudes de langues et littérature du moyen-âge offertes à Felix Lecoy. Paris 1973, S. 541–550.

32 Spiegel, Heinz-Rudi: Zum Fachwortschatz des Eisenhüttenwesens im 18. Jahrhundert in Deutschland. Düsseldorf 1972.

Stepan, Barbarić: Zur grammatischen Terminologie von Justus Georg Schottelius und Kaspar Stieler. 2 Bde., Bern u. Frankfurt/M., 1981 (= Europ. Hochschulschriften: Reihe 1, Bd. 396).

Stockmann-Hovekamp, Ch.: Untersuchungen zur Straßburger Druckersprache in den Flugschriften Martin Bucers. Graphematische, morphologische und lexikologische Aspekte. Heidelberg 1991.

33 Taenzler, Walter: Der Wortschatz des Maschinenbaus im 16., 17. und 18. Jahrhundert. Ein lexikalischer und sprachwissenschaftlicher Versuch zur Kultur- und Volkskunde. Diss. Bonn 1955 [Masch.].

34 Thissen, Rudolf: Die Entwicklung der Terminologie auf dem Gebiet der Sozialhygiene und Sozialmedizin im deutschen Sprachgebiet bis 1930. Köln-Opladen 1970 (= Forschungsberichte des Landes Nordrhein-Westfalen, 2050).

Trabant, J.: Das Andere der Fachsprache. Die Emanzipation der Sprache von der Fachsprache im neuzeitlichen europäischen Sprachdenken. In: LiLi 13/1983, H. 51/52, S. 27–47.

35 Veith, Werner H.: Gottfrieds Pelzbuch – Grundlage oder Abbild einer Terminologie. In: Zeitschr. f. Dt. Philologie 89.1970, S. 74–89.

36 Wexler, Peter J.: La formation du vocabulaire des chemins de fer en France (1778–1848). Genève-Lille 1955.

37 Wolf, Herbert: Studien zur deutschen Bergmannsprache in den Bergmannsliedern des 16.-20. Jahrhunderts, vorwiegend nach mitteldeutschen Quellen. Tübingen 1958 (= Mitteldt. Forschungen, 11).

Ylönen, Sabine (Hrsg.): Diachrone Fachsprachenforschung/Diachronic LSP-Research. Finlance. A Finnish Journal of Applied Linguistics 12.1993.

Ylönen, Sabine: Stilwandel in wissenschaftlichen Arbeiten der Medizin. Zur Entwicklung der Textsorte «Originalarbeiten» in der deutschen Medizinischen Wochenschrift von 1884 bis 1989. In: Fachtextpragmatik, hrsg. von H. Schröder. Tübingen 1993 (FFF; 19), 81–98.

III. Allgemeiner Charakter und gesellschaftliche Bedeutung (Theorie, Definition usw.)

38 Bachrach, J.A.: «Problèmes des langues de spécialité». In: Review of the ITL 7.1960, S. 57–64.

39 Barth, Erhard: Überlegungen zur sozialen Differenzierung der Sprache. In: Beiträge zur generativen Grammatik. Referate d. 5. Linguist. Koll. Regensburg 1970, hrsg. von Arnim v. Stechow. Braunschweig 1971 (= Schriften zur Linguistik 3), S. 14–28.

40 Baumann, Edgar: Natürliche Sprache – Fachsprache – künstliche Sprache. In: Wiss. Zeitschr. d. Humboldt-Universität zu Berlin. Ges.-Sprachw. Reihe, 18.1969, S. 379–385.

Baumann, Klaus-Dieter/Kalverkämper, Hartwig (Hrsg.): Kontrastive Fachsprachenforschung. Tübingen: Narr 1992 (FFF; 20).

41 Bausinger, Hermann: Deutsch für Deutsche. Dialekte, Sprachbarrieren, Sondersprachen. Frankfurt a. M. 1972.

Beier, Rudolf: Zur Theorie und Praxis der Fachsprachenarbeit in der DDR. In: Muttersprache 88.1978, H. 4, S.232–259.

42 Beneš, Eduard: Die Fachsprache. In: Deutschunterricht für Ausländer. 18.1968, S. 124–136.

43 – Fachtext, Fachstil und Fachsprache. In: Sprache und Gesellschaft. Düsseldorf 1971 (= Sprache der Gegenwart, Bd. 13), S. 118–132.

Bergenholtz, Henning/Engberg, Jan: Schwerpunkte der neueren Fachsprachenforschung in Dänemark: In: Fachsprache 17.1995, 1–2, 55–62.

Bolten, Jürgen: ‹Fachsprache› oder ‹Sprachbereich›? Empirisch-pragmatische Grundlagen zur Beschreibung der deutschen Wirtschafts-, Medizin- und Rechtssprache. In: Theo Bungarten (Hrsg.), Beiträge zur Fachsprachenforschung. Sprache in Wissenschaft und Technik, Wirtschaft und Rechtswesen. Tostedt: Attikon-Verlag 1992 (Hamburger Arbeiten zur Fachsprachenforschung; 1), 57–72.

Braunöhler, Petra: Pragmatische Ansätze der Fachsprachenforschung in der deutschen Demokratischen Republik und in der Bundesrepublik Deutschland. In: Clemens Knobloch (Hrsg.), Fachsprache und Wissenschaftssprache. Essen: Die Blaue Eule 1987, 9–34.

Brünner, Gisela: Mündliche Kommunikation in Fach und Beruf. In: Theo Bungarten (Hrsg.), Fachsprachentheorie. Bd. 2, Tostedt: Attikon 1993, 730–771.

Buhlmann, Rosemarie: 'Fachsprache Wirtschaft' – gibt es die? In: Jahrbuch Deutsch als Fremdsprache 15/1989, 82–108.

Bungarten, Theo (Hrsg.): Konzepte zur Unternehmenskommunikation, Unternehmenskultur & Unternehmensidentität. Tostedt: Attikon-Verlag 1991 (Beiträge zur Wirtschaftskommunikation; 2).

Bungarten, Theo (Hrsg.): Fachsprachentheorie. Bd. 1. Fachsprachliche Terminologie, Begriffs- und Sachsysteme, Methodologie. Tostedt: Attikon-Verlag 1993 (Fachsprachentheorie; 1).

Bungarten, Theo (Hrsg.): Fachsprachentheorie. Bd. 2. Konzeption und theoretische Richtungen. Tostedt: Attikon-Verlag 1993.

44 Czichocki, Sieglinde [u. a.]: Die Erscheinungsformen der Sprache. In: Wiss. Zeitschr. der Päd. Hochschule Potsdam. Ges.-Sprachw. Reihe, Sonderheft 1964, S. 113–124.

45 Drozd, L./Seibicke, W.: Deutsche Fach- und Wissenschaftssprache.

Bestandsaufnahme – Theorie – Geschichte. Wiesbaden 1973 [mit Bibliographie, bes. auch osteuropäischer Lit.].

Ehlich, Konrad: Language in the Professions: Text and Discourse. In: Grindsted, Annette/Wagner, Johannes (eds.): Communication for Specific Purposes. Tübingen: Narr 1992 (Kommunikation und Institution; 21), 9–29.

46 Fischer, Gerhard: Fachsprache und Komplexforschung. In: Wiss. Zeitschr. d. Humboldt-Universität zu Berlin. Ges.-Sprachw. Reihe, 18.1969, S. 375–378.

47 Fleischer, Wolfgang: Grundfragen der Stilklassifikation unter funktionalem Aspekt. In: Wiss. Zeitschr. der Päd. Hochschule «Dr. Theodor Neubauer» Erfurt/Mühlhausen. Ges.-Sprachw. Reihe, 7, 2.1970, S. 23–28.

48 Gipper, Helmut: Zur Problematik der Fachsprachen. Ein Beitrag aus sprachwissenschaftlicher Sicht. In: H. Gipper, Denken ohne Sprache? Düsseldorf 1971, S. 108–123.

49 Gläser, Roesemarie: Die Kategorie ‹Funktionalstil› in soziolinguistischer Sicht. In: Zeitschr. f. Phonetik, Sprachwissenschaft u. Kommunikationsforschung 2.1974, H. 6, S. 487–496.

Hahn, Walther v.: Fachkommunikation. Entwicklung, Linguistische Konzepte, Betriebliche Beispiele. Berlin 1983.

50 Hahn, Walther v.: Fachsprachen. In: Lexikon der Germanistischen Linguistik, hrsg. von Hans Peter Althaus u. a. Tübingen 1973, S. 283–286.

51 – Numerische Untersuchungen in der Fachsprachenforschung. In: Zeitschr. f. Dialektologie und Linguistik 60.1973, H. 2, S. 184–191.

52 Halliday, M.A.K.: Language structure and language function. In: New Horizons in Linguistics. Ed. by John Lyons. Harmondsworth, Middlesex 1970, S. 140–165.

53 Hav ránek, Bohuslav: The functional differentiation of the standard language [Auszug von: Ukoly spisovného jazyka a jeho kultura. 1932] In: A Prague School reader on esthetics, literary structure and style. Selected and translated by Paul L. Garvin. Washington 1964, S. 3–16.

54 Heller, Klaus: Der Wortschatz unter dem Aspekt des Fachwortes – Versuch einer Systematik. In: Wiss. Zeitschr. d. Karl-Marx-Universität Leipzig. Ges.-Sprachw. Reihe, 19.1970, S. 531–544.

Høedt, J. u. a. (Hrsg.): Proceedings of the 3rd European Symposium on LSP. Pragmatics and LSP. Copenhagen, August 1981. Kopenhagen 1982.

Hoffmann, Lothar: Kommunikationsmittel Fachsprache. Eine Einführung. Berlin 1976 (= Sammlung Akademie Verlag 44. Sprache).

55 Hoffmann, Lothar: K vertikálnímu rozvrstveni odborných jazyku. (Zur vertikalen Schichtung der Fachsprache) In: Slovo a Slovesnost 35.1974, H. 2, S. 107–112.

Hoffmann, Lothar: Vom Fachwort zum Fachtext. Beiträge zur angewandten Linguistik. Tübingen: Narr 1988 (FFF; 5).

–: Towards a theory of LSP. In: Fachsprache 1.1979, H. 1–2, S. 12–17.

–: Probleme und Methoden der Fachsprachenforschung. In: Wiss. Z.
Karl-Marx-Univ. Leipzig, Ges.- u. Sprachwiss. R. 31.1982, H. 1,
S. 25–34.

–: Seven Roads to LSP. In: Fachsprache 6.1984, H. 1–2, S. 28–38.

56 – Zur Spezifik der Fachsprache in sprachstatistischer Sicht. In:
Fremdsprachenunterricht 12.1968, S. 469–475.

57 Ipsen, Gunther: Ursprache, Sondersprache, Gemeinsprache. In: Blätter für Deutsche Philosophie 4.1930/31, S. 1–16.

58 Jedlička, Alois: Zur Prager Theorie der Schriftsprache. In: Travaux
linguistiques de Prague 1.1964, S. 47–58.

Kalverkämper, Hartwig: Fachsprachen-Forschung – ein Überblick.
In: Bernd Spillner (Hrsg.), Perspektiven der Angewandten Linguistik. Arbeitsfelder. Kongreßbeiträge zur 16. Jahrestagung der Gesellschaft für Angewandte Linguistik, GAL e.V. Tübingen: Narr
1987, 95–99.

Kalverkämper, Hartwig: Vom Terminus zum Text. In: Wolfgang
Sprissler (Hrsg.), Standpunkte der Fachsprachenforschung. Tübingen: Narr 1987 (forum Angewandte Linguistik; 11), 39–78.

59 Klaus, Georg: Semiotik und Erkenntnistheorie. Berlin 1963 (2. neube-
arb. Aufl. 1969, [4]1973).

60 Kocourek, Rostislav: Synonymy and Semantic Structure of Terminology. In: Travaux linguistiques de Prague 3.1968, S. 131–141.

61 Koschmieder, Erwin: Ist das Symbolsystem der Logistik eine Sprache?
In: E. Koschmieder, Beiträge zur allgemeinen Syntax. Heidelberg
1965, S. 116–123.

62 Lachenmayer, Charles W.: Literary, conventional and scientific
language systems. In: Journal of literary semantics 1.1972,
S. 95–106.

Laurén, Christer: Fackspråk. Form, innehåll, funktion. Lund: Studentlitteratur 1993.

63 Les Langues de Spécialité. Analyse Linguistique et Recherche Pédagogique. Actes du Stage de Saint-Cloud 23–30 Novembre 1967.
Hrsg. von J.L. Descamps/Mme Hamon (CREDIF), Strasbourg
1970.

Luchtenberg, Sigrid: Überlegungen zur Bedeutung von Fachsprache
und Vorschule und Schule: Möglichkeiten und Schwierigkeiten. In:
Fachsprache 1989, 2, 153–171.

Mattusch, Hans-Jürgen: Zum Einfluß idealistischer Sprachphilosophie auf die Betrachtung von Fachsprachen. In: Zeitschr. f. Phonetik, Sprachwiss. u. Kommunikationsforschung 31.1978, H. 6,
S. 590–594.

64 Maurer, Friedrich: Zur deutschen Handwerkersprache. In: F. Maurer, Volkssprache. Gesammelte Abhandlungen. Düsseldorf 1964 (= Beih. zur Zeitschr. Wirkendes Wort, 9), S. 37–52.

Möhn, Dieter: Zur Entwicklung neuer Fachsprachen. In: Deutscher Dokumentartag 1976. München 1977, S. 311–328.

–: Ziele und Ergebnisse der Fachsprachenforschung und der Terminologiearbeit. In: Muttersprache 87.1977, H. 2, S. 67–76.

–: Zum Fortgang der germanistischen Fachsprachenforschung in den 70er Jahren. In: Zeitschrift für Germanistische Linguistik 8.3.1980, S. 352–369.

– /Pelka, Roland: Fachsprachen. Eine Einführung. Tübingen 1984 (= Germanistische Arbeitshefte 30).

Nickel, Gerhard (Hrsg.): Languages for specialized purposes. Stuttgart 1978.

Nordman, Marianne: Minilekter. Om de små textgenrernas språk. Vaasa 1994 (Vaasa ylopiston julkaisuja. Tutkimuksia No. 178. Språkvetenskap 23.

65 Petioky, Viktor: Einige Gedanken zum Thema Fachsprachen. In: Hans-Jürgen Bäse (Hrsg.), Begegnung zwischen Praxis und Lehre. Die Ausbildung zum Dolmetscher und Übersetzer. Wiesbaden 1970, S. 55–72.

Petöfi, János S.: Einige allgemeine Aspekte der Analyse und Beschreibung wissenschaftlicher Texte. In: Wissenschaftssprache, hrsg. von Theo Bungarten, München 1981, S. 140–168.

66 Phal, A.: De la langue quotidienne à la langue des sciences et des techniques. In: Le Français dans le Monde. Nr. 61, Décembre 1968, S. 7–12.

67 Reinhardt, Werner: Zum Wesen der Fachsprache. In: Deutsch als Fremdsprache 6.1969, H. 2, S. 91–97.

Rossenbeck, Klaus: Zum Stand der Fachsprachenforschung. In: Germanistisches Bulletin 1984, H. 7, S. 63–86.

68 Sandig, Barbara: Probleme einer linguistischen Stilistik. In: Linguistik und Didaktik 1.1970, S. 177–194.

69 Schilling, Irmgard: Linguistische Probleme fachsprachlicher Untersuchungen. In: Actes du 10e Congrès International des Linguistes. Bd. 4. Bucarest 1970, S. 501–504.

70 Schirmer, Alfred: Die Erforschung der deutschen Sondersprachen. In: Germanisch-Romanische Monatsschrift 5.1913, S. 1–22.

71 Schmidt, Wilhelm: Charakter und gesellschaftliche Bedeutung der Fachsprachen. In: Sprachpflege 18.1969, S. 10–20.

72 – Forschungsprobleme im fachsprachlichen Bereich. In: Wiss. Zeitschr. der Techn. Universität Dresden 18. 1969, H. 2, S. 439–446.

Spillner, Bernd (Hrsg.): Fachkommunikation. Kongreßbeiträge zur

24. Jahrestagung der Gesellschaft für Angewandte Linguistik GAL e.V. Frankfurt/M. [u. a.] 1994 (forum Angewandte Linguistik; 27).

Sprissler, Manfred (Hrsg.), Standpunkte der Fachsprachenforschung. Tübingen: Narr 1987.

Sublanguage. Studies of Language in Restricted Semantic Domains. Ed. by Richard Kittredge and John Lehrberger. Berlin-New York 1982.

73 Weijnen, A.: Vaktaal en dialect. In: Taal en Tongval 4.1952, S. 86–89.

74 Weizsäcker, Carl Friedrich v.: Sprache als Information. In: Die Sprache. Fünfte Folge des Jahrb. ‹Gestalt und Gedanke›. München 1959, S. 45–76.

IV. Sprachliche Besonderheiten

1. Lexik

75 Ahlheim, Karl-Heinz: Rechtschreibprobleme im fachsprachlichen Bereich. In: Die wissenschaftliche Redaktion 1.1965, S. 14–34.

Bausch, Karlheinz/Grosse, Siegfried (Hrsg.): Grammatische Terminologie in Sprachbuch und Unterricht. Düsseldorf 1987 (Sprache der Gegenwart. 69).

Becker, Norbert: Wertigkeit und Frequenz in der Lexis hochspezialisierter medizinischer Texte. In: Zielsprache Deutsch 1977, H. 1, S. 21–27.

Berck, Heidi: Begriffe im Biologieunterricht: Versuch einer Entwirrung am Beispiel Sachkunde. Köln 1986 (Didaktik der Naturwissenschaften. 10).

Brand, Kaspar: Gänsefüßchen und Elefantenrüssel. Zur Metaphorik in der Fachsprache des Schriftsetzers. In: Fachsprache 17.1995, 1–2, 2–16.

76 Büchner, Heinrich: Ein Ringen um den Begriff «Stanzen». In: Muttersprache 1958, S. 330–340.

77 Bückendorf, Helmut: Metaphorik in modernen technischen Bezeichnungen des Englischen. Köln 1963 [Diss. Köln 1959].

Burghardt, W.: Zur Konstruktion der chemischen Fachsprache. Das Lexikon in der Grammatik – Die Grammatik im Lexikon. In: J.S. Petöfi/J. Bredemeier (Hrsg.), Papiere zur Textlinguistik. Bd. 13.1 u. 13.2, Hamburg 1977, S. 135–159.

78 Ebert, Wolfgang: Linguistische Fragen des Fachwortschatzes. In: Sprachpflege 19.1970, S. 227–231.

79 Eggeling, Willi J.: Beobachtungen zum Gebrauch des Fremdwortes in den Fachsprachen des gegenwärtigen Deutsch. In: Muttersprache 85. 1975.

Erhardt, H./Fienhold, R.: Partnerbezug in lexikalischen Netzen in populärwissenschaftlichen Texten. In: Schellenberg, W. (Hrsg.), Untersuchungen zur Strategie der Sprachgestaltung ausgewählter Fachtextsorten. Hamburg/Tostedt: Attikon 1993 (Hamburger Beiträge zur Fachsprachenforschung; 2), 131–154.

80 Filipec, Josef: Zur Spezifik des spezialsprachlichen Wortschatzes gegenüber dem allgemeinen Wortschatz. In: Deutsch als Fremdsprache 6.1969, H. 6, S. 407–414.

81 Fleischer, Wolfgang: Zur linguistischen Charakterisierung des Terminus in Natur- und Gesellschaftswissenschaften. In: Deutsch als Fremdsprache 10.1973, H. 4, S. 193–203.

82 Friederich, Wolf: Neuwörter im englischen naturwissenschaftlich-technischen Wortschatz. In: Lebende Sprachen 17.1972, H. 5, S. 132–136, 18.1973, H. 3, S. 69–74 u. 18.1973, H. 5, S. 139–141 (Diskussion).

83 Gardony, S.: Zum Bedeutungswandel in der Bergmannsprache. Vorbericht einer Arbeit über die Bergmannsprache von Schemnitz und Kremnitz. In: Acta linguistica Academiae scientiarum Hungaricae 9.1959, S. 361–374.

84 Goglitschidse, Zysanna: Wortfamilien der Metallbezeichnungen. In: Deutsch als Fremdsprache 6.1969, H. 6, S. 432–438.

85 Graband, Gerhard: Sprachliche Ausdrucksmittel im internationalen Funksprechverkehr mit Luftfahrtzeugen. In: Sprache im technischen Zeitalter 7.1963, S. 507–529.

86 Guilbert, Louis: La spécifité du terme scientifique et technique. In: Langue française 17, 1973, S. 5–17.

Hoffmann, Lothar: Zum Einfluß der Vorkommenshäufigkeit fachsprachlicher Lexika auf den Aneignungsprozeß. In: Deutsch als Fremdsprache 14.1977, H. 2, S. 90–96.

–: Fachwortschatz – Grundwortschatz – Minimum. In: Deutsch als Fremdsprache 21.1984, H. 4, S. 224–228.

Hornung, Wilhelm: Zur Frage der lexikalischen Ebenen im Bereich der wissenschaftlichen Kommunikation. In: Sprache in Wissenschaft und Technik, hrsg. von Lothar Hoffmann. Leipzig 1978, S. 94–103.

Jahr, Silke: Das Fachwort in der kognitiven und sprachlichen Repräsentation. Essen: Verlag Die Blaue Eule 1993 (Allg. Literatur- und Sprachwissenschaft; 1).

87 Janke, Irmgard [u. a.]: Das erweiterte Attribut in der Literatur der Fachrichtungen Landwirtschaft, Chemie, Pharmazie, Medizin und Ökonomie. In: Wiss. Zeitschr. d. Martin-Luther-Universität Halle-Wittenberg. Ges.-Sprachw. Reihe, 18.1969, S. 25–32.

Kalverkämper, Hartwig: Das Wortfeld der Fachlichkeit im Französischen. Ein Beitrag der Wortfeldforschung zur Methodologie der

Fachsprachenlinguistik. In: Sprachwissenschaft 5.1980, H. 4, S. 415–496.

88 Koppelmann, Udo: Geometrisch bestimmte Warenbegriffe. Formbegriffe der deutschen Sprache im Wirtschaftsleben. Bonn 1967 (= Sprachforum. Beiheft 3).

Kretzenbacher, Heinz L.: Zur Linguistik und Stilistik des wissenschaftlichen Fachworts [(1)/(2)]. In: Deutsch als Fremdsprache 28.1991/92, 195–201 und 29.38–46.

89 Pfriemer, Udo: Verdeutschungen in der Fachsprache des Leitungs- und Heizungsbauers. In: Muttersprache 73.1969, S. 360–369.

Roelcke, Thorsten: Fachwortkonzeption und Fachwortgebrauch. Hintergründe einer Diskrepanz zwischen Sprachwissenschaft und Sprachwirklichkeit. In: Zeitschrift f. deutsche Philologie 114.1995, H. 3, 394–409.

Saile, Günter: Sprache und Handlung. Eine sprachwissenschaftliche Untersuchung von Handhabe-Verben, Orts- und Richtungsadverbialen am Beispiel von Gebrauchsanweisungen. Braunschweig 1984 (= Schriften z. Linguistik, Bd. 10).

Savigny, Eike v. (Hrsg.): Probleme der sprachlichen Bedeutung. Unter besonderer Berücksichtigung des Verhältnisses Fachsprache – Umgangssprache. Grundlagenforschung in Artikeln 1968–1973. Kronberg/Ts. 1976 (= Wissenschaftstheorie und Grundlagenforschung 5).

90 Schnutenhaus, O.R.: Über Sprachanalyse und Bedeutungswandel in der Begriffsentwicklung der Betriebswirtschaftslehre. In: Beiträge zur Begriffsbildung und Methode der Betriebswirtschaftslehre. Festschrift f. W. Bouffier, hrsg. von R. Bratschitsch u. K. Vodrazka. Wien 1965, S. 166–180.

91 Tarnoczi, Loránt: Zur Frage der Abkürzungszeichen. In: Zeitschr. f. Phonetik, Sprachwissenschaft und Kommunikation 22.1969, S. 272–284.

Thurmair, Maria: Doppelterminologie im Text oder: hydrophob ist wasserscheu. In: Kretzenbacher, Heinz L./Weinrich, Harald (Hrsg.): Linguistik der Wissenschaftssprache. Berlin, New York: de Gruyter 1995, 247–280.

92 Veering, Jan: Wie nennen wir das? In: Muttersprache 1958, S. 317–321 [Übers. aus dem Niederl. von W. Seibicke].

93 Wexler, Paul: Towards a structural definition of «internationalism» In: Linguistics 48, 1969, S. 77–92.

Wichter, Sigurd: Experten- und Laienwortschätze. Umriß einer Lexikologie der Vertikalität. Tübingen: Niemeyer 1994 (Reihe Germanistische Linguistik; 144).

94 Ziehe, Anneliese: Sprachliche Mittel der Knappheit des Ausdrucks in der wissenschaftlichen Literatur, am Beispiel des Attributs er-

läutert. In: Wiss. Zeitschr. der Päd. Hochschule Potsdam. Ges.-Sprachw. Reihe, Sonderheft 1964, S. 63–72.

2. Syntax

Baakes, K.: Key Issues of Syntax in the Special Languages of Science and Technology. English-German, Heidelberg: Groos 1994.

Baumbach, Rudolf: Zur syntaktischen Synonomie und syntaktischen Mehrdeutigkeit in der fachsprachlich orientierten Fremdsprachenausbildung. In: Fachsprache 2.1980, H. 2, S. 72–80.

Baumgartner, Peter: Englische Verben und ihre substantivischen Partner in der technischen Kommunikation. Frankfurt a. M. [u. a.]: Lang 1995 (Europäische Hochschulschriften; 14.288).

Beier, Rudolf: Untersuchungen an amerikanischen und britischen Fachtexten der Chemie: Analyse finiter Verbformen unter besonderer Berücksichtigung der Konstruktionen des Typs ‹be + Perfektpartizip›. Frankfurt/M.-Bern-Las Vegas 1977 (= Forum linguisticum 15).

–: Zur Syntax der Fachsprachen. In: Wolfgang Mentrup (Hrsg.), Fachsprachen und Gemeinsprache. Düsseldorf 1979 (= Jahrb. d. Inst. f. dt. Sprache 1978, Sprache d. Gegenwart. Bd. 46), S. 276–301.

Beneš, Eduard: Die formale Struktur der wissenschaftlichen Fachsprachen in syntaktischer Hinsicht. In: Wissenschaftssprache, hrsg. von Theo Bungarten, München 1981, S. 185–212.

95 Beneš, Eduard: Die sprachliche Kondensation im heutigen deutschen Fachstil. In: Linguistische Studien III. Düsseldorf 1973 (= Sprache der Gegenwart, Bd. 23), S. 40–50.

96 – Nominalisierungstendenzen in der deutschen wissenschaftlichen Fachsprache. In: Wiss. Zeitschr. d. Päd. Hochschule Potsdam, Ges.-Sprachw. Reihe. 1967/2, S. 147–154.

97 – Syntaktische Besonderheiten der deutschen wissenschaftlichen Fachsprache. In: Deutsch als Fremdsprache 3.1966, H. 3, S. 26–36.

Chen, Shing-lung: Pragmatik des Passivs in chemischer Fachkommunikation. Frankfurt a. M. [u. a.]: Lang 1995 (Arbeiten zur Sprachanalyse; 23).

98 Gerbert, M.: Besonderheiten der Syntax in der technischen Fachsprache des Englischen. Halle/S. 1970.

Gerbert, Manfred: Semantische Analyse fachsprachlicher Satzgefüge. In: Fachsprache 4.1982, H. 4, S. 174–180.

99 Huddleston, Rodney D. [u. a.]: Sentence and clause in scientific English. London University College, Communication Research Center, Department of General Linguistics, May 1968 [multigr.].

100 Huddleston, R.D.: The sentence in Written English. A syntactic Study based on a Analysis of Scientific Texts. Cambridge: Univ. Press 1971.

101 Kempter, Fritz: Die präpositionale Wortgruppe in der Sprache der Chemie und Physik. Beziehungen zwischen Struktur und Mitteilungsgehalt. In: Deutsch als Fremdsprache 6.1969, H. 6, S. 439–445.

102 – Die Struktur der präpositionalen Wortgruppe in der Sprache der Chemie und der Physik. In: Deutsch als Fremdsprache 6.1969, H. 3, S. 233–241.

Köhler, Claus: Syntaktisch-stilistische Besonderheiten deutscher naturwissenschaftlich-technischer Fachtexte. In: G. Neubert (Hrsg.), Textgattungen der Technik. Berlin 1980, S. 9–28.

103 Köhler, Claus: Zum Gebrauch von Modalverben und Passivfügungen in der deutschen Fachsprache der Technik. In: Wiss. Zeitschr. d. Friedrich-Schiller-Universität Jena. Ges.-Sprachw. Reihe, 19.1970, S. 781–795.

104 – Satzgründende Verben und verbale Elemente in technisch-fachsprachlichen Texten. Diss. Jena 1968 [Masch.].

105 – Zur Verwendung des Verbs in technischer Literatur – insbesondere bei der sprachlichen Realisierung von Zuordnungen. Ein Beitrag zur Beschreibung der Fachsprache der Technik und zu ihrer Behandlung im Deutschunterricht. In: Deutsch als Fremdsprache 5.1968, H. 2, S. 89–95 (I) und H. 3, S. 159–164 (II).

Kuntz, Helmut: Zur textsortenmäßigen Binnendifferenzierung des Fachs Kraftfahrzeugtechnik. Eine syntaktische Analyse mittels valenzspezifischer Muster insbesondere im Bereich der Satzbaupläne. Göppingen 1979.

Littmann, Günther: Zur Syntax der Fachsprachen und anderer Sprachvarianten. In: Fachsprache 1.1979, H. 1–2, S. 50–68.

:– Fachsprachliche Syntax. Zur Theorie und Praxis syntaxbezogener Sprachvariantenforschung. Hamburg 1981 (= Hamburger Philologische Studien, Band 52).

Meyer, Hans Joachim: Distribution und semantische Valenz von ausgewählten Verben der englischen Fachsprache der Physik. In: Wiss. Zeitschrift d. Humboldt-Universität Berlin, Ges.-Sprachwiss. Reihe 27.1978, H. 4, S. 489–492.

106 Möslein, Kurt: Der Nebensatz und sein nominales Äquivalent in der wissenschaftlich-technischen Literatur des 19. und 20. Jahrhunderts. Diss. Leipzig 1968 [Masch.].

107 – Einige Entwicklungstendenzen in der Syntax der wissenschaftlich-technischen Literatur seit dem Ende des 18. Jahrhunderts. In: Beitr. z. Gesch. d. dt. Sprache u. Literatur (Halle) 94.1974, S. 156–198.

Ohnacker, Klaus: Die Syntax der Fachsprache Wirtschaft im Unterricht Deutsch als Fremdsprache. Frankfurt a. M. [u. a.]: Lang 1992 (Werkstattreihe DaF; 39).

108 Ortmann, Hanni; Zur Untersuchung bilingualer Äquivalenzbezie-
hungen im verbalen Bereich der medizinischen Fachsprache. In:
Wiss. Zeitschr. d. Humboldt-Universität zu Berlin. Ges.-
Sprachw. Reihe, 18.1969, S. 393–396.

Schefe, Peter: Statistische syntaktische Analyse von Fachsprachen
mit Hilfe elektronischer Rechenanlagen am Beispiel der medizinischen, betriebswirtschaftlichen und literaturwissenschaftlichen
Fachsprache im Deutschen. Göppingen 1975.

–: Zur Funktionalität der Wissenschaftssprache am Beispiel der Medizin. In: Wissenschaftssprache. hrsg. von Th. Bungarten. München 1981, S. 351–371.

Schwanzer, Viliam: Syntaktisch-stilistische Universalia in den wissenschaftlichen Fachsprachen. In: Wissenschaftssprache, hrsg.
von Th. Bungarten, München 1981, S. 213–230.

Spillner, Bernd: Probleme der Syntax von Fachsprachen – an französischen Beispielen. In: Wolfgang Kühlwein/Albert Raasch
(Hrsg.), Sprache-Lehren-Lernen. Kongreßberichte der 11. Jahrestagung der GAL, Darmstadt 1980, Tübingen 1981, Bd. I, S.
41–48.

Sprissler, Manfred: Morpho-syntaktische Homographen in französischen Fachtexten. In: Bielefelder Beitr. z. Sprachlehrforschung,
hrsg. von M. Sprissler, H. 9, Bielefeld 1977.

–: Fachsprachliche Syntax: Valenz und Satzbaupläne französischer
Verben. In: Fachsprache, Sonderheft I [1979], S. 210–218.

–: On representing sentence structure in English for special purposes
(ESP). In: Fachsprache 3.1981, H. 2, S. 61–68.

Stein, A.: Nominalgruppen in Patentschriften. Komposita und prädikative Nominalisierungen im deutsch-französischen Vergleich.
Tübingen: Niemeyer 1993 (Linguistische Arbeiten; 303).

Tinnefeld, Thomas: Die Syntax des «Journal officiel». Eine Analyse
der Fachsprache des Rechts und der Verwaltung im Gegenwarts-
französischen. Bochum: AKS-Verlag 1993.

109 Turner, G. W.: The passive construction in English scientific writing. In: Aumla (= Journal of the Australasian Universities
Language and Literature Association, Christchurch, New Zea-
land) 1962, Nr. 18, S. 181–197.

110 Uhlig, Eckart: Studien zu Grammatik und Syntax der gesprochenen
Politischen Sprache des Deutschen Bundestages. Ein Beitrag zur
deutschen Sprache der Gegenwart. Marburg 1972 (= Marburger
Beiträge zur Germanistik 40).

Widdowson, H. G.: Explorations in Applied Linguistics. London-
Edinburgh 1979 [Kap. ‹English for Science and Technology›,
S. 21 ff.].

Wilde, Ursula: Fachsprachliche syntaktische Strukturen in der französischen Anzeigenwerbung. Frankfurt a. M. [u. a.]: Lang 1994 (Theorie und Vermittlung der Sprache; 20).

111 Wüsteneck, Helga: Bilinguale Äquivalenzbeziehungen im adverbalen Bereich der medizinischen Fachsprache. In: Wiss. Zeitschr. d. Humboldt-Universität zu Berlin. Ges.-Sprachw. Reihe, 18.1969, S. 387–392.

3. Wortbildung

112 Bareš, Karel: Semantic features of quantitative prefixes in technical English. In: Philologica Pragensia 12.1969, H. 3, S. 151–158.

Burgschmidt, Ernst: ‹Sprache und Technik› und Wortbildung. (Bes. die englische Sprache der Papierherstellung). In: Burgschmidt, E., Wortbildung 1. München 1977, S. 173–317.

113 Daeves, Karl: Begriffsbestimmungen und Wortneuprägungen in der Technik. In: Muttersprache 1951, S. 267–269.

Dederding, Hans-Martin: Wortbildung, Syntax, Text. Nominalkomposita und entsprechende syntaktische Strukturen in deutschen Patent- und Auslegeschriften. Erlangen 1982 (= Erlanger Studien 34).

114 Genari, V./Semenov, E.: Neubildung von Fachausdrücken. In: Fremdsprachen 1963., H. 3, S. 166–169.

115 Herzog, Reinhart: Gegenwärtige Tendenzen in der terminologischen Wortbildung. Untersuchungen zur Verwendung der Kompositumstruktur in Fachwörtern der amerikanischen und deutschen Datenverarbeitungsterminologie. In: Mitteilungsblatt für Dolmetscher und Übersetzer. 1971, H. 9/10, S. 3–6.

Hofmann, G.: Die Partikeln als Teil eines Kompositums in der deutschen Terminologie der Mikroelektronik. In: Wiss. Zeitschr. Friedr.-Schiller-Univ. Jena, Ges.- u. Sprachwiss. Reihe 1984, H. 5, S. 613–618.

116 Kejvanová, Antonie: Zur Komparation in der Fachsprache. In: Deutsch als Fremdsprache 10.1973, H. 3, S. 183–185.

117 Kempter, Fritz: Das Suffix -er zur Bezeichnung von Nomina instrumenti in der deutschen Sprache der Gegenwart und seine Behandlung im Deutschunterricht für Ausländer. In: Deutsch als Fremdsprache 4.1967, H. 4, S. 241–248.

Kissig, Brunhilde: Fachsprachliche Wortgruppen in englischen und deutschen Texten der Mikroprozessortechnik. Frankfurt a. M. [u. a.]: Lang 1995 (Leipziger Fachsprachen-Studien; 8).

Kjaer, Anne Lise: Normbedingte Wortverbindungen in der juristischen Fachsprache. In: Fremdsprachen Lehren und Lernen 1992, 46–64.

118 Kretschmar, Elisabeth [u. a.]: Die suffixiale Derivation als Mittel der Terminusbildung. In: Wiss. Zeitschr. der Humboldt-Universität zu Berlin. Ges.-Sprachw. Reihe, 18.1969, S. 425–431.

Latour, Bernd: Adjektivische Zusammenbildungen vom Typ «innerseelisch» – «intrapsychisch». In: Muttersprache 90.1980, H. 5–6, S. 299–321.

Müller, Renate: Phraseologismen in englischen Fachtexten der Humanmedizin. Frankfurt a. M. [u. a.]: Lang 1993 (Leipziger Fachsprachenstudien; 6).

119 Müller-Ott, Dorothea: Zur Entstehung technischer Fachausdrücke aus Deminutivbildungen. In: Wiener slavistisches Jahrbuch 17.1972 (R. Jagoditsch zum 80. Geb. gewidmet), S. 209–214.

Natanson, Edouard: Formation des termes par abréviation. In: Fachsprache 1.1979, H. 3, S. 83–90.

Plath, Karl: Das terminologische Wortgruppenlexem im dt. Fachwortschatz der Technik. Untersucht am Fachwortschatz der Elektrotechnik. Diss. Dresden 1980.

120 Reinhardt, Werner: Probleme der Wortbildung in der deutschen Fachsprache der Technik, dargestellt am Beispiel der sogenannten verbalen Partikelkompositionen. In: Deutsch als Fremdsprache 6.1969, H. 6, S. 415–420.

121 – Produktive verbale Wortbildungstypen in der Fachsprache der Technik. In: Wiss. Zeitschr. d. Päd. Hochschule Potsdam. Ges.-Sprachw. Reihe 1966/2, S. 183–195.

Reinhardt, Werner: Zu einigen Wortbildungserscheinungen unter dem Gesichtspunkt der Nominalität der technischen Fachsprache des Deutschen. In: Sborník. Jahrb. d. Fak. f. Agrarökonomik d. Hochschule f. Landwirtschaft in Prag, 1976, S. 138–154.

–: Fachsprachliches Wortbildungsminimum und «Fachlichkeit» von Texten. In: Fachsprache 5.1983, H. 1, S. 2–11.

122 Schütze, Ruth: «Außenrund-Schnelleinstechschleifen» – Bemerkungen zu einem Wortbildungstyp in der Fachsprache der Technik. In: Deutsch als Fremdsprache 6.1969, H. 6, S. 421–426.

123 Schulze, Gustav: Die Wortbildung in der Technik. Ein Beitrag zur Sprache des Technikers. In: Muttersprache 1952, S. 148–157.

Spiegel, Heinz-Rudi: Neubenennungen in den technischen Fachsprachen. In: Der Deutschunterricht 31.1979, H. 5, S. 22–34.

124 Thiele, Joachim: Einige Daten über Wortbildungen in Lyrik und Technik. In: Muttersprache 80.1970, H. 7/8, S. 231–238.

Townson, Michael: Nuclear neologism. In: Foreign influences on German. Proceedings of the conference ‹Foreign influences on German: past and present›, held at the Univ. of York, England, 20.-30. March 1983. Ed. by Charles V.J. Russ (Dundee) Lochee Publ. 1984, S. 88–108.

Zhang, Dingxiang: Komplexe lexikalische Einheiten in Fachsprachen. Eine Untersuchung am Beispiel der Fachsprachen der Umformtechnik und der Fertigungstechnik. Heidelberg: Groos 1990.

Zhu, Jianhua: Wortbildung in kontrastiver Sicht: Deutsch-Chinesisch, unter Berücksichtigung der Fachsprachenentwicklung. In: Fachsprache 14.1992, 3–4, 132–140.

4. Text / Textsorte / Diskurs

Baumann, Klaus-Dieter: Integrative Fachtextlinguistik. Tübingen: Narr 1992 (FFF; 18).

Bungarten, Theo (Hrsg.): Kommunikationstraining und Trainingsprogramme im wirtschaftlichen Umfeld. Tostedt: Attikon 1994 (Beitr. z. Wirtsch.-Kommunikation; 12).

Busch-Lauer, Ines-Andrea/Fiedler, Sabine/Ruge, Marion (Hrsg.): Texte als Gegenstand linguistischer Forschung und Vermittlung. Festschrift für Rosemarie Gläser. Frankfurt/M. [u. a.]: Lang 1995 (Leipziger Fachsprachen-Studien; 10).

Ehlich, Konrad u. a. (Hrsg.): Instruktion durch Text und Diskurs. Zur Linguistik «technischer Texte». Opladen: Westdeutscher Verlag 1994.

Gläser, Rosemarie: Kommunikationsverfahren als Differenzierungskriterien für Textsorten. In: Wiss. Zeitschr. d. Karl-Marx-Univ. Leipzig. Ges.- u. Sprachw. Reihe 31.1982, S. 12–24.

–: Das Verhältnis von Texttypologie und Stiltypologie in der Fachsprache. In: Wiss. Zeitschr. d. Wilhelm-Pieck-Universität Rostock, 30.1983, Ges.-Sprachw. Reihe, H. 2, S. 7–11.

Grütz, Doris: Strategien zur Rezeption von Vorlesungen. Frankfurt a. M. u. a.: Lang 1994 (Werkstattreihe Deutsch als Fremdsprache; 48).

Hartmann, R. R. K.: Contrastive Textology. Comparative Discourse Analysis in Applied Linguistics. Heidelberg 1982.

Harweg, Roland: Strukturen und Probleme linguistischer Rede. Zeichen- und abbildungstheoretische Bemerkungen zur Sprache der Linguistik. In: Theo Bungarten (Hrsg.), Wissenschaftssprache. München 1981, S. 111–139.

Hoffmann, Lothar: Fachtextlinguistik. In: Fachsprache 5.1983, H. 2, S. 57–67.

–: Kumulative Analyse wissenschaftlicher Texte als Grundlage für die Beschreibung und Klassifizierung von Fachtextsorten. In: Wiss. Zeitschr. d. Wilhelm-Pieck-Universität Rostock, 32.1983, Ges.-Sprachw. Reihe, H. 2, S. 13–17.

–: Vom Fachtext zur Fachtextsorte. In: Deutsch als Fremdsprache 21.1984, H. 6, S. 356–363.

Jahr, Silke: Das Verstehen von Fachtexten. Rezeption – Kognition – Applikation. Tübingen: Narr 1996 (FFF; 34).

Kahn, Joan Y.: Modes of Medical Instruction. A semiotic Comparison of Textbokks of Medicine and Popular Home Medical Books. London 1983.

Kalverkämper, Hartwig/Baumann, Klaus-Dieter (Hrsg.), Fachliche Textsorten. Komponenten – Relationen – Strategien. Tübingen: Narr 1996 (FFF; 25).

Kalverkämper, H.: Textuelle Fachsprachen-Linguistik als Aufgabe. In: LiLi 13/1983, H. 51/52, S. 124–166.

Kresta, Ronald: Realisierungsformen der Interpersonalität in vier linguistischen Fachtextsorten des Englischen und Deutschen. Frankfurt a. M. [u. a.]: Lang 1995 (Theorie und Vermittlung der Sprache; 24).

Monteiro, Maria/Rösler, Dietmar: Eine Vorlesung ist nicht nur eine Vor-Lesung: Überlegungen zur Beschreibung eines kommunikativen Ereignisses in der Lehre an der Hochschule. In: Fachsprache 15.1993, 1–2, 54–67.

Rosengren, Inger: Analysekategorien in fachsprachlichen Texten. In: Fachsprache. Sonderheft 1 [1979], S. 81–95.

Rossipal, Hans: Pragmatische Motivationsstruktur in Fachtexten. In: Fachsprachen und Gemeinsprache. Jahrbuch 1978 d. Inst. f. deutsche Sprache. Düsseldorf 1979 (= Sprache der Gegenwart, 46), S. 155–208.

Schellenberg, Wilhelm (Hrsg.): Untersuchungen zur Strategie der Sprachgestaltung ausgewählter Fachtextsorten aus Gegenwart und Neuzeit. Tostedt: Attikon Verlag 1994 (Hamburger Arbeiten zur Fachsprachenforschung; 2).

Schlorke, A.: Die Redeform als Determinante für die logisch-kommunikative Strukturierung transphrastischer Einheiten in Fachtexten. In: Wiss. Zeitschr. Friedr.-Schiller-Univ. Jena, Ges.- u. Sprachwiss. Reihe 1984, H. 5, S. 661–665.

Schonebohm, Manfred: Texttypen in der fachsprachlichen Kommunikation. In: Fachsprache, Sonderheft I [1979], 96–104.

Schröder, Hartmut (Hrsg.): Fachtextpragmatik. Tübingen: Narr 1993 (FFF; 19).

V. Analyse und Deskription einzelner Fachsprachen (Gesamtdarstellungen, Einzelprobleme u. a.)

125 Abraham, Werner: Komponentialanalyse von Fachsprachen. Groningen: Rijksuniversiteit 1972 [hektogr.] (Rez. von W. v. Hahn, in: Zeitschr. f. Dialektologie u. Linguistik 41.1974, H. 3, S. 341f.).

126 Alexander, Theodor W.: A scientist views scientific German. In: The modern language journal 33.1949, S. 60–62.

127 Allard, Isabelle: Langage d'une verrerie. In: Vie et langage 255, 1973, S. 350–352.

128 Andreae, Otto: Schiffahrt und Schiffersprache von Mülheim an der Ruhr. Mülheim a.d. Ruhr 1943 (= Schriften zur Mülheimer Heimatkunde, 1).

129 Arntzen, Helmut: Sprachkritik und Sprache der Wissenschaft. In: Sprache im technischen Zeitalter 5.1962, S. 387–400.

Balazs, János: Fragen des Stils und der Sprachkultur der ungarischen Fach- und Wissenschaftssprache. In: Sborník. Jahrb. d. Fak. f. Agrarökonomik d. Hochschule f. Landwirtschaft in Prag, 1976, S. 35–55.

130 Barber, C.L.: Some measurable characteristics of modern scientific prose. In: Gothenburg studies Nr. 14, 1962, S. 22–44 (Contributions to English syntax and Philology. Göteborg 1962).

131 – The vocabulary and verb forms of modern scientific English: a preliminary investigation. In: Venture (Pakistan) 2.1961, H. 1, S. 5–19.

132 Basler, Otto: Die Sprache des modernen Arbeiters. In: Zeitschr. f. deutsche Wortforschung 15.1914, S. 246–270.

133 Baumgärtner, Klaus: Zur Fachsprache der Metallarbeiter in Leipzig. In: Beiträge z. Gesch. d. dt. Sprache u. Literatur (Halle), Sonderband 79.1957, S. 163–168.

134 Bayer, Hans: Sprache als praktisches Bewußtsein. Philosophisch-wissenschaftliche Terminologie und Sprachbehandlung bzw. konkrete fachliche Praxis. In: Zeitschr. f. Dt. Philologie 93.1974, H. 2, S. 321–342.

135 Becker, Wolf-Dieter/Lossen, Heinz: Zur Sprache der Wirtschaftspolitik. In: Sprachforum 1.1955, S. 117–123.

136 Beckmann, Jürgen: Der Wortschatz des Deich- und Sielwesen an der ostfriesischen Nordseeküste. Diss. Mainz 1968 [Masch.].

137 Beheim-Schwarzenbach, E.: Die Sprache in der Wirtschaftsforschung. In: Wirkendes Wort 4/1953, Sonderheft, S. 13–23.

138 Beneš, Eduard: Zur Typologie der Stilgattungen der wissenschaftlichen Prosa. In: Deutsch als Fremdsprache 6.1969, H. 3, S. 225–233.

Bergsdorf, W.: Sprache und Politik. Studie zur Terminologie der Politik. Pfullingen 1983.

Biel, M.: Vertrauen durch Aufklärung. Analyse von Gesprächsstrategien in der Aufklärung über die freiwillige Sterilisation von Frauen in einer Klinik. Frankfurt/M., Bern 1983.

Birkenmaier, Willi: Russisch als Fachsprache: Tübingen: Francke 1991 (UTB 1606)

139 Blochwitz, Werner: Die fachsprachlichen Elemente der französischen Pressesprache im Hinblick auf die Bedeutungsneologismen. In: Beiträge zur romanischen Philologie 6.1967, S. 323–343.

140 Bock, Hermann/Rosenkranz, Heinz: Zur Technik und Terminologie der Landholzflößerei auf der thüringischen Saale. In: Deutsches Jahrb. f. Volkskunde 14.1968, S. 84–98.

Böhme, Gernot: Wissenschaftssprachen und die Verwissenschaftlichung der Erfahrung. In: Sprache u. Welterfahrung, hrsg. v. Jörg Zimmermann. München 1978, S. 89–109.

Bourcier, Danièle (Hrsg.): Le discours juridique: analyses et méthodes. Paris 1979 (= Langages 12.1979, H. 53)

141 Brandt, Wolfgang: Die Sprache der Wirtschaftswerbung. In: Germanistische Linguistik 1973, H. 1/2, S. 1–290.

Brandt, Wolfgang: Zur Sprache der Sportberichterstattung in den Massenmedien. In: Muttersprache 89.1979, H. 3–4, S. 160–178.

–: «Schwere Wörter» im Sprachbereich ‹Sport›. In: Henne, H./Mentrup, W. (Hrsg.), Wortschatz und Verständigungsprobleme. Was sind «schwere Wörter» im Deutschen? Düsseldorf 1983 (= Jahrb. 1982 d. Inst. f. dt. Spr. in Mannheim), S. 92–118.

142 Braun, Frank X.: German for research. In: German Quarterly 27.1954, S. 116–121.

Bretz, Gerda: Die mundartliche Fachsprache der Spinnerei und Weberei in Heltau, Siebenbürgen, in ihren räumlichen, zeitlichen und sachlichen Bezügen. Marburg 1977 (= Deutsche Dialektgeographie. Bd. 83).

143 Bröcher, Josef: Die Sprache des Schmiedehandwerks im Kreis Olpe auf Grund der Mundart von Rhonard. Berlin 1907 [Diss. Münster 1907].

Brünner, Gisela: Kommunikation in institutionellen Lehr-Lern-Prozessen. Diskursanalytische Untersuchungen zu Instruktionen in der betrieblichen Ausbildung. Tübingen 1987.

144 Brunner, Th./Berkowitz, L.: The elements of scientific and specialized terminology. Minneapolis, Burgess 1967.

145 Buchholz, W.: Die deutsche Seemannsprache. In: Muttersprache 1959, S. 356–360.

Budin, Gerhard: Wie (un)verständlich ist das Soziologendeutsch? Begriffliche und textuelle Strukturen in den Sozialwissenschaften. Frankfurt/M. [u. a.]: Lang 1993 (Werkstattreihe DaF; 42).

Bungarten, Theo (Hrsg.): Wissenschaftssprache. Beiträge zur Methodologie, theoretischen Fundierung und Deskription. München 1980.

Bungarten, Theo (Hrsg.): Sprache und Information in Wirtschaft und Gesellschaft. Tostedt: Attikon-Verlag 1988.

Bungarten, Theo (Hrsg.): Beiträge zur Fachsprachenforschung: Sprache in Wissenschaft und Technik, Wirtschaft und Rechtswesen. Tostedt: Attikon-Verlag 1992 (Hamburger Arbeiten zur Fachsprachenforschung; 1).

Bungarten, Theo (Hrsg.): Kommunikationsprobleme in und von Unternehmungen: Wege zu ihrer Erkennung und Lösung. Tostedt: Attikon Verlag 1994.

Bungarten, Theo: HA FF. Hamburger Arbeiten zur Fachsprachenforschung. Ein neues Forum für die pragmatische Diskussion. In: Theo Bungarten (Hrsg.), Beiträge zur Fachsprachenforschung: Sprache in Wissenschaft und Technik, Wirtschaft und Rechtswesen. Tostedt: Attikon-Verl. 1992, 9–14.

Burger, Harald: Sprache der Massenmedien. Eine Einführung. Berlin 1984.

146 Burkert, Alois: Die Synonymik gynäkologischer, andrologischer und geburtshilflicher Begriffe beim Rind in den Mundarten der Bundesrepublik. München 1970 [Diss. Tierärztl. Fak.].

Busse, Dietrich: Recht als Text. Linguistische Untersuchungen zur Arbeit mit Sprache in einer gesellschaftlichen Institution. Tübingen: Niemeyer 1992 (Germanistische Linguistik; 131).

147 Carl, Helmut: Deutsche Wortfamilien in der Fachsprache des Biologen. In: Muttersprache 1961, S. 170–177.

148 – Zur Problematik der naturwissenschaftlichen Fachsprachen. In: Der mathematische u. naturwissenschaftliche Unterricht 11.1958/ 59, S. 210–215.

149 Clauss, Karl: Zum Gebrauch von Wertwörtern im Recht. In: Muttersprache 83.1973, H. 1, S. 54–64.

150 – Scheinpräzision in der Rechtssprache. In: Muttersprache 84.1974, H. 1, S. 21–38.

Cort, Josef de: Fachsprache und Stil. Ein Überblick. In: Jahrbuch f. Int. Germanistik 15.1983, H. 2, S. 40–52.

– /Hessmann, P.: Die wissenschaftliche Fachsprache der Wirtschaft. Eine Untersuchung ihrer syntaktischen und syntaktisch-lexikalischen Merkmale. In: Linguistica Antverpiensia 11.1977, S. 27–89, 12.1978, S. 233–250 und 13.1979, S. 55–100.

Cortelazzo, Michele A.: Lingue Speciali. La dimensione verticale. Padua: Unipress (Studi Linguistici Applicati).

151 Dagonet, F.: Tableaux et langage de la Chimie. Paris: Le Seuil 1969 (= Coll. Sciences Ouvertes).

152 Dankert, Harald: Sportsprache und Kommunikation. Untersuchun-

gen zur Struktur der Fußballsprache und zum Stil der Sportberichterstattung. Tübingen 1969 (= Volksleben 25).

Deppner, Jutta: Fachsprache der Chemie in der Schule. Empirische Untersuchung zum Textverständnis und Ansätze zur sprachlichen Förderung türkischer und deutscher Schüler. Heidelberg: Groos 1989 (Sammlung Groos; 36).

Deutsche Akademie f. Sprache und Dichtung (Hrsg.): Der öffentliche Sprachgebrauch. Bd. 2: Die Sprache des Rechts und der Verwaltung. Stuttgart 1981.

153 Dietrich, H.: Zur Faßlichkeit naturwissenschaftlicher und technischer Aussagen. Berlin 1959.

154 Dörner, Alma: Die Sprache der Pforzheimer Goldschmiede. Diss. Heidelberg 1931 [Masch.].

Dörner, Andreas/Vogt, Ludgera (Hrsg.): Sprache des Parlaments und Semiotik der Demokratie. Studien zur politischen Kommunikation in der Moderne. Berlin, New York: de Gruyter 1995 (Sprache, Politik, Öffentlichkeit; 6).

155 Dominique, Philippe: Vocabulaire boursier de la hausse et de la baisse. In: Linguistique 7.1971, H. 1, S. 55–72.

156 Doorn, Theodorus Henricus van: Terminologie van riviervissers in Nederland. Assen 1971 [Diss. Nijmegen].

157 Ebersbach, Karl-Heinz: Untersuchungen zum Wortschatz der kautschukverarbeitenden Industrie. Diss. Greifswald 1969 [Masch.].

Eggers, Dietrich: Wort- und Bildinformationen in wissenschaftlichen Medientexten. In: Video im Fremdsprachenunterricht, hrsg. von H. v. Faber und D. Eggers. München 1980, S. 237–250.

Ehlich, Konrad u. a. (Hrsg.): Medizinische und therapeutische Kommunikation. Diskursanalytische Untersuchungen. Opladen 1990.

Ehlich, Konrad: Deutsch als fremde Wissenschaftssprache. In: Jahrbuch Deutsch als Fremdsprache, 19. München. iudicium 1993, 13–42.

158 Eichhoff, Jürgen: Die Sprache des Niederdeutschen Reepschlägerhandwerks. Köln 1968.

159 Eimermacher, Karl: Zum Problem einer literaturwissenschaftlichen Metasprache. In: Sprache im technischen Zeitalter 48, 1973, S. 255–277.

160 Endres, Walter: Zur Ausdrucksweise im betriebswirtschaftlichen Schrifttum. In: Der Sprachdienst 14.1970, H. 1, S. 3–10.

Engberg, Jan: Prinzipien einer Typologisierung juristischer Fachtexte. In: Fachsprache 15.1993, 1–2, 31–38.

161 Erdmann, Helmut: Studien zur Geschichte und Sprache des deutschen Bauwesens. Diss. TH Danzig 1939.

Ermert, Karl (Hrsg.): Sprache und Recht. Loccum 1980. (= Loccumer Protokolle 31/1980).

– (Hrsg.): Wissenschaft – Sprache – Gesellschaft. Über Kommunikationsprobleme zwischen Wissenschaft und Öffentlichkeit und Wege zu deren Überwindung. Tagung vom 18. bis 21. März 1982, Loccum 1982 (= Loccumer Protokolle 6/1982).

162 Eroms, Hans-Werner: Zur Analyse politischer Sprache. In: Linguistik und Didaktik 17, 1974, S. 1–16 [mit bibliogr. Hinweisen].

Feer, Hans: Die Sprache der Psychiatrie: eine linguistische Untersuchung. Berlin [u. a.]: Springer 1987 (Monographien aus dem Gesamtgebiete der Psychiatrie; 48).

Fiehler, Reinhard/Sucharowski, Wolfgang (Hrsg.): Kommunikationsberatung und Kommunikationstraining. Anwendungsfelder der Diskursforschung. Opladen: Westdeutscher Verlag 1992.

163 Fischer, Ernst: Chemikernamen in der fachlichen Umgangssprache. In: Chemiker-Zeitung 1939, Nr. 65, S. 535–555.

164 Fischer, Hans-Dieter/Uerpmann, Horst: Vom nichtssagenden Reden oder: Bemerkungen zur Sprache der Diplomatie. In: Muttersprache 84.1974, H. 1, S. 57–72.

Fiß, Sabine (Hrsg.): Deutschsprachige Fachkommunikation im universitären und außeruniversitären Bereich. Beiträge der Fachtagung Chemnitz 1992. Regensburg 1993.

165 Fleck, Klaus: Streifzüge durch die moderne deutsche und französische Wirtschaftsterminologie. In: Lebende Sprachen 14. 1969, H. 5, S. 136–140 u. 14.1969, H. 6, S. 167–173.

166 Fleischer, Wolfgang: Terminologie und Fachsprache im Bereich der Politik. In: Wiss. Zeitschr. d. Päd. Hochschule Potsdam. Ges.-Sprachw. Reihe, 13.1969, S. 475–485.

167 Flood, W.E.: Scientific words, their structure and meaning. London: Olbourne 1960.

168 Fluck, Hans-Rüdiger: Arbeit und Gerät im Wortschatz der Fischer des Badischen Hanauerlandes. Untersuchungen zur Fachsprache am Oberrhein. Freiburg/München 1974 (= Forschungen zur Oberrheinischen Landesgeschichte, Bd. 25).

Fluck, Hans-R./Saarbeck, Ursula/Zhu, Jianhua/Zimmer, Thomas (Hrsg.): Deutsch als Fach- und Fremdsprache in Ost- und Zentralasien. Situationen, Sprachbeschreibungen, didaktische Konzepte. Heidelberg: Groos 1996 (Sammlung Groos; 61).

169 Fraser, F.M.: Economic Thought and Language – A Critique of some Fundamental Economic Concepts. London 1947.

170 Frehner, Otto: Die schweizerdeutsche Älplersprache. Alpwirtschaftliche Terminologie der deutschen Schweiz. Die Molkerei. Frauenfeld 1919.

Fricke, Harald: Die Sprache der Literaturwissenschaft. Textanalytische und philosophische Untersuchungen. München 1977.

Frilling, Sabine: Textsorten in juristischen Fachzeitschriften. Münster [u. a.] Waxmann 1995 (Internationale Hochschulschriften; 138).

171 Fuchs, Heinz Ph.: Die Sprache der Technik. In: Der Deutschunterricht (Stuttgart) 17.1965, H. 6, S. 90–103.

172 Fuchs, Walter R.: Das exakte Geheimnis. Die Sprache der Naturwissenschaften. In: Muttersprache 75.1965, S. 263–272.

Fuchs-Khalkar, Christine: Die Verwaltungssprache zwischen dem Anspruch auf Fachlichkeit und Verständlichkeit. Tübingen: Stauffenburg Verlag 1987.

173 Gelens; F.M./Doorn, Th.H. van: Vaktalen. Imkers en riviervissers. Amsterdam 1967 (= Bijdragen en mededelingen der Dialectencommissie van de Koninklijke Nederlandse Akademie van Wetenschapen te Amsterdam, 33).

174 Georgin, René: La langage de l'administration et des affaires. Paris: Ed. Sociales Françaises 1954.

175 Gerbert, M.: Les formations régressives dans la langue anglaise technique de spécialité (traduit de l'allemand). In: Bulletin pédagogique des langues vivantes (IUT), Nancy, INFA, 1969, Nr. 5, S. 51–67.

176 Gerlach, Walther: Die Sprache der Physik. Bonn 1962 (= Math.-Natw. Taschenb. Bd. 5).

177 Gerneth, Georg Stefan [u. a.]: Zur Fußballsprache. In: Linguistik und Didaktik 2.1971, H. 2, S. 200–218.

Gläser, Rosemarie: Fachstile des Englischen. Leipzig 1979.

–: The stylistic component of Languages for Special Purposes. In: Fachsprache 4.1982, H. 1, S. 2–11.

Gläser, Rosemarie: Linguistic Features and Genre Profiles of Scientific English. Frankfurt/M. [u. a.]: Lang 1995 (Leipziger Fachsprachen-Studien; 9).

178 Göhler, Josef: Die Leibesübungen in der deutschen Sprache und Literatur. In: Deutsche Philologie im Aufriß. Berlin [2]1962, S. 2973–3050.

Göpferich, Susanne: Textsorten in Naturwissenschaften und Technik. Pragmatische Typologie – Kontrastierung – Translation. Tübingen: Narr 1995 (FFF; 27).

Göpferich, Susanne: Von der Terminographie zur Textographie: Computergestützte Verwaltung textsortenspezifischer Textversatzstücke. In: Fachsprache 17.1995, 1–2, 17–41.

179 Götze, Alfred: Akademische Fachsprache. In: Germanisch-Romanische Monatsschrift 17.1929, S. 161–176.

180 Goltz, Dietlinde: Krankheit und Sprache. In: Sudhoffs Archiv 53.1969, S. 225–269.

Goltz, R.: Die Finkenwerder Hochseefischerei. Studien zur Entwicklung eines Fachwortschatzes. Diss. Hamburg 1984.

181 Goosens, Jan: Taalgeografie en moderne naamgeving. Een onderzoek

naar de benamingen van enkele moderne landbouwbegrippen in het zuidoosten van het Nederlands taalgebied, voornamelijk Belgisch-Limburg. In: Tijdschrift voor nederlandse taal-en letterkunde 80.1963, S. 41–54 u. 185–203.

182 Gordon, G.N.: The language of communication. New York 1969.

Grabowski, Martina: Fachsprache und Funktionalstil: ihr Zusammenwirken, demonstriert am Beispiel russischer Fachtexte des Außenhandels. Frankfurt a. M. [u. a.]: Lang 1992 (Beiträge zur Slawistik; 19).

Grindsted, Annette/Wagner, Johannes (eds): Communication for Specific Purposes = Fachsprachliche Kommunikation. Tübingen: Narr 1992 (Kommunikation und Institution; 21).

Grosse, Siegfried/Mentrup, Wolfgang (Hrsg.): Bürger – Formulare – Behörde. Tübingen 1980 (= Forschungsberichte des Inst. f. dt. Sprache, Bd. 51).

– /Mentrup, Wolfgang (Hrsg.): Anweisungstexte. Tübingen 1982 (= Schriften des Inst. f. dt. Sprache, Bd. 54).

183 Guern, Michel Le/Raymondis, Louis Marie: Le langage de la justice. In: Vie et langage 255, 1973, S. 302–309.

184 Guilbert, Louis: La formation des vocabulaires de l'aviation. Paris: Larousse 1965.

185 – Le vocabulaire de l'astronautique. Enquête linguistique à travers la presse de l'information à l'occasion de cinq exploits de cosmonautes. Paris: Larousse 1967.

186 Hamelin, L. E./Dorion, H.: Réflexions sur le langage géographique. Quebec 1966 (= GECET, Université Laval, Publications Nr. 1).

187 Hardenberg, Hans: Die Fachsprache der bergischen Eisen- und Stahlwarenindustrie. Bonn 1940 (= Dt. Volkstum am Rhein, 4).

188 Harnisch, Hanna: Zur Analyse des Inhalts politischer Fachwörter. In: Zeitschr. f. Phonetik, Sprachwissenschaft und Kommunikationswissenschaft 27.1974, H. 1/3, S. 65–72.

189 Hartmann, R. R. K.: The Language of Linguistics. Reflections on Linguistic Terminology, with particular Reference to ‹Level› and ‹Rank›. Tübingen 1973 (= Tübinger Beitr. z. Linguistik, 44).

190 Heger, Erika: Zu Fachsprache und Handwerk des Gerbers in Bayern. Nachgewiesen an Archivalien und eigenen Erkundungen. Diss. München 1960.

191 Heidelberger, A.: Das Problem der Präzision in der Fachsprache des englischen Ingenieurs. In: Lebende Sprachen 11.1966, S. 2–5.

192 Heisenberg, W.: Der Teil und das Ganze. Gespräche im Umkreis der Atomphysik. München 1969 [Kap. 11: «Diskussionen über die Sprache»].

193 Heller, Bruno: Formale Sprachen. In: Linguistik und Didaktik 4.1973, S. 303–312 u. 5.1974, S. 59–65 [mit Literaturhinweisen].

311

194 Henne, Helmut: Korrelationen von Sprachtheorie und Terminologie in der germanistischen Linguistik. Am Beispiel der Subklassifizierung des Verbs. In: Zeitschr. f. Dialektologie u. Linguistik 38.1971, S. 47–63.

195 Hering, Dietrich: Zur Faßlichkeit naturwissenschaftlicher und technischer Aussagen. Berlin: Volk und Wissen 1959 (= Beitr. z. Theorie u. Praxis d. Berufsausbildung, H. 2).

196 Herrmann-Wünzer, Lore: Die Fachsprache der südhessischen Imker. In: Hess. Blätter f. Volkskunde 36.1937, S. 113–166.

197 Herzog, Reinhart: Sprachfragen der Datenverarbeitung. In: Muttersprache 80.1970, H. 9/10, S. 330–355.

198 Hexner, E.: Studies in Legal Terminology. Durham 1941.

Hoberg, Rudolf: Probleme bei der Erstellung fachsprachlicher Textdatenbanken für Deutsch als Fremdsprache. In: Technik und Sprache in Literatur, hrsg. von Rudolf Hoberg. Darmstadt: THD 1994, 333–348.

Höfflin, Horst-Christian: Zur Sprache des Weinbaus am Kaiserstuhl und Tuniberg. Göppingen 1983 (= Göppinger Arbeiten z. Germanistik, Bd. 380).

199 Hoffmann, Lothar: Zur maschinellen Analyse der statistischen Struktur wissenschaftlicher Texte (Lexik und Morphologie des Russischen). Habil.schr. Leipzig 1966 [Masch.].

200 – Methoden zur quantitativen Charakterisierung der Wissenschaftssprache. In: Actes du 10e Congrès international des Linguistes. Bd. 3. Bucarest 1970, S. 405–408.

Hoffmann, Lothar: Fachsprachenlinguistik in Gutachten. Dresden 1990.

Hoffmann, Ludger (Hrsg.): Rechtsdiskurse. Tübingen 1989.

201 Hoffmann, Therese: ‹Humus›. Fachsprachenprobleme im landwirtschaftlichen Schrifttum. In: Sprachforum 3.1959/60, S. 130–140.

202 Horn, Dieter: Rechtssprache und Kommunikation. Berlin 1966.

203 Hornung, Wilhelm: Die russische chemisch-technische Terminologie im Vergleich zur deutschen. Diss. Berlin 1965 [Masch.].

Hundt, Markus: Modellbildung in der Wirtschaftssprache. Zur Geschichte der Institutionen- und Theoriefachsprachen der Wirtschaft. Tübingen: Niemeyer 1995 (Reihe Germanistische Linguistik; 150).

Hutchinson, Tom/Waters, Alan: English for Specific Purposes. A learning-centred approach. Cambridge 1987.

204 Hutterer, C.H./Mézáros, Gy: Zur Fachsprache der zigeunerischen Wahrsager in Ungarn. In: Acta Linguistica 22.1972, H. 3/4, S. 317–348.

Internationales Deutschlehrersymposium. Fachsprachen als Mittel der interkulturellen Kommunikation und der internationalen

Zusammenarbeit. Die Moskauer Linguistische Universität, 9.-14. Oktober 1992, hrsg. von I. Khaleeva u. a. Moskau 1995.

205 Ischreyt, Heinz: Gibt es eine politische Fachsprache? In: Deutsche Studien 9.1971, S. 249–260.

206 – Die Sprache der Kernphysik und Kerntechnik. In: Muttersprache 1958, S. 65–72.

Jakobs, Eva-Maria/Knorr, Dagmar/Molitor-Lübbert, Sylvie (Hrsg.): Wissenschaftliche Textproduktion. Mit und ohne Computer. Frankfurt/M. [u. a.]: Lang 1995.

Johnson, Barry: English in Maritime Radiotelephony. In: World English [Oxford]. 1/1994, 83–91.

Jörn, Albrecht/Baum, Richard (Hrsg.): Fachsprache und Terminologie in Geschichte und Gegenwart. Tübingen: Narr (FFF; 14).

207 Jungblut, Gertrud: Terminologie der Lehr- und Lernphasen im Fremdsprachenunterricht. In: Linguistik u. Didaktik 5.1974, S. 33–41.

Kalverkämper, Hartwig/Weinrich, Harald (Hrsg.): Deutsch als Wissenschaftssprache. Tübingen: Narr 1985 (FFF; 3).

208 Kejvanová, Antonie: Untersuchungen zur Terminologie des Bauwesens im Deutschen und im Tschechischen. Diss. Leipzig 1971.

Keseling, Gisbert: Schreibprozeß und Textstruktur. Empirische Untersuchungen zur Produktion von Zusammenfassungen. Tübingen: Niemeyer 1993 (RGL; 141).

209 Kettmann, Gerhard: Die Sprache der Elbschiffer. 1.2. Halle (Saale) 1959 (= Mitteldeutsche Studien, 22.23).

210 Kiefer, Claus: Der Jargon der Sportreportage. In: Der Deutschunterricht (Stuttgart) 22.1970, H. 1, S. 114–116.

211 Klauder, G.: Über Begriffe der Agrarwirtschaft. In: Weltwirtschaftliches Archiv, ZE, 1961, Nr. 11.

Klauke, Michael: Instruktive Fachtexte des Englischen. Eine linguistische Analyse englischsprachiger Betriebs- und Wartungsanleitungen unter besonderer Berücksichtigung funktionaler und struktureller Aspekte. Frankfurt/M. [u. a.]: Lang 1993.

212 Klaus, Georg: Sprache der Politik. Berlin 1971.

Klauser, Rita: Die Fachsprache der Literaturkritik, dargestellt an den Textsorten Essay und Rezension. Frankfurt a. M. [u. a.]: Lang 1992 (Leipziger Fachsprachen-Studien; 3).

213 Klenz, Heinrich: Die deutsche Druckersprache. Straßburg 1900.

214 Koerner, E.F.K.: Notes on the semantics of technical terms in the description of the varieties of contemporary German. In: German Quarterly 44.1971, S. 1–23.

215 Körner; Karl-Hermann: Das Problem der linguistischen Terminologie. In: Romanistisches Jahrb. 19.1968, S. 34–47.

216 Krebs, F.: Die Fachsprache des Maurers in der Pfalz. Erlangen 1934 (= Fränkische Forschungen 3).

Krefeld, Thomas: Das französische Gerichtsurteil in linguistischer Sicht. Zwischen Fach- und Standessprache. Frankfurt/M., Bern, New York 1985.

Kretzenbacher, Heinz L./Weinrich, Harald (Hrsg.): Linguistik der Wissenschaftssprache. Berlin, New York: de Gruyter 1995 (Akademie der Wissenschaften zu Berlin. Forschungsbericht 10).

Kretzenbacher, Heinz Leonhard: Rekapitulation. Textstrategien der Zusammenfassung von wissenschaftlichen Fachtexten. Tübingen: Narr 1990 (FFF; 11).

217 Kroeber-Riel, Werner: Wissenschaftstheoretische Sprachkritik in der Betriebswirtschaftslehre. Semantische und pragmatische Untersuchungen betriebswirtschaftlicher Sprachen. Berlin 1969.

218 Krollmann, Friedrich: Zur Wehrsprache der Gegenwart. In: Muttersprache 1958, S. 371–374.

Kronenberg, St.: Wirtschaftliche Entwicklung und die Sprache der Wirtschaftspolitik in der DDR (1949–1990). Frankfurt a. M. [u. a.]: Lang 1993.

Kühn, H. A.: Die Veränderung der Fachsprache des Schriftsetzers durch den Einfluß der elektronischen Datenverarbeitung. Trier 1988.

Küper, Christoph: Weindeskriptoren als semantisches Feld. Probleme ihrer Übersetzung. In: Zeitschr. f. Semiotik 4.1982, H. 4, S. 363–370.

219 Langleben, M. M.: The linguistic description of chemical nomenclature. In: Actes du 10ᵉ Congrès international des Linguistes. Bd. 4. Bucarest 1970, S. 507–510.

220 Lasswell, Harald/Leites, Nathan: Language of Politics. Studies in Qnatitative Semantics. Cambridge/Mass. (MIT-Press) 1968.

Lazerowitz, Morris: The Language of Philosophy. Freud and Wittgenstein. Dordrecht-Boston 1977 (= Boston Studies in the philosophy of science, Vol. 55).

221 Leech, E.: English in advertising. A linguistic study of advertising in Great Britain. London: Longmans 1966.

Lehrer, Adrienne: Die Sprache der Weinprobe. Zur Entwicklung und Verwendung wissenschaftlicher Terminologien. In: Zeitschr. f. Semiotik 4.1982, H. 4, S. 337–362.

Lenz, Friedrich: Organisationsprinzipien in mündlicher Fachkommunikation. Zur Gesprächsorganisation von Technical Meetings. Frankfurt/M. [u.a]: Lang 1989.

222 Leopold, W.F.: Flüchtlinge und Betriebssprachen. In: Jahrb. f. Ostdt. Volkskunde 9.1965, S. 159–168.

223 Levy, Hermann: Sprache und Wirtschaftswissenschaft. In: Neuphil. Monatsschrift 2.1931, S. 35–47.

224 Lindner, Kurt: Zur Sprache der Jäger. In: Zeitschr. f. deutsche Philologie 85.1966, S. 407–431 (I) und 86.1967, S. 101–125 (II).

Lippert, Herbert: Fachsprache Medizin. In: Helmut Henne u. a. (Hrsg.), Interdisziplinäres Wörterbuch in der Diskussion. Düsseldorf 1978 (= Sprache der Gegenwart. Bd. 45), S. 86–101.

Lippert-Burmeister, Wunna: Medizinische Fachsprache: programmiertes Lehrbuch für Medizinstudium und Gesundheitsberufe. Stuttgart [u. a.]: Szlattauer 1994.

Liu, Yongdong: Fachsprachliche Zeige- und Verweisstrukturen in Patentschriften. München: iudicium 1992 (Studien Deutsch; 14).

225 Locke, W.: Scientific French (a concise description of the structural elements of scientific and technical French). New York: Wiley 1961.

Löning, Petra/Rehbein, Jochen (Hrsg.): Arzt-Patienten-Kommunikation. Analysen zu interdisziplinären Problemen des medizinischen Diskurses. Berlin, New York: de Gruyter 1993.

Mahler, Wilma: Der Labor- und Röntgenslang in medizinischen Praxen. In: Muttersprache 88.1978, H. 1, S. 1–18.

226 Maissen, Alfons: Werkzeuge und Arbeitsmethoden des Holzhandwerks in romanisch Bünden. Die sachlichen Grundlagen einer Berufssprache. Genf/Zürich 1943 (= Romanica Helvetica 17).

Mangold, Jürgen: Fachsprache Mathematik und Deutsch als Fremdsprache. Frankfurt a. M. [u. a.]: Lang 1985 (Werkstattreihe DaF; 15).

227 Marcellesi, Christiane: Le langage des techniciens de l'informatique. Quelques aspects de leur vocabulaire écrit et oral. In: Langue française 17, 1973, S. 59–71.

228 Mazis, P. des: Le vocabulaire de l'économie politique. Essai sur l'apport du langage commun. Paris 1965.

229 Mehl, Erwin: Kulturgeschichte in der Fachsprache des Tennisspiels. In: Muttersprache 77.1967, H. 10, S. 308–311.

230 Mehlin, Urs H.: Die Fachsprache des Theaters. Düsseldorf 1969 (= Wirkendes Wort. Schriftenreihe, Bd. 7).

231 Mellingkoff, D.: The Language of the Law. Boston/Toronto 1963.

232 Messing, Ewald E. J. (Hrsg.): Zur Wirtschaftslinguistik. Eine Auswahl von kleineren und größeren Beiträgen über Wert und Bedeutung, Erforschung und Unterweisung der Sprache des wirtschaftlichen Verkehrs. Rotterdam 1932 [mit Beitr. von Th. Blum, P. Feldkeller u. a.].

233 Möhn, Dieter: Zur Sprache der Arbeit im industriellen Großbetrieb. In: Arbeit und Volksleben, hrsg. von Gerhard Heilfurth/Ingeborg Weber-Kellermann. Göttingen 1967, S. 216–222.

Monteiro, Maria: Deutsche Fachsprachen im Ausland am Beispiel Brasiliens. Heidelberg: Groos 1990 (Sammlung Groos; 39).

Morand, S. u. a. (Hrsg.): Parcours linguistiques de discours spécialisés. Colloque en Sorbonne les 23–24–25 septembre 1992. Berne [u.a] 1994.

Müller, F. (Hrsg.): Untersuchungen zur Rechtslinguistik. Interdisziplinäre Studien zu praktischer Semantik und strukturierender
Rechtslehre in Grundfragen der juristischen Methodik. Berlin 1989.
234 Müller, Rolf: Astronomische Begriffe. Mannheim 1964.
Munsberg, Klaus: Mündliche Fachkommunikation: das Beispiel Chemie. Tübingen: Narr 1995 (FFF; 21).
Nehm, Ulrich (Hrsg.): Fachsprachen – Organisation und Vermittlung
[1. AKS workshop «Fachsprachen – Organisation und Vermittlung»]. Bochum: Clearingstelle des AKS 1991 (Fremdsprachenunterricht und Hochschule; 32).
Nordman, Marianne (Hrsg.): Fachsprachliche Miniaturen. Festschrift
f. Christer Laurén. Frankfurt a. M. [u. a.]: Lang 1992 (Nordeuropäi-
sche Beiträge aus den Human- u. Gesellschaftswissenschaften; 2).
Nordman, Marianne: Svenskt fackspråk. Lund: Studentlitteratur 1992.
235 Nybakken, Oscar Edward: Greek and Latin in scientific terminology.
Ames, Iowa: State College Press 1959 (^{2}1960) [mit Bibliographie].
236 Oksaar, Els: Sprache als Problem und Werkzeug des Juristen. In:
Archiv f. Rechts- u. Sozialphilosophie. 54.1967, H. 1, S. 91–132.
Oksaar, Els: Verständnisschwierigkeiten als sprachliches Problem. In:
Menschen vor Gericht, hrsg. von Rudolf Wassermann. Neuwied u.
Darmstadt 1979, S. 83–115.
Oldenburg, Hermann: Angewandte Fachtextlinguistik. «Conclu-
sions» und Zusammenfassungen. Tübingen: Narr 1992 (FFF; 17).
237 Ott, Peter: Zur Sprache der Jäger in der deutschen Schweiz. Ein
Beitrag zur Terminologie der Sondersprachen. Frauenfeld 1970 (=
Beitr. z. schweiz.-dt. Mundartforschung, 18).
Pack, Solja: Die sprachliche Form hypothetischen Denkens in der
Wissenschaftssprache. München: iudicium 1993 (Studien Deutsch;
17).
238 Pamart, Pierre: Esquisse du vocabulaire de l'audio-visuel. In: Vie et
langage 253, 1973, S. 189–194.
239 Paul, Manfred: Zur Struktur formaler Sprachen. Natw. Diss. Mainz
1962 [Masch.].
240 Pausch, Holger: Anmerkungen zu Problemen und Strukturen der
Wissenschaftssprache in der modernen Physik. In: Wirkendes Wort
21.1971, S. 411–424.
241 Pelka, Roland: Werkstückbenennungen in der Metallverarbeitung.
Beobachtungen zum Wortschatz und zur Wortbildung der technischen Sprache im Bereich der metallverarbeitenden Fertigungstechnik. Göppingen 1971 (= Göppinger Arbeiten z. Germanistik, 42).
Pelka, Roland: Kommunikationsdifferenzierung in einem Industriebetrieb. In: Fachsprachen und Gemeinsprache. Jahrbuch 1978 d.
Inst. f. deutsche Sprache. Düsseldorf 1979 (= Sprache der Gegenwart, 46), S. 59–83.

242 Philipsborn, Hellmut von: Sprachfragen in der Kristallographie und Mineralogie. In: Sprachforum 1.1955, S. 245–257.

Pöll, Bernhard (Hrsg.): Fachsprache – kontrastiv: Beiträge der gleichnamigen Sektion des 21. österr. Linguistentags, Salzburg 23.-26. Okt. 1993. Bonn: Romanistischer Verlag 1994 (Abhandlungen zur Sprache und Literatur; 71).

243 Pörksen, Uwe: Zur Terminologie der Psychoanalyse. In: deutsche sprache 1973, H. 3, S. 7–36.

Pörksen, Uwe: Wissenschaftssprache und Sprachkritik. Untersuchungen zu Geschichte und Gegenwart. Tübingen: Narr 1994 (FFF; 22).

Ramadan, Hassan: Deutsch als Fachsprache in Ägypten. Begründung eines fachsprachlichen Curriculums (DaF) an der Al-Azhar Universität Kairo. Heidelberg: Groos 1992 (Sammlung Groos; 46).

Randow, Elise von: Verständlichkeit als Problem sozialwissenschaftlicher, insbesondere soziologischer Fachtexte. In: Theo Bungarten (Hrsg.), Beiträge zur Fachsprachenforschung. Tostedt: Attikon-Verl. 1992, 140–151.

244 Rauhut, Franz: Die Fachausdrücke der Sprachwissenschaft, mit bes. Berücksichtigung der romanischen Philologie. In: Romanica. Festschrift f. Fritz Neubert, hrsg. von Rudolf Brummer. Berlin 1948, S. 185–207.

245 Rautenberg, Wolfgang: Über den Sprachgebrauch in der Mathematik. In: Zeitschr. f. Philosophie 1965, H. 6, S. 721–738.

Raymondis, Louis-Marie/Le Guern, Michel: Le langage de la justice pénale. Paris (CNRS) 1976.

Riegel, Claudia/Zahn, Rosemarie (Hrsg.): Der Bedarf an Fremdsprachenkenntnissen in Wissenschaft, Hochschulunterricht und akademischen Berufen. Erhebung zum Fremdsprachenbedarf von Nichtphilologen aus der Sicht der Lehrpersonen ausgewählter bundesdeutscher Hochschulen. Bochum 1989 [AKS-Dokumentation].

Robinson, Pauline C.: ESP – English for Specified People – A View of ESP Today. In: Bernd Spillner (Hrsg.), Fachkommunikation. Frankfurt a. M. [u. a.]: Lang 1994 (forum Angewandte Linguistik; 27), 33–40.

246 Römer, Ruth: Schwierigkeiten bei der Benennung von Kunststoffen. In: Muttersprache 1963, S. 108–114.

247 Rucktäschel, Annamaria: Zur Sprache der Wissenschaft. In: Sprache – Brücke und Hindernis. München 1972, S. 59–72.

Ruge, Jürgen: Der landwirtschaftliche Wortschatz in der Wilstermarsch. Generationsspezifische Untersuchungen zu seiner Entwicklung. Hamburg: Kovac 1995.

Sachtleber, Susanne: Die Organisation wissenschaftlicher Texte. Eine kontrastive Analyse. Frankfurt a. M. [u. a.]: Lang 1993 (Europ. Hochschulschriften, Reihe 21. Linguistik; 127).

317

248 Sass, Johannes: Die Sprache des niederdeutschen Zimmermanns dargestellt auf Grund der Mundart von Blankenese (Holstein). Hamburg 1927 (= Sprache und Volkstum, 1).
249 Savory, Theodore H.: The Language of Science. London [2]1967.

Schaeder, Burkhard (Hrsg.): Fachsprachen und Fachkommunikation in Forschung, Lehre und beruflicher Praxis. Essen: Die Blaue Eule 1994 (Siegener Studien; 54).

250 Schafransky, Alexander: Ungenauigkeiten und Willkür in der Fachsprache der Photographie. In: Muttersprache 78.1968, H. 6, S. 177–180.

251 Scheele, Martin: Zur Terminologie der Lochkartenverfahren. In: Nachrichten für Dokumentation 7.1956, S. 31–34.

252 Scheerbarth, Hans Walter: Sprache der Politikwissenschaft. In: Politische Vierteljahresschrift 14.1973, H. 3, S. 389–399.

Scheffold, Rolf: Die Sprache der Chemie. In: Universitas 39.1984, S. 497–506.

253 Scheibe, Erhard: Zum Problem der Sprachabhängigkeit in der Physik. In: Das Problem der Sprache. VIII. Deutscher Kongress für Philosophie, hrsg. von Hans-Georg Gadamer. München 1967, S. 313–334.

254 Scherzberg, Johanna: Untersuchungen zum Wortschatz in der Wirtschaftspolitik der Deutschen Demokratischen Republik in der Phase des neuen ökonomischen Systems der Planung und Leitung und bei der Herausbildung des ökonomischen Systems des Sozialismus in den Jahren 1963 bis 1969. Habil.schr. Potsdam 1971 [Masch.].

255 Schmidt, Hermann: Die Terminologie der deutschen Falknerei. Diss. Freiburg/Br. 1909.

256 Schmidt, Wilhelm: Zur Ideologiegebundenheit der politischen Lexik. In: Zeitschr. f. Phonetik, Sprachwissenschaft und Kommunikationswissenschaft 22.1969, S. 255–271.

257 Schmoll, Georg: Wortschatz und Begriffsbildung der Information und Dokumentation. Diss. Jena 1966 [Masch.].

258 - Wortschatz und Technologie der Information und Dokumentation. Leipzig 1967 (2. überarb. Aufl. 1971).

259 Schnegelsberg, Günter: Methoden zur Entwicklung einer textilspezifischen Fachsprache. In: Muttersprache 84.1974, H. 5, S. 329–345.

Schneider, Gunda: Probensprache der Oper. Untersuchungen zum dialogischen Charakter einer Fachsprache. Tübingen 1983 (= Reihe Germanistische Linguistik, 47).

260 Schneider, Peter: Die Sprache des Sports. Terminologie und Präsentation in Massenmedien. Eine statistisch vergleichende Analyse. Düsseldorf 1974.

Schönfeld H./Donath, J.: Sprache im sozialistischen Industriebetrieb. Berlin 1978.

Schröder, Hartmut (Hrsg.): Subject-oriented Texts. Languages for Special Purposes and Text Theory. Berlin, New York: de Gruyter 1991 (Research in Text Theory; 16).

Schütte, Wilfried: Scherzkommunikation unter Orchestermusikern. Interaktionsformen in einer Berufswelt. Tübingen: Narr 1991 (Forschungsber. d. Inst. f. dt. Sprache; 67).

Schüttler, Susanne: Zur Verständlichkeit von Texten mit chemischem Inhalt. Frankfurt a. M. [u. a.]: Lang 1994 (Theorie und Vermittlung der Sprache; 19).

Schuldt, Janina: Den Patienten informieren. Beipackzettel von Medikamenten. Tübingen: Narr 1992 (FFF; 15).

261 Schumacher, Nestor: Sprache und Politik. Im Zeichen des «Europäismus». In: Revue des langues vivantes 39.1973, S. 62–82.

262 Schwabe, Fritz: Der Wortschatz des Werkzeugmaschinenbaues. Wortbildung, Wortquellen, Worthäufigkeit und Wortschatzminimum. Diss. Leipzig 1969 [Masch.].

263 Seidel, Barbara: Der Wortschatz der Tabakbauern im Oder-Randow-Gebiet und im Kreise Luckau. Diss. PH Potsdam 1958 [Masch.].

Selting, Margret: Verständigungsprobleme. Eine empirische Analyse am Beispiel der Bürger-Verwaltungs-Kommunikation. Tübingen 1987.

264 Sizaire, Pierre: Les Termes de Marine. Paris: Presses Universitaires de France 1972 (= Coll. «Que sais-je?» 1479).

Skudlik, Sabine: Sprachen in den Wissenschaften. Deutsch und Englisch in der internationalen Kommunikation. Tübingen 1990 (FFF; 10).

265 Sournia, J. C.: Langage médical moderne. Paris: Hachette 1974 [mit Bibliographie 1962–1972].

Spillner, Bernd: Formen und Funktionen wissenschaftlichen Sprechens und Schreibens. In: Karl Ermert (Hrsg.), Wissenschaft – Sprache – Gesellschaft. Loccum 1982, S. 33–57.

266 Stammler, Wolfgang: Zur Sprache des Weinbaus. In: Wolfg. Stammler, Kleine Schriften zur Sprachgeschichte. Berlin 1964, S. 199–200.

267 Steudel, Johannes: Die Fachsprache der Medizin. In: Studium Generale 4.1951, S. 154–161.

268 Strevens, Peter: Technical, technological and scientific English (TTSE). In: English language teaching 27.1973, H. 3, S. 223–234.

269 Ströker, Elisabeth: Wort und Zeichen in einer formalisierten Fachsprache. In: Erkenntnis und Verantwortung. Festschrift f. Theod. Litt. Düsseldorf 1960, S. 25–40.

Swales, J. M.: Episodes in ESP. Hemel Hempstead: Prentice Hall 1988.

Tatje, Rolf: Die Fachsprache der Mineralogie: eine Analyse französischer und deutscher Fachzeitschriftenartikel. Frankfurt a. M.

[u. a.]: Lang 1995 (Studien z. allgemeinen u. romanistischen Sprachwissenschaft; 1).

270 Teichmüller, J.: Die Sprache der Lichttechnik. In: Licht und Lampe
18.1929, S. 1295–1299 und 1364–1367.

271 Terton, Gerhard: Zu Tendenzen in der wissenschaftlichen Begriffsbildung. Diss. Leipzig 1968 [Masch.].

Timm, Christian: Gibt es eine Fachsprache der Literaturwissenschaft?
Fachtextlinguistische Untersuchungen an englischen Texten der
Literaturgeschichtsschreibung. Frankfurt a. M. [u. a.]: Lang 1992
(Leipziger Fachsprachen-Studien; 4).

Trenkner, P.: Das maritime Englisch – ein Abriß seiner wesentlichsten
Merkmale. In: Wiss. Zeitschr. d. Wilh.-Pieck-Univ. Rostock,
30.1983, H. 2, Ges.-Sprachw. Reihe, S. 67–69.

Turner, John/Nübold, Peter: The Language of Air Traffic Control. In:
Fachsprache 3.1981, H. 1, S. 11–17.

Ulvestad, Bjarne: Pseudotermini und Argumentationen in der ‹grammatischen› Fachsprache. In: Theo Bungarten (Hrsg.), Wissenschaftssprache. München 1981, S. 343–355.

272 Ursu, N.: L'échafaudage de la terminologie scientifique roumaine.
Bukarest o.J.

273 Vančuřa, Zdeněk: The study of the language of commerce. In: Etudes
dédiées au 4e Congrès de Linguistes. Prag 1936 (= Travaux du cercle
linguistique de Prague 6.1936), S. 159–164.

274 Villey, Michel (Hrsg.): Le langage du droit. Paris: Sirey 1974 (= Coll.
Archives de philosophie du droit, 1).

Voigt, Gerhard: Bezeichnungen für Kunststoffe im heutigen Deutsch.
Eine Untersuchung zur Morphologie des Markennamen. Mit einem
rückläufigen Verzeichnis der Kunststoff-Markennamen. Hamburg
1982 (= Hamburger Philologische Studien, Band 54).

Vollmer, Günter: Sprache und Begriffsbildung im Chemieunterricht.
Frankfurt 1980.

275 Wagner, Hildegard: Die deutsche Verwaltungssprache der Gegenwart. Eine Untersuchung der sprachlichen Sonderform und ihrer
Leistung. Düsseldorf 1970 (= Sprache der Gegenwart, 9).

276 Warner, Alfred: Benennungen physikalischer Größen. In: Muttersprache 1958, S. 323–329.

Wassermann, Rudolf: Sprache und Recht als Zentralproblem humani-
stischer Rechtspolitik und -praxis. In: Sprache und Recht. Loccum
1981, S. 1–16.

Weingartner, Paul (Hrsg.): Die Sprache in den Wissenschaften. Freiburg i.Br., München: Alber 1993 (Grenzfragen; 20).

277 Weisgerber, Leo: Der Erdater und die Sprachzugriffe. In: Grammatik, Kybernetik, Kommunikation. Festschr. A. Hoppe. Bonn 1971,
S. 167–178.

278 – Sprachfragen der Datenverarbeitung. In: Muttersprache 79.1969, S. 67–79.

279 Werner, Clemens Fritz: Die Fachausdrücke in den Naturwissenschaften und der Medizin als fachliches und sprachliches Problem. In: Wiss. Zeitschr. d. Karl-Marx-Universität Leipzig. Ges.-Sprachw. Reihe 12.1963, S. 155–160.

Wiese, Ingrid: Fachsprache der Medizin. Eine linguistische Analyse. Leipzig 1984.

280 Wiessner, Karl: Über die Fachsprache der Post. In: Muttersprache 75.1965, S. 343–345.

Wilde, Ursula: Werbesprache – zwischen Kreativität und Fachsprachlichkeit. Analyse einiger Beispiele aus dem Französischen. In: Fachsprache 16.1994, 1–2, 18–27.

Wildner, Ursula: Einführung in die Sprache der Technik wissenschaftstechnischer Informationssysteme. Wroclaw 1982.

Winter, H.: Das Kommunikationsverfahren (KV) Definieren im englischsprachigen Hochschullehrbuch der Chemie. In: Wiss. Zeitschr. d. Wilh.-Pieck-Univ. Rostock, 30.1983, Ges.-Sprachw. Reihe, H. 2, S. 59–61.

Wojnicki, Stanislaw: Le francais de spécialité: vers une procedure moderne de description linguistique. In: Fachsprache 4.1982, H. 2, S. 54–62.

281 Wolff, Robert: Die Sprache der Chemie. Zur Entwicklung und Struktur einer Fachsprache. Bonn 1971 (= Math.-Nat. wiss. Taschenb., 11).

Woll-Tienes, Marli T.: Das Deutsche und das brasilianische Portugiesisch als Fachsprachen im Technologie-Transfer: eine pragmatische Studie im Bereich der Umwelttechnik. Diss. FU Berlin 1992.

Yong. Liang: Untersuchungen zur deutschen Fachsprache der Elektronischen Datenverarbeitung (EDV) – Eine morphematisch-semantische Analyse der Substantivbenennungen. Stuttgart 1985.

282 Zatorski, R.: A word frequency count in Russian scientific prose. Melbourne, Faculty of Sciences, Language Section. O. J. [verv.].

VI. Normung und Terminologie

283 Agron. P.: La terminologie française des sciences et des techniques. Point de la situation, problèmes particuliers, solutions. In: Meta 13.1968, H. 2, S. 52–61.

Akhmanova, Olga: Linguistic Terminology. Moscow 1979.

284 Albrecht, Erhard [u. a.]: Weltanschauliche und erkenntnistheoretische Aspekte des Aufbaus von Wissenschaftssprachen. In: Zeitschr.

f. Phonetik, Sprachwissenschaft u. Kommunikationsforschung 27.1974, H. 6, S. 476–486.

Auger, P./Rousseau. L.-J.: Méthodologie de la recherche terminologique. Québec 1978.

285 La banque des mots. Revue semestrielle de terminologie française publiée par le Conseil international de la langue française. Paris: P. U. F. 1971 ff. [enthält terminologische Beiträge, vor allem zu terminologischen Neuerungen].

Bausch, Karl-Heinz/Schewe, Wolfgang H. U./Spiegel, Heinz-Rudi (Hrsg.): Fachsprachen, Terminologie, Struktur, Normung. Berlin-Köln 1976 (= DIN Normungskunde, H. 4).

286 Beier, Elfriede: Wege und Grenzen der Sprachnormung in der Technik. Beobachtungen aus dem Bereich der deutschen technischen Sprachnormung. Diss. Bonn 1960.

Beyer, Elisabeth: Zu Ergebnissen der Sowjetwissenschaft bei der Entwicklung der Terminologie. In: Linguistische Arbeitsberichte, H. 46/1984, S. 20–25.

Blaha, Herbert: Aufbau und Nutzungsmöglichkeiten einer Normen-Terminologie-Datenbank. In: Fachsprache 2.1980, H. 4, S. 146–156.

287 Breitenstein, Werner: Betrachtungen über Reusen der Binnenfischerei unter besonderer Berücksichtigung der Benennung, der Anfertigungsmethoden und der Normierung. In: Zeitschr. f. Fischerei u. deren Hilfswissenschaften NF. 5.1956, S. 443–476.

Budin, Gerhard: Wissensorganisation und Terminologie. Zur Komplexität und Dynamik wissenschaftlicher Informations- und Kommunikationsprozesse. Tübingen: Narr 1996 (FFF; 28).

288 Dorner, Franz: Zur Terminologie der Terminologie. Kritisches zu den grundlegenden Fachausdrücken einer neuen Wissenschaft. In: Muttersprache 75.1965, S. 103–122.

289 Dostál, J.: Botanická nomenklatura (Botanische Nomenklatur). Prag 1957.

290 Drozd, Lubomir: Grundfragen der Terminologie in der Landwirtschaft. In: Muttersprache 74.1964, S. 296–312, 336–344 und 360–369.

291 – Zum Gegenstand und zur Methode der Terminologielehre. In: Muttersprache 85.1975, H. 2, S. 109–117.

Felber, Helmut: Theory of terminology, terminology work and terminology documetation. In: Fachsprache 1.1979, H. 1–2, S. 20–32.

Felber, Helmut/Budin, Gerhard: Terminologie in Theorie und Praxis. Tübingen: Narr 1989 (FFF; 9).

– /Lang, Friedrich/Wersig, Gernot (Hrsg.): Terminologie als angewandte Sprachwissenschaft. Gedenkschrift für Univ.-Prof. Dr. Eugen Wüster. München, New York, London, Paris 1979.

- /Nedobity W./Manu A.: Normwörterbücher. Erstellung – Aufbau – Funktion. In: H. E. Wiegand (Hrsg.), Studien zur neuhochdt. Lexikographie II. Hildesheim, New York 1982, S. 37–72.
- et al. (Hrsg.): Terminologies for the Eighties. With a special section: 10 Years of Infoterm. München 1982.

292 Fishman, Joshua A.: Language Planning and Language Planning Research. The state of the Art. In: Linguistics 119, 1974, S. 15–34 [mit Bibliographie].

Fleischer, Wolfgang: Einige Bemerkungen zur Terminologie der Gesellschaftswissenschaften. In: Sborník. Jahrb. f. Agrarökonomik d. Hochschule f. Landwirtschaft in Prag, 1976, S. 125–137.

293 Frank, Otto: Genormte Fachausdrücke und Zeichen. [...] Krefeld-Uerdingen 1949 (= DNA – Normenheft 9).

294 Gentilhomme, Y.: Etude structurale d'une terminologie. Essai méthodologique. Thèse de 3ᵉ cycle prés. à l'Ecole Pratique des Hautes Etudes, section des Sciences Economiques et Sociales. 1967 [Masch.].

295 Geyl, Ernst-Günther: Die Rechtssprache als Objekt der wissenschaftlich begründeten Sprachpflege. In: Muttersprache 82.1972, H. 2, S. 75–91.

296 Goedecke, W.: Abkürzungen und Kurzwörter aus Technik und Naturwissenschaften E-D. Wiesbaden 1972.

Heeg, Rolf: Mittel zur Terminusbildung in der russischen Fachsprache der Halbleitertechnik. In: Wiss. Zeitschr. PH «Ernst Schneller» Zwickau, 19.1983, H. 1, S. 151–158.

297 Hellwinkel, Dieter: Die systematische Nomenklatur der organischen Chemie. Eine Gebrauchsanweisung. Heidelberg/Berlin/New York 1974.

298 Herweg, Walter: Ausbildung, Tätigkeit und Stellung in der Datomation. Eine terminologische Studie. In: Muttersprache 79.1969, H. 3, S. 79–85.

Hoffmann, Lothar (Hrsg.): Empfehlung – Standard – Norm. Beiträge zur Rationalisierung der Fachkommunikation. Tübingen: Niemeyer 1990.

Hofmann, Gerlinde: Die deutsche Terminologie der Rechentechnik. In: Fachsprache 5.1983, H. 3, S. 120–128.

299 International Code of Botanical Nomenclature. Adapted by the VIIIᵗʰ International Botanical Congress. Paris 1954.

International Cooperation in Terminology. 1. Infoterm Symposium, Vienna 9 to 11 Apr. (= Coopération int. en terminologie). München 1976.

300 Keppler, Kurt: Deutsche wissenschaftliche und technische Sprachnormung. In: DIN-Mitteilungen 1961, H. 3, S. 139–142.

301 Klein, Martin: Einführung in die DIN-Normen. Hrsg. vom DNA. 6. bearb. u. erw. Aufl. Stuttgart 1970.

302 Kroeber-Riel, Werner: Die verbale Explosion wissenschaftlicher Sprachen und einige semantische Probleme der Sprachpräzisierung und Sprachnormung. In: Muttersprache 77.1967, H. 5, S. 144–150.

303 Kübler, Gerhard: Arbeiten des ISO/TC 37 «Terminologie». In: DIN-Mitteilungen 1960, H. 9/10, S. 438–449.

304 – Normung und Sprache. In: Muttersprache 1954, S. 220–223.

305 Lang, Friedrich: Wiener Beschlüsse zur Sprachnormung. Bericht über die 2. Tagung des Technischen Komitees ISO/TC 37 «Terminologie» der Internationalen Normenorganisation (ISO) in Wien vom 13.-16. Oktober 1954. In: Sprachforum 1.1955, S. 89–90.

306 Mansfeld, Rudolf: Die Technik der wissenschaftlichen Pflanzenbenennung. Einführung in die internationalen Regeln der botanischen Nomenklatur. Berlin 1949.

Moschitz-Hagspiel, Birgit: Die sowjetische Schule der Terminologie (1931–1991). Wien: TermNet 1994 (IITF-Series; 5).

307 Moser, Hugo: Sprache – Freiheit oder Lenkung. Zum Verhältnis von Sprachnorm, Sprachwandel, Sprachpflege. Mannheim 1967 (= Duden-Beiträge 25).

308 – (Hrsg.): Sprachnorm, Sprachpflege, Sprachkritik. Düsseldorf 1968 (= Sprache der Gegenwart, 2).

309 Petöfi, J. S./Rieser, H.: Wissenschaftstheoretische Argumente für eine umfassende grammatische Theorie und eine logisch-semantische Beschreibungssprache. In: Folia Linguistica 6.1973, H. 3/4, S. 197–230.

Picht, Heribert: Arbeitsmethode und Modelle für terminologische Arbeit. In: Fachsprache, Sonderheft 1. Wien o.J. [1979], S. 236–256.

Picht, Herbert: Terminologie – Ein trans- und interdisziplinäres Wissensgebiet. Die Entwicklung nach Eugen Wüster. In: Fachsprache 15.1993, 1–2, 2–18.

310 Ray, Punya Sloka: Language Standardization. Studies in prescriptive linguistics. The Hague: Mouton 1963.

Reinart, Sylvia: Terminologie und Einzelsprache. Frankfurt a. M. u. a.: Lang 1993 (Europäische Hochschulschriften; 21, 130).

Rey, Alain: La terminologie: Noms et Notions. Paris 1979 (= Coll. ‹Que sais-je?› 1780).

Sager, J.C: Approaches to Terminology and the Teaching of Terminology. In: Fachsprache 3.1981, H. 3–4, S. 98–106.

311 Schilling, Günther/Windmüller, Benno: Technische Normung – technischer Fortschritt. Eine Einführung in das Gebiet der technischen Normung und Standardisierung. Berlin 1957.

Schnegelsberg, Günter: Textilspezifische Benennungen und Termini. In: Muttersprache 87.1977, H. 4, S. 245–258.

Schulze, Erich: Der Terminus, Eigenschaften und Wesen sowie seine

Abgrenzung von anderen Lexemarten. In: Sprache in Wissenschaft und Technik, hrsg. von L. Hoffmann. Leipzig 1978, S. 173–191.

Sonneveld, Helmi B./Loening, Kurt L. (Hrsg.): Terminology, Applications in Interdisciplinary Communication. Amsterdam, Philadelphia: John Benjamins Publishing Company 1993.

Stavraka, Maria: Sach- und Sprachnorm in der französischen Rechtssprache. Frankfurt a. M. [u. a.]: Lang 1993 (Bonner Romanist. Arbeiten; 45).

312 Steger, Hugo: Sprachnorm, Grammatik und technische Welt. In: Sprache im technischen Zeitalter 3.1962, S. 183–198.

313 Tauli, Valter: Introduction to a Theory of Language Planning. Uppsala 1968 (= Acta Upsaliensis, Studia Philologiae Scandinaviae Upsaliensis 6) [Rez. von Siegfried Jäger, in: Muttersprache 1969, S. 42–52].

Terminology work in subjectfields/Travail terminologiques dans les domanaines de spécialité. Proceedings/Actes 3rd Infoterm Symposium/3è Symposium d'Infoterm. Wien 1993.

314 Warner, Alfred: Internationale Angleichung fachsprachlicher Wendungen der Elektrotechnik. Versuch einer Aufstellung phraseologischer Grundsätze für die Technik. Berlin 1966 (= Elektrotechnische Zeitschr., Beih. 4).

Wegner, Norbert u. a.: Die Hildesheimer Terminologieklassifikation – ein neuer Ansatz zur Sachgebietsklassifikation terminologischer Bestände. In: Lebende Sprachen 40.1995, 4, 145–151.

Wiegand, Herbert-Ernst: Definition und Terminologienormung — Kritik und Vorschläge. In: Helmut Felber u. a. (Hrsg.), Terminologie als angewandte Sprachwissenschaft. München 1979, S. 101–148.

Wimmer, Rainer: Umgang mit Termini. In: Sprachtheorie und Pragmatik, hrsg. v. Heinrich Weber u. Harald Weydt. Tübingen 1976 (= Linguist. Arbeiten 34), S. 337–345.

315 Wüster, Eugen: Die Allgemeine Terminologielehre – ein Grenzgebiet zwischen Sprachwissenschaft, Logik, Ontologie, Informatik und den Sachwissenschaften. In: Linguistics 119, 1974, S. 61–106.

Wüster, E.: Einführung in die Allgemeine Terminologielehre und Terminologische Lexikographie. Wien-New York 1979 (= Schriftenreihe der TU Wien, Bd. 8, Teil 1 u. 2).

316 – Die internationale Angleichung der Fachausdrücke. In: Elektrotechnische Zeitschr. 80.1959, S. 615–627.

317 – Internationale Sprachnormung in der Technik. Besonders in der Elektrotechnik. Berlin 1931 (3. erg. Aufl. Bonn 1970). [Kurzausgabe: Grundzüge der Sprachnormung in der Technik. Berlin 1934].

318 – Wie die ISO-Empfehlung ‹Benennungsgrundsätze› entstanden ist. In: Muttersprache 77.1967, S. 169–180.

319 – Technische Sprachnormung. Aufgaben und Stand. In: Sprachforum
   1.1955, S. 51–61.
320 – Terminologie/Terminologielehre. In: Brockhaus-Enzyklopädie.
   Bd. 18, Wiesbaden 1973, S. 571.
321 Zinsen, Arthur: Sprachliche Aufgaben in der Normung. In: Muttersprache 1960, S. 355–362.

VII. Fachsprachliche Übersetzung

Arntz, Reiner/Picht, Heribert: Einführung in die übersetzungsbezogene Terminologiearbeit. Hildesheim 1982 (= Hildesheimer Beiträge zu den Erziehungs- und Sozialwissenschaften, Band 17).
Bachmann, Roland: Übersetzen technischer Fachtexte. Was muß man
   können? Wie kann man es lernen? Ein Beitrag aus praktischer und
   didaktischer Sicht. In: Lebende Sprachen 37.1992, 4, 145–151.
322 Bendler; G.: Zum Problem der Übersetzung der kubanischen Militär-
   terminologie. Diss. Karl-Marx-Universität Leipzig 1960 [Masch.].
Brinkmann, Karl-Heinz: Der Einsatz von Terminologiedatenbanken
   zur Lösung von Übersetzungsproblemen im fachsprachlichen Bereich. In: Fachsprache 1.1979, H. 1–2, S. 33–42.
Brinkmann, Rosemarie: Probleme der fachsprachlichen Übersetzung.
   In: Fachsprache 5.1983, H. 1, S. 24–31.
323 Feidel, G.: Technische Texte richtig übersetzen. Düsseldorf-Wien
   1970.
Fink, Ernst O.: Entfunktionalisierung fachsprachlicher Metaphorik
   beim Übersetzen ins Deutsche. In: Kommunikative Metaphorik.
   Die Funktion des literarischen Bildes in der deutschen Literatur von
   den Anfängen bis zur Gegenwart, hrsg. v. Holger A. Pausch. Bonn
   1976 (= Studien z. Germanistik, Anglistik u. Komparatistik,
   Bd. 20), S. 154–174.
Gerzymisch-Arbogast, Heidrun: Termini im Kontext. Verfahren zur
   Erschließung und Übersetzung der textspezifischen Bedeutung von
   fachlichen Ausdrücken. Tübingen: Narr 1996 (FFF; 31).
Godglück, Peter (Hrsg.): Text – Fachwort – Übersetzen. Beiträge
   eines Kolloquiums in Sofia/Bulgarien. Frankfurt a. M. [u. a.]: Lang
   1992 (Sprachwelten; 7).
Göpferich, Susanne: Die translatorische Behandlung von Textsorten-
   konventionen in technischen Texten. In: Lebende Sprachen
   38.1993, 2, 49–53.
Grojer, Gabriele: Prüfungstexte auf dem Prüfstand. Ein interdisziplinärer Ansatz zur Untersuchung der Fachlichkeit. In: Lebende
   Sprachen 2/1995, 51–56.

326

Hecker, Manfred: Schwierigkeiten bei der Übersetzung physikalischer Fachtexte aus dem Englischen ins Deutsche. In: Sprache in Wissenund Technik, hrsg. v. Lothar Hoffmann. Leipzig 1978, S. 54–64.

Heino, Helke: Spezialprobleme beim Übersetzen fachlicher Texte. In: Fachsprache 14.1992, 111–120.

324 Höcker, K. H.: Sollen Amerikanismen übersetzt bleiben? Probleme der Begriffsbestimmungen am Reaktor. In: Atomwirtschaft 2.1957, Nr. 11, S. 373–375.

Hornung, Wilhelm u. a.: Die Übersetzung wissenschaftlicher Literatur aus dem Russischen ins Deutsche. Ein Leitfaden. Leipzig 1974.

Hucke, Dietrich: Die Übersetzung deutschsprachiger Bedienanleitungen ins Englische. In: G. Neubert (Hrsg.), Textgattungen der Technik. Berlin 1980, S. 89–120.

325 Jumpelt, Rudolf Walter: Fachsprachen – Fachworte als Problem der Dokumentation und Übersetzung. In: Sprachforum 3.1959/60, S. 1–13.

326 – Die Übersetzung naturwissenschaftlicher und technischer Literatur. Sprachliche Maßstäbe und Methoden zur Bestimmung ihrer Wesenszüge und Probleme. Berlin 1961.

Koskensalo, Anniki: Fachsprache und Übersetzen. Textanalytische und interkulturelle Aspekte des fachsprachlichen Übersetzens. In: Fremdsprache und Hochschule (FuH) 34/1992, 53–69.

327 Kowalski, H.: Der Übersetzer im Dschungel technisch-wissenschaftlicher Wortschöpfungen. In: Linguistica Antverpiensia 2.1968, S. 275–295.

328 Maillot, Jean: La traduction scientifique et technique. Paris 1969.

329 Neubert, A./Kade, O.: Neue Beiträge zu Grundfragen der Übersetzungswissenschaft. Frankfurt a. M. 1974.

Neubert, Gunter (Hrsg.): Textgattungen der Technik. Praktische Hinweise für den Übersetzer. Berlin 1980.

Nord, Christine: Einführung in das funktionale Übersetzen. Tübingen, Basel: Francke 1993 (UTB; 1734).

330 Oettinger, Anthony G.: Automatic Language Translation. Lexical and Technical Aspects, with particular reference to Russian. Cambridge: Harvard University Press 1960 (= Harvard Monographs in Applied Science, 8).

Pinchuk, Isadore: Scientific and technical Translation. London 1977.

Richart, Jose Rodríguez/Thome, Gisela/Wilss, Wolfram (Hrsg.): Fachsprachenforschung und -lehre. Schwerpunkt Spanisch. Tübingen 1982 (= Tübinger Beiträge zur Linguistik, Bd. 177).

331 Sliosberg, A.: Quelques considérations sur la traduction médicale et pharmaceutique. In: Traduire 63.1970, S. 6–15.

332 Spitzbardt, Harry (Hrsg.): Spezialprobleme der wissenschaftlichen und technischen Übersetzung. Halle (Saale) 1972.

Stolze, Radegundis: Grundlagen der Textübersetzung. Heidelberg 1982 (= Sammlung Groos 13).

333 UNESCO (Hrsg.): Scientific and technical translation and other aspects of the language problem. Paris 1957.

334 Wichmann, Herbert: Typische Schwierigkeiten bei der Übersetzung französischer mathematischer Texte. In: Lebende Sprachen 14.1969, H. 4, S. 103–106.

Wilss, Wolfram: Fachsprache und Übersetzen. In: Terminologie als angewandte Sprachwissenschaft. Gedenkschrift f. Univ.-Prof. Dr. Eugen Wüster, hrsg. von H. Felber u. a., München, New York, London, Paris 1979, S. 177–191.

VIII. Interferenzforschung/Interkulturelle Fachkommunikation

335 Alanne, Eero: Das Eindringen von Fremdwörtern in den Wortschatz der deutschen Handelssprache, mit besonderer Berücksichtigung der neuesten Zeit. In: Neuphil. Mitteilungen 65.1964, H. 3, S. 332–360.

Blumenthal, Peter: Die Linguistik des Weingeschmacks. Ein deutsch-französischer Sprachvergleich. In: Zeitschr. f. franz. Sprache u. Literatur 89.1979, H. 2, S. 107–129.

Bungarten, Theo (Hrsg.): Sprache und Kultur in der interkulturellen Marketingkommunikation. Tostedt: Attikon 1994 (Beiträge z. Wirtsch.-Kommunikation; 11).

Clyne, Michael: Pragmatik, Textstruktur und kulturelle Werte. Eine interkulturelle Perspektive. In: Hartmut Schröder (Hrsg.), Fachtextpragmatik. Tübingen: Narr 1993 (FFF; 19), 3–18.

336 Dulong, Gaston: L'influence du vocabulaire maritime sur le franco-canadien. In: Phonétique et linguistique romane. Mélanges offerts à M.G. Straka. Bd. 1. Lyon 1970, S. 331–338.

337 Gentilhomme, Yves: Interférences de vocabulaire entre deux sciences, linguistique et mathématique. In: Langue française, 17, 1973, S. 44–58.

Haberfellner, Eva-M.: Sonderfall Deutsch: Erfahrungen aus integrierten europäischen Studiengängen. In: Jahrbuch Deutsch als Fremdsprache 15/1989, 199–210.

Herms, Ingrid: Wortbildungselemente der internationalen Lexik in der russischen und deutschen Fachsprache der Elektrotechnik. In: Sprache in Wissenschaft und Technik, hrsg. von Lothar Hoffmann. Leipzig 1978, S. 65–80.

Hess, Hans-Werner: Die Kunst des Drachentötens. Zur Situation von Deutsch als Fremdsprache in der Volksrepublik China. München: iudicium 1992.

Hess-Lüttich, Ernest W.B.: Fachsprachenerwerb im Zweitsprachen-
erwerb. Probleme der Vermittlung von Fachsprachen in ethnisch
heterogenen Gruppen. In: Manfred Sprissler (Hrsg.): Standpunkte
der Fachsprachenforschung. Tübingen 1987 (forum Angewandte
Linguistik; 11), 118–128.

338 Kehr, Kurt: Jagdmethoden und Jagdwortschatz der ‹Pennsylvania
Germans› im Shenandoah Valley/Virginia. In: Et Multum et Multa.
Beiträge zur Literatur, Geschichte und Kultur der Jagd. Festgabe
für Kurt Lindner, hrsg. von Sigrid Schwenk [u. a.]. Berlin/New
York 1971, S. 147–163.

Keim, Lucrecia: Interkulturelle Interferenzen in der deutsch-spani-
schen Wirtschaftskommunikation. Frankfurt a. M. [u. a.]: Lang
1994 (Werkstattreihe DaF; 47).

339 Lehmann, Heidi: Russisch-deutsche Lehnbeziehungen im Wortschatz
offizieller Wirtschaftstexte der DDR (bis 1968). Düsseldorf 1972 (=
Sprache der Gegenwart, Bd. 21).

Liang, Yong: Zur Fremdheitsproblematik in der interkulturellen
Fachkommunikation. In: Wierlacher, Alois (Hrsg.): Kulturthema
Fremdheit. München: iudicium 1993, 153–171.

340 Mackensen, Lutz: Fachsprachen als Fremdwortschleusen. In: L. Makkensen, traktat über fremdwörter. Heidelberg 1972, S. 23–42.

341 Meyer, Hans Gunter: Untersuchungen zum Einfluß des Englischen
auf die deutsche Pressesprache, dargestellt an zwei deutschen Tageszeitungen. In: Muttersprache 84.1974, H. 2, S. 97–134 [mit
Lit.verz. zum Thema].

Müller, B.-D. (Hrsg.), Interkulturelle Wirtschaftskommunikation. 2.
überarb. u. erw. Auflage. München: iudicium 1993.

342 Nyvelius, Jan: Russischer Spracheinfluss im Bereich der Landwirtschaft der DDR. In: Muttersprache 80.1970, H. 1/2, S. 16–29.

Oksaar, Els: Fachsprachen, interaktionale Kompetenz und Kulturkontakt. In: H. P. Kelz (Hrsg.), Fachsprache. 1: Sprachanalyse und
Vermittlungsmethoden. Bonn 1983, S. 30–45.

Oksaar, Els: Fachsprachliche Dimensionen. Tübingen: Narr 1988
(FFF; 4).

343 Pfützenreuter, Anton H.F.: Fremdwörter und Fachsprache. In:
Sprachdienst 16.1972, S. 161–162.

Praxisfeld Wirtschaft. Fremdsprachliche und interkulturelle Aus- und
Weiterbildung, hrsg. von Robert Picht, in: Jahrbuch Deutsch als
Fremdsprache, Bd. 15, München: iudicium 1989, 79–306.

Reuter, Ewald/Schröder, Hartmut/Tiitula, Liisa: Deutsch-finnische
Kulturunterschiede in der Wirtschaftskommunikation. Fragestel-
lungen, Methoden und Ergebnisse eines Forschungsprojekts. In:
Jahrbuch Deutsch als Fremdsprache 15/1989, 237–269.

Schmidt-Wiegand, Ruth: Fremdeinflüsse auf die deutsche Rechtssprache. In: Sprachliche Interferenz. Festschr. f. Werner Betz. Tübingen 1977, S. 226–245.

344 Schüle, Ernst: Romanisches Wortgut in der Sprache der Oberwalliser Weinbauern. In: Sprachleben der Schweiz. Bern 1963, S. 209–229.

Sui, Yaqin: Deutsche Substantivkomposita und ihre chinesischen Entsprechungen. Eine morphematische Analyse im Fachwortschatz der Elektrotechnik. In: Fachsprache 5.1983, H. 3, S. 109–120.

Tesch, Gerd: Linguale Interferenz. Theoret., terminolog. u. method. Grundlagen zu ihrer Erforschung. Tübingen 1978.

345 Winter, Renate: Zu einigen slawischen Fischnamen in Pommern. In: Slawisch-deutsche Wechselbeziehungen in Sprache, Literatur und Kultur. Berlin 1969, S. 285–295.

Wypych, Konrad: Deutsche Lehnwörter in der polnischen Bergbausprache. Ein Beitr. z. ostmitteleurop. Soziokulturforschung. Gießen 1976.

IX. Fachlexikographie

346 Barth, Erhard/Göbel, Wolfgang: Proben eines Wörterbuches der zeitgenössischen Fachsprache des Bergbaus. In: deutsche sprache 1973, H. 4, S. 65–80.

Bergenholtz, Henning: Zu der Sprache der Psychologie und ihrer lexikographischen Erfassung. In: Interdisziplinäres deutsches Wörterbuch in der Diskussion, hrsg. v. Helmut Henne u. a. Düsseldorf 1978 (= Sprache der Gegenwart, Bd. 45), S. 102–115.

–: Angst. Eine lexikographische Untersuchung. Stuttgart 1979.

347 Bußmann, Hadumod: Lexika der sprachwissenschaftlichen Terminologie. Bericht über eine vernachlässigte Gattung. In: deutsche sprache 1974, H. 1, S. 43–66 (I) und H. 2, 1975 (II. 1) u. H. 3, 1975 (II. 2).

348 Coste, D.: Remarques sur la préparation d'un vocabulaire d'initiation à la vie politique. In: Cahiers de Lexicologie 16.1970, H. 1, S. 3–19.

349 Descamps, J. L.: Présentation d'un dictionnaire contextuel de français pour les sciences de la terre. In: Langue française 17, 1973, S. 81–111.

Dressler, Stephan/Schaeder, Burkhard (Hrsg.): Wörterbücher der Medizin. Beiträge zur Fachlexikographie. Tübingen: Niemeyer 1994 (Lexicographica. Series Maior; 55).

350 Dubois, J.: Les problémes du vocabulaire technique. In: Cahiers de Lexicologie 9.1966, H. 2, S. 103–112.

DUDEN. Das Wörterbuch der medizinischen Ausdrücke, PC Bibliothek, Vers. 1.1., 3 Disketten, 1 Dokumentation. Mannheim [u. a.]: Duden 1995.

351 Erk, Heinrich: Zur Lexik wissenschaftlicher Fachtexte: Verben – Frequenz und Verwendungsweise. München 1972 (= Schrift. d. Arb.stelle f. wiss. Didaktik des Goethe-Instituts, 4).

352 – Zur Lexik wissenschaftlicher Fachtexte: Substantive – Frequenz und Verwendungsweise. München 1974 (= Schrift. d. Arb.stelle f. wiss. Didaktik des Goethe-Instituts, 5) [weitere Bände in Vorb.].

353 Filipec, Josef: Zur Theorie und Methode der lexikologischen Forschung. In: Zeichen und System der Sprache. Bd. 3. Berlin 1967, S. 154–173.

354 Herzog, R.: Die Anwendung computer-linguistischer Methoden bei der Kompilation von Fachwörterbüchern. In: Beitr. z. Linguistik u. Informationsverarbeitung 18, 1970, S. 26–40.

355 Hoffmann, Lothar (Hrsg.): Fachwortschatz Chemie. Häufigkeitswörterbuch Russisch, Englisch, Französisch. Leipzig 1973.

356 – Fachwortschatz Medizin. Häufigkeitswörterbuch Russisch, Englisch, Französisch. Leipzig 1970.

357 – Fachwortschatz Physik. Häufigkeitswörterbuch Russisch, Englisch, Französisch. Leipzig 1970 (^{2}1973).

358 – Zur maschinellen Bearbeitung sprachlicher Daten bei der Zusammenstellung dreisprachiger fachbezogener Häufigkeitswörterbücher. In: Beiträge zur maschinellen Sprachdatenverarbeitung, hrsg. von Ludwig Zenker. Berlin: Akademie Verlag 1973, S. 53–72.

359 Horne, J.: A basic vocabulary of scientific and technological German. Oxford: Pergamon Press 1969 [Rez. von Dieter Möhn, in: Germanistik 15.1974, H. 1, S. 74].

360 Hübner, W.: Linguistische Aufgaben bei der Erarbeitung medizinischer Fachthesauri für die wissenschaftliche Information und Dokumentation. In: Actes du 10e Congrès international des Linguistes. Bd. 4. Bucarest 1970, S. 511–515.

Mentrup, Wolfgang: Gemeinsprache und Fachsprachen. Überlegungen zur Methodik ihrer lexikographischen Erfassung. In: Wirkendes Wort 26.1976, H. 6, S. 431–443.

–: Der Sprach- und Wörterbuchausschnitt ‹Anweisung durch Pakkungsbeilage von Medikamenten›. Zur lexikographischen Beschreibung des Vokabulars. In: ders. (Hrsg.), Konzepte zur Lexikographie. Studien zur Bedeutungserklärung in einsprachigen Wörterbüchern. Tübingen 1982, S. 1–33.

–: Überlegungen zur lexikographischen Erfassung der Gemeinsprache und der Fachsprachen. In: Interdisziplinäres Wörterbuch in der Diskussion, hrsg. von H. Henne u. a., Düsseldorf 1978 (= Sprache der Gegenwart, 45), S. 48–77.

Neubauer, Fritz: Die Struktur der Explikationen in deutschen einsprachigen Wörterbüchern. Eine vergleichende lexiko-semantische Analyse. Hamburg 1980 (= Papiere z. Textlinguistik, Bd. 27).

361 Neubert, Gunter: Die datenverarbeitungsgerechte Speicherung von mehrsprachigen Fachwortschätzen. In: Beiträge zur maschinellen Sprachdatenverarbeitung, hrsg. von Ludwig Zenker. Berlin 1973, S. 113–118.

Nielsen, Sandro: The bilingual LSP Dictionary. Principles and Practice for Legal Language. Tübingen: Narr 1994 (FFF; 24).

Schaeder, Burkhard: Untersuchungen zur Kodifikation der Wirtschaftssprache in fachsprachlichen und gemeinsprachlichen Wörterbüchern. In: W. Mentrup (Hrsg.), Konzepte zur Lexikographie. Studien zur Bedeutungserklärung in einsprachigen Wörterbüchern. Tübingen 1982, S. 65–91.

Schaeder, Burkhard/Bergenholtz, Henning (Hrsg.): Fachlexikographie. Fachwissen und seine Repräsentation in Wörterbüchern. Tübingen: Narr 1994 (FFF; 23).

Umbach, Horst: Fachsprachenmetaphorik im individualsprachlichen Wörterbuch. In: Germanistische Linguistik 1–4/1982, S. 383–400.

362 Vater, H.: Lochkarten im Dienste der Sprachwissenschaft. In: Muttersprache 1963, H. 1, S. 5–12 und H. 2, S. 48–53.

363 Vriesen, Karl-Heinz: Technische Wörterbücher und Glossare für den Bergbau. In: Lebende Sprachen 11.1966, S. 85–88.

364 Weise, Günter: Lexikogrammatische Einheiten in der englischen Fachsprache der Chemie und ihre lochkartenmaschinelle Erfassung. Thesen. In: Beiträge zur maschinellen Sprachdatenverarbeitung, hrsg. von Ludwig Zenker. Berlin 1973, S. 151–153.

Wiegand, Herbert Ernst: ‹Fachsprache im einsprachigen Wörterbuch. Kritik, Provokationen und praktisch-pragmatische Vorschläge›. In: Linguistik. Beschreibung der Gegenwartssprachen. Stuttgart 1977 (= Kongreßber. d. 7. Jahrestag der GAL in Trier 1976, Nr. 3), S. 38–64.

365 Wolfangel, Paul: Wörterbücher der Datenverarbeitung. In: Muttersprache 79.1969, S. 85–94.

X. Fachsprachen in Ausbildung und Unterricht/Fachsprachendidaktik

366 Arnold, Volker: Kritische Analyse des Sprachgebrauchs der Wirtschaftsjournalistik in Tageszeitungen – Vorschläge für eine Unterrichtseinheit der Sekundarstufe II. In: Projekt Deutschunterricht. Bd. 4. Stuttgart 1973, S. 94–119.

367 Baumbach, Rudolf: Das Verb in deutschen medizinischen Lehrbüchern. In: Deutschunterricht für Ausländer 17, 1967, S. 11–20.

Baumgartner, Wilhelm/Gibson, Robert: Englischunterricht an der

Berufsschule. Erfahrungen aus einem Modellversuch. In: Praxis des Neusprachlichen Unterrichts 40.1993, H. 1, 37–43.

Baur, Rupprecht S./Bäcker, Iris: Die bilinguale Schule. Von der Aus- und Fortbildung bilingualer Lehrer bis zur Konzeption zweisprachiger Lehr- und Lernmaterialien. In: Muttersprachlicher Unterricht in MOE und in den Staaten der GUS. Curricula, Lehrwerke und begleitende Maßnahmen. Dokumentation der beiden Symposien Moskau, 17.-21. 10. 1994 und Köln 07.-11. 11. 1994, hrsg. von D. Kaminski und R.E. Wicke. Köln: Bundesverwaltungsamt 1995, 119–135. [Manuskriptdruck, Bezugsadresse: BVA/ZfA, Referat VI A 3, 50728 Köln].

Bausch, K. R. u. a. (Hrsg.): Beiträge zum Verhältnis von Fachsprache und Gemeinsprache im Fremdsprachenunterricht der Sekundarstufe II. Manuskripte zur Sprachlehrforschung Nr. 12/13, hrsg. vom Seminar für Sprachlehrforschung der Ruhr-Universität Bochum. 1978.

368 Becker, Norbert: Zur Didaktik der medizinischen Fachsprache. Versuch einer Lehrskizze. In: Zielsprache Deutsch 1974, H. 3, S. 110–123.

369 – In der fachsprachlichen Didaktik ist der ‹fachneutrale› Vorkurs ein Umweg. In: Zielsprache Deutsch 1974, H. 4, S. 175–178.

370 – Zur Gewinnung eines «grammatischen Minimums» für das Leseverständnis von fachsprachlichen Texten. In: Zielsprache Deutsch 1973, H. 2, S. 45–53.

371 – Das Verständnis medizinischer Fachtexte als Lehrziel. In: Zielsprache Deutsch 1974, H. 2, S. 51–61.

372 – Versuch einer Übungstypologie für den fachbezogenen Sprachunterricht. In: Zielsprache Deutsch 1973, H. 1, S. 1–10.

Becker, Norbert: Zur Didaktisierung von Fachtexten. In: Materialien Deutsch als Fremdsprache, Heft 18, Regensburg 1981, S. 179–189.

–: Handlungsorientierte Verarbeitung von technischen Fachtexten und deren Umsetzung. In: Informationen Deutsch als Fremdsprache 1983/84, Nr. 2, S. 3–8.

Beier, Rudolf: Zum Stand fachbezogener Fremdsprachenkenntnisse in der Bundesrepublik Deutschland. Literaturbericht (Augsburger I & I Schriften Bd. 17, 1981).

– /Möhn, D.: Fachtexte in fachsprachlichen Lehr- und Lernmaterialien für den fremdsprachlichen Unterricht – Überlegungen zu ihrer Beschreibung und Bewertung. In: Fachsprache 6.1984, H. 3–4, S. 89–115.

– /Möhn, Dieter: Merkmale fachsprachlicher Übungen. Beschreibungskategorien für das ‹Hamburger Gutachten›. In: Jahrbuch Deutsch als Fremdsprache 9, 1983, S. 194–228.

– /Möhn, Dieter: Vorüberlegungen zu einem ‹Hamburger Gutachten›. In: Fachsprache 3.1981, H. 3–4, S. 112–150.

Beier, Rudolf/Möhn, Dieter: Fachsprachlicher Fremdsprachenunterricht. Voraussetzungen und Entscheidungen. In: die Neueren Sprachen 87.1988, 1–2, 19–75.

Beneke, Jürgen: Betriebsinterner Fremdsprachenunterricht – Tendenzen und Perspektiven. In: Eberhard Kleinschmidt (Hrsg.): Fremdsprachenunterricht zwischen Sprachenpolitik und Praxis. Festschrift f. Herbert Christ z. 60. Geb. Tübingen 1989 (TBL 340), 319–335.

373 Beneš, Eduard: Fachsprache im Unterricht. In: Probleme des Deutschen als Fremdsprache. Bericht von der 1. Internationalen Deutschlehrertagung 1967 in München. Hrsg. von Manfred Triesch. München 1969, S. 204–216.

374 – The syntax of scientific German in foreign language teaching. In: The Prague School of Linguistics and Language Teaching, hrsg. von V. Fried. Oxford 1972 (= Language and Language Learning 27), S. 142–159.

Beneš, Eduard: Zur Didaktisierung der gesprochenen Wissenschaftssprache. In: Fachsprache 4.1982, H. 1, S. 11–18.

Binon, J./Cornu, M.: L'acquisition du vocabulaire en français fonctionnel. In: Fachsprache 6.1984, H. 1–2, S. 10–28.

Blei, Dagmar: Fachlichkeit und Fachsprachlichkeit in didaktischer Sicht. In: Hartmut Schröder (Hrsg.), Fachtextpragmatik. Tübingen: Narr 1993 (FFF; 19), 395–406.

Bolten, J.: Interkulterelle Wirtschaftskommunikation. Das Jenaer Studiengangskonzept. In: Sabine Fiß (Hrsg.), Deutschsprachige Fachkommunikation im universitären und außeruniversitären Bereich. Regensburg 1994, 133–140.

Boost, Wolfgang/Birkenfeld, Helmut: Fremdsprachlicher Fachunterricht für Schüler. Eine Zwischenbilanz. In: Fachsprache 6.1984, H. 1–2, S. 52–59.

375 Bremer, Christa: Übungsformen für die Arbeit mit Fachtexten. In: Deutsch als Fremdsprache 4.1967, H. 5, S. 311–316.

Buhlmann, Rosemarie: Analyse und Beurteilung fachsprachlicher Lehrwerke: Kriterien und ihre Problematik. In: Lehrwerkforschung – Lehrwerkkritik Deutsch als Fremdsprache, hrsg. von H.-J. Krumm. München 1982, S. 122–164.

–: Das Lesen von Fachtexten. In: Materialien Deutsch als Fremdsprache, Heft 18. Regensburg 1981, S. 221–282.

Buhlmann, Rosemarie/Fearns, Anneliese: Handbuch des Fachsprachenunterrichts. Unter besonderer Berücksichtigung naturwissenschaftlich-technischer Fachsprachen. Berlin, München: Langenscheidt 1987.

Bundesminister für Bildung und Wissenschaft (Hrsg.): Handreichung Fachsprache in der Berufsausbildung ausländischer Jugendlicher. Bonn 1987.

Butler, C. S./Hartmann, R. R. K. (Hrsg.): A reader on language variety. University of Exeter 1976 (= Exeter Linguistic Studies, Vol. 1).

Christ, Walter: Fremdsprachenunterricht an der Berufsschule im dualen System. In: Eberhard Kleinschmidt (Hrsg.): Fremdsprachenpolitik zwischen Sprachenpolitik und Praxis. Festschrift f. Herbert Christ z. 60. Geburtstag. Tübingen 1989 (TBL 340), 298–308.

Ciliberti, A. (Hrsg.): L'insegnamento linguistico «per scopi speciali». Bologna 1981.

376 Descamps, Jean Luc./Phal, André: La recherche linguistique au service de l'enseignement des langues de spécialité. In: Français dans le monde 9.1968, H. 61, S. 12–19.

377 Deutsche Fachprosa des Mittelalters, hrsg. von Wolfram Schmitt. Berlin-New York 1972 (= Kl. Texte f. Vorlesungen u. Übungen 190).

378 Eisenreich, Hans: Zur Ermittlung und Bedeutung von Sachwortschätzen für den fachbezogenen Unterricht. In: Deutsch als Fremdsprache 4.1967, H. 5, S. 302–311.

Faber, Helm v./Echtermeyer, Klaus (Hrsg.): Werkstattgespräch Kairo: Fachsprachen. München (Goethe-Institut) 1978.

Fachbezogener Fremdsprachenunterricht an Hochschulen in Europa, hrsg. von Brigitte Favrot/Ulrich Nehm/Peter Nübold. Themenheft: Fremdsprachen und Hochschule (FuH) 35/1992.

379 Fach- und Sondersprachen. Arbeitstexte für den Unterricht. Für die Sekundarstufe hrsg. von Norbert Feinäugle. Stuttgart: Reclam 1974.

Feinäugle, Norbert: Fachsprachen und Grundschulunterricht. In: Der Deutschunterricht 31.1979, H. 5. S. 52–62.

380 Fischer, Gerhard: Fachsprache im Russischunterricht an einer technischen Hochschule. Probleme der Auswahl, Verarbeitung und Vermittlung. Dargestellt an Beispielen aus der polygraphischen Fachliteratur. Diss. Leipzig 1965 [Masch.].

Fischer, Roland: Es muß nicht immer das Fach sein… Zur Fachsprachenvermittlung im Muttersprachenunterricht aus der Sicht eines Fremdsprachendidaktikers. In: Informationen zur Deutschdidaktik 13.1989, 1, 102–109.

381 Fluck, Hans-Rüdiger [u. a.]: Zur Sprache des Wirtschaftsteils von Tageszeitungen – eine Unterrichtseinheit in der Berufsschule. In Linguistik und Didaktik 23, 1975, 165–178.

Fluck, Hans-Rüdiger: Sprache und Technik. Eine Unterrichtseinheit auf der Sekundarstufe II (12./13. Jahrgangsstufe). In: Diskussion Deutsch 1979, H. 48, S. 367–384.

–: Deutsch als Fachsprache in der Volksrepublik China – Vermittlung und Anwendung. In: Zielsprache Deutsch 16.1985, H. 1, S. 9–16.

382 Formen fachspezifischer Prosa. 1.2. Bearb. von J. Baumhauer u. a. Stuttgart: Klett 1974 (= Arbeitsmaterialien Deutsch [mit Begleitheften]).

393 Fülei-Szanto, Endre: Die Grammatik von Strukturen-Operationen im fachsprachlichen Unterricht. In: Linguistische und methodologische Probleme einer spezialsprachlichen Ausbildung. Halle (Saale) 1967, S. 96–105.

Fuhr, Gerhard: Fachdeutschkurse in Brasilien. Ausgangssituation und Vorschläge zum Grammatikteil für ein Baukastensystem. In: Informationen Deutsch als Fremdsprache, hrsg. vom Deutschen Akademischen Austauschdienst (DAAD) Nr. 3/1982, S. 1–37.

384 Gaultier, M.-Th./Masselin, J.: L'enseignement des langues de spécialité à des étudiants étrangers. In: Langue française 17, 1973, S. 112–123.

385 Grève, M. de [u. a.] (Eds.): Modern Language Teaching to Adults: Language for special purposes. 2nd AIMAV Seminar with the collaboration of AILA (Stockholm 27–30. April 1972). Bruxelles: AIMAV – Paris: Didier 1973 (= Coll. d'«Etudes Linguistiques» 9).

386 Hebel, Franz: Sprache der Wirtschaft. Eine kritische Leseübung in Klasse 10. In: Der Deutschunterricht (Stuttgart) 21.1969, H. 4, S. 58–72.

Hebel Franz (Hrsg.): Deutschunterricht im Spannungsfeld von Allgemeinbildung und Spezialbildung. Deutschunterricht in berufsbildenden Schulen. Frankfurt a. M. 1987.

387 Hegedüs, Joszef: Inhalt und Übungssystem in einem Lehrbuch für Fachsprache. In: Deutsch als Fremdsprache 7.1970, S. 75–84.

Hengst, Karlheinz: Gestaltung von Übungen zur Entwicklung von Können im Sprechen in der fachbezogenen Fremdsprachenausbildung. In: Wiss. Zeitschr. PH Zwickau 18.1982, H. 1, S. 37–45.

Hess-Lüttich, Ernest W.B.: Lernziel ‹Fachsprache(n)›. Zu einem Desiderat adressatenspezifischer DaF-Curricula. In: P.H. Nelde (ed.), Vergleichbarkeit von Sprachkontakten. Bonn 1983, S. 207–218.

Hoberg, Rudolf: Möglichkeiten und Grenzen der Behandlung von Fachsprachen im Deutschunterricht. In: Der Deutschunterricht 31.1979. H. 5, S. 6–21.

–: Fachsprachenforschung und Fachsprachenunterricht. In: Angewandte Sprachwissenschaft. Grundfragen – Bereiche – Methoden, hrsg. von G. Peuser u. S. Winter. Bonn 1981, S. 136–149.

Hoberg, Rudolf: Ist die Behandlung der Fachsprachen im Deutschunterricht für Ausländer wirklich so wichtig? In: Deutsch als

Fachsprache in der Deutschlehrerausbildung und -fortbildung, hrsg. von Waldemar Pfeiffer. Poznan 1990, 81–88.

388 Hoffmann, Lothar [u. a.]: Zwanzig Jahre fachsprachliche Ausbildung und Forschung an der Karl-Marx-Universität Leipzig. Ges.-Sprachw. Reihe 21.1972, S. 1–9.

389 Hoffmann, Lothar: Probleme der linguistischen Fundierung eines modernen fachbezogenen Fremdsprachenunterrichts. In: Probleme der strukturellen Grammatik und Semantik, hrsg. von Rudolf Ružička. Leipzig 1968, S. 271–287.

   Hofmann, Ingeborg: Zur sach- und sprachstofflichen Fundierung des studienbegleitenden Deutschunterrichts an Universitäten. In: Info DaF 22.1995, 5, 581–590.

390 Ivo, Hubert/Roth, Ditmar: Juristische Texte im Deutschunterricht. Ein Unterrichtsbeispiel für die Klasse 8 zum Thema: «Untersuchung eines Formulars für die ‹Bestellung gebrauchter Kraftfahrzeuge und Anhänger›». In: Zur politischen Dimension des Deutschunterrichts. Frankfurt a. M. 1973 (= Diskussion Deutsch, Sonderband), S. 81–102.

   Jung, Lothar: Fachsprachenorientierter Deutschunterricht für nicht-technisch-naturwissenschaftlich-mathematische Fächer des Universitätsstudiums. In: Zielsprache Deutsch 4/1987, 13–29.

391 Kamprad, Walter: Strukturanalysen und schematische Darstellungen der Struktur als rationale Verfahren bei der Behandlung wissenschaftlicher Texte im fachbezogenen Sprachunterricht für Ausländer. In: Deutsch als Fremdsprache 7.1970, H. 5, S. 352–362.

   Kelz, Heinrich P. (Hrsg.): Fachsprache 1: Sprachanalyse und Vermittlungsmethoden. Dokumentation einer Tagung der Otto Benecke Stiftung zur Analyse von Fachsprachen und zur Vermittlung von fachsprachlichen Kenntnissen in der Ausbildung von Flüchtlingen in der Bundesrepublik Deutschland. Bonn 1983.

   – (Hrsg.): Fachsprache 2: Didaktik der Fachsprachen. Bonn 1985.

   Kelz, Heinrich P.: Fachsprachen und Studienbewältigung. In: Die Neueren Sprachen 87.1988, 1–2, 111–122.

392 Klute, Wilfried (Hrsg.): Fachsprache und Gemeinsprache. Texte zum Problem der Kommunikation in der arbeitsteiligen Gesellschaft. Frankfurt a. Main 1975 (= Kommunikation/Sprache. Materialien f. d. Kurs- u. Projektunterricht).

   Klute, Wilfried: Fachsprache als Thema im Deutschunterricht der Berufsschule. In: Die deutsche Berufs- u. Fachschule 74.1978, H. 6, S. 423–434.

393 Kowalke, Hermann: Adaption von Fachtexten. In: Deutsch als Fremdsprache 5.1968, H. 5, S. 211–212.

394 Kümmel, Werner/Siefert, Helmut: Kursus der medizinischen Terminologie. Stuttgart/New York 1974.

395 Lane, Alexander: Möglichkeiten und Grenzen fachsprachlicher Ausbildung. In: Hans-Jürgen Bäse (Hrsg.), Begegnung zwischen Praxis und Lehre. Die Ausbildung zum Übersetzer und Dolmetscher. Wiesbaden 1970, S. 49–54.

396 Lascar, Marcel/Delporte; Therèse: Enseignement de la langue médicale à des étudiants en médecine et à des médecins étrangers. In: Français dans le monde. 5.1968, H. 61, S. 40–43.

Leisen, Josef: Handbuch des deutschsprachigen Fachunterrichts (DFU). Didaktik, Methodik und Unterrichtshilfen für alle Sachfächer im DFU und fachsprachliche Kommunikation in Fächern wie Physik, Mathematik, Chemie, Biologie, Geographie, Wirtschafts-/ Sozialkunde. Bonn: Varus-Verlag 1994.

397 Lisop, Ingrid: Die Denk- und Sprachsysteme der Wirtschaftswissenschaften und des Rechts in der Didaktik der Wirtschaftslehre. In: Heinz G. Golas (Hrsg.), Didaktik der Wirtschaftslehre. Situation, Diskussion, Revision. München 1973, S. 166–183.

Luchtenberg, Sigrid: Fachsprache im Unterricht mit Aussiedlern. In: Edith Glumpler/Uwe Sandfuchs (Hrsg.), Mit Aussiedlerkindern lernen. Braunschweig: Westermann 1992, 147–160.

Mackay, Ronald/Mountford, Alan (Hrsg.): English for specific Purposes. A case study approach. London 2. Aufl. 1979.

398 Masselin, Jacques: Un manuel pour l'enseignement du français scientifique et technique. In: Français dans le monde. 11.1971, H. 83, S. 13–18.

399 Matthäi, Hans Rudolf: Scientific English – aber wie? Möglichkeiten der Behandlung naturwissenschaftlich-technischer Texte im Englischunterricht. In: Die Neueren Sprachen 1973, H. 12, S. 629–647.

400 Meyer-Minnemann, Klaus/Rall, Dietrich: Der Erwerb von Lesekenntnissen in Wissenschaftsdeutsch. In: Zielsprache Deutsch 1972, H. 4, S. 168–183.

401 Michler, M./Benedum, J.: Einführung in die medizinische Fachsprache. Berlin-Heidelberg-New York 1972.

Möhn, Dieter: Formen der fachexternen Kommunikation. Linguistische Analyse und fachdidaktische Vermittlung. In: Der Deutschunterricht 31.1979, H. 5, S. 71–87.

Morgenroth, Klaus (Hrsg.): Methoden der Fachsprachendidaktik und- analyse. Frankfurt a. M. [u. a.]: Lang 1993 (Werkstattreihe DaF; 45).

402 Petioky, Viktor: Fachsprachen in der Übersetzer- und Dolmetscherausbildung. In: Volker Kapp (Hrsg.), Übersetzer und Dolmetscher. Heidelberg 1974, S. 109–122.

Petzel, Eike H./Blühdorn, Hardarik: Deutsch als Unterrichtssprache im Physikunterricht für fremdsprachige Schüler. In: Zielsprache Deutsch 26.1995, 2, 71–81.

403 Porep, R./Steudel, W.-I.: Medizinische Terminologie. Ein programmierter Kurs zur Einführung in die medizinische Fachsprache. Stuttgart 1974.

Pudszuhn, Manfred: Fachunterricht versus Sprachunterricht. Frankfurt a. M. [u. a.]: Lang 1994 (Deutsch als Fremdsprache in der Diskussion; 2).

Rall, Dietrich/Schepping, Heinz/Schleyer, Walter (Hrsg.): Didaktik der Fachsprache. Beiträge zu einer Arbeitstagung an der RWTH Aachen vom 30. Sept. bis 4. Okt. 1974. Bonn (DAAD) 1976. [Fremdsprachendidaktik].

404 Reinhardt, Werner: Eigentümlichkeiten der Fachsprachen und ihre Berücksichtigung im Deutschunterricht für Ausländer. In: Deutsch als Fremdsprache 1.1964, H. 1, S. 10–16.

405 – Einige Probleme und Erscheinungen der Wortbildung in den deutschen Fachsprachen der Technik und ihre Bedeutung für den Sprachunterricht. In: Deutsch als Fremdsprache 4.1968, H. 5, S. 210–211.

406 – Zu einigen Problemen des fachspezifischen Lehrbuchs. In: Deutsch als Fremdsprache 4.1968, H. 1, S. 41–44.

407 – Zur Rolle der Wortbildungslehre im fachsprachlichen Unterricht. In: Deutsch als Fremdsprache 11.1974, H. 1, S. 56–61.

Rossenbeck, Klaus: Fachsprachliche Lexik als Problem der Fremdsprachendidaktik (Schwedisch-Deutsch). In: Moderna Sprak 74.1980, S. 39–50.

408 Schade, Günther: Einführung in die deutsche Sprache der Wissenschaften. Ein Lehrbuch für Ausländer. Berlin 1969 (^{3}1971). [Rez. von H. Erk, in: Wirkendes Wort 22.1970, S. 425 f.; S. Jäger, in: Muttersprache 80.1970, S. 60–65].

409 Schilling, Irmgard: Sachverhalte und Syntax beim Erwerb fachorientierter Fremdsprachenkenntnisse. In: Deutsch als Fremdsprache 10.1973, H. 3, S. 176–182.

410 – (Hrsg.): Linguistische und methodologische Probleme einer spezialsprachlichen Ausbildung. Halle (Saale) 1967 [mit Beiträgen von L. Drozd, E. Beneš, L. Hoffmann u. a.].

Schleyer, Walter: Fachsprachen und Fremdsprachenunterricht Deutsch als Fremdsprache [mit Bibliographie]. In: Rolf Ehnert (Hrsg.), Einführung in das Studium des Faches Deutsch als Fremdsprache. Frankfurt a. M. 1982, S. 275–316.

Schleyer, Walter: Sprache in fachlicher Verwendung und Fremdsprachenunterricht. In: Rolf Ehnert (Hrsg.), Einführung in das Studium des Faches Deutsch als Fremdsprache. Handreichungen für den Studienbeginn. 2. überarb. Auflage. Frankfurt a. M. [u. a.]: Lang 1989 (Werkstattreihe DaF; 1), 197–256. [Bibliographie S. 240–256].

Schmitz, Werner/Scheiner, Dieter: Fachsprachenunterricht. In: Zielsprache Deutsch 4/1983, S. 24–32.

Schnädter, Herbert: Zur Rolle der Fachsprachen in den Lehrplänen der Gymnasialen Oberstufe. In: Die Neueren Sprachen 87.1988, 1–2, 122–148.

411 Scholz, H.: Über die Entwicklung der Sprechfertigkeit im fachbezogenen Sprachunterricht. In: Deutsch als Fremdsprache 1.1964, H. 2, S. 18–22.

Schröder, Hartmut: Aspekte einer Didaktik/Methodik des fachbezogenen Fremdsprachenunterrichts (Deutsch als Fremdsprache) Unter besonderer Berücksichtigung sozialwissenschaftlicher Fachtexte. Frankfurt a. M. [u. a.]: Lang 1988 (Werkstattreihe Deutsch als Fremdsprache; 20).

Seibert, Thomas-Michael: Zur Fachsprache in der Juristenausbildung. Sprachkritische Analysen anhand ausgewählter Textbeispiele aus juristischen Lehr- und Lernbüchern. Berlin 1977 (= Schriften zur Rechtstheorie, H. 57).

412 Siefer, Claus: Die Sprache der Naturwissenschaft und der Technik im Unterricht der 10. Klasse. In: Der Deutschunterricht (Stuttgart) 21.1969, H. 4, S. 47–57.

Stummhöfer, Hans-Joachim: Zur Entwicklung der fremdsprachigen inneren Rede beim verstehenden Hören von technischen Fachtexten im studienbegleitenden Unterricht. In: Deutsch als Fremdsprache 20.1983, H. 2, S. 78–86.

413 Theato, Erich: Sinn und Zweck terminologischer Arbeiten. In: Volker Kapp (Hrsg.), Übersetzer und Dolmetscher. Heidelberg 1974, S. 160–173.

Ulijn, J.M. u. a. (Hrsg.): International Symposium on LSP. Reading for professional purposes in native and foreign languages. Abstracts. Eindhoven University of Technology, 2.-4. August 1982. Eindhoven, University of Technology 1982 (= Foreign Language Acquisition Report No. 8, August 1982).

414 Všetičkova, Gertrud: Zum Konjunktiv im mathematischen Fachtext vom Gesichtspunkt des fachbezogenen Deutschunterrichts. In: Deutsch als Fremdsprache 2.1965, H. 4, S. 31–35.

415 Wieser, Josef: Fachdeutsch als Deutsch allgemeiner Ausdrücke der Fachsprachen. Zur Situation im fachbezogenen Unterricht für Fortgeschrittene verschiedener Fachrichtungen. In: Deutsch als Fremdsprache 7.1971, H. 5, S. 297–299.

Angewandte Sprachwissenschaft und fachsprachliche Ausbildung [18 Konferenzbeiträge]. In: Wiss. Zeitschr. d. Humboldt-Univ. Berlin, Ges.-u. sprachw. Reihe 4/1978, S. 445–517.

Ylönen, Sabine: Zur Erstellung von Unterrichtsmaterialien für den fachbezogenen Fremdsprachenunterricht aus textlinguistischer Sicht. Beispiel «Deutsch für Mediziner». In: Finlance. A Finnish Journal of Applied Linguistics, vol. X, 1991, 67–99.

XI. Sprache und Technik

416 Agron, P.: Le langage des techniques (1re triennale de la langue française, Namur, 9.-15. Sept. 1965). Paris 1965, Comité d'Etude des Termes Techniques Français [verv.].

Becker, Thomas u. a. (Hrsg.): Sprache und Technik: verständliches Gestalten technischer Fachtexte. Aachen: Alano-Verl. 1990.

417 Bichel, Ulf: Arbeitsbericht der Gruppe ‹Sprache der Technik›. In: Gegenwartssprache und Gesellschaft. Beiträge zu aktuellen Fragen der Kommunikation. Hrsg. von Ulrich Engel u. Olaf Schwencke. Düsseldorf 1972, S. 187–194.

418 Buchmann, Oskar: Das Verhältnis von Mensch und Technik in sprachwissenschaftlicher Sicht. In: Muttersprache 1960, S. 257–273 u. 289–299.

Bungarten, Theo (Hrsg.): Technische Kommunikation. Tostedt: Attikon 1994 (Beitr. z. Wirtsch.-Kommunikation; 9).

Eydam, Erhard: Die Technik und ihre sprachliche Darstellung. Grundlagen der Elektrotechnik. Hildesheim: Olms 1992 (Studien zu Sprache und Technik; 4).

Fluck, Hans-Rüdiger (Hrsg.): Technische Fachsprachen. Frankfurt/M. 1978 (= Kommunikation/Sprache. Materialien f. d. Kurs- u. Projektunterricht).

419 Gremminger, Günther: Wortwahl in der Technik. In: Muttersprache 1954, S. 203–219.

420 Höllerer, Walter: Zur Sprache im technischen Zeitalter. In: Sprache im technischen Zeitalter 1962, H. 4, S. 280–297.

Hoffmann, Lothar (Hrsg.): Sprache in Wissenschaft und Technik Leipzig 1978.

421 Ischreyt, Heinz: Sprachwandel durch Technik: In: Wirkendes Wort 18.1968, H. 2, S. 73–84.

422 – Studien zum Verhältnis von Sprache und Technik. Düsseldorf 1965.

Jakob, Karlheinz: Maschine, Mentales Modell, Metapher. Studien zur Semantik und Geschichte der Techniksprache. Tübingen: Niemeyer 1991 (RGL; 123).

Krings, Hans P. (Hrsg.): Wissenschaftliche Grundlagen der Technischen Kommunikation. Tübingen: Narr 1996 (FFF; 32).

423 Landsberg, Walter: Sprache und Technik. Bearb. von W. Landsberg. Berlin 1932.

Lüschow, Frank: Sprache und Kommunikation in der technischen Arbeit. Frankfurt a. M. [u. a.]: Lang 1992.

424 Mackensen, Lutz: Die deutsche Sprache in unserer Zeit. Heidelberg 1956 (2 1971).

425 – Muttersprachliche Leistungen der Technik. In: Sprache – Schlüssel zur Welt. Festschr. f. L. Weisgerber. Düsseldorf 1959, S. 285–308.

426 – Planung in der Muttersprache. Aus Beobachtungen des technischen
Sprachbereichs. In: Wiss. Zeitschr. d. Univ. Greifswald. Ges.-
Sprachw. Reihe 5.1955/56, H. 2/3, S. 171–176.
427 – Sprache und Technik. Zwei Vorträge. Lüneburg 1956.
428 Möhn, Dieter: Die Industrielandschaft – ein neues Forschungsgebiet
der Sprachwissenschaft. In: Marburger Universitätsbund. Jahrb.
1963, Bd. 2, Marburg 1963 (= Festgabe f. K. Winnacker hrsg. von
G. Heilfurth u. L.E. Schmitt), S. 303–343.
429 – Sprachwandel und Sprachtradition in der Industrielandschaft. In:
Verhandlungen des zweiten internationalen Dialektologenkongres-
ses. Bd. 2, Wiesbaden 1968, S. 561–568.
430 – Sprachliche Sozialisation und Kommunikation in der Industriege-
sellschaft. Objekte der fachsprachlichen Linguistik. In: Muttersprache 85.1975, H. 3, S. 169–185.
Neubert, Gottfried: Erscheinungsweisen der Synonymie in der terminologischen Lexik technischer Fachsprachen, untersucht am Wortschatz der Elektrotechnik-Elektronik. Diss. Dresden 1980.
431 Oppelt, Winfried: Der Ingenieur als Sprachschöpfer – Hoffnung oder
Gefahr. In: Muttersprache 82.1972, H. 2, S. 109–115.
Pelka, Roland: Sprachliche Aspekte von Bedienungsanleitungen technischer Geräte und Maschinen. In: Grosse, S./Mentrup, W.
(Hrsg.), Anweisungstexte. Tübingen 1982 (= Schriften des IdS,
Bd. 54), S. 74–103.
Reinhardt, Werner/Köhler, Claus/Neubert, Günter: Deutsche Fach-
sprache der Technik. Ein Ratgeber für die Sprachpraxis. 3., neube-
arb. Auflage. Hildesheim: Olms 1992 (Studien zu Sprache und
Technik; 3).
Reinhardt, Werner/Neubert, Gunter: Zu Wortbildungsmodellen in
der deutschen Fachsprache der Technik. In: G. Neubert (Hrsg.),
Textgattungen der Technik. Berlin 1980, S. 29–54.
Technische Sprache und Technolekte in der Romania. Romanist.
Kolloquium II. Hrsg. v. Dahmen, Wolfgang/u. a. Tübingen: Narr
1988 (Tübinger Beiträge z. Linguistik; 326).
Thorn, M./Badrick, A.: An Introduction to Technical English. Cassell
1992.
VDI 3772: Leistung und Funktion des Fachwortes in den technischen
Fachsprachen (Februar 1981), Düsseldorf.
Vigner, Gérard/Martin, Alix: Le français technique. Paris 1976 (B.E.
L.C.).
432 Weisgerber, Leo: Sprache und Technik. In: L. Weisgerber, Die
Muttersprache im Aufbau unserer Kultur. Düsseldorf [2]1957,
S. 97–123.
433 Zinsen, Arthur: Sprache und Technik. In: Sprache im technischen
Zeitalter 1962, H. 5, S. 360–364.

434 Baumeister, Otto: Die Ausbreitung technisch-naturwissenschaftlicher Fachwörter in der Gemeinsprache. In: Muttersprache 1960, S. 169–176 u. 217–225.

435 – Die Bereicherung des deutschen Wortschatzes durch die Fachsprache. Diss. Hamburg 1958.

Becker, Wolfgang: Zur Problematik der Weitervermittlung von Ernährungswissen. Kommunikationstheoretische Analyse, empirische Befunde und konzeptionelle Schlußfolgerungen. Bern [u. a.]: Lang 1990 (Europäische Hochschulschriften, Reihe 40; 21).

436 Bentzien, Ulrich: Wörter der modernen Technik in der mecklenburgischen Mundart. In: Jahrb. d. Ver. f. niederdeutsche Sprachforschung 87.1964, S. 87–106.

437 Buchmann, Oskar: Fachsprache und Allgemeinsprache. In: Der Druckspiegel 1960, H. 4, S. 245–248.

Busch, Albert: Laienkommunikation. Vertikalitätsuntersuchungen zu medizinischen Experten-Laien-Kommunikationen. Frankfurt a. M. [u. a.]: Lang 1994. (Germanistische Arbeiten z. Sprach- und Kulturgeschichte; 26).

Dressler, Wolfgang U./Wodak, Ruth (Hrsg.): Fachsprache und Kommunikation. Experten im sprachlichen Umgang mit Laien. Wien: Österreichischer Bundesverlag 1989.

Fix, Ulla: Sachprosa, Gebrauchssprache, Fachsprache. Ein Beitrag zur begrifflichen Abgrenzung. In: Sprachnormen, Stil und Sprachkultur. Berlin 1979, S. 25–35.

438 Flood, Walter Edgar: The problem of vocabulary in the popularisation of science. London 1958.

439 Friebertshäuser, Hans: Volkssprachlicher Wortschatz und Berufsposition. Studien zum Berufsbild des Hüttenarbeiters. In: Zeitschr. f. Dialektologie und Linguistik 37.1970, S. 305–321.

440 Gilbert, Pierre: Remarques sur la diffusion des mots scientifiques et techniques dans le lexique commun. In: Langue française 17, 1973, S. 31–43.

Hartmann, Dietrich: Über den Einfluß von Fachsprachen auf die Gemeinsprache. Semantische und variationstheoretische Überlegungen zu einem wenig erforschten Zusammenhang. In: Gnutzmann C./Turner J. (Hrsg.), Fachsprachen und ihre Anwendung. Tübingen 1980 (= Tübinger Beitr. z. Linguistik, 144), S. 27–48.

441 Herberg, Dieter: Raumfahrt und Wortschatz. Versuch einer Bestandsaufnahme. In: Sprachpflege 19.1970, S. 18–24.

Homberger, Dieter: Von Experte zu Laie. Fachsprachliche Kommunikation und Wissenstransfer. In: Gerd Rickheit/Sigurd Wichter (Hrsg.), Dialog. Festschrift für Sigfried Grosse. Tübingen 1990, 375–393.

Hyldgaard-Jensen, Karl: Wechselbeziehungen zwischen der Allgemeinsprache und Fachsprache. In: Waldemar Pfeiffer (Hrsg.), Deutsch als Fachsprache. Mat. des Int. Deutschlehrer-Verbandes, Poznán, 3.-6.9.1981, Poznán 1982, S. 9–16.

442 Jäger, Siegfried: Fremde Wörter in Fach- und Gemeinsprache. In: Sprachwart 19.1969, S. 50–53.

Jahr, Silke: Verständlichkeit von Fachtexten in der Verständigung zwischen Experten und Laien. In: Info DaF 20.1993, 6, 651–658.

Jung, Matthias: Öffentlichkeit und Sprachwandel. Zur Geschichte des Diskurses über die Atomenergie. Opladen: Westdeutscher Verlag 1994.

Kalverkämper, Hartwig: Die Problematik von Fachsprache und Gemeinsprache. In: Sprachwissenschaft 3.1978, H. 4, S. 406–444.

–: Die Axiomatik der Fachsprachenforschung. In: Fachsprache 2.1980, H. 1, S. 2–20.

443 Krejči, T.: Einfluß des Handels auf die Entwicklung und Gestaltung der deutschen Sprache. Versuch einer wirtschaftslinguistischen Studie. Prag 1932.

Liebert, Wolf-Andreas: Fremdagens, Eindringlinge, Piraten und unsichtbare Killer. Metaphern-Modelle als Übergangsphänomene zwischen Theorietexten, fachlichen PR-Texten und populärwissenschaftlichen Texten zum Thema AIDS und HIV-Forschung. In: Bernd Spillner (Hrsg.), Fachkommunikation. Frankfurt a. M. [u. a.]: Lang 1994, 85–87.

444 Mackensen, Lutz: Bergmannswörter in unserer Umgangssprache. In: Der Anschnitt 4.1952, H. 4, S. 5–8.

Malige-Klappenbach, Helene: Fachwortschatz und Allgemeinwortschatz im Hinblick auf das Wörterbuch der dt. Gegenwartssprache (WDG) und im Hinblick auf die Wörterbücher der Akademie der Wissenschaften in der Sowjetunion. In: Klappenbach, Ruth: Studien zur modernen dt. Lexikographie. Amsterdam 1980, S. 297–313.

Mentrup, Wolfgang (Hrsg.): Fachsprachen und Gemeinsprache. Düsseldorf 1979 (= Jahrb. d. Inst. f. dt. Sprache 1978, Sprache der Gegenwart. Bd. 46).

445 Mertens, Hans-Joachim [u. a.]: Die Sprache der Mathematik. Das Wortmaterial und seine Beziehung zur Gemeinsprache. In: Muttersprache 83.1973, H. 6, S. 416–433.

446 Mittelberg, Ekkehart: Die Boulevardpresse im Spannungsfeld der Technik. Eine Analyse anhand der Bild-Zeitung. In: Muttersprache 78.1968, S. 1–21.

447 Möhn, Dieter: Fach- und Gemeinsprache. Zur Emanzipation und Isolation der Sprache. In: Wortgeographie und Gesellschaft. Festschr. f. L.E. Schmitt, hrsg. von W. Mitzka. Berlin 1968, S. 315–348.

448 Müller-Tochtermann, Helmut: Struktur der deutschen Rechtssprache. Beobachtungen und Gedanken zum Thema Fachsprache und Gemeinsprache. In: Muttersprache 1959, S. 84–92.

Opitz, Kurt: LSP versus Common Language: The muddle of definiens and definiendum. In: J. Høedt u. a. (eds.), Pragmatics and LSP. Kopenhagen 1982, S. 185–198.

449 Petöfi, János S. [u. a.] (Hrsg.): Fachsprache – Umgangssprache. Wissenschaftstheoretische und linguistische Aspekte der Problematik, sprachliche Aspekte der Jurisprudenz und der Theologie, maschinelle Textverarbeitung. Kronberg/Ts. 1975 (= Wissenschaftstheorie u. Grundlagenforschung 4).

450 Phal, André: La recherche en lexicologie au C.R.E.D.I.F.: la part du lexique commun dans les vocabulaires scientifiques et techniques. In: Langue française 2, 1969, S. 73–81.

Pörksen, Uwe: Einige Aspekte einer Geschichte der Naturwissenschaftssprachen und ihrer Einflüsse auf die Gemeinsprache. In: Sprachwandel und Sprachgeschichtsschreibung. Jahrb. d. Inst. f. dt. Sprache 1976. Düsseldorf 1977 (= Sprache der Gegenwart. Bd. 41), S. 145–166.

Rang, H.J.: Literaturbericht zum Verhältnis Gemeinsprache/Fachsprache – insbesondere im Hinblick auf die Sekundarstufe II. In: Beiträge zum Verhältnis von Fachsprache und Gemeinsprache im Fremdsprachenunterricht der Sekundarstufe II, hrsg. v. K.R. Bausch u. a., Bochum 1978 (= Manuskripte zur Sprachlehrforschung 12/13), S. 37–66.

451 Reinhardt, Werner: Produktive verbale Wortbildungstypen in der Fachsprache der Technik und ihr Einfluß auf die Gemeinsprache. Diss. PH Potsdam 1965 [Masch.].

452 Scherzberg, Johanna: Zum Einfluß der wissenschaftlich-technischen Entwicklung auf die Lexik der deutschen Sprache der Gegenwart. Diss. PH Potsdam 1966 [Masch.].

453 Schmidt, Wilhelm/Scherzberg, Johanna: Fachsprachen und Gemeinsprache. In: Sprachpflege 17.1968, S. 65–84.

454 Schmidt-Wiegand, Ruth: Mittelalterliches Recht in der deutschen Sprache der Gegenwart. In: Archiv f. d. Studium der neueren Sprachen und Literaturen 124. = 209, 1972, H. 1, S. 9–25.

Schräder, Alfons: Fach- und Gemeinsprache in der Kraftfahrzeugtechnik. Studien zum Wortschatz. Frankfurt a. M. [u. a.]: Lang 1992 (Germanist. Arb. zu Sprache und Kulturgeschichte; 21).

455 Seibicke, Wilfried: Fachsprache und Gemeinsprache. In: Muttersprache 1959, S. 70–84.

Spitzbardt, Harry: Allgemeiner Sprachgebrauch und Fachsprache. In: German Studies in India 5.1981, S. 207–222.

Steger, Hugo: Erscheinungsformen der deutschen Sprache. «Alltagssprache» – «Fachsprache» – «Standardsprache» – «Dialekt» und andere Gliederungstermini. In: Deutsche Sprache 1988, S. 289–319.

456 Strašák, Jaroslav: Gemeinsprachliche und metaphorische Termini in der Fachsprache der Landtechnik, ihre Standardisierung und ihre Äquivalente in fremden Sprachen. In: Wiss. Zeitschr. d. Päd. Hochschule Potsdam. Ges.-Sprachw. Reihe 10.1966, S. 197–202.

457 Thiele, Joachim: Formen der Verwendung naturwissenschaftlicher Begriffe in literarischen Texten. In: Muttersprache 78.1968, S. 333–341.

458 Wandruszka, Mario: Interlinguistik. Umrisse einer neuen Sprachwissenschaft. München 1971.

Wichter, Sigurd: Zur Computerwortschatz-Ausbreitung in die Gemeinsprache. Elemente der vertikalen Sprachgeschichte einer Sache. Frankfurt a. M. [u. a.]: Lang 1991 (Germanistische Arbeiten zur Sprach- und Kulturwissenschaft; 17).

Wichter, Sigurd: Vertikalität von Wissen. Zur vergleichenden Untersuchung von Wissens- und insbesondere Wortschatzstrukturen bei Experten und Laien. In: Germanistische Linguistik 23.1995, 3, S. 284–313.

Autorenregister zur Bibliographie und zur Literatur in den Anmerkungen

Sach- und Stichwortregister

UTB
FÜR WISSEN SCHAFT

Auswahl Fachbereich
Linguistik

Bausch/Christ/Krumm (Hrsg.):
Handbuch Fremdsprachenunterricht
UTB-GROSSE REIHE
(Francke). 3. Aufl. 1995. geb,.
DM 96.–, öS 710.–, sFr. 86.–
kart., DM 68.–, öS 503.–, sFr. 65.–

32 Porzig:
Das Wunder der Sprache
(Francke). 9. Aufl. 1993.
DM 29.80, öS 221.–, sFr. 29.80

102 Brekle:
Semantik
(W. Fink). 3. Aufl. 1982
(Nachdruck 1991).
DM 16.80, öS 124.–, sFr. 16.80

105 Eco:
Einführung in die Semiotik
(W. Fink). 8. Aufl. 1994.
DM 32.80, öS 243.–, sFr. 32.80

325 Kapp (Hrsg.):
Übersetzer und Dolmetscher
(Francke). 3. Aufl. 1991.
DM 26.80, öS 198.–, sFr. 26.80

800 Hannappel/Melenk:
Alltagssprache
(W. Fink). 2. Aufl. 1984.
DM 32.80, öS 243.–, sFr. 32.80

819 Koller:
Einführung in die Übersetzungs-
wissenschaft
(Quelle & Meyer). 4. Aufl. 1992.
DM 34.80, öS 258.–, sFr. 34.80

824 Leisi:
Paar und Sprache
(Quelle & Meyer). 4. Aufl. 1993.
DM 24.80, öS 184.–, sFr. 24.80

1159 Bühler:
Sprachtheorie
(Gustav Fischer). 1982.
DM 36.80, öS 272.–, sFr. 36.80

1349 Lühr:
Neuhochdeutsch
(W. Fink). 4. Aufl. 1993.
DM 29.80, öS 221.–, sFr. 29.80

1372 Coseriu:
Einführung in die
Allgemeine Sprachwissenschaft
(Francke). 2. Aufl. 1992.
DM 32.80, öS 243.–, sFr. 32.80

1411 Gadler:
Praktische Linguistik
(Francke). 2. Aufl. 1992.
DM 22.80, öS 169.–, sFr. 22.80

1441/1442 Fanselow/Felix:
Sprachtheorie 1/2
(Francke). 3. Aufl. 1993.
Je Band DM 29.80, öS 221.–,
sFr. 29.80

1481 Coseriu:
Sprachkompetenz
(Francke). 1988.
DM 34.80, öS 258.–, sFr. 34.80

1499 Stedje:
Deutsche Sprache gestern und heute
(W. Fink). 2. Aufl. 1994.
DM 25.80, öS 191.–, sFr. 25.80

1505 Butzkamm:
Psycholinguistik des
Fremdsprachenunterrichts
(Francke). 2. Aufl. 1993.
DM 34.80, öS 258.–, sFr. 34.80

1518 Lewandowski:
Linguistisches Wörterbuch 1–3
(Quelle & Meyer). 6. Aufl. 1994.
DM 98.–, öS 725.–, sFr. 88.–

Preisänderungen vorbehalten.

Sprachwissenschaft bei Francke

Monika Schwarz
Einführung in die Kognitive Linguistik

UTB 1636, 2., überarb. und akt. Aufl. 1996,
238 Seiten, DM 27,80/ÖS 206,–/SFr 27,80
UTB-ISBN 3-8252-1636-5

Jürgen Trabant
Elemente der Semiotik

UTB 1908, 1996, 180 Seiten,
DM 24,80/ÖS 184,–/SFr 24,80
UTB-ISBN 3-8252-1908-9

Rudi Keller
Zeichentheorie
Zu einer Theorie
semiotischen Wissens

UTB 1849, 1995, 270 Seiten,
DM 29,80/ÖS 218,–/SFr 29,80
UTB-ISBN 3-8252-1849-X

Rudi Keller
Sprachwandel
Von der unsichtbaren Hand
in der Sprache

UTB 1567, 2., überarb. u. erw. Aufl. 1994,
238 Seiten, DM 26,80/ÖS 196,–/SFr 26,80
UTB-ISBN 3-8252-1567-9

Gerhart Wolff
Deutsche Sprachgeschichte
Ein Studienbuch

UTB 1581, 3., überarb. und erweiterte Aufl. 1994,
311 Seiten, 20 Abb., 25 Tab.,
DM 29,80/ÖS 218,–/SFr 29,80
UTB-ISBN 3-8252-1581-4

Wilhelm von Humboldt
Über die Sprache
Reden vor der Akademie

Herausgegeben, kommentiert
und mit einem Nachwort versehen
von Jürgen Trabant

UTB 1783, 1994, 277 Seiten,
DM 32,80/ÖS 239,–/SFr 32,80
UTB-ISBN 3-8252-1783-3

Eugenio Coseriu
Textlinguistik
Eine Einführung

Herausgegeben und bearbeitet
von Jörn Albrecht

UTB 1808, 3., überarb. u. erw. Aufl. 1994,
XVI, 252 Seiten, DM 32,80/ÖS 239,–/SFr 32,80
UTB-ISBN 3-8252-1808-2

Preisänderungen vorbehalten

UTB
FÜR WISSEN
SCHAFT

Francke